ERNST CASSIRER

Schriften zur Philosophie der symbolischen Formen

Auf der Grundlage der Ausgabe
Ernst Cassirer. Gesammelte Werke

herausgegeben von

MARION LAUSCHKE

FELIX MEINER VERLAG
HAMBURG

PHILOSOPHISCHE BIBLIOTHEK BAND 604

Bibliographische Information der Deutschen Bibliothek

Die Deutsche Bibliothek verzeichnet diese Publikation in der Deutschen Nationalbibliographie; detaillierte bibliographische Daten sind im Internet über <http://dnb.d-nb.de> abrufbar.

ISBN 978-3-7873-1924-4

www.meiner.de

 – Satz: KCS GmbH, Buchholz. Druck und Bindung: Hubert & Co., Göttingen. Gedruckt wird auf alterungsbeständigem, säurefreiem Werkdruckpapier. Printed in Germany.

INHALT

ERNST CASSIRER

ANHANG

VORWORT

Als John Michael Krois und Ernst Wolfgang Orth 1985 unter dem Titel *Symbol, Technik, Sprache* einen Band mit Aufsätzen und Vorträgen Ernst Cassirers (1874–1945) in der »Philosophischen Bibliothek« herausgaben, war Cassirer, der bis zu seiner Emigration 1933 in Hamburg lehrte und dort sein symbolphilosophisches Hauptwerk, die *Philosophie der symbolischen Formen*, schrieb, hierzulande weitgehend in Vergessenheit geraten. »Eine Nachkriegsrezeption fand nicht statt, und an dieser Situation hat sich inzwischen nichts geändert«, konstatierte Krois in seiner Einleitung. Daß es zu dieser Zeit keine einzige deutschsprachige Monographie zu Cassirer gab, ist heute kaum mehr vorstellbar; Cassirer ist als einer der wichtigsten Philosophen des letzten Jahrhunderts anerkannt.

In den vergangenen 20 Jahren hat sich eine rege Forschungs-, Lehr- und Publikationstätigkeit um das Werk Ernst Cassirers entwickelt. Die ab 1998 unter der Leitung von Birgit Recki erschienene 26-bändige Hamburger Ausgabe der Werke Ernst Cassirers (ECW) wird in diesem Jahr abgeschlossen, von der auf 18 Bände geplanten Nachlaßausgabe sind bereits 9 Bände erschienen, weitere sind in Vorbereitung. In der 1995 gegründeten Reihe »Cassirer-Forschungen«, aber auch andernorts, erscheinen kontinuierlich Monographien und Sammelbände zu verschiedenen Aspekten der Philosophie des vielseitigen Gelehrten.

Cassirer ist als *der* Kulturphilosoph des 20. Jahrhunderts etabliert. Die Philosophie der symbolischen Formen gilt als eine der wichtigsten Fortschreibungen bzw. Transformationen der Kritischen Philosophie Immanuel Kants; zugleich kann Cassirer, der die philosophischen Grundlagen zum Verständnis kultureller Phänomene als Produkte und Medien der Auseinandersetzung des Menschen mit seiner Umwelt gelegt hat, als der Vordenker verschiedener aktueller *turns* gelten, die in immer kürzerer Folge von den Kulturwissenschaften ausgerufen werden. Mit dem *linguistic turn*, einem Begriff, den Richard Rorty 1969 populär gemacht hat, wird der Blick auf die wirklichkeitskonstituierende Qualität der Sprache gelenkt und die Stoßrichtung des sprachanalytischen Zweiges der Philosophie bezeichnet. Dieser bekommt seit dem Beginn der 90er Jahre durch den *iconic* oder *pictural turn* Konkurrenz, der die These einer grundsätzlichen Sprachförmigkeit allen Denkens in Zweifel zieht, die Eigenlogik des

Bildes in den Vordergrund rückt und die Dominanz des sprachanalytischen Paradigmas wieder zu brechen trachtet. Der in den 80er Jahren kreierte Begriff des *performative turn* lenkt die Aufmerksamkeit von dem repräsentierenden Charakter kultureller Gegenstände oder Werke auf Prozesse, die referenzfrei zu sein scheinen und dennoch Wirkungen zeitigen; der zuletzt ausgerufene *spatial*, *geographical* oder *topological turn* läutet eine Fokussierung auf die kulturelle Bedingtheit von Raumkonstitutionen ein, die das in der Moderne vorherrschende Paradigma des Zeitlichen ablösen soll. Während in den Kulturwissenschaften ein Paradigma mit dem anderen konkurriert und es nicht selten zu verdrängen sucht, lassen sich diese vor dem Hintergrund der Theorie symbolischer Formung Ernst Cassirers als Akzentuierungen grundlegender Bedingungen der vielfältigen Produkte menschlicher Kreativität begreifen, die in ihrem Zusammenwirken verstanden werden müssen.

Wer einen Zugang zu Cassirers Kulturphilosophie sucht, wird mit dem im US-amerikanischen Exil für einen größeren Personenkreis verfaßten *Essay on Man* beginnen oder direkt zu den drei Bänden der *Philosophie der symbolischen Formen* greifen, die neben der Entwicklung und Ausformulierung der Theorie symbolischer Formung eine Fülle detaillierter Beobachtungen sowie einzelwissenschaftliche Forschungsergebnisse zu den symbolischen Formen der Sprache, des Mythos und der Wissenschaft enthalten. Die Philosophie der symbolischen Formen ist mit dem gleichnamigen Hauptwerk Cassirers jedoch keineswegs abgeschlossen. In Aufsätzen und Vorträgen hat er sie vorbereitet, kontinuierlich weiterentwickelt und in den Kontext zeitgenössischer Ansätze gestellt.

Der vorliegende Band ist sowohl als Einführung in Cassirers Symbolphilosophie als auch als Ergänzung zu der Beschäftigung mit den großen Monographien konzipiert. Er enthält Texte, in denen Cassirer auf engem Raum konzise in die Programmatik der Philosophie der symbolischen Formen einführt, aber auch solche, in denen die gedankliche Herkunft und der Kontext, in welchem er seine Symbolphilosophie entwickelt, erläutert wird. Ebenfalls aufgenommen wurden Texte, in denen Cassirer symbolische Formen diskutiert, die er in der *Philosophie der symbolischen Formen* nicht ausführlich behandelt hat.

Cassirer hat sich in den rund 25 Jahren zwischen der ersten Skizze einer Philosophie der symbolischen Formen und seinem Spätwerk, dem *Essay on Man*, in zahlreichen Aufsätzen und Vorträgen zu diesem Themenkreis geäußert. So gibt er z.B. in »Die Kantischen Elemente in Wilhelm von Humboldts Sprachphilosophie« von 1923 Einblicke in den Zusammenhang der Philosophie der symbolischen

Formen mit der Kritischen Philosophie Kants, als dessen Fortschreibung und Erweiterung Cassirer sie verstanden hat, sowie der Sprachphilosophie Humboldts, in der er entscheidende Grundgedanken seiner Philosophie vorgebildet sah. In den beiden Texte »Inhalt und Umfang des Begriffs« und »Zur Logik des Symbolbegriffs« setzt Cassirer sich mit der Kritik seines schwedischen Kollegen Konrad Marc-Wogau auseinander und verteidigt die Wahrnehmungstheorie und Begriffslehre, die der Philosophie der symbolischen Formen zugrunde liegen. Aus Gründen der Umfangsbeschränkung konnten nicht alle relevanten Texte in diesen Band aufgenommen werde. Sie sind jedoch ausnahmslos in der Ausgabe *Ernst Cassirer, Gesammelte Werke* enthalten. Diese Textzusammenstellung knüpft an den Band *Symbol, Technik, Sprachen* an, mit dem die Wiederentdeckung Cassirers in Deutschland begann. Da inzwischen zahlreiche Einführungen in die Philosophie Cassirers sowie Gesamtdarstellungen vorliegen, wurde auf eine ausführliche Einleitung verzichtet und statt dessen zwei weitere Texte Cassirers aufgenommen.

Übersicht über die einzelnen Texte

Der Aufsatz »Die Begriffsform im mythischen Denken« basiert auf dem Vortrag »Begriffs- und Klasseneinteilung im mythischen und religiösen Denken«, den Cassirer am 13. Juli 1921 vor der Religionswissenschaftlichen Gesellschaft, Hamburg gehalten hat. Er ist der erste von Cassirer veröffentlichte Text, in dem das Projekt der *Philosophie der symbolischen Formen* erläutert und die baldige Publikation des ersten Bandes ankündigt wird.

In diesem Text wird deutlich, daß Cassirer den Begriff der Logik und der begrifflichen Klassifizierung erweitert und vertieft, um eine Logik der Geistes- und Kulturwissenschaften entwickeln und die »Totalität der geistigen Formen der Weltauffassung« in den Blick nehmen zu können. Die Wissenschaft und der Mythos unterscheiden sich nicht dadurch voneinander, daß die eine Form logisch, die andere nicht logisch wäre. Beide Denkformen zeigen Konsequenz in der Durchformung ihrer Weltbilder; doch es sind verschiedene Prinzipien, die den in ihnen ausgeprägten Lebens-, Gesellschafts-, und Denkordnungen zugrunde liegen. Ein Kriterium für die Untersuchung symbolischer Formen – die verschiedenen Gestaltungen von Raum, Zeit und Zahl – hat Cassirer hier bereits in Ansätzen entwickelt. Er bezeichnet sie als verschiedene »Modalitäten geistiger Auffassung und Formung«, durch die sich symbolische Formen unterscheiden.

Vieles von dem Material, das diesem Vortrag zugrunde liegt, dürfte Cassirer in der Kulturwissenschaftlichen Bibliothek Aby Warburgs (KBW) gefunden haben. Am 27. November 1920 hat er die KBW das erste Mal besucht. Der Leiter Fritz Saxl berichtet Aby Warburg in seinem Brief vom 28. November 1920 von diesem Besuch: »Gestern war Cassirer hier. Er wollte über allgemeine religionsgesch. Probleme Literatur haben. Von den verlangten Werken – es waren ziemlich viele – waren etwa neunzig Perzent vorhanden! Dabei hat sich aber noch etwas Wichtiges herausgestellt. Er hat mich ersucht, ich möchte ihn durch die Bibliothek führen, eine Aufgabe, derer ich mich, wie Sie wissen, besonders gern unterziehe. Ich beginne also im zweiten Zimmer beim Schrank ›Symbol‹, da ich angenommen habe, dass Cassirer von da aus am leichtesten ans Problem herankommt. Sofort stutzt er und erklärt mir, das sei ja das Problem, das ihn schon so lange beschäftige und an dem er derzeit arbeite. Die Literatur, über den Begriff Symbol, die wir besitzen, hat er aber nur zum kleinen Teil gekannt und Ihre visuelle Einstellung (die Sichtbarmachung des Symbols in Mimik und Kunst) überhaupt nicht.«[1]

Die in den *Beilagen* enthaltenen Literaturauszüge, auf die Cassirer in den Anm. 23, 24, 25, 28, 33, 38, 44 und 66 des Textes verweist, sind im Band ECW 16 nachzulesen, auf den sich die Seitenangaben beziehen.

Am 24. November 1921 hielt Cassirer einen programmatischen Vortrag in der KBW, in dessen Titel das Thema benannt wird, das ihn den Rest seines Lebens beschäftigen wird: »Der Begriff der symbolischen Formen im Aufbau der Geisteswissenschaften.«

Der »Systematiker« der KBW, als der er von den im Umfeld Aby Warburgs kulturhistorisch arbeitenden Wissenschaftlern betrachtet und geschätzt wurde, hebt die Bedeutung einer Verflechtung von (kultur)geschichtlicher Perspektive und philosophischer Systematik hervor. Denn eine historische Betrachtung, die dem Wandel der Phänomene nachspürt, bedarf der Ergänzung durch eine systematische oder, wie Cassirer es des öfteren nennt, idealistische Perspektive, die die Funktionen und Bedeutungen der Phänomene untersucht. Was ist denn das Gemeinsame, das eine Gruppe von Phänomen zu einem Kulturgebiet wie Sprache, Mythos oder Kunst werden läßt? Cassirer argumentiert funktionalistisch, nicht essentialistisch. Er erläutert die gemeinsame Funktion, die symbolische Formen als Ausdrucksmittel

[1] Ernst Cassirer, Nachgelassene Manuskripte und Texte, Band 18, Ausgewählter wissenschaftlicher Briefwechsel, hg. von John Michael Krois, Hamburg 2009, S. 241f.

des Menschen allgemein haben, aber auch die unterschiedlichen Funktionen, die die verschiedenen Medien (symbolische Formen) erfüllen. In diesem Vortrag gibt Cassirer erstmals eine Definition des Begriffs der symbolischen Form: »Unter einer ›symbolischen Form‹ soll jede Energie des Geistes verstanden werden, durch welche ein geistiger Bedeutungsgehalt an ein konkretes sinnliches Zeichen geknüpft und diesem Zeichen innerlich zugeeignet wird.«[2] Das Entwicklungsschema von der »einfachen Nachahmung« über die »Manier« zum »Stil«, mit dessen Hilfe Goethe die Entwicklung der Kunst beschrieben hat, überträgt Cassirer auf alle symbolischen Formen. Während er hier zunächst die Begriffe »mimisch«, »analogisch« und »symbolisch« verwendet, setzt er in der dreibändigen *Philosophie der symbolischen Formen* die Trias »Ausdruck«, »Darstellung« und »reine Bedeutung« ein, um die verschiedenen Verhältnisse zu kennzeichnen, in denen der Mensch zu seinen symbolischen Produkten stehen kann.

Auch der Vortrag »Das Symbolproblem und seine Stellung im System der Philosophie«, den Cassirer 1927 auf dem dritten Kongreß für Ästhetik und Allgemeine Kunstwissenschaft in Halle gehalten hat, gehört zu den »Schlüsseltexten« für das Verständnis der Philosophie der symbolischen Formen. Vor einem mit dem fachspezifischen Begriff des Symbols in den Kunstwissenschaften vertrauten Publikum nutzt Cassirer die Gelegenheit, die gedanklichen Wurzeln seines sehr viel umfassenderen Begriff des Symbols bzw. der symbolischen Form darzustellen, ihn abzugrenzen und mit dem berühmt gewordenen Beispiel eines Linienzuges, der, je nachdem, in welchem Kontext er erscheint, unterschiedlich wahrgenommen wird, anschaulich zu illustrieren. Wir leben in symbolischen Formen, und wir sind ständig damit beschäftigt, Symbole zu produzieren, denn in jeder Wahrnehmung verbindet sich das Sinnliche mit dem Sinnhaften. Wahrnehmen ist für Cassirer kein neutrales Aufnehmen, sondern stets ein zugleich interpretierender Akt. Wir nehmen nicht einen bestimmten Gegenstand wahr und geben ihm dann eine mathematische, mythisch-religiöse oder ästhetische Bedeutung, sondern wir nehmen ihn immer in einer bestimmten Sinnperspektive wahr. Dies ist die »symbolische Prägnanz« der Wahrnehmung, ein Terminus, den Cassirer im dritten Band seiner *Philosophie der symbolischen* Formen prägt und der das Kernstück der Symbolphilosophie darstellt.

Die aufschlußreichen Diskussionsbeiträge zu Cassirers Vortrag werden mit abgedruckt.

[2] S. 67 in diesem Band.

Den Aufsatz »Form und Technik« hat Cassirer für den 1930 von Leo Kestenberg herausgegebenen Band *Kunst und Technik* verfaßt. Im Gegensatz zu vielen seiner (insbesondere lebensphilosophisch orientierten) Zeitgenossen zeigt Cassirer eine große Aufgeschlossenheit gegenüber der Technik. Seine Form der Technikphilosophie beschränkt sich nicht auf Technikkritik, die sich mit den Produkten der Technik beschäftigt und ihr somit äußerlich bleibt, sondern versucht, Technik nicht nur als ein Mittel zur Gestaltung und Beherrschung der Welt, sondern als ein Mittel zu ihrer Entdeckung zu verstehen. Durch die Möglichkeit der Anwendung von Technik werden Naturgesetze, die der Mensch sich zu Nutze machen kann, die ihm aber zugleich Grenzen setzen, entdeckt. Technik ist eine paradigmatische symbolische Form, denn als Hilfsmittel oder Werkzeug verstanden, läßt sich ihr Mediencharakter, ihre Zwischenstellung zwischen Mensch und Umwelt, besonders gut erkennen. Darüber hinaus enthält der Aufsatz einige wesentliche Ausführungen zu Cassirers Kunstphilosophie, die er nicht systematisch ausgearbeitet hat.

Neben der Differenzierung von Ausdrucks-, Darstellungs- und Begriffsfunktion kultureller Produkte unterscheidet Cassirer symbolische Formen nach den verschiedenen Raum- und Zeitgestaltungen, die ihnen eigen sind. Der Raum, zitiert Cassirer den Physiker Hermann Weyl, ist keine »feste Mietskaserne, in die die Dinge einziehen«[3], sondern, wie bereits Kant dargelegt hat, eine Anschauungsform. Sie variiert jedoch, und das ist eine originär Cassirersche Weiterentwicklung, in jeder symbolischen Form. In dem Vortrag »Mythischer, ästhetischer und theoretischer Raum«, den Cassirer 1930 auf dem vierten Kongreß für Ästhetik und Allgemeine Kunstwissenschaft in Hamburg gehalten hat, erläutert er dieses für die Bestimmung und Unterscheidung symbolischer Formen grundlegende Kriterium anhand des Lebensraums des Mythos, des ästhetischen Erfahrungsraums der Kunst und des abstrakten Raums der modernen Physik. Seiner Zeit war er mit diesem durch Leibniz, aber auch durch die Relativitätstheorie geprägten Raumbegriff weit voraus. (Vgl. die sich an den Vortrag anschließenden Diskussionsbeiträge, die hier mit abgedruckt sind.)

»Die Sprache und der Aufbau der Gegenstandswelt«, ein Vortrag, den Cassirer auf dem zwölften Kongreß der Deutschen Gesellschaft für Psychologie 1931 in Hamburg gehalten hat und den er in erheblich erweiterter Form in französischer Sprache 1933 im *Journal de*

[3] S. 187 in diesem Band.

Psychologie veröffentlichte, gibt Einblick in die interdisziplinäre Methode und die wichtigsten Quellen (Sprachphilosophie, Psychologie, Psychopathologie), aus denen sich sein innovativer wahrnehmungstheoretischer Ansatz speist. Cassirer wendet sich gegen eine Abbildtheorie des Geistes und formuliert, daß die Sprache – wie alle anderen symbolischen Formen – die Gegenstandswelt nicht mimetisch abbildet, sondern sie erzeugt. Sprache ist als »ursprüngliche Setzung« zu begreifen. Doch nicht nur für den Aufbau der Gegenstandswelt, der Welt der Objekte und Sachverhalte, ist die Sprache von fundamentaler Bedeutung. In diesem Text stellt Cassirer die ethisch-praktische Relevanz symbolischer Formung heraus. Durch die im Medium der Sprache erfolgende Transformation von Affekten und Zuständen in artikulierte Aussagen öffnet sich ein Raum, in dem ethisch reflektiertes Handeln möglich wird. Durch die Ansprechbarkeit des Anderen als ein »Du« und durch die Möglichkeit der Eröffnung eines Dialogs kann Gemeinschaftsbewußtsein entstehen. Sprache erschließt und konstituiert nicht nur die Objektwelt; sie erschließt zugleich die soziale Welt.

Editorische Prinzipien

Die hier abgedruckten Aufsätze und Vorträge folgen der Ausgabe *Ernst Cassirer, Gesammelte Werke*, herausgeben von Birgit Recki, Hamburg 1998–2009. Eine Ausnahme bilden die Abschnitte 4.2 bis 8 des Aufsatzes »Die Sprache und der Aufbau der Gegenstandswelt«, die Cassirer in der französischsprachigen Fassung des Textes veröffentlicht hat. Sie sind der Ausgabe *Symbol, Technik, Sprache* entnommen worden, für die die Herausgeber das handschriftliche deutsche Manuskript ediert haben.

Alle Texte werden in Orthographie und Interpunktion nach den Regeln wiedergegeben bzw. korrigiert, die Cassirer selbst nach der Dudenreform von 1901 befolgte. Cassirer hat viel und häufig aus dem Kopf zitiert; aus diesem Grund wurden Zitate und Literaturangaben durchgängig überprüft und gegebenenfalls berichtigt, von Cassirer in deutscher Übersetzung angeführte Zitate in der Originalsprache hinzugefügt. Diese Berichtigungen und Ergänzungen sind durch eckige Klammern gekennzeichnet.

Die Ausgabe ist seitenidentisch mit den jeweiligen Bänden der ECW. Die Paginierung der Bände 16, 17 und 18 der ECW, aus denen die Aufsätze und Vorträge übernommen worden sind, findet sich eingerückt auf der Innenseite im Kolumnentitel und ist kursiv gesetzt.

Die am Rand der Innenseite stehende Paginierung bezieht sich auf die Erstveröffentlichung des jeweiligen Textes. Der Seitenumbruch der Erstveröffentlichung ist im Text durch einen senkrechten Strich gekennzeichnet. Ausführliche editorische Berichte befinden sich in der ECW.

Marion Lauschke

LITERATURHINWEISE

Primärtexte

Cassirer, Ernst, *Gesammelte Werke*, Hamburger Ausgabe, hg. von Birgit Recki, Hamburg 1998ff.

Cassirer, Ernst, *Nachgelassene Manuskripte und Texte*, hg. von Klaus Christian Köhnke, John Michael Krois und Oswald Schwemmer, Hamburg 1995ff.

Biographien

Cassirer, Toni, *Mein Leben mit Ernst Cassirer*, Hamburg 2003.

Meyer, Thomas, *Ernst Cassirer*, Hamburg 2006.

Ausgewählte Sekundärliteratur

Braun, Hans-Jürg/Holzhey, Helmut/Orth, Ernst Wolfgang (Hg.), *Über Ernst Cassirers Philosophie der symbolischen Formen*, Frankfurt/Main 1988.

Graeser, Andreas, *Ernst Cassirer*, München 1994.

Rudolph, Enno/Sandkühler, Hans Jörg (Hg.), *Symbolische Formen, mögliche Welten – Ernst Cassirer* (Dialektik 1995/1), Hamburg 1995.

Rudolph, Enno / Küppers, Bernd-Olaf (Hg.), *Kulturkritik nach Ernst Cassirer* (Cassirer-Forschungen 1), Hamburg 1995.

Orth, Ernst Wolfgang, *Von der Erkenntnistheorie zur Kulturphilosophie. Studien zu Ernst Cassirers Philosophie der symbolischen Formen*, Würzburg 1996.

Frede, Dorothea/Schmücker, Reinold (Hg.), *Ernst Cassirers Werk und Wirkung. Kultur und Philosophie*, Darmstadt 1997.

Schwemmer, Oswald, *Ernst Cassirer. Ein Philosoph der europäischen Moderne*, Berlin 1997.

Ferrari, Massimo, *Ernst Cassirer. Stationen einer philosophischen Biographie* (Cassirer-Forschungen 11). Aus dem Italienischen von Marion Lauschke, Hamburg 2003.

Sandkühler, Hans Jörg/Pätzold, Detlev (Hg.), *Kultur und Symbol. Ein Handbuch zur Philosophie Ernst Cassirer*, Stuttgart/Weimar 2003.

Rudolph, Enno, *Ernst Cassirer im Kontext*, Tübingen 2003.

Recki, Birgit, *Kultur als Praxis. Eine Einführung in Ernst Cassirers Philosophie der symbolischen Formen*, Berlin 2004.
Lauschke, Marion, *Ästhetik im Zeichen des Menschen. Die ästhetische Vorgeschichte der Symbolphilosophie Ernst Cassirers und die symbolische Form der Kunst*, Hamburg 2007.

ERNST CASSIRER
SCHRIFTEN ZUR PHILOSOPHIE
DER SYMBOLISCHEN FORMEN

Die Begriffsform im mythischen Denken[1] (1922)

Vorwort

Die folgende Studie gibt, in etwas erweiterter Fassung, den Inhalt eines Vortrags wieder, der von mir im Juli 1921 in der »Religionswissenschaftlichen Gesellschaft« zu Hamburg gehalten worden ist. Zu gesonderter Veröffentlichung war dieser Vortrag anfänglich nicht bestimmt; denn das Problem, das er sich stellt, gehört einem weiteren Umkreis von Fragen an, aus dem es sich, wie ich mir wohl bewußt bin, nur schwer herauslösen läßt. Wenn ich mich jetzt trotzdem zu einer solchen Veröffentlichung entschließe, so bitte ich den Leser, das Folgende nur als einen ersten Entwurf und als eine Skizze anzusehen, die ihre nähere Ausführung erst in der Darstellung des umfassenderen Problemkreises finden kann, aus welchem sie nur einen vorläufigen Ausschnitt bildet. Die Vorarbeiten zu dieser Darstellung sind jetzt so weit gefördert, daß ich hoffen darf, in kurzem wenigstens den ersten Teil einer »Philosophie der symbolischen Formen« vorlegen zu können, der vorerst freilich nur die Phänomenologie der sprachlichen Form enthalten wird; ihm soll sich dann, gemäß dem Gesamtplan der Arbeit, zunächst eine Analyse des mythischen Bewußtseins und seiner Stellung zur Sprache, zur Kunst und zur wissenschaftlichen Erkenntnis anschließen, in welcher vieles, was im folgenden nur angedeutet werden konnte, seine genauere Darlegung und, wie ich hoffe, seine schärfere systematische Begründung finden wird.

Der Herausgeber dieser Studien, Herr Dr. Fritz Saxl, hat durch das lebhafte Interesse, das er von Anfang an an dem Inhalt meines Vortrags genommen hat, nicht nur alle meine Zweifel und Bedenken gegen seine gesonderte Veröffentlichung überwunden, sondern er hat mich auch bei der Drucklegung sowie bei der Beschaffung der oft schwer zugänglichen Quellen – zum größten Teil aus dem Material der Bibliothek Warburg – in jeder Weise unterstützt; ich möchte ihm hierfür auch an dieser Stelle meinen herzlichen Dank aussprechen. Auch meinen Kollegen an der Hamburgischen Universität, Herrn Prof. Carl Meinhof, Prof. Otto Dempwolff und Dr. Erwin

[1] [*Zuerst veröffentlicht als Band 1 der »Studien der Bibliothek Warburg«, Leipzig/Berlin 1922.*]

Panofsky, die den Aufsatz im Manuskript bzw. in der Fahnenkorrektur gelesen haben, bin ich für manchen wertvollen Rat und Wink zu Dank verpflichtet.

Hamburg, im Juli 1922. Ernst Cassirer |

1.

Die Logik ist zum Bewußtsein ihrer eigentlichen philosophischen Aufgabe und zum Bewußtsein ihrer systematischen Form erst dadurch gelangt, daß sich ihre eigene Entwicklung gleichzeitig mit der Entwicklung des wissenschaftlichen Denkens vollzog und sich beständig an dieser letzteren orientierte. An den Problemen, die die Methodik der Einzelwissenschaften stellte, erfaßte sie erst ihr allgemeines und umfassendes Problem. Seit der Grundlegung der wissenschaftlichen Philosophie in der Ideenlehre Platons besteht diese wechselseitige Beziehung. In der Platonischen Dialektik ist das, was wir heute als »Logik« bezeichnen, als notwendiger und integrierender Bestandteil enthalten – aber wie es hier noch keinen eigenen selbständigen Namen trägt, so steht es auch nach seinem sachlichen Gehalt mit der Methodenlehre der einzelnen Wissenschaften noch im engsten Zusammenhang. Die begriffliche »Rechenschaftsablegung«, das *λόγον διδόναι*, auf das alle Philosophie hinzielt und worin sich ihr Begriff erfüllt, betrifft ebensowohl den Inhalt des Wissens wie seine reine Form. Die Form des »hypothetischen«, des beziehentlichen Denkens, wie sie von Platon zuerst in aller Schärfe herausgestellt wird, empfängt ihre Bestätigung und ihre volle Aufhellung erst dadurch, daß sie, im »Menon«, am konkreten Beispiel des geometrischen Denkens zur Darstellung gelangt. Die Entdeckung der analytischen Methode der Geometrie, die sich hier vollzieht, hat der allgemeinen Analyse des logischen Folgerns und Schließens, wie sie in den beiden Aristotelischen Analytiken vorliegt, erst den Boden bereitet. Und auch in den späteren Platonischen Dialogen – besonders im »Sophistes« und »Politikos« – tritt die eigentliche dialektische Kunst, die Kunst des Scheidens und Verknüpfens, nicht als schlechthin losgelöste logische Technik heraus. Die Lehre vom logischen Begriff, von seinen Gattungen und Arten, berührt sich vielmehr aufs nächste mit dem Problem der systematischen Klassifikation, wie es sich in den beschreibenden Naturwissenschaften gestaltet. So scharf die logischen Formen sich von den Naturformen sondern, so ist doch zu ihrer Kenntnis nicht | unmittelbar zu gelangen – sondern wer sie als die höchsten und bedeutsamsten, als die *μέγιστα καὶ τιμιώτατα εἴδη* erfassen will, der darf den Umweg über die sinnlichen Gestalten, über ihre Gliederung und Einteilung nicht scheuen.[2] In dieser Fassung des Problems bleibt bei Platon die Grundtendenz der Sokratischen Lehre von der Begriffsbildung, bleibt das Prinzip der Sokratischen »Induktion« lebendig. So streng sich die Reiche des Sinnlichen und des Gedanklichen voneinander abscheiden – so ist doch im Bereich des Gedanklichen selbst der stetige Zusammenhang zwischen der Dialektik und den besonderen Formen der Wissensgestaltung gewahrt. Hier gibt es nirgends einen Bruch, sondern hier ist es ein stetiger Aufstieg, der von der Naturlehre und Astronomie durch die reine Mathematik hindurch zur höchsten Idee, zur Idee des Guten, hinaufführt. In diesem Gedanken ist zum ersten Male die grundlegende Bestimmung der Logik gegeben – in dem Einheitsbegriff der Philosophie konstituiert und begründet sich zugleich der Einheitsbegriff der Wissenschaft.

Auch die moderne Logik ist in diesem Sinne Logik der wissenschaftlichen Erkenntnis, insbesondere Logik der Mathematik und der mathematischen Naturwissenschaft, geblieben. Alle Sicherheit, alle »Evidenz«, nach der das philosophische Denken strebte, schien auf diesem Zusammenhang zu beruhen. »[N]ihil certi habemus in nostra scientia, nisi nostram mathematicam«,[3] so verkündet schon Nicolaus Cusanus, der, noch ganz erfüllt mit dem Gehalt der mittelalterlich-scholastischen Probleme, dennoch eine neue Form des Philosophierens begründet, weil er der Scholastik gegenüber ein neues Ideal der »Exaktheit«, der praecisio des Wissens aufstellt. Wie dann dieses Ideal in der Geschichte der neueren Philosophie, von Descartes und Leibniz bis auf Kant, weitergewirkt und wie es mit den Fortschritten der modernen Mathematik und mathematischen Physik selber eine immer bestimmtere Fassung gewonnen hat, braucht hier nicht im einzelnen dargelegt zu werden. Es ist Hermann Cohens unvergängliches Verdienst, daß er diese Linie der Entwicklung zuerst mit voller Sicherheit gezeichnet und daß er sie ins hellste Licht geschichtlicher und systematischer Erkenntnis gerückt hat. Er selbst aber zieht hieraus die Folgerung, daß die Logik, als Logik der reinen Erkenntnis, nichts anderes als Logik der mathematischen Naturwissenschaft sein kann. Diese Schlußfolgerung macht für ihn den Kern und Sinn der neuen von Kant begründeten Methode des Philosophierens, der

2 Vgl. bes. Platon, Politikos 285 A u. 286 A.

3 [Nicolaus Cusanus, De possest, in: Opera. In quibus theologiae mysteria plurima, sine spiritu Dei inaccessa, iam aliquot seculis veleta et neglecta revelantur, Basel 1565, fol. 249–266: fol. 259.]

»transzendentalen Methode«, aus. »[K]ritische Philosophie«, so definiert er, »ist diejenige, welche nicht nur schlechthin mit der Wissenschaft Zusammenhang hat, und auch nicht schlechthin mit der Naturwissen|schaft, sondern in erster Linie mit der Mathematik, und erst durch sie, und an ihrer Hand mit der Naturwissenschaft.«[4] Durch die Entwicklung, die die Mathematik und die theoretische Physik seit Kant erfahren hat, scheint dieser Zusammenhang nicht nur bestätigt, sondern von einer neuen Seite her befestigt worden zu sein. Der Ausbau der nichteuklidischen Geometrien, die veränderte Bestimmung, die der Raum- und Zeitbegriff und das Verhältnis beider Begriffe durch die allgemeine Relativitätstheorie erfahren haben, greift tief in die Gestaltung der allgemeinen Erkenntnislehre ein und hat auch ihr eine Fülle neuer und fruchtbarer Aufgaben gestellt.

Weit schwieriger stellt sich von Anfang an das Verhältnis zwischen der Logik als allgemeiner »Wissenschaftslehre« und dem System der »Geisteswissenschaften« dar. Der Plan eines konstruktiven Aufbaus der Geisteswissenschaften wird in der neueren Philosophie zuerst durch Giambattista Vico scharf und bestimmt erfaßt. Schon bei ihm begegnet der Gedanke, daß dieser Aufbau gegenüber der Logik der Mathematik und der mathematischen Naturwissenschaft seine völlige Selbständigkeit behaupten, daß er auf eigenen und eigentümlichen Grundlagen beruhen müsse, daß aber andererseits diese letzteren an Strenge und an Evidenz den Prinzipien der Mathematik nichts nachzugeben hätten. Die Welt der Geschichte beruht gleich der Raumwelt, mit der es die Geometrie, und gleich der Körperwelt, mit der es die Physik zu tun hat, auf allgemeingültigen Prinzipien, die im Wesen des menschlichen Geistes gegründet sind. So entsteht hier der Entwurf einer »neuen Wissenschaft«, deren Verfahren dem der Geometrie analog gedacht wird; wie diese die Welt der Größen nicht lediglich betrachtet, sondern aus ihren Elementen konstruiert und erschafft, so erscheint der gleiche Fortgang in der Welt des Geistes nicht nur als möglich, sondern als notwendig. Und er besitzt hier um so mehr konkrete Realität und Wahrheit, als die Ordnungen innerhalb der Menschenwelt den Punkten und Linien, den Oberflächen und den körperlichen Gestalten der Geometrie an Realität überlegen sind.[5] Die Aufgabe einer allgemeinen Logik der Geisteswissenschaften, die der der Mathematik

[4] [Hermann Cohen, Einleitung mit kritischem Nachtrag zur neunten Auflage der Geschichte des Materialismus von Friedrich Albert Lange, 3., erw. Aufl., in: Friedrich Albert Lange, Geschichte des Materialismus und Kritik seiner Bedeutung in der Gegenwart, 1. Buch: Geschichte des Materialismus bis auf Kant, Leipzig [9]1914, sep. pag., S. 59.]

[5] Vgl. Giambattista Vico, Principj di Scienza Nuova d'intorno alla comune

und der Naturwissenschaft ebenbürtig zur Seite treten könne, war damit gestellt. Aber erst in der nachkantischen Philosophie, in den spekulativen Systemen Fichtes, Schellings und Hegels rückt diese Aufgabe nun in den eigentlichen Mittelpunkt der Philosophie. Mit Hegel schien das, was bei Vico als bloße Forderung hingestellt war, seiner endgültigen Lösung entgegengeführt. Seine Phänomenologie und seine Logik umfaßt in einem Entwurf von großartiger Geschlossenheit und | Tiefe die konkrete Totalität des geistigen Lebens, das hier zugleich in der geschichtlichen Fülle seiner Erscheinungen wie in deren systematischer Gliederung und systematischer Notwendigkeit zur Darstellung gelangen soll. Aber dieser Gehalt der Hegelschen Logik war unlöslich mit ihrer Form, mit der Form der dialektischen Methode, verknüpft. Sobald man auf diese Form verzichtete, fiel das Ganze der Probleme, die hier durch die Einheit und Notwendigkeit eines metaphysischen Prinzips zusammengehalten waren, wieder in eine Mannigfaltigkeit bloß methodologischer Einzelfragen auseinander. Hier war es insbesondere die Methodologie der Geschichte, die sich von der der Mathematik und der mathematischen Naturwissenschaft abzulösen und ihr mit selbständigem Anspruch gegenüberzutreten versuchte. Die Eigentümlichkeit des geistigen Seins, seine Unterscheidung vom natürlichen, sollte durch die Logik der Geschichtswissenschaft, durch die Abgrenzung des »idiographischen« Verfahrens der Geschichte gegen das »nomothetische« Verfahren der Naturwissenschaft erwiesen und sichergestellt werden. Aber so wertvoll diese methodologische Unterscheidung an sich selbst war, so wurde sie doch bei weitem überschätzt, wenn man glaubte, in ihr das eigentliche Fundament für den Aufbau der Geistes- und Kulturwissenschaften gefunden zu haben. Denn die Reflexion auf die Form und Eigenart der historischen Erkenntnis bestimmt als solche nichts über den Inhalt dieser Erkenntnis – die Art und Richtung der geschichtlichen Auffassung und Beschreibung läßt den Gegenstand dieser Auffassung noch völlig unbestimmt. Um diesen zu bestimmen, müssen wir von der Form der geschichtlichen Erkenntnis wieder auf den Gehalt und das Wesen dessen, was in die historische Entwicklung eintritt, zurückgehen. Alle Geschichte hat als konkrete Geschichte ein bestimmtes Subjekt: Sie ist Geschichte des Staates oder des Rechts, der Sprache und der Kunst, der Religion oder der Wissenschaft. Aber alle diese Gebilde gehen nun nicht in der bloßen Äußerlichkeit ihrer mannigfachen historischen Erscheinungsformen auf, sondern sie offenbaren in dieser Äußerlich-

natura delle nazioni, nach der 3. Aufl. von 1744 hrsg. v. Giuseppe Ferrari (Opere scelte di Giambattista Vico, Bd. II), Mailand 1836, S. 139 u. 159.

keit ein inneres geistiges Prinzip. Die Sprache und die Religion, die Kunst und der Mythos besitzen je eine selbständige, von anderen geistigen Formen charakteristisch unterschiedene Struktur – sie stellen jede eine eigentümliche »Modalität« der geistigen Auffassung und der geistigen Formung dar. Einen Überblick über die Gesamtheit dieser Modalitäten, über das, was das Wesen jeder einzelnen ausmacht und was sie vom Wesen der anderen trennt, vermag jedoch die bloße Geschichtslogik nicht zu geben. Denn sie gehört, sosehr sie sich von der Logik der mathematischen Naturwissenschaft zu unterscheiden sucht, im Grunde doch noch immer der gleichen gedanklichen Dimension wie | diese an. Sie bewegt sich durchaus innerhalb einer einzelnen Modalität – innerhalb der Modalität der Erkenntnis. Die Entgegensetzung des historischen und des naturwissenschaftlichen Erkenntnisideals betrifft nur die Gliederung der Teile innerhalb des Systembegriffs der wissenschaftlichen Erkenntnis, geht dagegen nicht auf die Frage, wie diese letztere sich als Ganzes zu anderen geistigen Ganzheiten von wesentlich verschiedener Struktur und Fügung verhält. Solange die methodologische Unterscheidung noch gleichsam in der einen Ebene der Erkenntnis selbst verharrt, solange bewährt sich an ihr, trotz aller Feinheit der Abgrenzungen, die hier erreicht werden kann, immer wieder das Wort Descartes': Das Wissen als solches, die »humana sapientia«, erscheint, auf so vielerlei Gegenstände es sich auch richten mag, doch immer als ein und dasselbe und empfängt von der Verschiedenheit der Gegenstände keinen größeren Unterschied als das Licht der Sonne von der Verschiedenheit der Objekte, die sie erleuchtet. Vor völlig neue Fragen sieht sich dagegen die Logik gestellt, sobald sie versucht, ihren Blick, über die reinen Wissensformen hinaus, auf die Totalität der geistigen Formen der Weltauffassung zu richten. Jede von ihnen – wie die Sprache und der Mythos, die Religion und die Kunst – erweist sich jetzt als ein eigentümliches Organ des Weltverständnisses und gleichsam der ideellen Weltschöpfung, das neben der theoretisch-wissenschaftlichen Erkenntnis und ihr gegenüber seine besondere Aufgabe und sein besonderes Recht besitzt.

Freilich scheint sich hier sofort das Bedenken erheben zu müssen, ob mit einer derartigen Erweiterung der Logik nicht ihr feststehender traditioneller Begriff und die eindeutige Bestimmtheit dieses Begriffs preisgegeben werde. Verliert die Logik nicht ihren geschichtlichen und systematischen Halt, droht sich ihre klar umrissene Aufgabe und ihr Sinn nicht völlig zu verflüchtigen, wenn sie aus den Grenzen heraustritt, die ihr durch ihre Korrelation nicht nur mit der mathematischen Naturwissenschaft, sondern mit der Wissenschaft überhaupt gezogen sind? Läßt sich in einem anderen Sinne als in dem einer willkürlichen Übertragung, einer bloßen Metapher von einer Logik nichtwissenschaftlicher Gebilde sprechen? Auf diese Frage läßt sich indes zunächst erwidern, daß, selbst vom Standpunkt der allgemeinen philosophischen Tradition, eine solche Erweiterung des Begriffs der Logik nicht nur zulässig erscheint, sondern daß diese Tradition schon mannigfache selbständige Ansätze zu ihr enthält. Schon der Name der Logik weist darauf hin, daß in ihrem Ursprung die Reflexion auf die Form des Wissens mit der Reflexion auf die Form der Sprache sich aufs innigste durchdringt. Die Grenzen der Logik und der Grammatik werden nur ganz allmählich gewonnen und sichergestellt. Heute | freilich wird niemand mehr daran denken, das Ideal der philosophischen Grammatik in dem Sinne zu erneuern, daß er die Gesetze der Sprache einfach aus denen des rationalen Denkens und Schließens abzulesen und zu deduzieren versucht. Der Gedanke der »Grammaire générale et raisonnée«, der noch das 17. und 18. Jahrhundert immer wieder beschäftigt und gefesselt hat, scheint durch die historische und psychologische Betrachtung der Sprache ein für allemal beseitigt zu sein. Aber je mehr in dieser Betrachtung die Individualität der Sprache und der Sprachen herausgetreten ist, die jede Rückführung auf einen gleichförmigen logischen Typus verbietet – um so deutlicher zeigt sich andererseits, daß ebendiese Individualität der »inneren Sprachform« nicht nur in einer bestimmten Richtung des Gefühls und der Phantasie, sondern in einer eigentümlichen gedanklichen Gesetzlichkeit gegründet ist. Als Lehre vom »Denken überhaupt« kann die Logik nicht umhin, auch dieser Gesetzlichkeit des sprachlichen Denkens näherzutreten – kann sie nicht umhin, z. B. die Frage nach dem Prinzip der sprachlichen Begriffsbildung und der sprachlichen Klasseneinteilung oder auch die Frage nach dem Verhältnis des logischen Urteils zum sprachlichen Satz ins Auge zu fassen. Schwieriger scheint es, eine Beziehung zwischen der logischen und der ästhetischen Gesetzlichkeit aufzuweisen: Denn die Kunst zum mindesten erscheint als ein Gebilde sui generis, das lediglich aus seinem eigenen Gestaltungsprinzip heraus verstanden werden kann. Und doch zeigt die geschichtliche Entwicklung der Ästhetik, daß auch sie sich als selbständige systematische Disziplin aus der Logik entfaltet und sich erst ganz allmählich von diesem gemeinsamen philosophischen Mutterboden losgelöst hat. Als »Gnoseologia inferior«, als Erkenntnislehre der »unteren Seelenkräfte« wird im 18. Jahrhundert durch Alexander Baumgarten die Ästhetik begründet. Sie entsteht in dem Gedanken, daß auch im Sinnlichen und Imaginativen ebenso wie im Gedanklich-Rationalen bestimmte durchgehende Verknüpfungsformen und Verknüpfungsregeln gelten – daß es eine »Logik der Einbildungskraft« ebenso wie eine Logik des abstrakten Denkens gibt. Durch Georg Friedrich Meier, den Schüler Baumgartens, und durch Tetens wird dieser Begriff der »Logik der Phantasie« in der deutschen Psychologie heimisch. Wenn Kant die Gesetzlichkeit des ästhetischen Bewußtseins in der transzendentalen Struktur der »Urteilskraft« begründet sein läßt, so wirkt hierbei noch die Erinnerung an diesen Ursprung der philosophischen Ästhetik mit. Wagt man es, auf derartige Beispiele gestützt, von einer Logik auch des Mythos und der mythischen Phantasie zu sprechen – so steigert sich damit freilich der Anschein der Paradoxie. Denn ebendies scheint für die Welt des Mythos charakte|ristisch zu sein, daß sie ganz in der Sphäre der primitiven Empfindung und Anschauung, in der Sphäre des Gefühls und des Affekts beschlossen bleibt und daß sie für die analytischen Scheidungen und Trennungen, die erst der »diskursive« Begriff einführt, keinen Raum läßt. Schon die bloße Frage nach der Begriffsform des Mythos scheint daher eine völlig unzulässige Rationalisierung desselben in sich zu schließen – scheint den Gegenstand, den sie begreifen will, vielmehr zu verfälschen und seiner eigenen Natur zu entfremden.

Und doch ist auch dem Mythos, so wahr er nicht ausschließlich im Kreis unbestimmter Vorstellungen und Affekte verharrt, sondern sich in objektiven Gestalten ausprägt, auch eine bestimmte Art der Gestaltgebung, eine Richtung der Objektivierung eigen, die – sowenig sie mit der logischen Form der »Bestimmung zum Gegenstande« zusammenfällt – doch eine ganz bestimmte Weise der »Synthesis des Mannigfaltigen«, der Zusammenfassung und der wechselseitigen Zuordnung der sinnlichen Elemente in sich schließt. Alle Begriffsbildung, gleichviel in welchem Gebiet und an welchem Material, ob an dem der »objektiven« Erfahrung oder an dem der bloß »subjektiven« Vorstellung, sie sich vollziehen mag, ist dadurch gekennzeichnet, daß sie ein bestimmtes Prinzip der Verknüpfung und der »Reihung« in sich schließt. Erst durch dieses Prinzip werden aus dem stetigen Fluß der Eindrücke bestimmte »Gebilde«, bestimmte Gestaltungen mit festen Umrissen und »Eigenschaften« herausgelöst. Die Form der Reihung bestimmt hierbei die Art und die Gattung des Begriffs. Es ist eine andere Weise der Zuordnung, eine andere »Hinsicht« der Vergleichung, die z. B. für den physikalischen Begriff und für den biologischen Begriff kennzeichnend ist – und wieder eine andere Rücksicht der Zusammenfassung beherrscht die Bildung der historischen Begriffe. Die traditionelle logische Lehre vom Begriff pflegt freilich ebendiese entscheidende Differenz zu übersehen oder sie zum mindesten nicht zur scharfen methodischen Ausprägung zu bringen. Denn, indem sie uns anweist, den Begriff dadurch zu bilden, daß wir eine Gesamtheit gleichartiger oder ähnlicher Wahrnehmungen durchlaufen und daß wir aus ihr, indem wir ihre Unterschiede mehr und mehr fallenlassen, nur die gemeinsamen Bestandteile herausheben, geht sie dabei von der Voraussetzung aus, als liege die Ähnlichkeit oder Unähnlichkeit schon in dem einfachen Inhalt der sinnlichen Eindrücke selbst und sei von ihm unmittelbar und unzweideutig abzulesen. Eine schärfere Analyse zeigt indes genau das Umgekehrte: Sie lehrt, daß die sinnlichen Elemente je nach dem *Gesichtspunkt*, unter dem sie betrachtet werden, in ganz verschiedener Weise zu Ähnlichkeitskreisen zusammengefaßt werden können. An sich ist nichts gleich | oder ungleich, ähnlich oder unähnlich – das Denken macht es erst dazu. Dieses bildet somit nicht einfach eine an sich bestehende Ähnlichkeit der Dinge in der Form des Begriffes nach – sondern es bestimmt vielmehr, durch die *Richtlinien* der Vergleichung und Zusammenfassung, die es aufstellt, selbst erst, was als ähnlich, was als unähnlich zu gelten hat. Der Begriff ist mit anderen Worten nicht sowohl das *Produkt* der Ähnlichkeit der Dinge, als er vielmehr die *Vorbedingung* für die bewußte Setzung einer Ähnlichkeit zwischen ihnen bildet. Auch das Verschiedenste kann noch in irgendeiner Beziehung als ähnlich oder gleich, auch das Ähnlichste noch in irgendeiner Beziehung als verschieden betrachtet werden: Und Sache des Begriffs ist es, ebendiese Beziehung, diesen determinierenden Gesichtspunkt, zu fixieren und zum bestimmten Ausdruck zu bringen. Ganz besonders deutlich und eindringlich tritt dies hervor, wenn man nicht dabei stehenbleibt, die verschiedenen Arten des Begriffs, die innerhalb ein und derselben Gattung möglich sind, miteinander zu vergleichen, sondern wenn man die Gattungen selbst bestimmt einander entgegenstellt. Der physikalische, der chemische, der biologische Begriff weisen gegeneinander gewisse charakteristische Unterschiede auf, aber sie stellen nichtsdestoweniger sämtlich nur bestimmte Nuancierungen des allgemeinen »Naturbegriffs« dar – der naturwissenschaftliche Begriff scheidet sich seinem spezifischen Bildungsprinzip nach vom historischen, aber beide sind doch als *Erkenntnisbegriffe* wieder aufeinander bezogen und miteinander geeint. Viel schärfer aber tritt die Differenz hervor, wenn der Übergang nicht innerhalb derselben Gattung von Art zu Art, sondern wenn er von einer Gattung zur anderen erfolgt. Hier scheint mit einem Male ein wirklicher Hiatus einzutreten: Der methodische Unterschied wird zum prinzipiellen Gegensatz. Aber ebendiese Antithetik kann nun dazu dienen, die Eigentümlichkeit jedes der beiden Gegenglieder durch den Kontrast um so deutlicher zu bezeichnen. In diesem Sinne ist es gerade ein logisches Motiv und ein echt logisches Interesse, das dazu antreiben kann, über die Grenzen der im engeren Sinne logischen Begriffs- und Klassenbildung hinauszugehen. Die Kategorien des Logischen werden in ihrer Eigenart erst dann völlig durchsichtig, wenn wir uns nicht damit begnügen, sie in ihrem eigenen Gebiet aufzusuchen und zu betrachten, sondern wenn wir ihnen die Kategorien anderer Denkgebiete und Denkmodalitäten, insbesondere die Kategorien des mythischen Bewußtseins, gegenüberstellen. Daß es nicht paradox ist, von solchen Kategorien des mythischen Bewußtseins zu sprechen – daß der Verzicht auf die logisch-wissenschaftliche Form der Verknüpfung und Deutung nicht mit absoluter Willkür und Gesetzlosigkeit gleichbedeutend ist, sondern | daß dem mythischen Denken ein Gesetz von eigener Art und Prägung zugrunde liegt, wollen die folgenden Darlegungen zu erweisen suchen.

2.

Wenn wir das Verfahren betrachten, das die Sprache in ihren Begriffsbildungen und Klasseneinteilungen befolgt, so weist es gewisse Momente auf, die gemäß unseren logischen Denkgewohnheiten kaum zu verstehen und mit unseren gewöhnlichen logischen Maßen kaum zu messen sind. Die Art, in der selbst die uns nächstliegenden und vertrautesten Kultursprachen die Gesamtheit der Nomina in verschiedene »Genera« einteilen, ist so wenig unmittelbar verständlich, daß sie für die philosophische und »rationale« Grammatik von jeher einen Stein des Anstoßes gebildet hat. Die Grammatik von Port-Royal, die es sich zur Aufgabe macht, die Gesamtheit der grammatischen Formen aus ihren ersten logischen Gründen zu begreifen und zu deduzieren, hat in ihrer Darlegung und Erörterung des Geschlechtsunterschieds diesen Anspruch wesentlich einschränken müssen. Sie gelangt nach den ersten Versuchen einer allgemeinen logischen Ableitung dieses Unterschieds zu dem Ergebnis, daß zum mindesten seine konkrete Anwendung, daß die Zuteilung bestimmter Substantiva zu dem einen oder anderen Genus, keiner festen Regel unterliege, sondern daß hier in weitem Maße bloße Laune und vernunftlose Willkür (»pur caprice, et un usage sans raison«) herrsche.[6] Auch der Versuch, den Geschlechtsunterschied dadurch verständlich zu machen, daß man ihn, statt auf die Logik des abstrakten und diskursiven Denkens,

[6] Antoine Arnauld/Claude Lancelot, Grammaire générale et raisonnée de Port-Royal (Teil 2, Kap. 5: Des Genres), Paris ²1810, S. 279.

auf eine Art »intuitiver« Logik zurückführte, ist zu keinem völlig befriedigenden Ergebnis gelangt. Jacob Grimm hat in einem der reichsten und tiefsten Kapitel seiner »Deutschen Grammatik« diesen Versuch unternommen. Nirgends vielleicht tritt die Kraft der ästhetischen Phantasie und die Kraft der sprachlichen Einfühlung bei Grimm so deutlich zutage als in diesem Abschnitt, der den letzten Motiven der Sprachbildung nachgeht und ihren verborgensten Sinn aufzudecken sucht. Die logische Fähigkeit der Gliederung eines gewaltigen Sprachstoffes steht hier mit der freien Beweglichkeit der Sprachphantasie, die keinen Begriff zur bloßen Schablone erstarren läßt, sondern ihn, je nach der besonderen konkreten Aufgabe, immer aufs neue differenziert und ihn bis in seine feinsten Nuancierungen und Abschattungen verfolgt, in glücklichstem Gleichgewicht. Schon bei der Darstellung des grammatischen Geschlechts sinnlicher Gegenstände werden von Grimm nicht weniger als 28 verschiedene Gesichtspunkte aufgeführt, nach | denen die Zuteilung der verschiedenen Objekte zum männlichen, weiblichen oder sächlichen Geschlecht sich vollzieht. »Das grammatische genus«, so faßt er seine Darlegungen zusammen, »ist [...] eine in der phantasie der menschlichen sprache entsprungene ausdehnung des natürlichen auf alle und jede gegenstände. Durch diese wunderbare operation haben eine menge von ausdrücken, die sonst todte und abgezogene begriffe enthalten, gleichsam leben und empfindung empfangen, und indem sie von dem wahren geschlecht formen, bildungen, flexionen entlehnen, wird über sie ein die ganze sprache durchziehender reiz von bewegung und zugleich bindender[7] verknüpfung der redeglieder unvermerkt ausgegoßen.«[8] Aber so reizvoll und bestechend diese Auffassung und Deutung des Geschlechtsunterschieds war, so große Schwierigkeiten stellten sich, schon innerhalb des indogermanischen Sprachkreises, ihrer exakten Durchführung im einzelnen entgegen. Die indogermanische Sprachwissenschaft sah sich schon hier, wenngleich sie an dem allgemeinen Zusammenhang zwischen grammatischem und natürlichem Geschlecht, zwischen Genus und Sexus festhielt,[9] zu mannigfachen Einschränkungen dieses Prinzips gedrängt. Brugmann hat schließlich die Anschauung Grimms durch eine rein formale Theorie ersetzt, nach welcher das Geschlecht der meisten

[7] [*Cassirer:* bildender]

[8] Jacob Grimm, Deutsche Grammatik, Bd. III, Göttingen 1831, S. 346.

[9] Vgl. hierfür z. B. Hermann Paul, Prinzipien der Sprachgeschichte, Halle a. d. S. [3]1898, S. 241 ff.

Substantive nicht auf einen Akt der sprachlich-ästhetischen Phantasie zurückgeht, sondern im wesentlichen durch ihre äußere Form, durch die assoziativen Zusammenhänge, die sich zwischen Substantiven von gleicher oder ähnlicher Endung allmählich herausbildeten, bedingt sein sollte.[10]

In ein neues Licht wurde das Problem gerückt, als die Sprachwissenschaft dazu überging, es über die Grenzen des Indogermanischen hinaus zu verfolgen und den Geschlechtsunterschied der Nomina im Indogermanischen mit verwandten, aber weit allgemeineren Phänomenen in anderen Sprachkreisen zu vergleichen. Die Betrachtung gewann jetzt ein zugleich breiteres und festeres Fundament. Der Zweigeschlechtigkeit der semitisch-hamitischen und der Dreigeschlechtigkeit der indogermanischen Nomina traten nunmehr die weit reicheren und komplexeren Klassensysteme anderer Sprachen gegenüber. Das Phänomen des Geschlechtsunterschieds war damit als ein Teilproblem erkannt, das nur innerhalb eines größeren umfassenden Ganzen seine Lösung finden konnte und das durch deutlich erkennbare Fäden, durch | ganz bestimmte Übergänge mit diesem Ganzen zusammenhing.[11] Insbesondere war es die Betrachtung des scharf ausgeprägten Klassensystems der Bantusprachen, die hier einen weit klareren und umfassenderen Überblick ergab. Auf das Prinzip, nach dem dieses System sich gliedert, braucht in diesen einleitenden Betrachtungen nur in aller Kürze hingedeutet zu werden. Wie bekannt, wird jedes Substantivum der Bantusprachen einer ganz bestimmten Klasse zugehörig gedacht und durch deren Klassenpräfix gekennzeichnet; in den meisten Klassen tritt weiterhin ein verschie-

[10] Vgl. Karl Brugmann, Das Nominalgeschlecht in den indogermanischen Sprachen, in: Internationale Zeitschrift für allgemeine Sprachwissenschaft 4 (1889), S. 100–109.

[11] Solche Übergangserscheinungen zwischen der Klasseneinteilung der Bantusprachen und der Einteilung nach dem grammatischen Geschlecht, die in den semitisch-hamitischen und den indogermanischen Sprachen herrscht, hat Meinhof in den Hamitensprachen, insbesondere im Ful, nachgewiesen. Im Ful breitet sich über die alte Klasseneinteilung der Nomina eine neue mit nur 4 Rubriken aus (Personen, Sachen, große und kleine Dinge), die sich sodann, indem die großen Dinge in die Personenklasse, die kleinen in die Sachklasse einrücken, zu einem zweigliedrigen Schema (entsprechend der Einteilung in Maskulina und Feminina) gestaltet. Näheres bei Carl Meinhof, Die Sprachen der Hamiten, nebst einer Beigabe: Hamitische Typen, v. Felix von Luschan, Hamburg 1912 (Abhandlungen des Hamburgischen Kolonialinstituts, Bd. 9), S. 22 ff. u. 42 ff. und ders., Das Ful in seiner Bedeutung für die Sprachen der Hamiten, Semiten und Bantu. Eine Studie, in: Zeitschrift der Deutschen Morgenländischen Gesellschaft 65 (1911), S. 177–220: S. 201 ff.

denes Präfix ein, je nachdem das betreffende Wort im Singular oder im Plural steht. Die Bantugrammatik unterscheidet mehr als zwanzig derartiger mit besonderen Präfixen versehener Klassen, wobei es wahrscheinlich ist, daß auch dieser außerordentliche Reichtum nur der Überrest einer ehemaligen noch größeren Mannigfaltigkeit ist. Der gesamte grammatisch-syntaktische Bau der Sprache wird von diesem Einteilungsprinzip beherrscht und durch dasselbe vollständig bestimmt. So wird z.B. ein Nomen als Subjektsnominativ dadurch bezeichnet, daß sein Präfix mit dem Subjektspräfix des Verbum übereinstimmt; ebenso wird es zum Objektsakkusativ gestempelt, wenn die analoge Übereinstimmung zwischen ihm und dem Objektspräfix des Verbum stattfindet. Auch jedes Wort, das zu einem Substantivum in prädikativer oder attributiver Beziehung oder in dem Verhältnis steht, das in unserer Sprache durch die Form des Genitivs ausgedrückt wird, muß das dem Substantiv entsprechende Klassenpräfix annehmen. Was die Pronomina betrifft, so sind ihre Präfixe mit den Nominalpräfixen nicht identisch, stehen aber zu ihnen in einem ganz bestimmten Verhältnis eindeutiger Zuordnung, so daß z.B. die Form des Possessivpronomens eine verschiedene ist, je nachdem der Besitzer und der besessene Gegenstand der einen oder der anderen Klasse angehört.[12] Wie man sieht, breitet sich hier ein Unterschied, der zunächst am Nomen festgestellt ist, durch das Prinzip der grammatischen Kongruenz, gewissermaßen in konzentrischer Erweiterung, | über das Ganze der Sprache und der sprachlichen Anschauung aus. Blickt man aber von der Form, in der sich dieser Prozeß vollzieht, wieder auf den Inhalt der ursprünglichen Unterscheidungen zurück, so scheint es zunächst freilich vergeblich, in diesem Inhalt irgendeine feste Regel entdecken zu wollen, die die Vergleichung lenkt und über die Zuweisung bestimmter Nomina zu bestimmten Klassen entscheidet. Noch mehr als in der semitischen und indogermanischen Geschlechtsbezeichnung scheint hier alles der Willkür der sprachlichen Phantasie, dem Spiel der Einbildungskraft, das die Inhalte nach freier Laune oder nach zufälligen Assoziationen miteinander verknüpft, überlassen zu sein. Auf den ersten Blick kann es scheinen, als werde die Vergleichung und Zuordnung im wesentlichen durch anschauliche Momente, durch Übereinstimmung im äußeren Ansehen und in der räumlichen Gestalt der Gegenstände, geleitet

[12] Für alles Nähere vgl. ders., Grundzüge einer vergleichenden Grammatik der Bantusprachen, Berlin 1906; s. auch Karl Roehl, Versuch einer systematischen Grammatik der Schambalasprache, Hamburg 1911 (Abhandlungen des Hamburgischen Kolonialinstituts, Bd. 2), S. 33 ff.

und bestimmt. Ein bestimmtes Präfix hebt z.B die besonders großen Dinge heraus und faßt sie zu einer selbständigen Klasse zusammen, ein anderes dient als Verkleinerungspräfix zur Bildung der Diminutiva; eines bezeichnet doppelt vorhandene Dinge, wie insbesondere die Teile des Körpers, die sich symmetrisch entsprechen; ein anderes Objekte, die als vereinzelte erscheinen. Zu diesen Unterschieden nach Größe und Zahl der Objekte treten andere, die ihre wechselseitige Stellung im Raume, ihr Ineinander, Aneinander und Außereinander betreffen und dieses Verhältnis durch ein differenziertes und fein abgestuftes System von Lokativpräfixen zum sprachlichen Ausdruck bringen. Auch außerhalb des Kreises der Bantusprachen finden sich unverkennbare Anzeichen dafür, daß die Klassenunterscheidung der Nomina vielfach auf Unterschiede ihrer räumlichen Gestaltung zurückgeht. In einzelnen melanesischen Sprachen wird die Klasse der runden sowie die der langen oder kurzen Dinge durch ein besonderes Präfix bezeichnet, das daher ebensowohl vor dem Wort für Sonne oder Mond wie vor dem Wort für eine bestimmte Art von Kanus oder für gewisse Fischarten erscheint.[13] Die Indianersprachen Nordamerikas kennen zumeist die einfache Unterscheidung der Nomina nach dem Genus nicht, sondern teilen die Gesamtheit der Dinge in belebte und unbelebte Wesen, dann aber weiterhin in stehende, sitzende, liegende Dinge sowie in solche, die auf der Erde oder im Wasser leben oder die aus Holz oder Stein usf. gebildet sind. Die Gesetze der Kongruenz werden auch hier streng beobachtet: Das Verbum ändert in der objektiven Konjugation durch Infixe, die ihm einverleibt werden, seine Form, je nachdem sein Subjekt oder Objekt ein belebter oder unbelebter, ein stehender, liegender oder sitzender Gegenstand | ist.[14] In alledem scheint bei aller Mannigfaltigkeit der verschiedenen Einteilungsarten das beherrschende Prinzip der Einteilung noch relativ einfach und durchsichtig, da es durchweg anschaulich gegebene, objektiv aufzeigbare Kennzeichen und Merkmale sind, nach denen die sprachliche Gliederung sich zu richten scheint.

In Wahrheit aber ist damit höchstens ein einzelnes Moment der Auffassung bezeichnet, dem andere, nicht minder wichtige gegenüberstehen. Vor allem zeigt sich als allgemeine Regel, daß der Kreis der objektiven Empfindung und Anschauung sich hier von dem des

[13] S. Robert Henry Codrington, The Melanesian Languages, Oxford 1885, S. 146 f.

[14] Näheres bei John Wesley Powell, Introduction to the Study of Indian Languages with Words Phrases and Sentences to be collected, Washington, D.C. 1880, S. 48 f.

subjektiven Gefühls und Affekts nirgends streng scheiden läßt, sondern daß beide Kreise sich in eigentümlichster Weise miteinander kreuzen und sich einander durchdringen. Die Klassen der Nomina sind ebenso ursprünglich Wertklassen, als sie Sachklassen sind: Es prägt sich in ihnen nicht sowohl die objektive Beschaffenheit des Gegenstandes als die gefühlsmäßige und affektive Stellung, die das Ich ihm gegenüber einnimmt, aus. Das tritt insbesondere in der Grundunterscheidung hervor, die ebenso wie die Bantusprachen auch die meisten amerikanischen Sprachen beherrscht. Es ist eine bekannte Erscheinung, daß ein und derselbe Gegenstand je nach der Bedeutung, die er besitzt, und je nach dem Wert, der ihm zugemessen wird, bald der Personenklasse, bald der Sachenklasse zugeordnet werden kann. Nicht nur wechselt in amerikanischen und afrikanischen Sprachen der Ausdruck für eine bestimmte Tierart seine Klasse, wenn das Tier in der mythischen Erzählung als persönliches, selbständig handelndes Wesen auftritt,[15] sondern die gleiche Wandlung vollzieht sich auch, wenn ein Gegenstand durch irgendein besonderes Wertmerkmal, insbesondere durch seine Größe und seine Bedeutsamkeit, aus der Gesamtheit der übrigen herausgehoben erscheint. So wird, nach Westermann, in der Golasprache in Liberia ein Hauptwort durch Präfixwechsel in eine andere Klasse, die Klasse der lebenden Wesen, versetzt, um damit den Gegenstand, auf den es geht, als einen besonders großen, hervorragenden und wertvollen zu kennzeichnen.[16] Im Bedauye, das den Gegensatz des grammatischen Geschlechts entwickelt hat, in dem aber der ältere Gegensatz einer Personen- und Sachenklasse noch deutlich durchscheint, werden dem Maskulinum, das der Personenklasse entspricht, Gegenstände zugerechnet, deren Größe, Ansehen und Energie hervorgehoben werden soll, während das Femininum zumeist Kleinheit, Schwäche und Passivi|tät ausdrückt.[17] Gemäß der Anschauung, die hier zugrunde liegt, sprechen die einheimischen Grammatiker der Drawidasprachen – in denen die Unterscheidung

[15] S. Albert Samuel Gatschet, The Klamath Indians of Southwestern Oregon, Washington, D.C. 1890 (Contributions to North American Ethnology, Bd. II/1), S. 462; über analoge Erscheinungen im Ful s. Meinhof, Die Sprachen der Hamiten, S. 45.

[16] Diedrich Westermann, Die Gola-Sprache in Liberia. Grammatik, Texte und Wörterbuch, Hamburg 1921 (Abhandlungen aus dem Gebiet der Auslandskunde, Bd. 6), S. 27.

[17] »So ist z. B. *ša'* die Kuh, maskulini generis, weil sie bekanntlich in diesen Ländern die Hauptstütze des gesamten Hauswesens ist, dagegen *ša'* das Fleisch ein Femininum, da es gegenüber *ša'* der Kuh, von minderem Belang ist.« Leo Reinisch, Die Bedauye-Sprache in Nordost-Afrika II, Wien 1893, S. 60 (zit. nach: Meinhof, Die Sprachen der Hamiten, S. 139).

der Nomina in zwei Klassen: die Klasse der »vernünftigen« und der »unvernünftigen« Wesen, besteht – geradezu von Wörtern verschiedener Rangordnung, von Wörtern der höheren und von solchen der niederen Kaste.[18] Auch von den Bearbeitern und Darstellern der amerikanischen Eingeborenensprachen ist häufig hervorgehoben worden, daß die Grundunterscheidung des »Belebten« und »Unbelebten« nicht rein objektiv zu fassen ist, sondern daß sie in ihrer Anwendung beständig mit bestimmten Wertkategorien durchsetzt erscheint, so daß statt von dem Gegensatz des Lebendigen und Leblosen (animate and inaminate gender) vielmehr von einem Gegensatz des Edlen und Unedlen, des Persönlichen und Unpersönlichen gesprochen werden müsse.[19]

Wir verfolgen indes diese sprachlichen Erscheinungen hier nicht weiter: Sie kommen für das Problem, das uns im folgenden beschäftigen soll, nur insoweit in Betracht, als sich schon in ihnen ein eigentümlicher Typus der Einteilung darstellt, der von den uns vertrauten logischen Normen der Begriffs- und Klassenbildung in sehr charakteristischer Weise abweicht. Hier blicken wir in eine ganz andere Art der Ordnung und Gliederung der Anschauungsinhalte hinein, als sie in unserem theoretischen, im empirischen und abstraktbegrifflichen Denken herrscht. Überall sind es bestimmte konkrete Unterscheidungen, insbesondere subjektiv gefühlte und affektive Unterschiede, die für die Teilungen und Trennungen wie für die Verknüpfungen und Zuordnungen der Wahrnehmungs- und Anschauungsinhalte entscheidend sind. Gleichviel, ob wir die Motive, die sich hierbei wirksam erweisen, im einzelnen verstehen und nachfühlen können: so bildet doch schon die bloße Form dieser Trennungen und Zuordnungen ein wichtiges Problem. Denn in dieser Form tritt, mitten in einem Gebiet, das auf den ersten Blick aller Logik zu spotten scheint, eine eigentümliche Gesetzlichkeit zutage. Nachdem einmal der Gesichtspunkt der Verglei|chung festgestellt ist, wird er in

[18] Vgl. Friedrich Müller, Reise der österreichischen Fregatte Novara um die Erde in den Jahren 1857, 1858, 1859 unter den Befehlen des Commodore B. von Wüllerstorf-Urbair. Linguistischer Theil, Wien 1867, S. 83; s. auch ders., Grundriss der Sprachwissenschaft, Bd. III: Die Sprachen der lockenhaarigen Rassen, 1. Abt.: Die Sprachen der Nuba- und der Dravida-Rasse, Wien 1884, S. 173.

[19] Gatschet, The Klamath Indians, S. 462 f. – Vgl. bes. Franz Boas, Introduction, in: ders. (Hrsg.), Handbook of American Indian Languages, Teil 1, Washington, D. C. 1911 (Smithsonian Institution, Bureau of American Ethnology, Bulletin 40), S. 1–83: S. 36: »The Algonquian of North America classify nouns as animate and inanimate, without, however, adhering strictly to the natural classification implied in these terms. Thus the small animals may be classified as inanimate, while certain plants may appear as animate.«

höchster Konsequenz durch alle Teile der Sprache durchgeführt. Mit einer unerbittlichen Logik macht er sich, dank den strengen Regeln der grammatischen Kongruenz, in dem gesamten Bau der Sprache geltend. So merkwürdig, so »irrational« daher vielfach für uns die Grundlagen der Vergleichung erscheinen mögen – so herrscht doch im Aufbau und Ausbau des Klassensystems selbst ein durchaus einheitliches und »rationales« Prinzip. Vor allem zeigt sich der wichtige Tatbestand, daß auch im Denken der »primitiven« Sprachen keineswegs nur ein einzelner Empfindungs- oder Anschauungsinhalt an den anderen gereiht, sondern daß auch hier das Einzelne einem »Allgemeinen« unterstellt und durch ein Allgemeines bestimmt wird. Gewisse Grunddifferenzen wirken als gemeinschaftliches Schema, als die übereinstimmenden und durchgehenden Richtlinien, nach denen sich allmählich die gesamte Anschauungswelt organisiert. Der sinnliche Eindruck wird in der sprachlichen Bezeichnung, die er findet, alsbald auf eine bestimmte Klasse bezogen und damit begrifflich determiniert. Man hat dies psychologisch so ausgedrückt, daß in den Sprachen mit fester Klasseneinteilung das Erfassen des Einzeldinges nicht in einem einzigen geistigen Akte erfolge, sondern in zweien, die zwar unlöslich aufeinander bezogen, aber doch deutlich voneinander getrennt seien. Ein Ding werde hier niemals als bloßes Individuum, sondern in stellvertretender Bedeutung als Repräsentant einer Klasse, einer Gattung genommen, die sich in ihm als in einem Einzelfall verkörpert und darstellt.[20] Einzelne Sprachen bleiben nicht dabei stehen, diese Unterordnung des Individuellen unter ein Allgemeines bloß formell durch Präfixe zu bezeichnen, sondern sie halten die beiden Akte der Bestimmung auch äußerlich deutlich auseinander, indem sie der konkreten Bezeichnung eines Gegenstandes eine andere anfügen, die ihn generisch bestimmt und ergänzt. Indem Humboldt dieses Verfahren, in der Einleitung zum Kawi-Werk, am Beispiel des Barmanischen erläutert, fügt er hinzu, daß es nicht immer der »wirkliche Gattungsbegriff« des konkreten Gegenstandes sei, der ihm in dieser Weise beigegeben werde: Die Sprache begnüge sich vielmehr mit dem Ausdruck einer denselben in irgendeiner allgemeinen Ähnlichkeit unter sich begreifenden Sache. So werde der Begriff einer ausgedehnten Länge mit den Wörtern Messer, Schwert, Lanze, Brot, Zeile, Strick usf. verbunden, so daß die verschiedenartigsten Gegenstände, bloß insofern sie irgendeine Eigenschaft miteinander gemein haben, in dieselben

[20] Vgl. Franz Nikolaus Finck, Die Haupttypen des Sprachbaus, Leipzig 1910 (Aus Natur und Geisteswelt. Sammlung wissenschaftlich-gemeinverständlicher Darstellungen, Bd. 268), S. 46 f. u. 150 f.

Klassen gesetzt werden. »Wenn also«, so schließt er hieraus, »diese Wortverbindungen auf der einen Seite für einen Sinn | logischer Anordnung zeugen, so spricht aus ihnen noch häufiger die Geschäftigkeit lebendiger Einbildungskraft; so, wenn im Barmanischen die Hand zum generischen Begriff aller Arten von Werkzeugen, des Feuergewehrs so gut, als des Meissels dient.«[21] In diesen Sätzen ist in großer Prägnanz das Problem bezeichnet, auf das auch die folgenden Betrachtungen der mythischen Begriffs- und Klassenbildung hinzielen. Wir fassen die mythischen Zuordnungen und Einteilungen hier nicht nach ihrer inhaltlichen, sondern nach ihrer methodischen Seite – wir suchen uns darüber klar zu werden, in welchem Verhältnis in ihnen die verschiedenen geistig-seelischen Grundkräfte zueinander stehen und wie sich in ihnen, zugleich mit der geschäftigen Bewegung der Einbildungskraft, ein eigentümlicher logischer Sinn und eine bestimmte Form und Richtung des Denkens darstellt.

3.

Wir beginnen mit solchen mythischen Welteinteilungen, die im totemistischen Vorstellungskreis wurzeln und denen, nach Inhalt und Form, der Stempel der totemistischen Denkweise aufgeprägt ist. Die Frage nach dem Ursprung und nach der Bedeutung des Totemismus selbst – eine Frage, die bekanntlich zu den meistumstrittenen Problemen der Völkerkunde und der Religionsgeschichte gehört – kann hierbei ganz außer acht bleiben, da es sich hier nicht um die Genese der totemistischen Anschauung, sondern lediglich um bestimmte Auswirkungen derselben handelt. Die Erscheinungen, die für uns vor allem in Betracht kommen, sind besonders genau bei den Eingeborenenstämmen des australischen Kontinents beobachtet worden. Was die soziale Gliederung dieser Stämme betrifft, so gestaltet sie sich bekanntlich im allgemeinen derart, daß der ganze Stamm in zwei exogame Gruppen zerfällt: Bei dem relativ einfachsten Typus der Einteilung, dem sogenannten Urabunnatypus, pflegen dann weiterhin die beiden Hauptgruppen noch in mehrere Unterklassen zu zerfallen, von denen jede durch ihr besonderes Totemtier oder ihre besondere

[21] Wilhelm von Humboldt, Ueber die Verschiedenheit des menschlichen Sprachbaues und ihren Einfluss auf die geistige Entwicklung des Menschengeschlechts (Gesammelte Schriften, hrsg. v. der Königlich Preußischen Akademie der Wissenschaften, Abt. 1: Werke, hrsg. v. Albert Leitzmann, Bd. VII/1), Berlin 1907, S. 340.

Totempflanze bezeichnet wird. Es gilt dann die Regel, daß die Männer der einen Klasse, die ein bestimmtes totemistisches Abzeichen besitzt, zunächst außerhalb ihrer Gruppe, dann aber auch nur die Frauen eines ganz bestimmten, durch ein besonderes Totem gekennzeichneten Clans heiraten können. Weitere Unterschiede können dadurch bedingt sein, daß die beiden exogamen Hauptgruppen aus zwei oder vier oder einer noch größeren Zahl von Unterabteilungen bestehen können, daß die | Zugehörigkeit der Kinder in den einzelnen Klassen sich bald nach der Klassenzugehörigkeit des Vaters, bald nach der der Mutter bestimmen kann – doch erfährt das allgemeine Prinzip, nach dem sich in den totemistischen Gesellschaften die Heiraten zwischen den einzelnen Stammesgenossen regeln und durch das sich die Ordnung der Nachkommenschaft bestimmt, hierdurch keine wesentliche Umgestaltung. Auf die für unser Denken höchst verwickelten Verwandtschaftsbeziehungen und auf das System der Verwandtschaftsnamen, das sich hieraus ergibt, braucht hier nicht näher eingegangen zu werden. Das Material hierüber liegt in den Berichten und Darstellungen von Fison und Howitt, von Palmer und Mathews, besonders aber in den beiden Werken von Spencer und Gillen über die Eingeborenenstämme Australiens in sorgfältiger Sichtung vor. Auf Grund dieses Materials hat sodann Émile Durkheim in seiner Schrift »Les formes élémentaires de la vie religieuse« (Paris 1912) eine allgemeine soziologische Theorie der Religion und ihrer Entstehung entworfen. Die Phänomene des Totemismus werden in dieser Theorie aus der engen Sphäre, der sie zunächst anzugehören scheinen, herausgehoben, indem Durkheim betont, daß der Totemismus, selbst in seinen primitivsten Gestaltungen, kein bloßes Prinzip der sozialen Gliederung sei, sondern daß er ein universelles Prinzip der Welteinteilung und somit der Weltanschauung und des Weltverständnisses in sich schließe. In der Tat breitet sich die Unterscheidung der einzelnen Clans nach ihren Totems von dem engeren sozialen Kreise, in dem sie zunächst gilt, weiter und weiter aus, um schließlich auf alle Kreise des Daseins überhaupt, des natürlichen wie des geistigen, überzugehen. Nicht nur die Glieder des Stammes, sondern das gesamte Universum mit allem, was in ihm enthalten ist, wird durch die totemistische Denkform in Gruppen zusammengefaßt, die nach bestimmten Verwandtschaftsverhältnissen einander zugehörig oder voneinander gesondert sind. Alle Dinge, die beseelten wie die unbeseelten, werden zuletzt in irgendeiner Weise durch diese Gliederung erfaßt. Die Sonne, der Mond, die Gestirne ordnen und scheiden sich nach denselben Klassen, nach denen die menschlichen Individuen, die Mitglieder des Stammes sich sondern.[22] Wenn sich etwa der gesamte Stamm nach den beiden Hauptgruppen der Krokitch und Gamutch oder der Yungaroo und Wootaroo teilt, | so gehören auch alle sonstigen Gegenstände einer dieser Gruppen an. Die Alligatoren sind Yungaroo, die Känguruhs Wootaroo, die Sonne ist Yungaroo, der Mond Wootaroo – und das gleiche gilt für alle bekannten Sternbilder, für alle Bäume und Pflanzen. Der Regen, der Donner, der Blitz, die Wolken, der Hagel, der Winter haben je ihr eigenes totemistisches Abzeichen, durch das sie einer bestimmten Gattung zugewiesen sind. Und man muß sich hierbei gegenwärtig halten, daß diese gattungsgemäße Bestimmtheit dem primitiven Denken und Fühlen als eine durchaus reale Bestimmtheit erscheint. Keineswegs handelt es sich darum, daß in irgendeinem bloß konventionellen und nominalistischen Sinn sachlich disparaten Gegenständen ein bestimmtes »Zeichen« angeheftet wird – sondern diese Gemeinsamkeit des Zeichens bringt eine an sich bestehende Gemeinsamkeit des Wesens zum sichtbaren Ausdruck. Demgemäß ist auch alles Tun des Menschen, ist auch jede Einwirkung, die er auf die Welt der Dinge ausübt, nach diesen Gesichtspunkten bestimmt und muß es sein, wenn sie von Erfolg begleitet sein soll. Ein Zauberer etwa, der selbst der Gruppe Mallera angehört, kann bei seinen Beschwörungen und magischen Bräuchen nur solche Gegenstände verwenden, die ebenfalls zu dieser Gruppe gehören: Alle anderen würden in seiner Hand unwirksam bleiben. Das Gerüst, auf dem die Leiche eines Verstorbenen zur Schau gestellt wird, muß aus dem Holz eines Baumes gefertigt sein, der der gleichen Klasse wie der Tote angehört; auch die Zweige, mit denen er bedeckt wird, müssen von einem Baum seiner Klasse genommen werden. Bei den Wackelbura in Ostaustralien, die sich in Mallera und Wutara gliedern, wobei die erstere Gruppe sich wieder in Kurgila und Banbe scheidet, muß ein Angehöriger der Banbeklasse, wenn er stirbt, von Männern der Malleraklasse bestattet und mit Zweigen des breitblättrigen Buchsbaums bedeckt werden, denn dieser Baum ist Banbe.[23] Wie man sieht, hat hier im theoretischen wie im praktischen Sinne eine völlig scharfe

[22] »All nature is […] divided into class names, and said to be male and female. The sun and moon and stars are said to be men and women, and to belong to classes just as the blacks themselves.« Edward Palmer, Notes on some Australian Tribes, in: The Journal of the Anthropological Institute of Great Britain and Ireland 13 (1884), S. 276–334: S. 300; vgl. bes. Robert Hamilton Mathews, Ethnological Notes on the Aboriginal Tribes of New South Wales and Victoria. Part I, in: Journal and Proceedings of the Royal Society of New South Wales 38 (1904), S. 203–381: S. 208, 286 u. 294.

[23] Vgl. hierzu besonders den charakteristischen Bericht von Muirhead, den Howitt (Alfred William Howitt, On some Australian Beliefs, in: The Journal of the

Scheidung der einzelnen Objektkreise stattgefunden, deren besondere intellektuelle oder affektive Gründe uns zunächst undurchdringlich erscheinen mögen – bei denen aber jedenfalls das eine negative Moment klar hervortritt, daß es nicht etwa lediglich die äußere Ähnlichkeit der Dinge, ihre Übereinstimmung in irgendwelchen sinnlich faßbaren oder aufzeigbaren Einzelmerkmalen ist, was hier die Betrachtung leitet. Vielmehr erkennt man schon hier, daß das mythische Denken die sinnlichen Eindrücke ge|mäß seiner eigenen Strukturform umbildet und daß es in dieser Umbildung über ganz bestimmte eigenartige »Kategorien« verfügt, nach denen sich die Zuweisung der verschiedenen Objekte zu den einzelnen Grundklassen vollzieht.

Die angeführten Beobachtungen über das totemistische System der australischen Eingebornenstämme haben neuerdings eine sehr wertvolle Bereicherung und Bestätigung durch die gründliche und eingehende Darstellung erhalten, die Paul Wirz über die Herausbildung der totemistisch-sozialen Gruppierungen bei den Marind-anim in Holländisch-Südneuguinea gegeben hat. Auch hier zeigt sich der gleiche Grundzug des Denkens, zeigt sich das Übergreifen der totemistischen Gliederung von der Organisation des Stammes auf die Organisation der Welt in schärfster Ausprägung. Der Clantotemismus der Marind und deren Nachbarstämme – so betont Wirz ausdrücklich – ist ein Universaltotemismus im weitesten Sinne, der alles Existierende in sich einschließt. Alle Naturobjekte und alle künstlichen Objekte gehören je einem Clan, einem einzelnen »Boan« an und werden ihrem Wesen nach durch ihn bestimmt. In einer Fülle von Mythen, durch die alles Wirkliche bis in seine letzteren Besonderungen erfaßt und wie mit magisch-mythischen Fäden verknüpft wird, findet dieses ursprüngliche Zusammengehörigkeitsgefühl seinen Ausdruck. Aus der Gesamtdarstellung von Wirz und aus der Vergleichung des von ihm gesammelten Materials mit analogen Erscheinungen in anderen Kulturkreisen ergibt sich, daß hierbei nicht etwa die Mythen das primäre und ursprüngliche, das Bewußtsein und Gefühl der Klassenzugehörigkeit dagegen das abgeleitete Moment sind. Vielmehr gilt hier offenbar das umgekehrte Verhältnis. Der Mythos setzt nur einen bestimmten Vorstellungsbestand, der als solcher gegeben ist, in die Form des Berichts, in die Form der Erzählung um. Statt uns die Genesis dieses Bestandes zu offenbaren, statt uns eine Erklärung von ihm

Anthropological Institute of Great Britain and Ireland 13 [1884], S. 185–198: S. 191 Anm. 1) zitiert (vgl. Beilage I, ECW 16, S. 61); s. auch ders., Further Notes on the Australian Class Systems, in: The Journal of the Anthropological Institute of Great Britain and Ireland 18 (1889), S. 31–68: S. 61 (Beilage II, ECW 16, S. 61 ff.).

zu geben, gibt er uns vielmehr nur seine Explikation, seine Auseinanderlegung in die Form einer zeitlichen Begebenheit. Das Verbindende der einzelnen Mythen ist überall eine unmittelbar gefühlte mythologisch-totemistische Verwandtschaft, eine Totemzusammengehörigkeit und Totemfreundschaft, die alles Seiende verbindet. Dies geht nach Wirz so weit, daß eine Aufzählung aller totemistisch zusammengehörigen Objekte überhaupt nicht möglich ist. Nicht nur die einzelnen Dinge, sondern selbst gewisse Tätigkeiten, wie »schlafen« und »sich begatten« werden als totemistische Tätigkeiten eines gewissen Clans oder Clanverbands aufgefaßt. Es ist, als könnte irgendein einzelnes Ding oder ein einzelner Vorgang gar nicht »apperzipiert«, gar nicht in die Einheit des mythischen Bewußtseins dieser Stämme | aufgenommen werden, ohne daß er durch einen ihrer mythischen Klassenbegriffe bestimmt und ihm untergeordnet würde. In dieser Hinsicht ist es besonders lehrreich und wichtig, daß neue Gegenstände, die den Marind-anim von außen her durch fremde Vermittlung zugeführt wurden, sofort der gleichen Prägung des Denkens verfielen. »Irgendeine Zufälligkeit oder etwas Gemeinsames«, so schildert Wirz diesen Vorgang, »kann zu totemistischen Beziehungen Veranlassung geben [...] Ein Clan, die *Sapi-zé*, welcher sich nach einem Vorfahren *Sapi* benennt, erhielt vor kurzem einen neuen totemistischen Verwandten, das war das Rind, bloß weil das Rind malaiisch Sapi heißt und unter diesem Namen vor kurzem den [...] *Marind* bekannt wurde.« Ebenso werden z.B. Sago und der feine graue Ton aus rein äußerlichen Ähnlichkeitsgründen miteinander zusammengebracht: Der Sago-Boan und der Ton-Boan gelten als miteinander verwandt, was selbst so weit geht, daß sich beide Gruppen nicht heiraten dürfen. Auch einen feuerrot blühenden Zierbaum, der unlängst eingeführt und angepflanzt wurde, hat der Marind in sein mythologisch-totemistisches Verwandtschaftssystem, und zwar in den Feuer-Boan, eingereiht, denn jene Blumen, sagt er, sind rot wie das Feuer. Aber wenn Wirz aus allen diesen Beispielen schließt, daß totemistische Beziehungen oft auf rein zufällige, auf willkürliche und spielerische Weise zustande kommen, so scheint er hierbei freilich das mythische Denken an anderen als an seinen eigenen Maßen zu messen. Denn ebendies bildet ja einen konstitutiven Grundzug dieses Denkens, daß es dort, wo wir höchstens eine bloße Analogie oder eine äußerliche Ähnlichkeit zu erkennen vermögen, eine wahrhafte Gemeinschaft des Wesens findet. Der Name ist, mythisch genommen, niemals ein bloß konventionelles Zeichen für ein Ding, sondern ein realer Teil desselben – und ein Teil, der nach dem mythisch-magischen Grundsatz des »Pars pro toto« das Ganze nicht nur vertritt, sondern wirklich

»ist«. Wer sich des Namens bemächtigt, der erringt damit die Gewalt über den Gegenstand selbst; dem wird derselbe in seiner »Wirklichkeit« (d.h. in seiner magischen Wirksamkeit) zu eigen. Und ebenso wird die Ähnlichkeit hier niemals als »bloße« Beziehung, die etwa nur in unserem subjektiven Denken ihren Ursprung hätte, aufgefaßt, sondern alsbald auf eine reale Identität zurückgedeutet: Dinge könnten nicht als ähnlich erscheinen, ohne in ihrem Wesen irgendwie eins zu sein. Erwägt man dies, so wird deutlich, daß, so zufällig, so spielerisch uns im einzelnen Falle die Zuweisung besonderer Gegenstände zu einzelnen mythischen Klassen auch erscheinen mag, doch die Bildung der allgemeinen mythischen Klassenbegriffe selbst einer tieferen Schicht des mythischen Denkens angehören und daß sich | darin eine in all ihrer Eigenart nicht willkürliche, sondern in gewissem Sinne notwendige Struktur dieses Denkens ausdrücken muß.[24]

Die Auffassung, die hier zugrunde liegt, tritt noch wesentlich schärfer hervor, wenn wir sie nicht nach der Seite der Anschauungsinhalte, sondern nach der Seite der Anschauungsform verfolgen – wenn wir also die Art betrachten, wie sich die Vorstellung des räumlichen Zusammenhangs der Dinge für die mythische Weltansicht gestaltet. In der Gedankenwelt des Totemismus vollzieht sich die Gliederung des Raumes und die Unterscheidung der räumlichen Gegenden und Richtungen nicht in unserem Sinne, nach geometrischen oder nach geographisch-physikalischen, sondern gleichfalls nach den spezifisch totemistischen Gesichtspunkten. Es gibt in der Gesamtheit des Raumes ebenso viele klar voneinander gesonderte Einzelregionen, als es verschiedene Clans in der Gesamtheit des Stammes gibt – und andererseits besitzt jeder einzelne Clan eine bestimmte, ihm zugehörige Orientierung im Raume. Howitt berichtet, daß ein Eingeborener eines australischen Stammes ihm die Gliederung dieses Stammes, der sich in die beiden Hauptgruppen Krokitch und Gamutch teilte, dadurch bezeichnet habe, daß er zunächst einen einzelnen Stab auf dem Boden in genau östlicher Richtung niederlegte.

[24] Zum Ganzen s. Paul Wirz, Die Marind-anim von Holländisch-Süd-Neu-Guinea, Bd. I, Teil 2: Die religiösen Vorstellungen und die Mythen der Marind-anim, sowie die Herausbildung der totemistisch-sozialen Gruppierungen [Hamburg 1922 (Abhandlungen aus dem Gebiet der Auslandskunde, Bd. 10), Zitat S. 34]. – Die Schrift von Wirz, die im Herbst 1922 in den Abhandlungen der Hamburgischen Universität erscheinen wird, ist mir erst während des Drucks dieses Aufsatzes zugänglich geworden; für den Hinweis auf sie bin ich meinen Kollegen Prof. Carl Meinhof und Prof. Otto Dempwolff zu Dank verpflichtet. Zur totemistisch-mythologischen Klasseneinteilung der Marind-anim s. auch Beilage III (ECW 16, S. 63 ff.).

Dieser Stab teilte das Ganze des Raumes in eine obere und untere, eine nördliche und südliche Hälfte, deren eine als der Ort der Gruppe Krokitch, deren andere als der Ort der Gruppe Gamutch bezeichnet wurde. Die weitere Gliederung in Klassen und Unterklassen ergab sich dadurch, daß neben den ersten Stab in bestimmter Folge andere Stäbe in nordöstlicher, nördlicher, westlicher Richtung usf. niedergelegt wurden, bis schließlich der ganze Umkreis des Raumes in verschiedene Sektoren abgeteilt war, deren jeder zugleich als der Ort einer ganz bestimmten Klasse oder Unterklasse galt. Und hierbei handelte es sich keineswegs um eine bloß repräsentative Darstellung, etwa um eine schematische Verdeutlichung der Verwandtschaftsverhältnisse durch räumliche Verhältnisse, sondern um einen wirklichen Wesenszusammenhang zwischen den einzelnen Klassen und den ihnen zugehörigen Raumgebieten. Auch hierfür sind wieder die Bestattungsgebräuche besonders bezeichnend. Stirbt z.B. bei dem betreffenden Stamm ein Ngaui, d.h. einer der Männer der Sonne, denen als Ort der | Osten zugehört, so wird genau darauf geachtet, daß die Leiche derart ins Grab gelegt wird, daß ihr Haupt in genau östlicher Richtung zu liegen kommt – und in entsprechender Weise sind auch die Angehörigen anderer Klassen mit je einer besonderen räumlichen Richtung verknüpft und an sie gleichsam gebunden.[25]

In wesentlich bestimmterer, in wahrhaft systematischer Durchführung aber stellt sich nun das gleiche Grundprinzip der Klassifikation in der Vorstellung der Weltgegenden dar, die uns bei den Zuñis, einem Indianerstamm in Neu-Mexiko, begegnet. Das mythisch-religiöse Weltbild der Zuñi und die Grundform ihrer »mytho-soziologischen Organisation« ist von Cushing, der lange Jahre unter ihnen gelebt hat, aufs gründlichste beobachtet und ausgezeichnet beschrieben worden.[26] Seine Mitteilungen sind seitdem noch durch einen aus-

[25] Howitt, Further Notes on the Australian Class Systems, S. 61 ff. (s. Beilage II, ECW 16, S. 61 ff.); Mathews, Ethnological Notes, S. 293; vgl. hierzu und zum Folgenden Émile Durkheim, Les formes élémentaires de la vie religieuse. Le système totémique en Australie, Paris 1912 (Travaux de l'année sociologique), S. 15 ff. u. 200 ff. und Émile Durkheim/Marcel Mauss, De quelques formes primitives de classification. Contribution à l'étude des représentations collectives, in: L'année sociologique 6 (1901–1902), S. 1–72. Eine ganz ähnliche Auffassung und Bezeichnung der totemistischen Klasseneinteilung scheint vorzuliegen, wenn nach dem Bericht von Wirz bei den Marind-anim die Eingeborenen die Verwandtschaftsverhältnisse der einzelnen Clans dadurch zu verdeutlichen suchten, daß sie ein Kanu in den Sand zeichneten und erklärten, daß alles, was innerhalb eines Boan liegt, mit ein und demselben Kanu von Osten hergekommen sei, in dem jedes dem Boan angehörige Ding seine bestimmte Stelle gehabt habe.

[26] Frank Hamilton Cushing, Outlines of Zuñi Creation Myths, in: Thirteenth

führlichen Bericht, den Mrs. Stevenson über die Zuñi gegeben hat, sowie durch die eingehende Studie Kroebers über die Verwandtschaftsverhältnisse und die Claneinteilung bei den Zuñi nach vielen Richtungen ergänzt worden.[27] Die eigentümliche Form der »Septuarchie«, der Siebengliederung des Stammes, der im Denken der Zuñi eine genaue Siebengliederung des Raumes und der Welt entspricht, tritt schon in ihrer äußeren Lebensweise deutlich hervor. Das Dorf, das sie bewohnen, ist in sieben Gebiete abgeteilt, die den sieben Raumgegenden: dem Norden, dem Westen, dem Süden, dem Osten, der oberen und unteren Welt und schließlich der »Mitte« der Welt, die alle ihre anderen Teile in sich faßt, entsprechen. Nicht nur jeder besondere Clan des Stammes, sondern auch jedes beseelte oder unbeseelte Wesen, jedes Ding, jeder Vorgang, jedes Element und jeder bestimmte Zeitabschnitt gehört einem dieser sieben Gebiete an. Der Clan des Kranich oder Pelikan, des Waldhuhns oder der immergrünen Eiche gehört dem Norden, der | des Bären dem Westen, der des Hirsches und der Antilope dem Osten zu – während ein anderer Clan, der Papageien-Clan, der als der Mutter-Clan des ganzen Stammes angesehen wird, auch die entsprechende zentrale Stelle im Raum, also die Region der »Mitte«, einnimmt. Ferner besitzt jede Raumgegend eine ihr spezifisch zugehörige Farbe und Zahl. Der Norden ist gelb, der Westen blau, der Süden rot, der Osten weiß; die obere Region des Zenit erscheint als vielfarbig, die untere als schwarz, während die Mitte, als Repräsentantin aller Gegenden, auch all deren verschiedene Farben in sich vereinigt. Auch ist jede Gegend die Heimat eines bestimmten Elements und einer bestimmten Jahreszeit: der Norden der Platz der Luft und des Winters, der Westen der des Frühlings und des Wassers, der Süden der des Sommers und des Feuers, der Osten der des Herbstes und der Erde. Dabei werden die verschiedenen Gegenden nicht nur ihrem Sein, sondern auch ihrem Wert nach geschie-

Annual Report of the Bureau of Ethnology to the Secretary of the Smithsonian Institution 1891–92, hrsg. v. John Wesley Powell, Washington, D.C. 1896, S. 321–447: bes. S. 367 ff.; wesentlich ergänzt wird diese Darstellung durch eine Reihe von Abhandlungen Cushings, die jetzt unter dem Titel »Zuñi Breadstuff« gesammelt und neu herausgegeben worden sind: Frank Hamilton Cushing, Zuñi Breadstuff, New York 1920 (Indian Notes and Monographs. A Series of Publications relating to the American Aborigines, Bd. 8).

[27] S. Matilda Coxe Stevenson, The Zuñi Indians: Their Mythology, Esoteric Fraternities, and Ceremonies, in: Twenty-third Annual Report of the Bureau of American Ethnology to the Secretary of the Smithsonian Institution 1901–1902, hrsg. v. John Wesley Powell, Washington, D.C. 1904, S. 3–608; Alfred Louis Kroeber, Zuñi Kin and Clan, in: Anthropological Papers of the American Museum of Natural History 18 (1919), S. 39–206.

den: An der Spitze steht der Norden, dann folgen der Westen, der Süden, der Osten, die obere und die untere Welt, während die allbefassende Mitte in dieser Gliederung häufig nicht besonders genannt wird. Auch die soziale Berufs- und Arbeitsteilung folgt genau dem gleichen Prinzip: Dem Norden und seinen Klassen gehört der Krieg, dem Westen die Jagd, dem Süden Landwirtschaft und Heilkunde, dem Osten Magie und Religion an. Durch diese Form der Einteilung ist, wie Cushing hervorhebt, das gesamte politische und religiöse Leben des Volkes völlig systematisiert. Wenn der Stamm einen gemeinsamen Lagerplatz bezieht, so herrscht über die bestimmte Stelle, die jeder einzelne Verband in ihm erhält, über die Verteilung der einzelnen Gruppen nach den verschiedenen Himmelsgegenden nicht der geringste Zweifel. Und diese Sicherheit der räumlichen »Orientierung« schließt eine analoge Orientierung des gesamten Tuns und Denkens in sich. Es gibt keine Feier, keine Zeremonie, keine Ratsversammlung, keine Prozession, bei der irgendein Mißverständnis über die in ihr einzuhaltende Ordnung, über die Stellung der einzelnen Clans und über den Vortritt, der jedem von ihnen bei den einzelnen Verrichtungen gebührt, entstehen könnte. All dies ist durch die mytho-soziologische Struktur des Weltbildes so genau festgelegt, daß es geschriebenen Vorschriften und Gesetzen nicht nur gleichkommt, sondern sie an unmittelbar bindender Kraft bei weitem übertrifft. Auch in das Gebiet der unmittelbar praktischen Betätigung setzt sich diese Grundauffassung fort: So haben z. B. die Zuñi, nach dem Bericht von Mrs. Stevenson, beim Ackerbau die größte Sorgfalt darauf verwendet, die Farben ihrer Körner so zu entwickeln, daß sie mit den Farben der Hauptgegenden übereinstimmen.[28] |

Für das allgemeine Problem aber, auf das wir hier hinzielen, sind alle diese Einzelheiten nur deshalb bedeutsam, weil sich in ihnen aufs klarste offenbart, daß die Richtlinien, nach denen sich für den menschlichen Geist die Mannigfaltigkeit der sinnlichen Eindrücke allmählich scheidet und gliedert, nicht an sich, durch die bloße Natur ebendieser Eindrücke selbst, gegeben und vorgeschrieben sind, sondern daß es die Eigentümlichkeit des Sehens, die Besonderheit des geistigen Blickpunktes ist, wodurch sich die Gestalt der Welt, als eines zugleich physischen und geistigen Kosmos, erst bestimmt. Die mo-

[28] Vgl. Stevenson, The Zuñi Indians, S. 350: »These primitive agricul|turists have observed the greatest care in developing color in corn and beans to harmonize with the six regions – yellow for the North, blue for the West, red for the South, white for the East, variegated for the Zenith, and black for the Nadir.« Vgl. bes. Cushing, Zuñi Breadstuff, S. 176 ff. Zum Ganzen s. Beilage IV (ECW 16, S. 66 ff.).

derne Soziologie hat den Schlüssel für dieses Grundverhältnis darin zu finden geglaubt, daß sie alle logische Bindung unseres Denkens auf primitive und ursprüngliche soziale Bindungen zurückführt. Und scheint es in der Tat einen deutlicheren Beleg und Beweis für diesen Zusammenhang zu geben als die Verhältnisse, die wir soeben betrachtet haben? Zeigt sich in ihnen nicht aufs klarste, daß unsere logischen Klassen- und Artbegriffe zuletzt nichts anderes als die Reflexe bestimmter gesellschaftlicher Klassen- und Lebensformen sind? Die letzte wirkliche Teilung, auf die sich unser Denken in all seinen künstlichen Systemen der Klassifikation stützt – so folgert daher Durkheim –, ist die Teilung der menschlichen Gesellschaft. »Wir würden aller Wahrscheinlichkeit nach niemals daran gedacht haben, die Gegenstände der Welt zu gleichartigen Gruppen, zu Gattungen und Arten zusammenzufassen, wenn wir nicht das Beispiel menschlicher Gemeinschaften vor Augen gehabt hätten – wenn wir nicht damit begonnen hätten, die Dinge selber zu Gliedern der menschlichen Gesellschaft zu machen. Logische und soziale Gruppierungen flossen daher ursprünglich unterschiedslos ineinander.«[29] Aber daß diese Erklärung zu eng ist – daß sie zum mindesten nicht hinreicht, das Ganze der hier betrachteten Erscheinungen zu umfassen und zu deuten, das ergibt sich sogleich, wenn man erwägt, daß die allgemeine Form der Klassifikation, wie sie uns im System der Zuñi entgegentritt, über den eng begrenzten Kreis, in welchem sie uns hier begegnet, weit hinausgreift. Wir finden die gleichen typischen Einteilungsformen in anderen Lebens- und Denkweisen wieder, die, kulturell und sozial, mit den totemistischen Denk- und Gesellschaftsformen nicht in eine Linie gestellt werden können. Knüpfen wir, um dies zu verdeutlichen, wieder an das Problem des Raumes und der Gliederung im Raume an, so läßt sich hier der totemistischen Struktur des Raumbewußtseins die | astrologische Struktur des Raumbewußtseins unmittelbar an die Seite setzen. Zwischen beiden scheinen ganz bestimmte sachliche Übergänge und Vermittlungen zu bestehen, so daß es im einzelnen Falle fraglich bleiben kann, ob ein gewisser Kulturkreis in seiner geistigen Gesamthaltung, und speziell in seiner Ansicht vom Raum, mehr dem einen oder dem anderen Kreise angehört. So zeigt z.B. die Weltansicht des altmexikanischen Kulturkreises bestimmte

[29] [Durkheim, Les formes élémentaires, S. 210: »Suivant toute vraisemblance, nous n'aurions donc jamais pensé à réunir les êtres de l'univers en groupes homogènes, appelés genres, si nous n'avions eu sous les yeux l'exemple des sociétés humaines, si même nous n'avions commencé par faire des choses elle-mêmes des membres de la société des hommes, si bien que groupements humains et groupements logiques ont d'abord été confondus.«]

Wesenszüge, durch die sie dem mytho-soziologischen Weltbild der Zuñi, dessen Grundelemente wir soeben erörtert haben, aufs nächste verwandt erscheint – aber auf der anderen Seite wird hier mit ebendiesen Elementen ein weiterer Umkreis des Seins umspannt, wird ein eigentlich kosmischer Zusammenhang aus ihnen aufzubauen gesucht. Wie sich bei den Zuñi die Siebenteilung der Welt, die all ihrem Denken zugrunde liegt, in der siebenfachen Gliederung ihrer Wohnstätten auch äußerlich widerspiegelt – so wird auch von der alten Stadt Mexiko berichtet, daß sie in vier Gebiete gemäß den vier Hauptrichtungen des Raumes abgeteilt war.[30] Wie dort den einzelnen Raumgegenden je eine bestimmte Farbe zugewiesen wird, so werden auch in den altmexikanischen Mayahandschriften die Himmelsrichtungen durch ihre verschiedenen Farben bezeichnet. Die gelbe Farbe gehört dem Süden, die rote, weiße und schwarze gehören dem Osten, Norden und Westen an, während als fünfte Richtung die Senkrechte oder die Mitte erscheint, der als Farbe grün oder blau entspricht.[31] Zugleich aber nimmt die Einteilung hier einen bestimmten kalendarischen Charakter an, der in das Gebiet astrologisch-astronomischer Betrachtung hinüberzuweisen scheint. Wie in der Astrologie, so begegnet hier die Vorstellung bestimmter Gottheiten, die über je einen besonderen Zeitabschnitt walten. Das »Tonalamatl« der alten Mexikaner, d.h. das Buch der guten und bösen Tage, gliedert sich nach Perioden von 13 × 20 = 260 Tagen. Innerhalb der einzelnen Tage werden sodann verschiedene »Tageszeichen«, verschiedene Herren über bestimmte Tages- oder Nachtstunden unterschieden. Den neun Herren der Stunden der Nacht stehen dreizehn Hüter der Stunden des Tages zur Seite. So werden bestimmte Reihen von Gottheiten oder Manifestationen einer Gottheit zu den verschiedenen Zeitabschnitten in eine feste Beziehung gesetzt und damit ein Grundsystem der astrologischen Vorausberechnung des Künftigen geschaffen. Trifft diese Deutung der Mayahandschriften durch Seler | zu,[32] so ergäbe sich hier eine genaue

[30] Vgl. Theodor Wilhelm Danzel, Babylon und Altmexiko (Gleiches und Gegensätzliches), in: El Mexico antiguo. Revista internacional de arqueologia, etnologia, folklore, prehistoria, historia antigua y lingüistica mexicanas 1 (1919–1922), S. 243–268.

[31] Näheres bei Eduard Seler, Der Charakter der aztekischen und der Maya-Handschriften, in: ders., Gesammelte Abhandlungen zur amerikanischen Sprach- und Alterthumskunde, Bd. I: Sprachliches – Bilderschriften – Kalender und Hieroglyphenentzifferung, Berlin 1902, S. 407–416: S. 411 und ders., Zur mexikanischen Chronologie, mit besonderer Berücksichtigung des zapotekischen Kalenders, a. a. O., S. 507–554: S. 527f.

[32] S. ders., Der Codex Borgia und die verwandten aztekischen Bilderschriften,

Analogie zu dem Gedanken der Weltzonen, wie ihn die babylonische Astrologie entwickelt hat. In ihr wird jede der sieben verschiedenen Zonen je einem der sieben Planeten zugeteilt und durch ihn beherrscht gedacht. Eine entsprechende Gliederung der Welt kehrt dann in Indien und Persien, in den sieben dvipas der indischen Geographie und Kosmographie und in den sieben keshvars der Parsen wieder. In besonders eigenartiger und minutiöser Durchbildung aber erscheint dann diese Einteilung des Alls und seiner Inhalte nach den verschiedenen Weltgegenden im chinesischen Denken, wo sie sich zu einem allgemeinen Schema des Weltbegreifens überhaupt entwickelt. Der Grundgedanke der chinesischen Religion, daß das Weltganze von einem einheitlichen Gesetz regiert wird, daß ein und dasselbe Tao in den Himmelsereignissen wie im irdischen Geschehen und im menschlichen Handeln wirksam ist, hat sich in diesem Schema gewissermaßen seinen konkret-sinnlichen Ausdruck geschaffen. Alle Einteilung der Dinge, alle Klassenbildung weist auf das große Vorbild des Himmels zurück. Die Verschiedenheit der Himmelsgegenden läßt sich demgemäß durch die Gesamtheit des Seins und durch all seine besonderen Arten weiterverfolgen. So stellt z.B. eines der ältesten Werke der chinesischen medizinischen Literatur, das Su Wen, eine Tabelle auf, in der dem Osten von den Jahreszeiten der Frühling, von den fünf Elementen das Holz, von den menschlichen Organen die Leber, von den Affekten und Gemütszuständen der Zorn, von den Farben die blaue Farbe, von den Geschmäcken das Saure zugeteilt wird – und ebenso entspricht dem Westen der Herbst, das Metall, die Lunge, die Sorge, die weiße Farbe und der scharfe Geschmack, der Mitte die Erde, die Milz und der Gedanke usf. Jeder bestimmten Gegend des Raumes wird ferner auch hier eine bestimmte Tiergestalt zugeordnet: dem Osten das Bild des blauen Drachen, dem Süden das des roten Vogels, dem Westen das des weißen Tigers, dem Norden das der schwarzen Schildkröte. Alle religiöse »Wissenschaft« der Chinesen, alles Erkennen und alles Vorherbestimmen von Dingen und Ereignissen ist auf dieses Grundschema eingestellt, dem die allgemeinen Richtlinien für die »Mantik des Universums«, insbesondere für die in China so hochentwickelte Geomantik, für die Lehre vom Fung Šui, entnommen werden.[33] Blickt man von hier aus auf die Art

a.a.O, S.133–144 und ders., Das Tonalamatl der alten Mexikaner, a.a.O., S.600–617.

[33] Zum Ganzen siehe vor allem Johann Jakob Maria de Groot, The Religious System of China, Its Ancient Forms, Evolution, History and Present Aspect. Manners, Customs and Social Institutions connected therewith, Bd. I/1: Disposal of the Dead, Teil 1: Funeral Rites, Teil 2: The Ideas of Resurrection, Leiden 1892,

hinüber, in der die Griechen die altbabylonischen Lehren übernom|men haben und in der sie sie wissenschaftlich fruchtbar zu machen suchten: so tritt an diesem einen Zuge der ganze Gegensatz der Kulturen und Denkweisen deutlich heraus. Auch die griechischen Geographen haben die Idee der Weltzonen von Babylon empfangen; aber sie haben sie von allem kosmologisch-phantastischen Beiwerk befreit, um sie rein für die Zwecke der wissenschaftlichen Erdbeschreibung zu verwenden. Aus den vielen einander umschlingenden Weltzonen oder Weltinseln machten sie sieben geradlinige Zonen, die nur dem Bedürfnis der anschaulichen Übersicht und Gliederung dienen sollten.[34] So stehen diese griechischen Geographen zur Idee der Weltzonen ähnlich wie Eudoxos, der Begründer der wissenschaftlichen Astronomie der Griechen und der Schüler Platons, zur Idee der babylonischen Astrologie stand. Es vollzog sich hier eine entscheidende Wendung in der Anschauung des Kosmos, die jedoch nur dadurch möglich war, daß die griechische Philosophie zuvor neue Instrumente der rein theoretischen Welterkenntnis, neue Begriffs- und Denkformen entdeckt und in methodischer Schärfe bestimmt hatte.

Innerhalb des mythisch-astrologischen Denkens aber schreitet nun die Gliederung des Kosmos, die divisio naturae, immer bestimmter in der eben betrachteten Richtung fort. Die astrologische Geographie teilt in altbabylonischer Zeit die irdische Welt in vier große Bezirke: Akkad, d.h. Babylonien, im Süden; Subartu, d.h. die Landstrecken östlich und nordöstlich von Altbabylonien und Assyrien, im Norden; Elam, ein Teil des späteren Persien bis an die Grenzen des mittelasiatischen Hochlands, im Osten; Amurru, d.h. das Westland mit Syrien und Palästina, im Westen. Die Vorgänge am Himmel werden auf diese Länder in verschiedenen Ordnungen bezogen. Jedem Planeten wie den einzelnen Fixsternen kommt eine bestimmte geographisch-astrologische Bedeutung zu: Der Jupiter wird als Akkadstern, der Mars als Amurrustern bezeichnet, die Plejaden werden Elam, Perseus Amurru zugeteilt. In weitergehender Spezialisierung wird z.B. die rechte Seite des wachsenden Mondes auf das Westland oder Amurru, die linke auf den Osten oder Elam bezogen. Entspre-

S. 316f. u. Bd. III/1: Disposal of the Dead, Teil 3: The Grave (Zweite Hälfte), Leiden 1897, S. 960ff.; ders., Universismus. Die Grundlage der Religion und Ethik, des Staatswesens und der Wissenschaften Chinas, Berlin 1918, bes. S. 119, 171 u. 364ff. – vgl. Beilage V (ECW 16, S. 70f.).

[34] Näheres s. bei Peter Jensen, Die Kosmologie der Babylonier. Studien und Materialien, Straßburg 1890, S. 163ff.

chend dieser räumlichen Gliederung vollzieht sich die Gliederung der Zeit. Es sind genaue Tabellen erhalten, in denen die einzelnen Planeten, Sternbilder und Fixsterne, nach Gruppen zu zwölf geordnet, mit den einzelnen Monaten des Jahres in Beziehung gesetzt und gemäß dieser Ordnung auf die verschiedenen geographischen Bezirke verteilt werden. Der erste, fünfte und neunte Monat des Jahres wird Akkad, der zweite, sechste und zehnte wird Elam, der dritte, siebente und elfte | Subartu zugeteilt. Und auch auf die einzelnen Tage des Monats wird das gleiche Prinzip der Einteilung ausgedehnt.[35] Ganz allgemein besitzt später im entwickelten astrologischen System jeder größere oder kleinere Zeitabschnitt seinen besonderen planetarischen Zeitherrscher, seinen Chronokrator. Der Mars ist der Herr des Jahres, die Venus Herrin des Monats, der Merkur gebietet über den Tag, die Sonne über die Stunde. Die Zuteilung der einzelnen Wochentage zu den Planeten drückt sich in ihrer lateinischen Bezeichnung als dies Solis, dies Lunae, dies Martis, Mercurii, Jovis, Veneris, Saturni noch unmittelbar aus. Auch die aufeinanderfolgenden Phasen im Leben des einzelnen unterliegen der gleichen Ordnung: Vom Monde, der über die früheste Kindheit waltet, geht im Leben des Menschen die Herrschaft allmählich auf den Merkur, von diesem auf die Venus, die Sonne, den Jupiter über, bis zuletzt unter der Regentschaft des Saturn das Leben sich seinem Ende zuneigt.[36] Und wie die einzelnen Zeitabschnitte den einzelnen Gestirnen gehören und durch sie geleitet werden, so weist auch alles, was sich in diesem Rahmen abspielt, aller Inhalt des Geschehens und des Tuns des Menschen, die gleiche Bezüglichkeit auf. Jede noch so geringfügige Verrichtung unterliegt durch ihre Gebundenheit an Zeit und Stunde der Gebundenheit an die Ge-

[35] Zur astrologischen Geographie vgl. Morris Jastrow jr., Aspects of Religious Belief and Practice in Babylonia and Assyria, New York/London 1911 (American Lectures on the History of Religions, Bd. 8), S. 217 ff. u. 234 ff. sowie die Darstellung von Carl Bezold in dem ersten Abschnitt der Schrift von Franz Boll, Sternglaube und Sterndeutung. Die Geschichte und das Wesen der Astrologie, unter Mitw. v. Carl Bezold, Leipzig/Berlin [2]1919 (Aus Natur und Geisteswelt. Sammlung wissenschaftlich-gemeinverständlicher Darstellungen, Bd. 638).

[36] Zur Astrologie der Lebensalter s. Franz Boll, Die Lebensalter. Ein Beitrag zur antiken Ethologie und zur Geschichte der Zahlen. Mit einem Anhang über die Schrift von der Siebenzahl, Leipzig/Berlin 1913; für das Folgende vgl. neben der meisterhaft orientierenden Übersicht Bolls in der Schrift »Sternglaube und Sterndeutung« besonders seinen Aufsatz über »Die Entwicklung des astronomischen Weltbildes im Zusammenhang mit Religion und Philosophie«, in: Astronomie, unter Red. v. Johannes Franz Hartmann bearb. v. Leopold Ambronn u. a. (Die Kultur der Gegenwart. Ihre Entwicklung und ihre Ziele, hrsg. v. Paul Hinneberg, 3. Teil, 3. Abt., Bd. III), Leipzig/Berlin 1921, S. 1–51.

stirne. Es ist bekannt, wie die Astrologie in ihrer Entwicklung diese Grundanschauung methodisch bis ins kleine und kleinste durchgeführt, wie sie auch den günstigsten Moment für das Bad, für den Kleiderwechsel, für jede einzelne Mahlzeit, für Haar- und Bartschneiden, für das Feilen der Nägel sorgfältig errechnet hat. »Ungues Mercurio, barbam Iove, Cypride crinem« lautet eine alte astrologische Vorschrift.[37] Und in derselben Weise wie die einzelnen Handlungen des Menschen erscheint alles Dasein der Natur dem planetarischen Schema eingefügt und erhält durch diese Einfügung seinen festen Platz im Universum angewiesen. Die Grundelemente der Wahrnehmung, die sinnlichen Qualitäten, unterliegen dieser Einordnung ebenso wie die physischen Elemente der Körperwelt. Die verschiedene Farbe, in der die Planeten leuchten, drängte sich früh der Beobachtung | auf; sie führte dazu, die sieben Farben des Spektrums auf die fünf Planeten, nebst Sonne und Mond, zu verteilen. Nicht minder ist die Qualität des Warm-Feuchten und des Warm-Trockenen, des Kalt-Trockenen und des Kalt-Feuchten, sind also Luft, Feuer, Erde und Wasser je einem Planeten zugeteilt. Und wie die Mischung der Stoffe überhaupt, so ist vor allem auch die Mischung der Säfte im Menschen, so sind die »Temperamente«, das sanguinische, cholerische, melancholische, phlegmatische Temperament, von den Sternen abhängig. Rechnet man hinzu, daß auch die Tiere und Pflanzen, die Edelsteine und Metalle in gleicher Weise auf die sieben Planeten und die zwölf Tierkreiszeichen sich beziehen, daß z.B. dem Gold die Sonne, dem Silber der Mond, dem Eisen der Mars, dem Jupiter das Zinn, dem Saturn das Blei entspricht,[38] so wird deutlich, daß es zuletzt kein Ding und keine Eigenschaft, keinen Vorgang und kein Tun in der Welt gibt, dem hier nicht sein Platz und seine Stellung im Ganzen zugewiesen würde.

Daraus aber wird unmittelbar ersichtlich, daß es sich in der Astrologie, so seltsam und abenteuerlich ihre Folgerungen erscheinen, nicht lediglich um ein Gemisch wirren Aberglaubens handelt, sondern daß ihr eine eigentümliche Denkform zugrunde liegt. Das Problem, das Ganze der Welt als eine gesetzliche Einheit, als ein in sich geschlossenes kausales Gefüge zu denken, ist schon in der Astro-

[37] Ausonius, Buch VII: Eclogarum liber, Abschn. 29, zit. nach: Franz Cumont, Die orientalischen Religionen im römischen Heidentum. Vorlesungen am Collège de France, autoris. dt. Ausg. v. Georg Gehrich, Leipzig/Berlin 1910, S. 313 Anm. 11; Franz Boll, Die Erforschung der antiken Astrologie. Vortrag, gehalten auf der 49. Versammlung deutscher Philologen und Schulmänner in Basel, in: Neue Jahrbücher für das klassische Altertum, Geschichte und deutsche Literatur und für Pädagogik 21, 1. Abt., 11. Jg. (1908), S. 103–126: S. 109 f.

[38] Vgl. hierzu Beilage VI, ECW 16, S. 71 f.

logie aufs bestimmteste gestellt. Überall begegnen uns hier »Erklärungen« der besonderen Erscheinungen, die, wie unsicher und haltlos sie im einzelnen erscheinen mögen, doch dem allgemeinen Typus des ursächlichen Denkens, des kausalen Folgerns und Schließens, angehören. Das gesamte astrologische System ruht auf der Voraussetzung, daß alles physische Geschehen in der Welt durch unmerkliche Übergänge miteinander verbunden ist, daß jede Wirkung sich von dem Ort, an welchem sie erzeugt wird, ins Unendliche fortsetzt, um schließlich alle Teile des Universums zu ergreifen und in Mitleidenschaft zu ziehen. Die Gestirne sind gleichsam nur die deutlichsten, die sichtbaren Exponenten dieses Grundzusammenhangs des Alls. Wie der Gang der Sonne den Wechsel der Jahreszeiten und dadurch das Werden und Vergehen der Pflanzenwelt bestimmt, wie der Eintritt der Gezeiten vom Lauf des Mondes abhängt, so läßt sich zuletzt überhaupt kein Einzelvorgang denken, der sich nicht durch nähere oder entferntere Mittelglieder an den Lauf des Himmels anknüpfen ließe. Auch die Bestimmung der individuellen Form und des individuellen Geschicks des Menschen wird von der psychologisch-kosmologischen Spekulation, die sich auf das System der Astrologie stützt, in ähnlicher Weise »erklärt«. Es ist eine all|gemein verbreitete, in verschiedenen Formen hervortretende Anschauung der Spätantike, daß die Seelen, indem sie vom Empyreum, von den Höhen des Himmels, in den irdischen Leib herabsteigen, dabei die Sphären der sieben Planeten durchschreiten müssen, wobei jeder Planet ihnen die Eigenheit verleiht, die seinem Wesen gemäß ist.[39] Die Gnosis und die neuplatonische Spekulation haben diese Grundansicht in verschiedenen Richtungen weitergebildet, insofern die erstere sie im pessimistischen, die letztere im optimistischen Sinne versteht. Das eine Mal sind es die Schwächen und Leidenschaften, das andere Mal sind es die Grundkräfte des physischen und sittlichen Lebens, die den Menschen von den Sternen zuteil werden.[40] Ähnlich wie hier werden in der christlich-mittelalterlichen Astrologie die sieben Todsünden der menschlichen Seele bei ihrem Abstieg ins Irdische von den sieben Planeten mitgeteilt: Mars gibt die iracundia, Venus die libido, Merkur die lucri cupiditas, Jupiter das regni desiderium usf.[41] Aber auch

[39] Näheres bei Boll, Die Lebensalter, S. 37f.

[40] So verleiht im Sinne der ersteren Anschauung der Saturn die Trägheit oder Lüge und Hinterlist, im Sinne der letzteren dagegen »ratiocinationem et intelligentiam« (*τὸ θεωρητικόν*); Näheres hierüber in einer zur Zeit noch unveröffentlichten Arbeit von Panofsky und Saxl, die voraussichtlich ebenfalls im Rahmen der »Studien der Bibliothek Warburg« erscheinen wird.

[41] Boll, Die Lebensalter, S. 37f.

abgesehen von solchen besonderen Anwendungen des eigentümlichen »Kausalprinzips« der Astrologie findet sich durchgehend das Bestreben, alle irdische Gestaltung und alles irdische Wirken durch die »Ausflüsse« der überirdischen Welt zu erklären. Bis in die Renaissance, bis zu Marsilius Ficinus, der der Theorie der radii coelestes noch eine eingehende Darstellung und Betrachtung widmet, bleibt die alte Lehre von den himmlischen *ἀτόρροιαι* herrschend.[42] Wie mit Ketten wird dadurch jedes besondere Dasein und Geschehen an einen bestimmten Punkt des Himmels, als an seinen Ursprungsort, gebunden. In alledem beansprucht die astrologische Weltansicht, wie man sieht, der Form nach nichts Geringeres als dasjenige, was die moderne naturwissenschaftliche Naturerklärung leistet. Die Astrologie ist, rein formal gefaßt, einer der großartigsten Versuche systematisch-konstruktiver Weltbetrachtung, der je vom menschlichen Geiste gewagt wurde: Die Forderung, »das Ganze im Kleinsten [zu] erblicken«,[43] ist selten so eindringlich gestellt und so konsequent durchzuführen versucht worden wie hier.

Um so stärker aber drängt sich damit die Frage nach den Merkmalen auf, durch die sich das kausale Denken der Wissenschaft als | solches kennzeichnet und durch die es sich von der Art der Kausalität, die im astrologischen System herrscht, scharf und prinzipiell unterscheidet. Mißt man die »Erklärungen« der Astrologie an unserem modernen Begriff und an unserer modernen Methode der physikalischen »Kausalität«, so tritt freilich sogleich hervor, wie brüchig dieses System ist. Alle »Induktionen« der Astrologie erscheinen, vom Standpunkt dieses Erkenntnisideals betrachtet, mit einem Male als falsche und schiefe Analogien, als willkürliche und vorschnelle Verallgemeinerungen. Diese Fehler liegen so offen zutage, daß es zunächst kaum verständlich erscheint, wie trotz ihrer, trotz der handgreiflichen Mängel des empirischen Beobachtungs- und Beweismaterials, ein solches System die fast unbestrittene Herrschaft über die größten wissenschaftlichen Geister, bis zu Tycho de Brahe und Kepler, behaupten konnte. Aber eben hierin zeigt sich deutlich, wie unser

[42] S. Marsilio Ficino, De vita libri tres, quorum primus de studiosorum sanitate tuenda, secundus de vita producenda, tertius de vita caelitus comparanda tractat (Buch 3, Kap. 16), in: Opera, Bd. I, Paris 1641, S. 482–558: S. 540 ff.; über den Ursprung der Lehre von den *ἀπόρροιαι* vgl. Richard Reitzenstein, Poimandres. Studien zur griechisch-ägyptischen und frühchristlichen Literatur, Leipzig 1904, S. 16 f.

[43] [Johann Wolfgang von Goethe, Gott, Gemüth und Welt, in: Werke, hrsg. im Auftrage der Großherzogin Sophie von Sachsen, 4 Abt., insges. 133 Bde. in 143 Bdn., Weimar 1887–1919, 1. Abt., Bd. II, S. 213–220: S. 216.]

moderner analytisch-wissenschaftlicher Begriff der Kausalität kein selbstverständlicher Besitz des Geistes, sondern eine seiner spätesten methodischen Errungenschaften ist. Dieser Begriff begnügt sich keineswegs mit der einfachen Frage nach dem »Warum« des Seins und des Geschehens – sondern er gibt dieser Frage, die so alt wie das menschliche Denken überhaupt ist, eine spezifisch neue Wendung und Prägung. Auch der Mythos fragt nach dem Warum der Dinge; auch er entwickelt seine Systeme der Theogonie und der Kosmogonie. Aber er geht trotz allem Bestreben, in den letzten »Ursprung« der Dinge zurückzugehen, doch letzten Endes über sie selbst und über ihr einfaches konkretes »Dasein« nicht hinaus. Die gegenwärtige Gestalt der Welt soll aus ihrer mythischen Vergangenheit begriffen werden; aber diese letztere unterscheidet sich, da sie selbst durchaus die Farbe der sinnlichen Gegenwart trägt, ihrer Struktur und Art nach nicht von jener. So wird zuletzt das Ganze der Welt vom Mythos dadurch erklärt, daß er für diese Erklärung an einen dinglichen Teil ebendieser Welt anknüpft – daß er die Welt etwa aus dem Weltei oder der Weltesche hervorgehen oder sie aus dem Leib eines Riesen geformt sein läßt. Beide Glieder des kausalen Verhältnisses, die »Ursache« wie die »Wirkung«, werden somit hier als konkrete Dinge gefaßt und als solche aufeinander bezogen. Das Geschehen erhält die Form des Übergangs von einer Dinggestalt in eine andere – es ist mythisch »begriffen«, indem alle diese sukzessiven Dingphasen einfach in ihrem Nacheinander erfaßt und beschrieben werden. Je weiter das mythische Denken fortschreitet, um so komplexer und mittelbarer freilich wird diese Beschreibung. Der Gedanke begnügt sich jetzt nicht mehr damit, »Ursache« und »Wirkung« lediglich als Inhalte zu fassen, deren einer aus dem anderen hervorgegangen ist, und die bloße Tatsache dieses Hervorgehens zu konstatieren, son|dern er fragt nach der Form dieses Hervorgehens selbst und sucht sie einer allgemeinen Regel zu unterwerfen. Das astrologische Denken steht bereits auf dieser Stufe der Reflexion; aber es hat sich andererseits von dem »komplexen« Denken des Mythos, von jenem Denken, das Ursache und Wirkung nur als unzerlegte dingliche Ganzheiten einander gegenüberstellt, noch nicht losgerungen. So erklärt sich, daß es seiner Form nach eine eigentümliche Mittel- und Zwitterstellung zwischen Mythos und Wissenschaft einnimmt. Die unendlich vielfältigen Einzelkräfte des Mythos werden hier zum ersten Male systematisiert und einer allgemeinen Ordnung eingefügt. Die Göttergestalten des Polytheismus erhalten, durch die Beziehung der Gottheiten auf die einzelnen Planeten, gleichsam eine fest begrenzte Stelle im Gesamtraum des Kosmos und eine bestimmte Wirksamkeit, die jeder von ihnen eigentümlich ist, zugewiesen. Es sind nicht mehr durch individuelle Willkür regierte unberechenbare Kräfte, sondern solche, die sich, indem sie an eine allgemeine Form des Wirkens gebunden sind, in einen einheitlichen Begriff der »Natur«, als einer allgemeinen Gesetzlichkeit des Geschehens, zusammenschließen. Und doch vermag innerhalb der Astrologie dieser abstrakte Gedanke der Gesetzlichkeit des Alls sich nicht mit konkretem Inhalt zu erfüllen. Es kommt nicht zur Aufstellung wahrhaft bestimmter »besonderer Naturgesetze«, sondern bei dem Versuch, die allgemeine Kategorie der Gesetzlichkeit des Geschehens auf das Besondere und Individuelle anzuwenden, verliert sich das Denken wieder ins Phantastische und Abenteuerliche. Denn hier fehlt es noch an einer wichtigen und unentbehrlichen Vermittlung – an jenem medius terminus, der dem Gesetzesbegriff innerhalb der modernen Physik erst seine positive Bedeutung gegeben und seine fruchtbare Anwendung gesichert hat.

Die Form der wissenschaftlichen Naturerklärung, wie sie seit der Renaissance, seit Galilei und Kepler in ihren Hauptzügen unverrückbar feststeht, besteht wesentlich darin, alles Sein in ein Werden, in räumlich-zeitliche Beziehungen aufzulösen und es in den Gesetzen dieser Beziehungen zu begründen. In der mathematischen Theorie des Naturgeschehens, die diesen Gedanken am reinsten und vollkommensten ausprägt, muß jeder Inhalt und jedes Geschehen, um überhaupt der Erklärung zugänglich zu werden, zunächst in einen Komplex von Größen verwandelt werden, die im allgemeinen von Moment zu Moment als veränderlich angesehen werden. Die Aufgabe der Theorie besteht dann darin, zu ermitteln, wie alle diese Veränderungen wechselseitig ineinandergreifen und sich bedingen. Denken wir uns einen Weltzustand in einem gegebenen Augenblick (t_1) dadurch bestimmt, daß alle ihn determinierenden Größenwerte uns bekannt wären, und nehmen wir | weiter an, daß auch die Änderungen dieser Werte in Gleichungen ausgedrückt wären, die sie als Funktionen der Zeit darstellen, so wäre durch den einen Gegenwartspunkt die Fortsetzung, die er in den darauffolgenden Momenten t_2, t_3 … usf. erfahren wird, bestimmt und somit die gesamte Zukunft der Welt für unsere Erkenntnis vorgezeichnet. Die für einen Moment charakteristischen Zustandsgrößen x, y, z nebst den ersten oder zweiten Differentialquotienten nach der Zeit $\frac{dx}{dt}, \frac{d^2x}{dt^2}, \frac{dy}{dt}, \frac{d^2y}{dt^2}$ usf. würden genügen, um das Ganze des kommenden Geschehens eindeutig zu beschreiben, wie wir andererseits aus ihnen auch jedes Geschehen in der Vergangenheit, durch einfache Einsetzung des betreffenden Zeitparameters, unmittelbar errechnen könnten. Das ist die Form, die der

Gedanke der gesetzlichen Notwendigkeit des Naturgeschehens in der modernen astronomischen Weltansicht, in der »Mechanik des Himmels«, angenommen hat. Diese Mechanik des Himmels beruht auf der Logik der Analysis des Unendlichen – auf dem Begriff des Unendlich-Kleinen, der Funktion und der veränderlichen Größe. Aber darin liegt zugleich, daß unser modernes wissenschaftliches Denken, um irgendein Sein begreifen zu können, es zuvor auf elementare Veränderungen beziehen und es in diese gleichsam zerschlagen muß. Die Form des Ganzen, wie sie für die sinnliche Wahrnehmung oder für die reine Anschauung vorhanden ist, verschwindet; an ihre Stelle setzt der Gedanke eine bestimmte Regel des Werdens. Das Wesen jeglichen Dinges bestimmt sich in seiner genetischen Definition – in seinem Aufbau aus den einzelnen Teilbedingungen, die es konstituieren.

Dieser Auflösung in die Elemente des Werdens und in ihre reine Größenbestimmtheit ist die astrologische Anschauung des Seins aufs schärfste entgegengesetzt. Sie findet in jedem noch so kleinen Teil die Form des Ganzen wieder; wir können das Ganze immer nur als die gesetzliche Verknüpfung, als die Synthese von Elementarprozessen denken. Unser Verfahren ist daher, wie die Mathematik es charakteristisch bezeichnet, das Verfahren der Integration, des konstruktiven Aufbaus der Erkenntnis des Ganzen aus der Erkenntnis der Teilbedingungen – ihr Verfahren besteht darin, daß sie es zu »Teilen« des Seins überhaupt nicht kommen läßt, daß sie über alle empirischen Unterschiede und Trennungen hinweg die Identität des Seins mit sich selbst, die Identität seiner reinen Grundgestalt behauptet. Es prägt sich hierin jene Eigenart des »komplexen« Denkens aus, durch die sich überhaupt das mythische Bewußtsein von dem analytisch-wissenschaftlichen Bewußtsein grundsätzlich unterscheidet. Für unser Denken besteht die Gefahr, daß wir, angesichts der unendlichen | Verwicklung der kausalen Faktoren, die in jedes einzelne Geschehen und Dasein eingehen, niemals zur wirklichen Bestimmung eines konkreten Ganzen, eines einzelnen »wirklichen« Seins oder Vorgangs gelangen: Denn alle Erkenntnis eines Empirisch-Wirklichen verwandelt sich für das funktionale Denken der Wissenschaft – wie Galilei es zuerst erkannt und klar ausgesprochen hat – in eine unendliche Aufgabe. Für die Weltansicht der Astrologie aber liegt umgekehrt die Schranke eben darin, daß sich ihr das Universum überhaupt nicht in wirklich selbständige Bestimmtheiten absondert. Der Grundsatz der »Sympathie des Alls« hebt jeden Versuch einer derartigen Sonderung, kaum daß er unternommen worden ist, implizit wieder auf. Das besondere Geschehen und Dasein sinkt dadurch zur bloßen Hülle und Maske herab, hinter welcher sich die eine identische Form des Alls verbirgt, die überall, im Kleinen wie im Großen, im Nächsten wie im Fernsten, dieselbe ist. Für die moderne Wissenschaft ist die Einheit, die sie sucht, die Einheit des Naturgesetzes, als eines reinen Funktionsgesetzes; für die Astrologie ist es die Einheit eines bleibenden und durchgehenden Bestandes, einer Struktur des Weltganzen. Die Welt gleicht einem Kristall, der, wie sehr man ihn auch in kleine und immer kleinere Teile zerschlagen mag, doch in ihnen allen immer noch die gleiche charakteristische Organisationsform erkennen läßt. Deutlich tritt dies schon in jenen totemistischen Einteilungen hervor, in denen wir eine der primitivsten Formen des mythischen Weltbegriffs zu erkennen glaubten. Im System der Zuñi z. B. wird nicht nur das Ganze des Seins, also die Mitglieder des Stammes, die Tiere, die Pflanzen, die Elemente, die Farben, siebenfach nach den Raumgegenden gegliedert, sondern innerhalb der Einzelkreise kann sich nun die gleiche eigentümliche »Septuarchie« noch einmal wiederholen. Die Angehörigen eines einzelnen Clans, dem ein bestimmtes Totemtier zugeteilt ist, können sich also untereinander wieder dadurch unterscheiden, daß sie verschiedene Gliedmaßen dieses Tieres, etwa seinen Kopf, sein rechtes oder linkes Bein, als besonderes totemistisches Abzeichen benutzen – und abermals entspricht hier das eine Glied dem Norden, ein anderes dem Westen, das eine der »oberen«, das andere der »unteren« Welt usf.[44] Es kehrt somit, nur auf einen kleineren Maßstab verkürzt und zusammengezogen, in den einzelnen Teilen die Struktur des Ganzen aufs genaueste wieder. Ebenso erscheint im astrologischen Weltbild das Ganze der Zeiten und Lebensalter, der Qualitäten und Elemente, der Körper- und Geisterwelt, der Charaktere und Temperamente nach dem gleichen Modell aufgebaut, das sich uns in der Gestaltung der Planetenwelt nur am klarsten ent|hüllt, weil es hier gleichsam in deutlichster räumlicher Projektion, in übersichtlichster Anordnung aller Grundverhältnisse vor uns steht. Es waltet hierin eine Art mythischer Kongruenz, die sich ihrer reinen Form nach dem Gesetz der grammatischen Kongruenz vergleichen ließe, das uns bei der Betrachtung der sprachlichen Begriffs- und Klassenbildung entgegentrat. Eine bestimmte anschauliche, gefühlsmäßige und gedankliche Unterscheidung bleibt an dem Punkte, an dem sie zuerst entstand, nicht stehen, sondern sie hat die Tendenz, von ihm aus fortzuwirken, immer weitere Kreise zu ziehen und schließlich das Ganze des Seins zu umspannen und in irgendeiner Weise zu »organisieren«.

[44] Näheres bei Cushing, Outlines of Zuñi Creation Myths, S. 368 f. (s. Beilage IV, ECW 16, S. 66 ff.).

Und damit erhält nun der entscheidende Grundgedanke der Astrologie: der Gedanke der Einheit des Mikrokosmos und des Makrokosmos, erst seine scharf umrissene Bedeutung. Diese Einheit ist auch dort, wo sie dem Ausdruck nach als kausale und dynamische erscheint, ihrem Ursprung und ihrer Grundbedeutung nach doch immer eine statisch-substantielle Einheit. Es ist eine ursprüngliche Einheit des Seins, auf die sich die vermittelte Einheit des Wirkens hier deutlich zurückbezieht. Der primäre Grund dafür, daß der Mensch dem Gesetze des Kosmos untersteht, liegt nicht sowohl darin, daß er vom Kosmos her stets erneute Einwirkungen erfährt, sondern darin, daß er, im verkleinerten Maßstab, der Kosmos selbst ist. Nun genügt freilich diese Charakteristik des astrologischen Denkens, die es einem bestimmten Gattungstypus zuweist, nicht, um auch seine besondere Art, seine spezifische Eigentümlichkeit zu bestimmen. Denn auch die moderne kausale Wissenschaft kennt neben den allgemeinen Funktions- und Gesetzesbegriffen besondere »Strukturbegriffe«, die sich ihrer gesamten methodologischen Schichtung und Fügung nach deutlich von den Begriffen der ersten Art abheben.[45] Insbesondere sind es die beschreibenden Naturwissenschaften, vor allem die Wissenschaften vom organischen Leben, die derartige Strukturbegriffe nirgend entbehren können. So scheint der Denktypus der Astrologie, je schärfer er sich von der modernen mathematischen Naturwissenschaft scheidet, nur um so näher an den Typus der biologischen Formbegriffe heranzurücken. In der Tat ist ja der Gedanke des »Weltorganismus« das immer wiederkehrende Bild, in welches die Astrologie ihre Grundanschauung zu kleiden liebt. Absurd wäre es – so sagt Agrippa von Nettesheim – wenn der Himmel, die Sterne und die Elemente, die für alle Einzelwesen der Quell des Lebens und der Beseelung sind, selbst des Lebens und der Beseelung ermangeln sollten; wenn das Ge|setz, wonach im menschlichen Körper jede Bewegung eines Gliedes im Ganzen verspürt wird, nicht auch für das All seine Geltung behauptete.[46] Und doch ist gerade nach dieser Seite hin, ist gerade in der Grundansicht des Lebens der Gegensatz zwischen der mythisch-astrologischen Denkart und den

[45] Vgl. hierzu Carl Stumpf, Zur Einteilung der Wissenschaften, Berlin 1907 (Aus den Abhhandlungen der Königlich Preussischen Akademie der Wissenschaften vom Jahre 1906, Abh. 5), bes. S. 28 ff.

[46] Heinrich Cornelius Agrippa von Nettesheim, De occulta philosophia (Buch 2, Kap. 56 u. 60), in: Opera, quaecumque hactenus vel in lucem prodierunt, vel inveniri potuerunt omnia, in duos tomos concinne digesta, et diligenti studio recognita: quae pagina post praefationem proxima plenißime enumerantur, Bd. I, Lyon o. J., S. 1–499: S. 294 f. u. 302–305.

Form- und Strukturbegriffen der modernen Wissenschaft nicht minder ausgeprägt. Die scheinbare Berührung im Inhalt der Begriffe läßt hier den Abstand der Denkform nur um so klarer hervortreten. Die eigentümliche innere Dialektik des astrologischen Denkens besteht eben darin, daß es, indem es die echte Allgemeinheit des mathematischen Gesetzes verfehlt, damit auch der wahren Besonderheit, der Bestimmtheit der individuellen Form verlustig geht. Dieses Denken sucht die organische Einheit und die organische Lebendigkeit des Weltganzen zu erfassen – aber die Lebendigkeit des Alls geht ihm zuletzt doch wieder in der Starrheit einer mathematischen Formel auf. Und auf der anderen Seite wird ebendiese Formel, indem der Versuch gemacht wird, ihr ein selbständiges Leben einzuhauchen, dadurch um ihren eigentlichen Erkenntnisgehalt, um ihre rein ideelle Bedeutung gebracht. Das Organische wird sub specie des Mathematischen, das Mathematische sub specie des Organischen betrachtet: Aber eben hierdurch gelangt keines von beiden zur eigentlichen Selbständigkeit seines Begriffs.

Man wird sich dieser Schranke des astrologischen Denkens vielleicht am deutlichsten bewußt, wenn man den astrologischen Formbegriff dem Goetheschen Formbegriff vergleicht. Goethe hat in einer der bekanntesten und vollendetsten dichterischen Gestaltungen, die er seinem Formbegriff gegeben hat, seine Grundanschauung an Symbole der Astrologie angeknüpft. In den orphischen Urworten wird jede »[g]eprägte Form die lebend sich entwickelt«,[47] nur als eine besondere Ausprägung jener allumfassenden Notwendigkeit gefaßt, die sich in der Form des Himmels und in der Stellung der Planeten ausdrückt. Und doch tritt gerade in diesem Vergleich der ganze Abstand, der zwischen Goethes dynamischen Form- und Entwicklungsgedanken und den, im Grunde rein statischen, Begriffen der Astrologie liegt, erst ganz zutage.[48] Von der Denkart der modernen Mathematik und der mathematischen Physik ist auch Goethe dadurch geschieden, daß er das Ganze der Welt nicht einfach in seine Elemente zerlegen, sondern daß er es als ein geformtes Ganzes, als Komplex reiner Gestalten an-

[47] [Johann Wolfgang von Goethe, Urworte. Orphisch, in: Werke, 1. Abt., Bd. III, S. 95 f.: S. 95 sowie in: Werke, 1. Abt., Bd. XLI/1, S. 215–221: S. 215; ders., Brief an Sulpiz Boisserée vom 21. Mai 1818, in: Werke, 4. Abt., Bd. XXIX, S. 80 ff.: S. 181.]

[48] In folgendem ist kurz zusammengefaßt, was an anderer Stelle ausführlicher dargelegt worden ist, s. besonders meinen Aufsatz »Goethe und die mathematische Physik. Eine erkenntnistheoretische Betrachtung«, in: Idee und Gestalt, Berlin 1921, S. 27–108 [ECW 9, S. 268–315] und den Aufsatz über »Goethe und Platon«, in: Sokrates. Zeitschrift für das Gymnasialwesen 10 (1922), S. 1–22.

schauen will. Aber dieses »Denken in Gestalten« | untersteht bei ihm jenem Grundprinzip, das seinen universellen Ausdruck in der Idee der Metamorphose findet. Hier handelt es sich nicht darum, von der einzelnen Gestalt dadurch zum »Allgemeinen« aufzusteigen, daß man sie mit anderen vergleicht und sie mit ihnen unter generischen Art- und Klassenbegriffen vereinigt, sondern hier stellt sich aller Zusammenhang als ein Zusammenhang des Werdens dar. Nur das erscheint als wahrhaft zusammengehörig, was aus einem gemeinsamen Bildungsprinzip stammt und aus ihm als hervorgehend gedacht werden kann. Als Grundregel der Ableitung gilt demnach die Regel der Kontinuität. Nirgends dürfen wir einen einzelnen Fall und eine einzelne Anschauung unmittelbar, auf das Zeugnis einer bloßen Ähnlichkeit hin, auf eine andere beziehen – sondern immer darf nur das Nächste an das Nächste geknüpft und mit ihm zur Einheit einer Reihe zusammengeschlossen werden. In diesem Axiom der Stetigkeit folgt Goethe der Methodik der modernen Wissenschaft – ja in ihm erkennt er selbst die Mathematik als Lehrerin an. Nur eine solche Erfahrung, die nicht unvermittelt von einem Punkt des Daseins oder Geschehens auf einen anderen überspringt, sondern die, in allmählicher Variation der Bedingungen, durch alle Mittelglieder hindurchschreitet, gilt ihm als eine Erfahrung »höherer Art«. »Auf solche Erfahrungen der höhern Art loszuarbeiten halt' ich für höchste Pflicht des Naturforschers, und dahin weis't uns das Exempel der vorzüglichsten Männer, die in diesem Fache gearbeitet haben. Diese Bedächtlichkeit nur das Nächste an's Nächste zu reihen, oder vielmehr das Nächste aus dem Nächsten zu folgern, haben wir von den Mathematikern zu lernen, und selbst da, wo wir uns keiner Rechnung bedienen, müssen wir immer so zu Werke gehen, als wenn wir dem strengsten Geometer Rechenschaft zu geben schuldig wären.«[49] Kraft dieser Grundforderung versagt sich Goethe jene Art der »Induktion«, die wir als das eigentliche Lebensprinzip der mannigfachen Systeme astrologischer »Zuordnungen« erkannt haben. Er sieht die Gefahr dieser Induktion, dieser Vergleichung und Zusammenführung des Diskreten und Disparaten darin, daß sie, statt ein Besonderes an einem anderen und aus einem anderen zu verstehen, vielmehr nur seine Eigenart verwischt und nivelliert, daß sie »das einzelne verachtet, und dasjenige was nur gesondert ein Leben hat, in eine tödtende Allgemeinheit zusammenreißt«.[50] Diesem Ver-

[49] Johann Wolfgang von Goethe, Der Versuch als Vermittler von Object und Subject, in: Werke, 2. Abt., Bd. XI, S. 21–37: S. 33 f.

[50] [Ders., Das Unternehmen wird entschuldigt, in: Zur Morphologie, Teil 1 (Werke, 2. Abt., Bd. VI), S. 5 ff.: S. 6.]

fahren, bei dem »himmelweit entfernte Dinge, in düsterer Phantasie und witziger Mystik«,[51] verknüpft werden, stellt Goethe seine eigene Methodik des »Entwickelns« gegenüber. So bleibt für ihn als Grundlage jeder Naturbetrachtung freilich die Überzeugung bestehen, daß in der leben|digen Natur nichts geschieht, was nicht in einer Verbindung mit dem Ganzen steht, und daß daher, wenn die Erscheinungen nur isoliert erscheinen, sie doch darum nicht isoliert sein müssen. Aber andererseits besteht er darauf, daß wir diese Überzeugung nicht, gleichsam als subjektive Forderung, der Natur aufdrängen können, sondern daß wir sie Schritt für Schritt am Gegenstand selbst zu erweisen haben. Bei aller Betrachtung der Gegenstände ist es die höchste Pflicht, jede besondere Bedingung, unter der ein Phänomen erscheint, genau aufzusuchen und nach möglichster Vollständigkeit der Phänomene zu trachten, »weil sie [so] doch zuletzt sich an einander zu reihen, oder vielmehr über einander zu greifen genöthigt werden, und vor dem Anschauen des Forschers auch eine Art Organisation bilden, ihr inneres Gesammtleben manifestiren müssen«.[52] Auf diesem Wege bewährt sich nach Goethe die echte »Einbildungskraft« des Forschers – eine Einbildungskraft, die nicht ins Vage geht und sich Dinge imaginiert, die nicht existieren, sondern die sich die Gestalt des Wirklichen selbst, nach den Regeln einer »exacte[n] sinnliche[n] Phantasie«,[53] aufbaut. Man erkennt jetzt, daß es im Grunde das gleiche Moment ist, was die Strukturbegriffe der Astrologie von den Funktionsgesetzen der Mathematik und was sie von dem organischen Naturbegriff Goethes und der modernen beschreibenden Naturwissenschaft scheidet. In beiden Fällen tritt der starren astrologischen Vorstellungsart, tritt der Überzeugung, daß nichts werden könne, als was schon ist, eine ursprünglich-genetische Anschauung gegenüber, die, sei es aus dem allgemeinen Gesetz, sei es aus der individuellen Form des Werdens, das Seiende erst aufzubauen und ideell zu erfassen sucht.

Gegenüber dieser Idealität des mathematischen Gesetzesbegriffs und des organischen Formbegriffs muß die mythisch-realistische Auffassung notwendig dabei beharren, ein und dasselbe Schema und Bild des Seins durch die Gesamtheit des Wirklichen zu verfolgen. Auch die Einheit des Mikrokosmos und Makrokosmos kann sich

[51] [Ders., Das Sehen in subjectiver Hinsicht, von Purkinje, in: Werke, 2. Abt., Bd. XI, S. 269–284: S. 275.]

[52] [Ders., Einwirkung der neuern Philosophie, in: Werke, 2. Abt., Bd. XI, S. 47–53: S. 48.]

[53] [Ders., (Rezension zu) Ernst Stiedenroth, Psychologie zur Erklärung der Seelenerscheinungen. Erster Theil, Berlin 1824, in: Werke, 2. Abt., Bd. XI, S. 73–77: S. 75.]

zuletzt nicht anders als in der Form eines solchen sinnlichen Bildes darstellen. Sie ist durchaus daran gebunden, daß es dieselben Elemente sind und daß es genau dieselbe Ordnung der Elemente ist, die den Bau des Alls und den Bau des menschlichen Leibes bestimmen. Der magischen Kosmologie entspricht daher eine magische Anatomie, wie sie sich wiederum unter einer Art von Denkzwang in den verschiedensten Kulturgebieten ausgebildet zu haben scheint.[54] Es ist ein natürlicher Zug des menschlichen Denkens, die Sichtung und Ordnung der objektiven Anschauungswelt dadurch zu vollziehen, daß der eigene Leib als Aus|gangspunkt der Orientierung genommen wird. Der menschliche Körper und seine einzelnen Gliedmaßen erscheinen gleichsam als ein »bevorzugtes Bezugssystem«, auf das die Gliederung des Gesamtraumes und all dessen, was in ihm enthalten ist, zurückgeführt wird. Die Entwicklung der Sprache enthält für diesen Zusammenhang mancherlei deutliche Belege. In einer großen Anzahl von Sprachen – insbesondere in den afrikanischen Sprachen und in den Sprachen der uralaltaischen Gruppe – gehen die Worte, die zum Ausdruck räumlicher Beziehungen dienen, durchweg auf konkrete Stoffworte und insbesondere auf die Ausdrücke für Teile des menschlichen Körpers zurück. Der Begriff des »Oben« wird durch das Wort für Kopf, der des »Hinten« durch das Wort für Rücken usf. bezeichnet. Noch charakteristischer in dieser Hinsicht ist es, daß die sprachlichen Klasseneinteilungen häufig die verschiedenen Gliedmaßen des menschlichen Leibes besonders auszeichnen und sie als Grundlage weiterer sprachlicher Bestimmungen und Unterscheidungen benutzen. Eine so primitive Sprache wie das Südandamanische besitzt eine reich entwickelte Klasseneinteilung der Nomina, bei der alle Gegenstände zunächst danach geschieden werden, ob sie menschliche oder nichtmenschliche Wesen sind, und bei der weiterhin die verschiedenen Verwandtschaftsgrade und die verschiedenen Körperteile klassenmäßig streng gegeneinander abgegrenzt werden. Jede Klasse besitzt ein eigenes Präfix und eine eigene, ihr allein zukommende Form der zugehörigen Possessivpronomina. Von den Körperteilen gehören der einen Klasse der Kopf, das Hirn, die Lunge, das Herz, einer anderen die Hand, der Finger, der Fuß, die Zehe, wieder einer anderen der Rücken, der Magen, die Leber, das Schulterblatt usf. an, so daß sie im ganzen in sieben verschiedene Klassen geteilt erscheinen. Besonders merkwürdig ist hierbei, daß zwischen der Gliederung nach Verwandtschaftsklassen und der nach Körperteilen selbst wieder

[54] Über die Form, die diese »magische Anatomie« in Babylon und Mexiko erhalten hat, s. Danzel, Babylon und Altmexiko, S. 263 f.

höchst eigenartige Beziehungen bestehen: Der Sohn steht mit den Beinen, Hoden usw., der jüngere Bruder mit dem Mund, der Adoptivsohn mit dem Kopfe, der Brust, dem Herzen in einem eigentümlichen Zuordnungs- und Identitätsverhältnis.[55] Solchen sprachlichen Teilungen stehen bekannte mythische Teilungen zur Seite. In mittelalterlichen Spekulationen über die Einheit des Makrokosmos und Mikrokosmos erscheint Adams Leib aus acht Teilen gebildet: Das Fleisch ist der Erde, die Knochen dem Gestein, das Blut dem | Meer, das Haar den Pflanzen, die Gedanken den Wolken gleich.[56] In ähnlicher Weise werden alle Organe des menschlichen Körpers, das Herz, die Leber, die Milz, das Blut, die Galle usf., den Elementen der großen Welt und ihren Herrschern, den Planeten, gleichgesetzt: Und solche ursprünglichen Gleichsetzungen sind es, die für alle »Gesetze«, für alle Vorausbestimmungen der Astrologie die Grundlage bilden.

Um dieses Verhältnis nach seiner erkenntniskritischen Bedeutung tiefer zu durchdringen, muß freilich auf die ersten »Gründe« der Erkenntnis, auf die verschiedene Stellung, die die Grundbegriffe des Raumes, der Zeit und der Kausalität im mythischen und im wissenschaftlichen Denken zueinander erhalten, zurückgegangen werden. Der Gedanke der Kausalität schließt, in welcher konkreten Gestalt er uns immer begegnen mag und gleichviel, ob wir ihn in seinen primitivsten oder in seinen höchsten Leistungen erfassen, stets eine reine »intellektuelle Synthesis« in sich. Die Beziehung der »Ursache« zur »Wirkung«, der »Bedingung« zum »Bedingten«, ist in der unmittelbaren sinnlichen Empfindung nicht gegeben – sie stellt einen eigentümlichen »Zusatz« der Denkkraft, eine geistige D e u t u n g der sinnlichen Phänomene dar. Soll dieses, selbst nicht anschauliche, Verhältnis auf die Anschauung bezogen werden, soll der sinnliche Inhalt selbst gleichsam als Träger der Form der Kausalität erscheinen, so

[55] Näheres über dieses Klassifikationssystem des Südandamanischen s. bei Edward Horace Man, On the Aboriginal Inhabitants of the Andaman Islands. With Report of Researches into the Language of the South Andaman Island by A. J. Ellis, London o. J., S. 51 ff. u. 199 f.; vgl. den Bericht von Ellis über die Andamanensprache (Alexander John Ellis, Report on Researches into the Language of the South Andaman Island, arranged by the President from the Papers of E. H. Man, Esq., Assistant Superintendent of the Andaman and Nicobar Islands, and Lieutenant R. C. Temple, of the Bengal Staff Corps, Cantonment Magistrate at Ambála, Panjáb, in: Transactions of the Philological Society, 1882–4, London/Straßburg 1885, S. 44–73: bes. S. 53 ff.) und Maurice Vidal Portman, Notes on the Languages of the South Andaman Group of Tribes (Kap. 4), Kalkutta 1898, S. 34 ff.

[56] Vgl. Wolfgang Golther, Handbuch der germanischen Mythologie, Leipzig 1895, S. 518.

bedarf es hierfür einer ideellen Vermittlung. Der Begriff der Ursache und Wirkung muß sich in der Anschauung »schematisieren«, muß sich ein räumliches oder zeitliches Korrelat und Gegenbild schaffen. Die »Kritik der reinen Vernunft« hat zuerst scharf und bestimmt auf dieses Grundproblem hingewiesen. Sie faßt das Schema, im Gegensatz zum sinnlichen Bild, das als solches ein bloß einzelnes ist, als ein »Monogramm der reinen Einbildungskraft«, als etwas, was selbst in gar kein Bild gebracht werden kann, sondern nur die »reine Synthesis gemäß einer Regel der Einheit nach Begriffen« in sich schließt. Näher aber stellen sich die verschiedenen Schemata für Kant als ebenso viele verschiedene Formen der Zeitbestimmung dar: Die Schemata sind nichts als Zeitbestimmungen a priori nach Regeln, die sich, nach der Ordnung der Kategorien, auf die Zeitreihe, den Zeitinhalt, die Zeitordnung und endlich den Zeitinbegriff in Ansehung aller möglichen Gegenstände beziehen. Insbesondere ist auch der Begriff der Zahl in seiner reinen mathematischen Gestalt in dieser Weise auf die Anschauung der Zeit bezogen und an sie gebunden: Die Zahl, als das reine Schema der Größe, ist nichts anderes als die »Einheit der Synthesis des Mannigfaltigen einer gleichartigen Anschauung überhaupt, da|durch daß ich die Zeit selbst in der Apprehension der Anschauung erzeuge«. Durch diese Reduktion auf die Zeitanschauung wird mittelbar sowohl der Inhalt des Raumbegriffs wie der des Kausalbegriffs erst bestimmt. Die Anschauung von Größen im Raume kann letzten Endes nur dadurch erfolgen, daß wir sie aus ihren Elementen in sukzessiver Synthesis erzeugen. »Wir können uns keine Linie denken, ohne sie in Gedanken zu *ziehen*, keinen Zirkel denken, ohne ihn zu *beschreiben*, die drei Abmessungen des Raums gar nicht vorstellen, ohne aus demselben Punkte drei Linien senkrecht aufeinander zu *setzen* [...]« Und ebenso bringt die Arithmetik selbst »ihre Zahlbegriffe durch successive Hinzusetzung der Einheiten in der Zeit zustande, vornehmlich aber [kann die] reine Mechanik [...] ihre Begriffe von Bewegung nur vermittelst der Vorstellung der Zeit zustande bringen«. Alle Vorstellung der Kausalität ist daher nicht sowohl auf das Sein der Dinge als auf die Regel und Reihenfolge der Veränderungen bezogen: Wir können strenggenommen niemals nach dem empirischen Grunde des Seins, sondern immer nur nach dem Grunde des Geschehens fragen. Nur dadurch, daß der Verstand eine gewisse Ordnung in dem Zeitverhältnisse als notwendig, als einer allgemeingültigen Regel unterworfen denkt, gibt er diesen Vorstellungen objektive Bedeutung, bestimmt er sie zu Vorstellungen vom »Gegenstand«.[57]

[57] S. Immanuel Kant, Kritik der reinen Vernunft, hrsg. v. Albert Görland

In dieser Bestimmung des Grundverhältnisses von Raum und Zeit, von Zahl und Kausalität erweist sich Kant durchaus als der Methodiker der mathematischen Naturwissenschaft. In ihr kulminiert eine gedankliche Entwicklung, die der modernen Mathematik und der modernen Logik gemeinsam ist. Die Analysis des Unendlichen war aus dem Begriff der »Fluxion« entstanden, in dem die Raumgröße als werdende Größe gefaßt und damit gleichsam in die Zeitgröße aufgelöst ist. An die Stelle der endlichen Größen selbst und ihrer Verhältnisse sollten hier die Prinzipien ihrer Entstehung, die Gesetze ihres Werdens und Wachsens (»*principia jamjam nascentia* finitarum magnitudinum«) gesetzt werden.[58] Die mathematische Methodenlehre hat, im Anschluß an dieses Problem und in stetem Hinblick auf dasselbe, die gesamte Form der mathematischen Begriffsbildung immer schärfer als genetische Begriffsbildung erkannt. Auch die geometrische Definition wird von Hobbes und Spinoza, von Leibniz und Tschirnhaus übereinstimmend als genetische, als »kausale Definition« gefaßt. Alles Verstehen räumlicher Größen und räumlicher Verhältnisse ist daran gebunden, daß wir sie nach einer Regel entstehen lassen – alle Form des »Bei|sammen« wird nur aus der des »Nacheinander« eigentlich und wahrhaft erkannt.

Stellt man diesen Bestimmungen die Form der mythischen Kausalität gegenüber, so läßt sich deren Gegensatz zum Kausalbegriff der Wissenschaft jetzt von einer anderen Seite her beleuchten. Mehr noch als dieser letztere bedarf die mythische Kausalität der »Schematisierung«: Sie bezieht sich nicht nur ständig auf die konkrete sinnliche Anschauung zurück, sondern scheint ganz in sie aufzugehen und mit ihr zu verschmelzen. Nun gilt freilich von dieser mythischen Schematisierung in noch weit höherem Maße das, was Kant vom »Schematismus [des] Verstandes« überhaupt gesagt hat: daß sie nämlich eine »verborgene Kunst in den Tiefen der menschlichen Seele« sei, »deren wahre Handgriffe wir der Natur schwerlich jemals [werden] abraten und sie unverdeckt vor Augen [werden] legen [können]«.[59] Aber die allgemeine Richtung, in der diese Schematisierung sich bewegt, läßt

(Werke, in Gemeinschaft mit Hermann Cohen u. a. hrsg. v. Ernst Cassirer, 11 Bde., Berlin 1912–1921, Bd. III), S. 128, 141 ff. u. 180 ff. [B 154, B 176 ff. u. B 242 f.; Zitate S. 144 u. 128 (B 181 f. u. B 154)]; ders., Prolegomena zu einer jeden künftigen Metaphysik, die als Wissenschaft wird auftreten können (§ 10), in: Werke, Bd. IV, hrsg. v. Artur Buchenau u. Ernst Cassirer, S. 1–139: S. 32 [Akad.-Ausg. IV, 283] u. s.

[58] Näheres hierzu bei Hermann Cohen, Das Princip der Infinitesimal-Methode und seine Geschichte. Ein Kapitel zur Grundlegung der Erkenntnisskritik, Berlin 1883, bes. S. 81 ff. [Zitat S. 86].

[59] [Kant, Kritik der reinen Vernunft, S. 144 (B 180 f.).]

sich nichtsdestoweniger deutlich bezeichnen. Wenn das wissenschaftliche Denken bestrebt ist, den Primat des Zeitbegriffs vor dem Raumbegriff festzustellen und immer bestimmter auszuprägen, so bleibt im Mythos der Vorrang des räumlichen Anschauens vor dem zeitlichen durchaus gewahrt. Auch die mythischen Theogonien und Kosmogonien widersprechen dem nicht: Denn selbst hier, wo der Mythos mehr als irgendwo die Form der »Geschichte« anzunehmen scheint, bleibt ihm der eigentliche Begriff des Werdens und der Stetigkeit des Werdens fremd. Nicht mit der zeitlichen Kontinuität, sondern mit der räumlichen Kontiguität ist der mythische Begriff der Ursächlichkeit innerlich verwandt und verwachsen. Alle Magie wurzelt in der Voraussetzung, daß, wie die Ähnlichkeit der Dinge, so auch ihr bloßes Beieinandersein, ihre räumliche Berührung, geheimnisvolle Kräfte in sich birgt. Was einmal diese Berührung eingegangen ist, das wächst für immer zu einer magischen Einheit zusammen. Das bloße räumliche Beieinander hat hier stets reale Folgen.[60] Das bekannte Grundprinzip der magischen Kausalität, das Prinzip des »Pars pro toto«, wonach jeder Teil das Ganze, dem er angehört, nicht nur vertritt, sondern wonach er, im kausalen Sinne, dieses Ganze tatsächlich ist, wurzelt in dieser Grundauffassung. Auch was dem losgelösten und abgesonderten Teil geschieht, geschieht noch dem Ganzen: Nicht nur, wer sich eines einzelnen Gliedes des menschlichen Leibes, sondern wer sich jedes beliebigen, noch so »anorganischen« Bestandteiles von | ihm, wie der Nägel oder der Haare, bemächtigt, übt damit die zauberische Gewalt über die Person, der diese Teile angehören, aus. Vergleicht man dieser magischen Kausalität die Kausalität der Astrologie, so zeigt sie sich bei weitem vertieft und verfeinert – so zeigt sie sich ihr so überlegen, als die astronomisch-kosmische Welt- und Raumansicht die naiv sinnliche Raumansicht des primitiven Menschen übertrifft. Aber die Bindung des Kausalbegriffs an den Raum tritt jetzt nur um so deutlicher heraus. Denn alles Geschehen und Wirken wird letzten Endes an bestimmte ursprüngliche räumliche Gestaltungen, an gewisse Konfigurationen und »Konstellationen« angeknüpft. Wo sich für uns, sinnlich gesehen, ein empirisch-zeitliches Geschehen, wie der

[60] Vgl. z. B. Edvard Lehmann, Die Anfänge der Religion und die Religion der primitiven Völker, in: ders. u. a., Die orientalischen Religionen (Die Kultur der Gegenwart. Ihre Entwicklung und ihre Ziele, hrsg. v. Paul Hinneberg, 1. Teil, 3. Abt., Bd. I), Berlin/Leipzig 1906, S. 1–29: S. 11: »Meine Warze oder mein Geschwür kann ich dem Toten durch bloßes Berühren ins Grab mitgeben: wenn die Leiche verwest, wird auch das Geschwür oder die Warze verschwinden; kommt aber nur ein Faden meiner Kleidung ins Leichentuch hinein, muß ich bald dem Toten folgen.«

empirische Ablauf eines Menschenlebens, abspielt – da erkennen wir dasselbe, sobald wir bis zu seinem »intelligiblen« Ursprung zurückzudringen imstande sind, als von allem Anfang an in räumlich-physischen Bestimmungen gegründet und beschlossen. Die moderne Physik »erklärt« alles räumliche Beisammensein, alle Koexistenz der Dinge zuletzt damit, daß sie sie auf Bewegungsformen und Bewegungsgesetze zurückführt. Ihr wird der physische Raum zum Kraftraum, der sich aus dem Ineinandergreifen der »Kraftlinien« aufbaut. Ihre letzte und deutlichste Ausprägung hat diese Grundansicht in der allgemeinen Relativitätstheorie erhalten, in der die Begriffe des metrischen Feldes und des Kraftfeldes ineinander übergehen, in der das Dynamische metrisch, aber auch ebensosehr das Metrische dynamisch bestimmt wird. Wenn hier der Raum in Kraft, so wird dagegen im astrologischen Denken die Kraft in Raum aufgelöst. Das Himmelsgebäude und die Stellung und Gliederung seiner einzelnen Teile ist selbst nichts anderes als die Anschauung des Wirkungszusammenhangs des Universums, sofern dieser Zusammenhang rein substantiell gefaßt und rein dinglich-räumlich angeschaut wird. In diesem Sinne wird hier nicht die Zeit, sondern der Raum als das eigentliche Sinnbild, als das »Schema« aller Kausalität genommen. Bis ins einzelne ließe sich dieser Gegensatz zwischen dem mythischen und dem wissenschaftlichen Kausalbegriff darlegen und fortspinnen. Wenn der Physiker eine bestimmte sinnliche Mannigfaltigkeit, etwa die Mannigfaltigkeit der Farben begreifen, wenn er sie aus einem einheitlichen Prinzip herleiten will, so bleibt ihm kein anderer Weg, als sie, durch Vermittlung des Zahlbegriffs, auf Bewegungsvorgänge zurückzuführen. Jeder einzelnen Farbe entspricht eine besondere charakteristische Schwingungsform und Schwingungszahl – und diese macht ihren objektiven »Begriff« aus. Aus der allgemeinen Struktur des mythischen Kausalbegriffs ergibt sich dagegen mit Notwendigkeit jenes andere Verfahren, das wir in einzelnen konkreten Beispielen und Anwendungen kennengelernt haben. | Hier werden, da die Schematisierung wesentlich durch Vermittlung der Raumform, nicht durch die der Zeitform erfolgt, die einzelnen Glieder der Mannigfaltigkeit nicht auf Vorgänge, auf Bewegungsprozesse zurückgedeutet, sondern hier werden sie auf die unterschiedlichen »Gegenden« im Raume bezogen und an diese gleichsam angeheftet. Die Gliederung der Weltgegenden wird zum Muster und Vorbild für alle Gliederung überhaupt: Sie schließt die der Elemente, der Qualitäten wie aller physischen und psychischen Eigenschaften in sich. In alledem zeigt sich wieder sehr deutlich, wie der Raum gleichsam ein ursprüngliches geistiges Koordinationssystem, eine gemeinsame Beziehungsebene bildet, auf die die mannigfachsten konkreten Bestimmungen übertragen werden können, um vermöge dieser Umsetzung erst zur klareren Unterscheidung in sich selber zu gelangen. Aber eben weil der Prozeß dieser Übertragung, dieser Projektion auf den Raum, gleichmäßig auf jede beliebige Mannigfaltigkeit anwendbar ist, können jetzt auch Elemente von ganz verschiedener Art und Herkunft durch ihn zusammengefaßt werden und unlöslich miteinander verwachsen. Das mythische Denken nimmt an dieser Coincidentia oppositorum, die gerade sein eigentümliches Lebenselement ist, keinen Anstoß. Im mythisch-astrologischen Raume wohnen Dinge leicht beisammen, die im Denkraum der Logik hart einander stoßen: Ein und dasselbe räumliche Substrat, ein und derselbe Planet z. B., kann die widerstreitendsten Bestimmungen, die ihm alle auf dem gleichen Wege des Identitätsdenkens zugewachsen sind, in sich vereinen.[61]

Neben der räumlichen Berührung der Dinge aber ist es vor allem ihre qualitative Ähnlichkeit, die das Verhältnis ihrer mythischen Abhängigkeit bestimmt. Das Moment der Ähnlichkeit geht in die Fassung des mythischen »Kausalbegriffs« in einem ganz anderen Sinne ein, als dies im wissenschaftlichen Denken der Fall ist. Dem Gesetzesdenken der Wissenschaft, insbesondere dem der mathematischen Physik, genügt es, um einen Zusammenhang zwischen zwei Seinselementen zu behaupten, keineswegs, daß sich in ihnen irgendwelche unmittelbaren oder mittelbaren Ähnlichkeiten aufzeigen lassen. Es findet einen solchen Zusammenhang nicht dort, wo die Elemente einander irgendwie entsprechen und wo sie sich gegenseitig nach einem bestimmten Schema zuordnen lassen, sondern wo bestimmte Größenänderungen des einen die des anderen nach einer allgemeinen Regel bedingen. Im Denken der Astrologie dagegen bestimmt ein einmaliges Zusammentreffen, bestimmt der Stand der Sterne in der Geburtsstunde | das Sein und das Schicksal des Menschen ein für allemal. Und dieses Moment erst ist es, was dem astrologischen Determinismus den Stempel des Fatalismus aufprägt. Das Sein des Menschen, wie es durch das Horoskop des Astrologen festgestellt wird, bannt ihn in den eisernen Ring der Notwendigkeit. In einer vorwiegend und wesentlich dynamischen Weltansicht trägt selbst die Notwendigkeit noch ein anderes Gepräge; denn hier bildet sich jedes empirische Sein immer wieder neu aus den Elementen des Vergangenen. Dieser Prozeß steht freilich unter einem festen Gesetz, so daß auch hier eine

[61] Beispiele für solche widerstreitende Bestimmungen, wie sie den einzelnen Planeten, z. B. dem Saturn und Jupiter, im astrologischen Denken beigelegt werden, in der oben erwähnten Schrift von Panofsky und Saxl.

strenge Determination des Geschehens herrscht: Aber diese setzt sich selbst aus einer Unendlichkeit neu entstehender, niemals abschließbar zu übersehender individueller Umstände zusammen. Das astrologische Fatum aber faßt diese Fülle in eine einzige ursprüngliche Daseinsbestimmtheit zusammen, die fortan keinem freien Werden mehr Raum läßt. Diese Art der logischen Determination gibt auch der ethischen ihr Gepräge. Näher betrachtet ist es die allgemeine mythische Auffassung der Ähnlichkeit, die hier in der astrologischen Gesamtanschauung weiterwirkt. Dem modernen beziehentlichen Denken ist die Ähnlichkeit nichts anderes als eine Relation, welche zu ihrer Erfassung und Bestimmung einer vermittelnden geistigen Tätigkeit, die zwischen den verglichenen Inhalten hin- und hergeht, bedarf. Die Setzung dieser Relation mag eine objektive Grundlage, ein »fundamentum in re«, haben; aber sie beruht andererseits wesentlich auf einer Aktivität des Bewußtseins und kommt ohne sie nicht zustande. So ist die Ähnlichkeit hier nicht eine absolute Qualität, die den Dingen an sich selbst zukommt, sondern ein Werk des Bewußtseins und letzten Endes nur für das Bewußtsein vorhanden. Je nachdem das Bewußtsein, nach seinem vorherrschenden intellektuellen oder praktischen Interesse, verschiedene Gesichtspunkte der Vergleichung wählt, entstehen ihm sehr verschiedene objektive Ähnlichkeiten und Ähnlichkeitskreise. Von solcher Idealisierung und von der mit ihr freilich verbundenen Relativierung des Ähnlichkeitsbegriffes weiß das mythische Denken nichts. Es führt jede Ähnlichkeitsbeziehung zwischen zwei Inhalten auf eine beiden zugrundeliegende sachliche Identität zurück und vermag sie nur aus dieser Identität heraus zu verstehen. Alles gleichartige Sich-Verhalten von Dingen oder Vorgängen ist ihm der unmittelbare, gleichsam handgreifliche Beweis dafür, daß in ihnen irgend etwas Gemeinsames enthalten sein muß. Wenn es daher dem primitiven Denken und Tun gelingt, eine Sache oder einen Vorgang in wirklicher Treue und Genauigkeit nachzuahmen, so besitzt es in dieser Nachahmung bereits den Wesenskern der Sache selbst. Aller Analogiezauber geht auf diese Voraussetzung, geht auf die substantielle Bedeutung und Kraft zurück, | die der bloßen Ähnlichkeit zugeschrieben wird. Die astrologische Weltansicht tut im Grunde nichts anderes, als daß sie diese Voraussetzung zu vollständiger Durchführung bringt und daß sie sie in einem folgerichtigen, in sich geschlossenen System verkörpert. Sie schließt von jeder Entsprechung, die sie zwischen verschiedenen Objektkreisen herzustellen vermag, auf die Einheit eines Kraft- und Wesenszusammenhangs. Die bloße Möglichkeit, die Reihe der Farben, die Reihe der Metalle, die Reihe der Elemente oder der Temperamente usf. den Gestirnen zuzuordnen, bietet ihr die sichere Gewähr dafür, daß es die »Natur« der Gestirne ist, die hier ihre einfache Fortsetzung findet.

Am deutlichsten tritt diese Grundanschauung in der Stellung zutage, die der Begriff der Zahl im Gedankensystem der Astrologie einnimmt. Auf den ersten Blick erscheint diese Stellung äußerst paradox und zwiespältig; denn im astrologischen Zahlbegriff begegnen und durchdringen sich gedankliche Tendenzen, die einander schlechthin auszuschließen scheinen. Die Exaktheit des mathematischen Denkens grenzt hier überall unmittelbar an eine phantastische und abstruse Mystik an. Dieser eigentümliche methodische Doppelcharakter des astrologischen Systems hat die Aufmerksamkeit der besten Kenner dieses Systems stets in besonderem Maße gefesselt. »In der Astrologie«, so sagt Warburg, »haben sich in unwiderleglicher Tatsächlichkeit zwei ganz heterogene Geistesmächte, die logischerweise einander nur befehden müßten, zu einer ›Methode‹ zusammengetan [...] *Mathematik,* das feinste Werkzeug abstrahierender Denkkraft, mit *Dämonenfurcht,* der primitivsten Form religiöser Verursachung. Während der Astrologe das Weltall einerseits im nüchternen Liniensystem klar und harmonisch erfaßt und die Stellungen der Fixsterne und Planeten zur Erde und zueinander genau und im Voraus zu berechnen versteht, beseelt ihn vor seinen mathematischen Tafeln doch eine atavistische abergläubische Scheu vor diesen Sternnamen, mit denen er zwar wie mit Zahlzeichen umgeht, und die doch eigentlich Dämonen sind, die er zu fürchten hat.«[62] Aber diese Doppelheit der Empfindung und der intellektuellen Stimmung wird vielleicht verständlich, wenn man erwägt, daß es nicht die Zahl überhaupt, sondern eine ganz besondere Bestimmung und Verwendung des Zahlbegriffs ist, die im Gesetzesdenken der modernen mathematischen Naturwissenschaft hervortritt und die diesem Denken sein spezifisches Gepräge verleiht. Der Übergang zu diesem Denken war erst gegeben, nachdem die Zahl selbst sich aus der bloßen Dingzahl in die Funktionszahl der Analysis des Unendlichen gewandelt hatte. Die Astrologie kennt die | Zahl noch nicht in dieser ihrer neuen entscheidenden Bedeutung. Sie benutzt sie, nicht um Gesetze der Veränderungen auszudrücken, sondern um Gleichheiten und Analogien der dinglichen Struktur verschiedener Seinsgebiete auszudrücken und festzuhalten. Die gleichbleibenden Zahlverhältnisse, die sich durch alles Sein und Geschehen hindurch-

62 Aby Warburg, Heidnisch-antike Weissagung in Wort und Bild zu Luthers Zeiten, Heidelberg 1920 (Sitzungsberichte der Heidelberger Akademie der Wissenschaften, Philosophisch-historische Klasse, Jg. 1920, 26. Abh.), S. 24.

ziehen, werden ihr zum Mittel, um alle scheinbaren Trennungen und Besonderungen des Seins wieder in einer einzigen Grundform des Universums aufzuheben. Aber kraft dieser Reduktion wird nun jedes besondere Ereignis nicht nur auf die ideelle *Form* der Zahl zurückgeführt, sondern durch ihre Vermittlung auch wieder an ihr konkretdingliches *Substrat*, an den Himmel, angeknüpft. Wie der Himmel selbst nichts anderes als die sichtbar gewordene Harmonie der Zahlen ist – so erscheint andererseits jedes beliebige Zahlenverhältnis, sei es mittelbar, sei es unmittelbar, wie mit geheimnisvollen magischen Banden an ihn und an seine Kräfte gebunden. So stellen die »heiligen Zahlen« der Astrologie zwar einen ersten Schritt zur Befreiung des Geistes, zu seiner Loslösung von der unmittelbar sinnlichen Weltansicht dar; aber gerade das Mittel, das er zu dieser Befreiung verwendet, beherrscht ihn selbst wieder und unterwirft ihn, in einseitiger Abhängigkeit, der Fatalität des Seins. Dieses Verhältnis ändert sich erst in dem Augenblick, als die Zahl selbst aus der Form der Struktur- und Seinszahl in die Form der *Funktionszahl* übergeht. Denn diese läßt sich nicht mehr als ein einfaches Produkt des Seins begreifen und deuten, sondern in ihr stellt sich eine spezifische Leistung, eine eigentümliche *Schöpfung* des Denkens dar. Der Gedanke der Einheit von Makrokosmos und Mikrokosmos erhält jetzt die neue, die spezifisch idealistische Wendung, die ihm die Philosophie des 16. und 17. Jahrhunderts gegeben hat. Die Strukturzahl der Astrologie verstrickt den Menschen, leiblich und geistig, in die Notwendigkeit des kosmischen Geschehens; die Funktionszahl der modernen Wissenschaft läßt ebendiese Notwendigkeit in der Form des wissenschaftlichen Denkens selbst und also in der Freiheit und Tiefe des Geistes gegründet sein. Denn die Zahlzeichen, die in der modernen Analysis und in der Begründung der modernen mathematischen Naturwissenschaft gebraucht werden, sind ihrem eigentlichen erkenntnistheoretischen Wesen nach nicht sowohl Dingzeichen, als sie vielmehr Relations- und Operationszeichen sind. Hinter den bestimmten Zahlen, mit denen die Arithmetik rechnet, steht noch immer die konkrete Anschauung bestimmter objektiver Gebilde und Kräfte. Aber die »unbenannten« Zahlengrößen der reinen Algebra und der Analysis müssen ihrer Natur nach auf diese Anknüpfung verzichten. Sie sind, rein dinglich betrachtet, unbestimmt; aber gerade in dieser ihrer Unbestimmtheit eignet ihnen eine eigentümliche ideelle | Funktion des Bestimmens. Der heiligen Siebenzahl, der heiligen Neunzahl der Astrologie haftet kraft des Prototyps der Planetenwelt, der sich in ihnen darstellt, noch eine Art dämonisch-dinglicher Macht an; aber das *a* und *b* der Algebra, wie sie *Vieta* im 16. Jahrhundert als Analysis speciosa begründet, das *x* und *y* der analytischen Geometrie Descartes' und das *dy* und *dx* der Leibnizischen Infinitesimalrechnung sind Symbole, in denen sich nur noch die reine Kraft des mathematischen Denkens selbst darstellt. Hier erfassen wir noch einmal die Wesensdifferenz zwischen dem Gesetzesbegriff der modernen Naturwissenschaft und dem Gesetzesbegriff der Astrologie. Auch für die Astrologie bildet, wie sich gezeigt hat, der Gedanke des Gesetzes den Kern und das Rückgrat ihres Lehrsystems; aber hier schließt er sich unlöslich mit dem Gedanken des Fatum zusammen. »Fata regunt orbem, certa stant omnia lege«, heißt es in dem astrologischen Lehrgedicht des Manilius.[63] Der Gesetzesbegriff der modernen Naturwissenschaft aber führt, philosophisch verstanden und vertieft, nicht auf den Gedanken des Fatum, sondern auf eine Grund- und Urform des Denkens zurück: Er befreit den Geist, indem er die Dinge einer ideellen Notwendigkeit unterwirft.

Die Renaissance bildet auch hier den entscheidenden intellektuellen Wendepunkt. In ihr läßt sich – ein seltenes Phänomen in der Geistes- und Ideengeschichte – fast genau der Punkt bezeichnen, an dem die »Revolution der Denkart« einsetzt. »Nichts scheint mir törichter«, so heißt es in Descartes' erster und grundlegender methodischer Schrift, und diese Worte gewinnen gerade im Zusammenhang unseres Problems einen ganz eigenen und neuen Klang, »nichts scheint mir törichter, als, wie so viele es tun, über die Geheimnisse der Natur, über die Wirkung der himmlischen Sphären auf unsere irdische Welt, über die Voraussagung des Künftigen und ähnliche Dinge kühnlich zu streiten und sich doch niemals die Frage zu stellen, ob die menschliche Vernunft denn auch hinreiche, um dergleichen Dinge zu ergründen. Und doch kann es kein mühseliges und schwieriges Unternehmen sein, die Grenzen ebendes Geistes, den wir in uns selbst gewahr werden, zu bestimmen, da wir doch oft kein Bedenken tragen, über Dinge außer uns und über uns ganz fremde Gegenstände zu urteilen. Auch ist es keine unermeßliche Aufgabe, alles, was in diesem Universum des Geistes befaßt ist, mit dem Gedanken umspannen zu wollen, um zu erkennen, wie jegliches der Prüfung unseres Geistes unterliegt; denn nichts kann so vielfältig und verstreut sein, daß es nicht durch jene Methode der Aufzählung, von der wir gesprochen haben, in bestimmte Grenzen eingeschlossen und nach bestimmten | Hauptbe-

[63] Marcus Manilius, Astronomica (Buch 4, V. 14), zit. nach: Franz Cumont, Astrology and Religion among the Greeks and Romans, New York/London 1912 (American Lectures on the History of Religions, Bd. 9), S. 85 ff. u. 154 [Zitat].

griffen abgeteilt werden kann.«[64] Von diesem Grundprinzip seiner Methode aus hat Descartes, in der gleichen Schrift, zum ersten Male den allgemeinen Gedanken einer »Mathesis universalis«, als der Grundwissenschaft von Maß, Ordnung und Zahl, konzipiert. Innerhalb der Naturwissenschaft aber vollzieht sich die gleiche typische Wendung, indem Kepler sich durch die Kraft des Platonischen Idealismus, die in ihm wieder lebendig wird, Schritt für Schritt aus dem Bann der astrologischen Denkweise befreit, der ihn anfangs, gleich allen anderen großen Astronomen der Renaissance, noch gefangenhielt. In dem großen Werk über die Weltharmonie (1619) ist dieser Befreiungsprozeß vollendet. Noch einmal ist hier in einem umfassenden und wahrhaft grandiosen Entwurf der Gedanke der Harmonie, der wechselseitigen Entsprechung zwischen allen Teilen des Universums, zwischen der Welt und dem Menschen durchgeführt. Aber der Schwerpunkt dieses Verhältnisses hat sich verschoben: Denn die Zahl, die der reine geistige Ausdruck desselben ist, gilt nicht als von den Dingen und ihrer Form entlehnt, sondern sie gilt als Platonische, als »eingeborene« Idee. Und jetzt trennt sich auch scharf und bestimmt der bloß symbolische Gebrauch des Zahlbegriffs von seiner exakt-wissenschaftlichen Bedeutung und Verwendung. Im Denken der Pythagoreer, deren Tradition Keplers Werk über die Weltharmonie fortsetzt, standen beide Bedeutungen noch ungeschieden nebeneinander. Wenn die Pythagoreer das Verhältnis der Tonintervalle feststellen, wenn sie das Gesetz aussprechen, das die Tonhöhe als abhängig von der Länge der Saite bestimmt, so stehen sie ganz im Kreise jener Denkweise, die zur Begründung der mathematischen Naturwissenschaft hinführt; wenn sie in ihrer Kosmologie dem Zentralfeuer, der Sonne und dem Mond, der Erde und den fünf Planeten noch die »Gegenerde« hinzufügen, um mit ihr die heilige Zehnzahl zu vollenden, so bewegen sie sich hier ganz in den Bahnen symbolischen Denkens. Auch für Kepler steht neben der Zahl als Funktionszahl und als phy-

64 René Descartes, Regulae ad directionem ingenii (Nr. 8), in: Œuvres, hrsg. v. Charles Adam u. Paul Tannery, Bd. X, Paris 1908, S. 349–488: S. 398 [»Nihil autem mihi videtur ineptius, quam de naturae arcanis, coelorum in haec inferiora virtute, rerum futurarum praedictione, et similibus, ut multi faciunt, audacter disputare, et ne quidem tamen unquam, utrum ad illa invenienda humana ratio sufficiat, quaesivisse. Neque res ardua aut difficilis videri debet, ejus, quod in nobis ipsis sentimus, ingenii limites definire, cum saepe de illis etiam, quae extra nos sunt et valde aliena, non dubitemus judicare. Neque immensum est opus, res omnes in hac universitate contentas cogitatione velle complecti, ut, quomodo singulae mentis nostrae examini subjectae sint, agnoscamus; nihil enim tam multiplex esse potest aut dispersum, quod per illam, de qua egimus, enumerationem certis limitibus circumscribi atque in aliquot capita disponi non possit.«].

sikalisch-mathematische Maßzahl ihr analogisch-symbolischer Gebrauch: Aber dieser letztere legt jetzt dem Geist keine Fesseln mehr auf, weil er als das, was er ist, erkannt und durchschaut ist. »Auch ich spiele mit Symbolen«, so schreibt er einmal in einem Brief an den Leipziger Anatomen und Chirurgen Joachim Tanck, »und ich habe den Plan eines Schriftchens ›Cabbala Geometrica‹ über die Ideen der Naturdinge in der Geometrie gefaßt; aber ich spiele so, daß ich nicht vergesse, daß es sich nur um ein Spiel handelt. Denn nichts wird durch Symbole bewiesen, kein Naturgeheimnis wird durch geometrische Symbole enthüllt, es wird vielmehr nur zuvor Bekanntes einander angepaßt, es sei | denn, daß durch sichere Gründe erwiesen wird, daß es sich nicht nur um symbolische Vergleichungen, sondern um die Darstellung des wirklichen Verhältnisses und des wirklichen ursächlichen Zusammenhangs der beiden verglichenen Dinge handelt.«[65]

Stellen wir uns am Schluß dieser Betrachtungen nur noch kurz die Frage, wie weit die Form der mythischen Begriffs- und Klassenbildung sich auch in höhere geistige Formen fortsetzt und wie weit sie insbesondere in den religiösen Gedankenkreis hinüberwirkt – so kann es sich hier natürlich nicht darum handeln, die Religion und den Mythos nach ihren beiderseitigen Inhalten miteinander zu vergleichen. Nur dies fragen wir, ob nicht die eigentümliche Denkform, die wir in den mythischen Begriffen aufzuweisen suchten, auch im Aufbau der religiösen Vorstellungswelt, in modifizierter und veränderter Gestalt, wiederkehrt. Für das religiöse Bewußtsein gilt ja in ganz besonderem Maße, daß sich sein eigentlicher Gehalt niemals in einem festen Bestand von Dogmen und Glaubenssätzen aussprechen läßt, sondern daß sich in ihm eine durchgehende Form, eine eigene Richtung der Weltbetrachtung ausdrückt; ja daß dieser Gehalt wesentlich in dieser bestimmten Blickrichtung besteht, durch welche der gesamte Inhalt des Seins in eine neue Beleuchtung gerückt wird und damit eine neue Gestalt gewinnt. Jede wahrhaft selbständige Religion schafft gleichsam eine neue geistige Mitte des Seins, um die sich ihr fortan alles natürliche und seelische Dasein und Geschehen gruppiert und von der aus es erst seinen eigentlichen »Sinn« erhält. Wel-

[65] S. Johannes Kepler, Literae Kepleri de rebus astrologicis, in: Opera omnia, hrsg. v. Christian Frisch, Bd. I, Frankfurt a. M./Erlangen 1858, S. 291–391: S. 378 [»Ludo quippe et ego symbolis et opusculum institui: ›cabbalam geometricam‹, quae est de ideis rerum naturalium in geometria; sed ita ludo, ut me ludere non obliviscar. Nihil enim probatur symbolis, nihil abstrusi eruitur in naturali philosophia per symbolas geometricas, tantum ante nota accommodantur, nisi certis rationibus evincatur, non tantum esse symbolica, sed esse descriptos connexionis rei utriusque modos et causas [...]«].

cher Art diese Mitte ist, das hängt von der spezifischen Qualität und Grundrichtung des religiösen Interesses ab – die Art aber, in der nun die gesamte Peripherie des Daseins mit dem religiösen Zentrum in Beziehung gesetzt wird, ist eine Leistung des vermittelnden Denkens, die als solche einer logischen Bestimmung und Charakteristik fähig und zugänglich ist. So kann jede Religion ihr Sein und ihre Welt in eigener Weise aufbauen, und es können sich nichtsdestoweniger in diesem Aufbau bestimmte gleichbleibende Kategorien des religiösen Denkens aufzeigen lassen. Betrachten wir etwa die Gestaltung der vedischen Religion, so ist es hier zunächst die zentrale Kulthandlung selbst, auf die das religiöse Interesse sich hinlenkt. Opfer und Gebet stehen im geistigen Mittelpunkt der vedischen religiösen Texte – und aus dieser ursprünglich kultischen, aus der rituellen Bedeutung des Brahman entfaltet sich dann schrittweise die spekulative Bedeutung, die es insbesondere in den Upanishaden erhält. Aus dem Brahman als Gebet und Opfer geht das Brahman als Ausdruck des absoluten Seins hervor. Wer das Opfer kennt und besitzt, dem sind alle Dinge geistig untertan. Alle irdischen | und himmlischen Kräfte, alle Götter selbst sind in dasselbe verwoben: Die heiligen Hymnen und Sprüche, die Lieder und Metra formen und regieren das Sein. Und nun ist es bedeutsam, daß, nachdem einmal dieser Mittelpunkt gefunden und festgestellt ist, auch aller übrige Seinsinhalt durch die gleichen charakteristischen Zuordnungen, die uns bisher in ganz anderen Gebieten begegnet sind, auf ihn bezogen wird. Wie in der Astrologie bestimmte Teile des Seins bestimmten Teilen und bestimmten Stellungen der Planetenwelt gleichgesetzt wurden, so erfolgt hier eine merkwürdige, aber jetzt in ihrer Grundform verständliche Gleichsetzung der einzelnen Dinge mit den einzelnen Teilen des Rituals. Der Rigveda ist die Erde, der Yajurveda die Luft, der Samaveda der Himmel usf. Zwischen den einzelnen Phasen des menschlichen Lebens, zwischen Jugend-, Mannes- und Greisenalter einerseits und den verschiedenen Stadien der heiligen Handlung, der Frühspende, der Mittag- und Abendspende besteht nicht nur Korrelation, sondern unmittelbare Identität.[66] So wird auch hier eine bestimmte, aus der Eigenart des

[66] Zur Stellung des Opfers in der vedischen Religion s. Hermann Oldenberg, Die Lehre der Upanishaden und die Anfänge des Buddhismus, Göttingen 1915, S. 17 ff.; The Aitareya Brahmanam of the Rigveda, containing the Earliest Speculations of the Brahmans on the Meaning of the Sacrificial Prayers, and on the Origin, Performance, and Sense of the Rites of the Vedic Religion, hrsg., übers. u. erl. v. Martin Haug, Bd. I: Sanscrit Text, with Preface, Introductory Essay, and a Map of the Sacrificial Compound at the Soma Sacrifice, Bombay/London 1863, S. 73 ff.; Sylvain Lévi, La doctrine du sacrifice dans les Brâhmaṇas, Paris 1898

priesterlichen Lebens erwachsene Form als Vorbild und Modell festgehalten, nach dem zuletzt alles Sein sich gestaltet und gliedert. Die Intensität des religiösen, des rituellen Tuns wird gleichsam zur Lichtquelle, von der aus der gesamte Weltinhalt fortschreitend erhellt wird.

Wieder anders muß sich dieser Prozeß in denjenigen Religionen darstellen, die ihr Weltbild wesentlich nach ethischen Gesichtspunkten formen. Wo dieses Motiv rein und stark ausgeprägt ist, da ergibt sich eine großartige Vereinfachung im geistigen Bau des Universums: Denn an Stelle der unendlich vielfältigen möglichen Seinsgegensätze tritt jetzt im Grunde nur ein einziger alles umspannender und alles beherrschender Wertgegensatz. Der ethische Dualismus des Guten und Bösen wird nunmehr zum Prinzip auch aller Kosmologie. Ihre klarste Durchführung hat diese Denkform in der Grundanschauung der persischen Religion, der Religion Zarathustras, erhalten. Alles Sein und Geschehen ist hier ausschließlich unter den Gesichtspunkt des Kampfes zwischen den beiden feindlichen Mächten des Guten und Bösen, zwischen Ormazd und Ahriman gerückt. Und wieder ist es die Sprache, die diese charakteristische Denkrichtung zum prägnantesten Ausdruck bringt. Dieselben physischen Gegenstände, Vorgänge oder Tätigkeiten werden mit verschiedenen Worten bezeichnet, wenn ihnen, religiös betrachtet, eine verschiedene Bedeutung | zukommt. Sie heißen verschieden, je nachdem sie sich auf »mazdaische« oder auf »ahrimanische« Begriffe beziehen. Der Kopf und die Hand des Guten wird mit einem anderen Ausdruck benannt als der »Schädel« und die »Klaue« des Bösen; das Sterben, das Sprechen usf. erhalten einen anderen Namen, je nachdem das Subjekt, von dem die Rede ist, der einen oder der anderen der großen ethischen Grundklassen angehört, je nachdem von einem Anhänger der göttlichen oder der teuflischen Macht gesprochen wird.[67]

Und noch weiter, bis in die letzten und tiefsten Probleme des religiösen Bewußtseins ließe sich diese charakteristische Form der religiösen Begriffsbildung verfolgen. An die Scheidung und Trennung, die allen religiösen Prädestinationslehren zugrunde liegt, braucht hier nur kurz erinnert zu werden. Wiederum fällt hier das,

(Bibliothèque de l'École des Hautes Études. Sciences religieuses, Bd. 11, H. 1), bes. S. 13 ff. Vgl. bes. Beilage VII, s. ECW 16, S. 72 f.

[67] Näheres bei Victor Henry, Le parsisme, Paris 1905; vgl. bes. Abraham Valentine Williams Jackson, Die iranische Religion, in: Grundriss der iranischen Philologie, unter Mitw. v. Christian Bartholomae u. a. hrsg. v. Wilhelm Geiger u. Ernst Kuhn, Bd. II: Litteratur. Geschichte und Kultur, Straßburg 1896–1904, S. 612–708: S. 627 f.

was das religiöse Bewußtsein als »Welt« bezeichnet, in zwei scharf geschiedene und gegensätzliche Hälften auseinander: Der Klasse der Auserwählten steht die »massa perditionis« gegenüber. Betrachtet man die Form, die das religiöse Erleben bei Augustin und Luther, bei Calvin, bei Jansenius und Pascal annimmt, so sieht man in der Tat, daß die Gnadenwahl ihnen allen kein vereinzeltes theologisches Dogma bedeutet, sondern daß sie geradezu den spezifischen Gesichtspunkt, die fundamentale religiöse Kategorie bildet, unter der sie das Ganze der Welt betrachten. Es wäre reizvoll und verlockend, zu verfolgen, wie auch hieraus wiederum ein ganz neuer Begriff und ein neuer Typus der religiösen »Verursachung« sich ergibt, der gleich sehr von dem Begriff des astrologisch-naturhaften Fatum wie von den Begriffen der wissenschaftlichen Kausalerklärung geschieden ist. Aber auf diese Probleme, die uns mitten in den Inhalt der Religionsphilosophie hineinführen würden, soll hier nicht näher eingegangen werden. Ich begnüge mich vielmehr damit, noch einmal kurz auf das formale, das rein prinzipielle Ergebnis der vorangehenden Betrachtungen hinzuweisen. Die Form, die die Begriffs- und Klassenbildung in der mythischen und religiösen Sphäre annimmt, zeigt mit besonderer Deutlichkeit den idealistischen Sinn und die idealistische Bedingtheit der Begriffsbildung überhaupt. Die traditionelle logische Theorie weist uns an, den Begriff dadurch zu bilden, daß wir die feststehenden Eigenschaften der Dinge ins Auge fassen, sie miteinander vergleichen und das Gemeinsame aus ihnen herauslösen. Diese Vorschrift erweist sich schon unter rein logischen Gesichtspunkten als völlig unzureichend – und sie wird es um so mehr, je mehr man den Blick über den engeren Kreis des | wissenschaftlichen, des spezifisch logischen Denkens auf andere Denkgebiete und Denkrichtungen hinlenkt. Denn dann tritt deutlich hervor, daß wir die Begriffe niemals unmittelbar aus den Eigenschaften der Dinge ablesen können, weil vielmehr umgekehrt das, was wir »Eigenschaft« nennen, erst durch die Form des Begriffs bestimmt wird. Alle Setzung von Merkmalen, von objektiven Eigenschaften geht auf eine bestimmte Eigenheit des Denkens zurück – und je nach der Orientierung dieses Denkens, je nach seinem beherrschenden Gesichtspunkt wechseln für uns die Bestimmtheiten wie die Beziehungen, die wir im »Seienden« annehmen. Auch von dieser Seite zeigt sich daher, daß die Klassen und Arten des Seins nicht, wie der naive Realismus annimmt, ein für allemal und an sich feststehen, sondern daß ihre Abgrenzung erst gewonnen werden muß und daß diese Gewinnung von der Arbeit des Geistes abhängt. Das eigentliche »fundamentum divisionis« liegt zuletzt nicht in den Dingen, sondern im Geiste: Die Welt hat für uns die Gestalt, die der Geist ihr gibt. Und weil er bei all seiner Einheit keine bloße Einfachheit ist, sondern eine konkrete Mannigfaltigkeit verschiedenartiger Richtungen und Betätigungen in sich birgt: darum muß auch das Sein und seine Klassen, seine Zusammenhänge und seine Differenzen als ein anderes erscheinen, je nachdem es durch verschiedene geistige Medien erblickt wird. |

Der Begriff der symbolischen Form im Aufbau der Geisteswissenschaften[1] (1923)

1.

Wenn ich den Versuch wage, im Rahmen dieser Vorträge, ein Thema zu behandeln, das nicht geschichtlicher, nicht speziell kulturwissenschaftlicher, sondern systematisch-philosophischer Art ist und das daher über den Kreis der Aufgaben, die die Warburgsche Bibliothek sich stellt, hinauszugreifen scheint, so wird ein solcher Versuch der Begründung und Rechtfertigung bedürfen. Ich glaube diese Begründung nicht besser geben zu können als dadurch, daß ich von dem persönlichen Eindruck spreche, den ich bei der ersten genaueren Bekanntschaft mit der Bibliothek Warburg empfangen habe. Die Fragen, die ich in diesem Vortrag im knappsten Umriß vor Ihnen behandeln möchte, hatten mich damals seit langem beschäftigt: Aber nun schienen sie gleichsam verkörpert vor mir zu stehen. Ich empfand aufs stärkste, was in dem Einführungsvortrag dieses Zyklus gesagt worden ist: daß es sich hier nicht um eine bloße Sammlung von Büchern, sondern um eine Sammlung von Problemen handle. Nicht das Stoffgebiet der Bibliothek war es, das diesen Eindruck in mir erweckte; sondern stärker als der bloße Stoff wirkte das Prinzip ihres Aufbaus. Denn hier waren die Kunstgeschichte, die Religions- und Mythengeschichte, die Sprach- und Kulturgeschichte offenbar nicht nur nebeneinandergestellt, sondern sie waren aufeinander und auf einen gemeinsamen ideellen Mittelpunkt bezogen.

Diese Beziehung selbst scheint freilich auf den ersten Blick rein geschichtlicher Art zu sein: Es ist das Problem vom Nachleben der Antike, das – wie der einleitende Vortrag entwickelt hat – den Gesamtaufbau der Bibliothek beherrscht und das ihr ihr charakteristisches Gepräge verleiht. Aber jedes geistesgeschichtliche Problem birgt, wenn es in wirklicher Weite und Tiefe gestellt wird, zugleich ein allgemeines systematisches Problem der Philosophie des Geistes in sich. Die Zusammenschau, die Synopsis des Geistigen kann sich | nirgend anders als an seiner Geschichte vollziehen, aber sie bleibt in dieser einen Dimension des Geschichtlichen nicht stehen. Die Beziehung des Seins auf das Werden gilt als echte Korrelation auch in

[1] [*Zuerst veröffentlicht in: Vorträge der Bibliothek Warburg, hrsg. v. Fritz Saxl, Bd. I: Vorträge 1921–1922, Leipzig/Berlin 1923, S. 11–39.*]

umgekehrter Richtung. Wie das geistige Sein nicht anders als in der Form des Werdens angeschaut werden kann, so wird andererseits alles geistige Werden, sofern es philosophisch erfaßt und durchdrungen wird, damit in die Form des Seins gehoben. Soll das Leben des Geistes sich nicht in die bloße Zeitform, in der es sich abspielt, auflösen, soll es nicht in ihr zerfließen, so muß sich auf dem beweglichen Hintergrunde des Geschehens ein anderes, Bleibendes reflektieren, das in sich Gestalt und Dauer hat.

Der Sprachforscher, der Erforscher der Religionsgeschichte, der Kunsthistoriker fühlt diese Formeinheit um so deutlicher, je weniger er bei einem einzelnen Gebiet von Forschungsobjekten verweilt. Mit jedem neuen Kreis geschichtlichen Daseins, der sich ihm aufschließt, sieht er sich zugleich auf Zusammenhänge hingewiesen, deren Erklärung ihn über die rein geschichtliche Betrachtung hinausführt. In der Tat beginnt sich heute, nicht sowohl in der Philosophie als vielmehr in der Einzelwissenschaft selbst, wieder aufs kräftigste ein Bestreben zu regen, das über den »Positivismus«, über die Einstellung und die Einschränkung auf die bloße Materie der Tatsachen hinausdrängt. Von den modernen Sprachforschern ist es insbesondere Karl Voßler, der mit voller Energie den Satz verficht, daß zum eigentlichen und vollen Verständnis sprachgeschichtlicher Tatsachen nur dann zu gelangen sei, wenn die Forschung sich entschließe, den entscheidenden Schritt vom Positivismus zum Idealismus zu tun. Je weiter heute der Kreis der Sprachforschung und Sprachvergleichung sich zieht, um so bestimmter scheinen damit wieder gewisse durchgehende Motive der Sprachentwicklung, gewisse »Elementargedanken« der Sprache herauszutreten, die in merkwürdiger Übereinstimmung auch dort gefunden werden, wo von geschichtlicher Beeinflussung und Übertragung nicht gesprochen werden kann. Die Gründe für diese Erscheinung wird man, solange es sich um Phänomene der Lautlehre und um allgemeine Gesetzlichkeiten des Lautwandels handelt, vielleicht am ehesten auf rein physiologischem Gebiet zu suchen geneigt sein. Erwägt man indes, wie innig sich im Gange der Sprachentwicklung das lautliche und das geistige Element miteinander durchdringen; hält man an dem methodischen Postulat fest, das Voßler auf die prägnante Formel: »erst Stilistik, dann Syntax und Lautlehre«,[2] gebracht hat – so wird man zum mindesten nicht glauben, mit der Berufung auf die Physiologie das Ganze der hier in Frage

[2] [*Gemeint ist wahrscheinlich folgendes Zitat von Karl Voßler: »Also erst Stilistik, dann Syntax*!« (Positivismus und Idealismus in der Sprachwissenschaft. Eine sprach-philosophische Untersuchung, Heidelberg 1904, S. 16).]

stehenden Erschei|nungen erschöpfend erklärt zu haben. In der Tat stehen denn auch den Erscheinungen der Lautlehre analoge Erscheinungen der Formbildung zur Seite, die, wenn überhaupt, so nur aus den tieferen geistigen Strukturverhältnissen der Sprache begriffen werden können. Wilhelm von Humboldt hat in seinen beiden Abhandlungen »Ueber den Dualis« und »Ueber die Verwandtschaft der Ortsadverbien mit dem Pronomen« das klassische Muster für eine Betrachtungsweise gegeben, die den geistigen Gehalt einer einzelnen grammatischen Form bestimmt erfaßt, um ihn sodann in seinen feinsten Abschattungen und Nuancierungen durch die Mannigfaltigkeit der Einzelsprachen hindurch zu verfolgen: Und gerade die Durchführung und Erweiterung, die der Grundgedanke der letzteren Abhandlung neuerdings in der Sprachforschung erfahren hat, scheint zu beweisen, wie sehr auch in ihr diese allgemeine Tendenz der Humboldtschen Methode noch nachwirkt. Auch in der vergleichenden Mythenforschung ist das Bemühen, nicht bloß den Umfang des mythischen Denkens und Vorstellens abzuschreiten, sondern einen bestimmten einheitlichen Kerngehalt der Mythenbildung überhaupt zu fixieren, in den letzten Jahrzehnten immer deutlicher hervorgetreten. Der Ruf nach einer »allgemeinen Mythologie«, deren Aufgabe darin bestehen sollte, in den Erscheinungen ein Allgemeingültiges festzustellen und die Prinzipien zu bestimmen, die allen besonderen mythologischen Bildungen zugrunde liegen, wurde jetzt auch von der Spezialforschung erhoben.[3] Aber die Schriften der »Gesellschaft für vergleichende Mythenforschung«, die dazu bestimmt sein sollten, dieses Programm zur Durchführung zu bringen, haben die Aufgabe, die hier in so großer Schärfe gestellt war, freilich nur zum kleinsten Teil zu erfüllen vermocht. Denn statt den Mythos als eine einheitliche Bewußtseinsform zu begreifen und zu charakterisieren, suchten sie seine Einheit rein von der gegenständlichen Seite her zu bestimmen. Ein bestimmter Objektkreis, der der babylonischen Astronomie und Astrologie, wurde herausgegriffen, um als Anknüpfungspunkt und als Modell aller Mythenbildung erwiesen zu werden. Aber daß auf diesem Wege, daß von der Betrachtung der mythischen Objekte her die konstitutive Einheit des mythischen Denkens nicht wahrhaft zu erfassen ist: das zeigte sich nun darin, daß die Astralmythologie, die hier als Mittelpunkt aller Mythendeutung aufgestellt wurde, alsbald selbst wieder in eine Fülle widerstreitender Erklärungsversuche, in eine Sonnenmythologie, eine Mondmytholo-

[3] Vgl. Paul Ehrenreich, Die allgemeine Mythologie und ihre ethnologischen Grundlagen, Leipzig 1910.

gie, eine Gestirnmythologie usf. auseinanderfiel. Darin trat mittelbar wieder aufs schärfste hervor, | daß die Einheit eines geistigen Gebietes niemals vom Gegenstand her, sondern nur von der Funktion her, die ihm zugrunde liegt, zu bestimmen und zu sichern ist. Verfolgt man die Richtlinien, die hier von der Einzelforschung selbst ausgehen, weiter, so sieht man sich durch sie immer deutlicher auf ein allgemeines Problem: auf die Aufgabe einer allgemeinen Systematik der symbolischen Formen, hingewiesen.

Wenn ich das Problem in dieser Weise auszusprechen versuche, so liegt es mir freilich zunächst ob, den Begriff der »symbolischen Form« näher zu bestimmen. Man kann den Begriff des Symbolischen so nehmen, daß darunter eine ganz bestimmte Richtung geistiger Auffassung und Gestaltung verstanden wird, die als solche dann eine nicht minder bestimmte Gegenrichtung sich gegenüber hat. So läßt sich z. B. aus dem Ganzen der Sprache ein bestimmter Kreis sprachlicher Erscheinungen herausheben, die man im engeren Sinne als »metaphorisch« bezeichnen und dem »eigentlichen« Wort- und Sprachsinn gegenüberstellen kann – so kann man in der Kunst von einer Darstellungsform, die lediglich auf Herausgestaltung des sinnlich-anschaulichen Inhalts geht, eine Darstellungsweise unterscheiden, die sich allegorisch-symbolischer Mittel des Ausdrucks bedient; und man kann schließlich auch vom symbolischen Denken als einer Denkform sprechen, die von der Form unserer logisch-wissenschaftlichen Begriffsbildung durch ganz bestimmte scharf zu charakterisierende Kennzeichen unterschieden ist. Was dagegen hier durch den Begriff der symbolischen Form bezeichnet werden soll, ist ein anderes und Allgemeineres. Es handelt sich darum, den symbolischen Ausdruck, d. h. den Ausdruck eines »Geistigen« durch sinnliche »Zeichen« und »Bilder«, in seiner weitesten Bedeutung zu nehmen; es handelt sich um die Frage, ob dieser Ausdrucksform bei aller Verschiedenheit ihrer möglichen Anwendungen ein Prinzip zugrunde liegt, das sie als ein in sich geschlossenes und einheitliches Grundverfahren kennzeichnet. Nicht also was das Symbol in irgendeiner besonderen Sphäre, was es in der Kunst, im Mythos, in der Sprache bedeutet und leistet, soll hier gefragt werden; sondern vielmehr wie weit die Sprache als Ganzes, der Mythos als Ganzes, die Kunst als Ganzes den allgemeinen Charakter symbolischer Gestaltung in sich tragen. Geschichtlich läßt sich freilich verfolgen, wie der Symbolbegriff zu dieser Weite und Allgemeinheit seiner systematischen Bedeutung nur langsam heranreift. Er wurzelt ursprünglich in der religiösen Sphäre und bleibt in ihr auf lange Zeit hinaus gebunden. Erst die neuere Zeit hat ihn von hier aus allmählich immer bewußter und entschiedener auf andere Gebiete ver|pflanzt und ihn insbesondere der Kunst und der ästhetischen Betrachtung zugeeignet. Goethe bezeichnet auch hierin am klarsten die entscheidende Wendung des modernen Bewußtseins. In der prachtvollen Schilderung, die Kestner von dem dreiundzwanzigjährigen Goethe, nach seiner Ankunft in Wetzlar, entwirft, heißt es, daß er eine außerordentlich lebhafte Einbildungskraft besitze, daher er sich meistens in Bildern und Gleichnissen ausdrücke: Auch pflege er von sich selbst zu sagen, daß er sich immer nur uneigentlich ausdrücke, niemals eigentlich ausdrücken könne; wenn er aber älter werde, hoffe er die Gedanken selbst, wie sie wären, zu denken und zu sagen. Aber noch der fünfundsiebenzigjährige Goethe sagt zu Eckermann, daß er all sein Wirken und Leisten sein Leben lang nur symbolisch angesehen habe und selbst den ursprünglichsten und tiefsten, den »eigentlichsten« Gedanken, den er jemals gedacht, die Idee der Metamorphose, will er um diese Zeit, wie ein Brief an Zelter ausspricht, nur noch symbolisch genommen wissen. So schließt sich in diesen Begriff für ihn der geistige Ring seines Daseins; so faßt sich in ihm nicht nur das Ganze seines künstlerischen Strebens, sondern geradezu das Ganze der ihm eigentümlichen Lebens- und Denkform zusammen. Von Goethe ausgehend und beständig auf ihn hinblickend, haben dann Schelling und Hegel den Symbolbegriff für die philosophische Ästhetik erobert, und durch Friedrich Theodor Vischers Aufsatz über das Symbol wird die Bedeutung, die er für die Grundlegung der Ästhetik besitzt, endgültig festgestellt. Aber nicht von diesen wie immer reichen und fruchtbaren Anwendungen des Begriffs, sondern von seiner einheitlichen und allgemeingültigen Struktur soll in den folgenden Betrachtungen die Rede sein. Unter einer »symbolischen Form« soll jede Energie des Geistes verstanden werden, durch welche ein geistiger Bedeutungsgehalt an ein konkretes sinnliches Zeichen geknüpft und diesem Zeichen innerlich zugeeignet wird. In diesem Sinne tritt uns die Sprache, tritt uns die mythisch-religiöse Welt und die Kunst als je eine besondere symbolische Form entgegen. Denn in ihnen allen prägt sich das Grundphänomen aus, daß unser Bewußtsein sich nicht damit begnügt, den Eindruck des Äußeren zu empfangen, sondern daß es jeden Eindruck mit einer freien Tätigkeit des Ausdrucks verknüpft und durchdringt. Eine Welt selbstgeschaffener Zeichen und Bilder tritt dem, was wir die objektive Wirklichkeit der Dinge nennen, gegenüber und behauptet sich gegen sie in selbständiger Fülle und ursprünglicher Kraft. Humboldt hat für die Sprache dargelegt, wie in ihre Bildung und ihren Gebrauch notwendig die ganze Art der subjektiven Wahrnehmung der Gegenstände übergehe. Denn das Wort sei niemals ein Abdruck des Gegenstandes | an sich, sondern des von diesem in der Seele erzeugten Bildes. »Wie der einzelne Laut zwischen den Gegenstand und den Menschen, so tritt die ganze Sprache zwischen ihn und die innerlich und äusserlich auf ihn einwirkende Natur. Er umgiebt sich mit einer Welt von Lauten, um die Welt von Gegenständen in sich aufzunehmen und zu bearbeiten. [...] Durch denselben Act, vermöge dessen [der Mensch] die Sprache aus sich herausspinnt, spinnt er sich in dieselbe ein, und jede zieht um das Volk, welchem sie angehört, einen Kreis, aus dem es nur insofern hinauszugehen möglich ist, als man zugleich in den Kreis einer andren hinübertritt.«[4] Was hier von der Welt der Sprachlaute gesagt ist, das gilt nicht minder von jeder in sich geschlossenen Welt von Bildern und Zeichen, also auch von der mythischen, der religiösen, der künstlerischen Welt. Es ist eine falsche, freilich immer wiederkehrende Tendenz, den Gehalt und die »Wahrheit«, die sie in sich bergen, nach dem zu bemessen, was sie an Dasein – es sei nun inneres oder äußeres, physisches oder psychisches Dasein – in sich schließen, statt nach der Kraft und Geschlossenheit des Ausdrucks selbst. Sie alle treten zwischen uns und die Gegenstände; aber sie bezeichnen damit nicht nur negativ die Entfernung, in welche der Gegenstand für uns rückt, sondern sie schaffen die einzig mögliche adäquate Vermittlung und das Medium, durch welches uns irgendwelches geistige Sein erst faßbar und verständlich wird.

Daß eine solche Vermittlung – sei es durch Lautzeichen, sei es durch die Bildgestalten des Mythos und der Kunst, sei es durch die intellektuellen Zeichen und Symbole der reinen Erkenntnis – zum Wesen des Geistigen selbst notwendig gehört, läßt sich leicht einsehen, sobald man nur auf die allgemeinste Form reflektiert, in der es uns gegeben ist. Aller geistige Inhalt ist für uns notwendig an die Form des Bewußtseins und somit an die Form der Zeit gebunden. Er ist nur, sofern er sich in der Zeit erzeugt, und er scheint sich nicht anders erzeugen zu können als dadurch, daß er sogleich wieder verschwindet, um der Erzeugung eines anderen neuen Raum zu geben. So steht alles Bewußtsein unter dem Heraklitischen Gesetz des Werdens. Die Dinge der Natur in ihrem objektiv-realen Dasein mögen allenfalls einen festen »Bestand«, eine relative Dauer aufweisen: Dem Bewußt-

[4] Wilhelm von Humboldt, Ueber die Verschiedenheit des menschlichen Sprachbaues und ihren Einfluss auf die geistige Entwicklung des Menschengeschlechts (Gesammelte Schriften, hrsg. v. der Königlich Preußischen Akademie der Wissenschaften, Abt. 1: Werke, hrsg. v. Albert Leitzmann, Bd. VII/1), Berlin 1907, S. 60.

sein ist ein solcher durch seine eigenste Natur versagt. Es besitzt kein anderes Sein als das der freien Tätigkeit, als das Sein des Prozesses. Und in diesem Prozeß kehren niemals wahrhaft identische Bestandteile wieder. Hier findet nur ein stetiges Fließen statt, ein lebendiges Strömen, in | dem alle feste Gestaltung, kaum daß sie gewonnen, wieder zergehen muß. Und ebendies bezeichnet nun die eigentümliche Antinomie, den immanenten Widerspruch des Bewußtseins selbst. Es kann sich von der Zeitform als solcher nicht befreien, denn in ihr besteht und auf ihr beruht seine eigene charakteristische Wesenheit. Und doch soll andererseits in dieser Form ein Gehalt nicht nur entstehen, sondern erstehen; aus dem bloßen Werden soll sich ein Gebilde, eine Gestalt, ein »Eidos« losringen. Wie sind diese beiden widerstreitenden Forderungen miteinander zu vereinen und zu versöhnen? Wie läßt sich der Augenblick, der Moment der Zeit festhalten, ohne darin seinen Charakter als zeitlicher Augenblick zu verlieren – wie läßt sich das einzelne, hier und jetzt Gegebene des Bewußtseins, seine besondere Individualität so bestimmen, daß in ihm ein allgemeiner Gehalt, eine geistige »Bedeutung« sichtbar wird?

Die Kluft, die sich hier vor uns auftut, scheint in der Tat unüberbrückbar; der Gegensatz scheint unaufheblich, sobald man ihn sich einmal auf die schärfste abstrakte Formel zu bringen sucht. Und doch begibt sich im Tun des Geistes beständig das Wunder, daß diese Kluft sich schließt; daß das Allgemeine sich mit dem Besonderen gleichsam in einer geistigen Mitte begegnet und sich mit ihm zu einer wahrhaften konkreten Einheit durchdringt. Dieser Prozeß stellt sich uns überall dort dar, wo das Bewußtsein sich nicht damit begnügt, einen sinnlichen Inhalt einfach zu haben, sondern wo es ihn aus sich heraus erzeugt. Die Kraft dieser Erzeugung ist es, die den bloßen Empfindungs- und Wahrnehmungsinhalt zum symbolischen Inhalt gestaltet. In diesem hat das Bild aufgehört, ein bloß von außen Empfangenes zu sein; es ist zu einem von innen her Gebildeten geworden, in dem ein Grundprinzip freien Bildens waltet. Dies ist die Leistung, die wir in den einzelnen »symbolischen Formen«, die wir in der Sprache, im Mythos, in der Kunst sich vollziehen sehen. Jede dieser Formen nimmt vom Sinnlichen nicht nur ihren Ausgang, sondern sie bleibt auch ständig im Kreise des Sinnlichen beschlossen. Sie wendet sich nicht gegen das sinnliche Material, sondern lebt und schafft in ihm selbst. Und damit vereinen sich Gegensätze, die der abstrakten metaphysischen Betrachtung als unvereinbar erscheinen mußten. So wird in der Sprache der reine Bedeutungsgehalt der Begriffe, also ein Etwas, das allgemein und unwandelbar sein soll, dem flüchtigen Element des Lautes anvertraut, von dem wie von keinem anderen zu gelten scheint, daß es immer nur wird, aber niemals ist. Aber diese Flüchtigkeit selbst erweist sich nun als ein Mittel und ein Vehikel für die freie Bildsamkeit des Lautes durch den Gedanken. In dieser seiner Lebendigkeit und | Beweglichkeit wird er, im Gegensatz zur Gebärdensprache, die zuletzt doch stets an der Bezeichnung des einzelnen haftenbleibt, zum Ausdruck nicht nur des Gedachten, sondern der inneren Bewegung des Denkens selbst. Indem wir die Eindrücke, die von außen auf uns einzudringen scheinen, nicht bloß wie tote Bilder auf einer Tafel betrachten, sondern indem wir sie mit der Lautgestalt des Wortes durchdringen, erwacht in ihnen selbst ein neues vielfältiges Leben. Jetzt gewinnen sie in der Differenzierung und Scheidung, die ihnen zuteil wird, zugleich eine neue inhaltliche Fülle. Denn das Lautzeichen ist nicht der bloße Abdruck solcher Unterschiede, die im Bewußtsein schon bestehen, sondern ein Mittel und eine Bedingung der innerlichen Gliederung der Vorstellungen selbst. Die Artikulation des Lautes spricht nicht nur die fertige Artikulation des Gedankens aus, sondern bereitet ihr erst selbst den Weg. Noch deutlicher erweist sich diese Untrennbarkeit der sinnlichen und der geistigen Elemente der Formbildung im Aufbau der ästhetischen Formwelt. Alle ästhetische Auffassung räumlicher Formen mag in sinnlichen Elementargefühlen wurzeln, alles Gefühl für Proportion und Symmetrie mag unmittelbar auf das Gefühl unseres eigenen Körpers zurückgeführt werden können – und doch gibt es für uns andererseits ein wahrhaftes Verständnis räumlicher Formen, eine plastische oder architektonische Anschauung nur dadurch, daß wir diese Formen in uns selbst zu erzeugen und uns der Gesetzlichkeit dieser Erzeugung bewußt zu werden vermögen.

Bei dieser Art des inneren Aufbaus der einzelnen Formwerte können wir einen dreifachen Stufengang unterscheiden. Immer beginnt das Zeichen damit, sich dem Bezeichneten möglichst nahe anzuschmiegen, es gleichsam in sich aufzunehmen und es so genau und vollständig als möglich wiederzugeben. So scheint die Sprache, je weiter wir sie zurückverfolgen, um so reicher an eigentlichen Lautnachahmungen und Lautmetaphern zu werden. Kein Wunder daher, daß die philosophische Theorie lange Zeit geglaubt hat, hier die unmittelbare Erklärung des Ursprungs der Sprache gewinnen zu können. Die Theorie des onomatopoietischen Sprachursprungs hat ihre systematische Durchbildung bereits in der Stoa erhalten, und sie hat sich in der originellen und merkwürdigen Fortbildung, die sie im 18. Jahrhundert durch Giambattista Vico erfahren hat, in der neueren Zeit bis zu den Anfängen der modernen Sprachphilosophie behauptet. Heute, nach der kritischen Neubegründung der Sprachphilosophie durch Herder und Humboldt, darf freilich der Glaube, als könne man an diesem Punkte das Geheimnis der Spracherzeugung gleichsam mit Händen greifen, als überwunden gelten. Und doch lehrt andererseits ein Blick | auf die Sprachgeschichte, daß die Lautnachahmung, sowenig sich in ihr das eigentliche Prinzip der Sprache enthüllt, sich doch als ein mitwirkender Faktor der Sprachbildung überall wirksam erweist. Daher ist es gerade die empirische Sprachforschung gewesen, aus der heraus immer wieder eine wenigstens bedingte Ehrenrettung des vielgeschmähten Prinzips der Lautnachahmung versucht worden ist: wie sich denn – um hier nur einige der bekanntesten Namen zu nennen – Hermann Paul, Georg Curtius und Wilhelm Scherer in diesem Sinne ausgesprochen haben. Niemand habe ein Recht – so betont Scherer gelegentlich – mit dem Lächeln mitleidiger Verachtung auf die Annahme eines ursprünglichen natürlichen Zusammenhangs zwischen Laut und Bedeutung herabzusehen: Vielmehr gelte auch hier die Bemerkung, daß, wer derartige Probleme falsch löse, hundertmal höherstehe, als wer sich um die Lösung derselben niemals bemüht habe.[5] Noch mehr scheint sich diese Auffassung zu bestätigen, und einen noch größeren Umfang scheint sie zu gewinnen, wenn wir von unseren entwickelten Kultursprachen auf die Sprachen der Naturvölker hinüberblicken. So ist z. B. die Ewe-Sprache, wie Westermann in seiner Ewe-Grammatik betont, außerordentlich reich an Mitteln, um einen empfangenen Eindruck durch Laute wiederzugeben: ein Reichtum, der aus der fast unbezwinglichen Lust entspringe, jedes Gehörte, Gesehene, überhaupt irgendwie Empfundene nachzuahmen, durch einen oder mehrere Laute zu bezeichnen. Hier und in einigen verwandten Sprachen gibt es z. B. Adverbien, die nur eine Tätigkeit, einen Zustand oder eine Eigenschaft beschreiben und die demgemäß nur einem Verbum angehören und mit ihm verbunden werden können. Westermann führt für das einzige Verbum des Gehens nicht weniger als 33 derartiger adverbialer Lautbilder an, deren jedes je eine besondere Weise, eine bestimmte Nuance und Eigenart des Gehens bezeichnet.[6] Wie man sieht, hat sich hier der sprachliche Ausdruck vom rein mimischen noch nicht geschieden und besitzt ihm gegenüber kaum eine höhere Form der Allgemeinheit. Dieser mimische Charakter der Sprachen

[5] Wilhelm Scherer, Zur Geschichte der deutschen Sprache, Berlin 1868, S. 38; vgl. Georg Curtius, Grundzüge der griechischen Etymologie, 5., unter Mitw. v. Ernst Windisch umgearb. Aufl., Leipzig 1879, S. 96; Hermann Paul, Prinzipien der Sprachgeschichte, Halle a. d. S. [3]1898, S. 157 ff.

[6] S. Diedrich Westermann, Grammatik der Ewe-Sprache, Berlin 1907, S. 83 f.

der Naturvölker tritt besonders in der Fülle scharf differenzierter Ausdrucksformen hervor, die sie für die Bezeichnung und die genaue Bestimmung räumlicher Verhältnisse besitzen. Verschiedene Grade der Entfernung sowie sonstige anschauliche Verhältnisse der Stellung und Lage des Gegenstandes, von dem die Rede ist, werden durch verschiedene Vo|kale, unter Umständen auch nur durch den verschiedenen Ton, die verschiedene lautliche Färbung desselben Vokals bezeichnet. In alledem tritt deutlich hervor, wie auf dieser Stufe der Sprachbildung der Laut mit den Elementen der sinnlichen Anschauung noch unmittelbar verschmilzt, wie er gleichsam in sie eindringt und sie in ihrer ganzen Konkretion und Fülle auszuschöpfen sucht.

Es ist schon ein weiterer Schritt zur Befreiung der eigentlichen und originären Sprach*form* vom Inhalt der sinnlichen Anschauung, wenn an die Stelle des unmittelbar nachahmenden, des onomatopoietischen oder mimischen Ausdrucks eine andere Bezeichnungsweise tritt, die man die »analogische« nennen könnte. Hier ist es nicht mehr irgendeine einzelne objektive Qualität des Gegenstandes, die im Laut festgehalten und nachgebildet wird, sondern hier geht die Beziehung, die zwischen Laut und Bedeutung festgehalten wird, durch die Subjektivität des Denkens oder Fühlens hindurch. Es besteht keine sachlich aufzeigbare Ähnlichkeit mehr zwischen dem Laut und dem, was er bezeichnet; wohl aber erscheinen auch jetzt noch ganz bestimmte Tonbildungen und Tonnuancen für das Sprachgefühl zugleich als Träger bestimmter natürlicher Bedeutungsunterschiede. Nicht mehr das »Ding« schlechthin, sondern der durch die Subjektivität vermittelte Eindruck von ihm oder eine Form der Tätigkeit des Subjekts ist es, was seine Darstellung und irgendeine Art der »Entsprechung« im Laute finden soll. Gerade das geschärfte Sprachgefühl der feinsten und tiefsten Sprachkenner glaubt bisweilen, solche Entsprechungen noch in weit vorgerückten Stadien der Entwicklung unserer Kultursprachen erfassen zu können. So hat z.B. Jacob *Grimm* zwischen dem *Sinn* der Frage- und Antwortform und den *Lauten*, die im Indogermanischen zur Bildung der Frage- und Antwortwörter gebraucht werden, eine solche Entsprechung aufzuzeigen versucht. In Sprachen, die den musikalischen Silbenton besitzen, d.h. die übrigens gleichlautende Silben durch Hoch-, Mittel- oder Tiefton oder durch gleichbleibenden, steigenden oder fallenden Ton unterscheiden, kann diese Unterscheidung bald etymologischen Wert haben, d.h. eine Verschiedenheit der Bedeutung der Worte bezeichnen, bald kann sie auch für irgendeine bestimmte *formale* Funktion der Sprache eintreten. So kann z.B. die bloße Tonveränderung zum Ausdruck der *Verneinung* gebraucht werden, oder es können zwei im wesentlichen gleiche Silben, durch die verschiedene Tonqualität, zum Ausdruck eines Dinges oder Vorgangs, eines Nomen oder eines Verbum, gestempelt werden. Auch die Differenzierung zwischen transitiven, rein aktiven Verben und solchen, die nicht ein Tun, sondern einen Zustand und ein Leiden ausdrücken, kann auf diese Weise erfolgen. | Hier ist es somit nicht mehr die Nachahmung eines sinnlich wahrgenommenen Gegenstandes, sondern eine schon sehr komplexe gedankliche Unterscheidung, hier ist es die Versetzung eines Wortes in eine bestimmte grammatische Kategorie, welche durch ein an sich rein musikalisches Prinzip, wie den Silbenton, geleistet wird. Noch auf der gleichen Stufe scheint sich ein sprachliches Mittel wie die Reduplikation zu halten, bei dem ebenfalls ein bestimmtes sinnliches Klang- und Lautmittel dem Ausdruck der mannigfachsten gedanklichen Beziehungen und Bedeutungen dienstbar gemacht wird. Die Reduplikation schließt sich zunächst wieder ganz eng dem objektiven Vorgang an und sucht ihn unmittelbar nachzubilden: Die Verdoppelung und Wiederholung der Silbe dient zur Bezeichnung einer Handlung oder eines Vorgangs, die sich tatsächlich in mehreren gleichartigen Phasen vollziehen. Aber von hier greift sie weiter, um solche Inhalte zu bezeichnen, die nur noch nach einer entfernten Analogie mit diesem Grundsinn der Wiederholung zusammenhängen. Sie dient beim Substantivum der Bildung der Mehrheit, beim Adjektivum der Bildung der Steigerungsformen, beim Verbum bildet sie neben den Frequentativformen vor allem Intensivformen und wird weiterhin zum Ausdruck einer großen Zahl insbesondere temporaler Unterschiede gebraucht. Es gibt Sprachen, in denen dieses Mittel der Reduplikation den ganzen grammatischen Bau beherrscht. In alledem tritt deutlich hervor, wie die Sprache, auch nachdem sie sich von der bloß onomatopoietischen Art des Ausdrucks befreit hat, noch immer bestrebt ist, sich dem Bedeutungsgehalt anzugleichen, ihm gleichsam tastend nachzugehen. Aber auf den höchsten Stufen ihrer Entwicklung erscheint dieser Zusammenhang gelöst. Auf jede Form der wirklichen Nachahmung wird nun verzichtet, und statt dessen tritt die Funktion der Bedeutung in reiner Selbständigkeit hervor. Je weniger jetzt die Sprachform noch danach strebt, ein, sei es unmittelbares, sei es mittelbares Abbild der gegenständlichen Welt zu bieten, je weniger sie mit dem Sein dieser Welt sich identifiziert, um so deutlicher ist sie damit zu ihrer eigentümlichen Leistung, zu ihrem spezifischen Sinn durchgedrungen. Jetzt erst hat sie statt des mimischen oder analogischen Ausdrucks die Stufe des symbolischen Ausdrucks erreicht, der, indem er sich von jeder Ähnlichkeit mit dem Gegenständlichen abscheidet, nun gerade in dieser Entfernung und Abkehr einen neuen geistigen Gehalt gewinnt.

Wir können hier nicht im einzelnen verfolgen, wie die gleiche Richtung des Fortgangs auch im Aufbau der ästhetischen Formwelt sichtbar wird. Hier stehen wir freilich von Anfang an auf einem anderen Boden und sozusagen in einer anderen geistigen Dimension. | Denn eine künstlerische Form im eigentlichen Sinne entsteht erst dort, wo die Anschauung sich von jeder Gebundenheit im bloßen Eindruck gelöst, wo sie sich zum reinen Ausdruck befreit hat. Schon die *erste* Phase künstlerischer Gestaltung ist daher von jeder Art der »Nachahmung« streng geschieden. Und doch tritt auch hier, auf einer höheren Stufe, die gleiche typische Scheidung wieder hervor. Dabei handelt es sich freilich nicht um das bloße Nacheinander, um eine einfache geschichtliche Abfolge konkreter künstlerischer Darstellungsweisen, sondern um Grundmomente der künstlerischen Darstellung selbst, die auf jeder Stufe ihrer Entwicklung vorhanden sind und deren verschiedenes *Verhältnis*, deren Dynamik für den Stil jeder Epoche bestimmend ist. *Goethe* hat in einem Aufsatz, der das Ganze seiner ästhetischen Grundanschauungen zusammenfaßt, drei Formen der Auffassung und Darstellung unterschieden, die er als »einfache Nachahmung der Natur«, als »Manier« und als »Stil« bestimmt. Die Nachahmung versucht in ruhiger Treue die konkrete sinnliche Natur des Gegenstandes, die dem Künstler vor Augen steht, festzuhalten; aber diese Treue gegenüber dem Objekt ist zugleich die Einschränkung in dasselbe. Ein beschränkter Gegenstand wird auf beschränkte Weise und mit beschränkten Mitteln wiedergegeben. Auf der zweiten Stufe fällt diese Passivität gegenüber dem gegebenen Eindruck fort: Es entsteht eine eigene Formensprache, in der sich nicht sowohl die einfache Natur des Objekts als der Geist des Sprechenden ausdrückt. Der Gegenstand, das Modell steht der bildenden Kraft des Künstlers gegenüber; aber dieser sucht ihn nicht mehr in seiner Totalität zu ergreifen und ihn gleichsam auszuschöpfen, sondern er hebt an ihm einzelne charakteristische Züge heraus, um sie zu den eigentlichen künstlerischen Wesenszügen zu stempeln. Aber es gibt freilich noch eine höhere Form und eine höhere Kraft der Darstellung, als diejenige ist, die sich in der individuellen und somit zufälligen Natur des Künstlers gründet. Wenn die Subjektivität des Künstlers die Manier erzeugt, so erzeugt die Subjektivität der Kunst, so erzeugt das, was jede Kunst rein aus ihren eigenen Mitteln der Darstellung zu leisten vermag, den *Stil*. Dieser ist somit freilich der höchste Ausdruck der Objektivität, aber es ist nicht mehr die einfache Objektivität des Daseins, sondern die Objektivität des künstlerischen Geistes, es ist nicht die Natur des Bildes, sondern die zugleich freie und gesetzliche Natur des Bildens, die sich in ihm ausprägt. »Wie die einfache Nachahmung auf dem ruhigen Dasein und einer liebevollen Gegenwart beruht, die Manier eine Erscheinung mit einem leichten fähigen Gemüth ergreift, so ruht der *Stil* auf den tiefsten Grundfesten der Erkenntniß, auf dem Wesen der Dinge, in so fern uns erlaubt ist | es in sichtbaren und greiflichen Gestalten zu erkennen.«[7] Wir erkennen diese Unterscheidung, wenn wir auf die Betrachtung der Sprachform zurückblicken, als einem allgemeinen Zusammenhange angehörig. Den Weg von der Nachahmung zum reinen Symbol muß die Kunst durchmessen, wie ihn die Sprache durchmißt: Und nur auf ihm wird der »Stil« der Kunst wie der Stil der Sprache erreicht. Es ist eine analoge Gesetzlichkeit im Fortgang, es ist ein gleichartiger Rhythmus der Entfaltung zur Spontaneität des geistigen Ausdrucks, was sich hier wie dort wirksam erweist.

In Goethes Definition des Stils aber liegt zugleich der Hinweis auf einen anderen Problemkreis: Denn hier wird der Begriff des Stils mit dem der Erkenntnis verknüpft. So werden wir daran erinnert, daß auch die Erkenntnis, daß auch die Entwicklung der logischen und intellektuellen Funktionen den Bedingungen unterliegt, die für jede Art des Fortschritts vom natürlichen Dasein zum geistigen Ausdruck gelten. Die Erkenntnis beginnt als sinnliche Empfindung und Wahrnehmung damit, sich auf das Ding, auf das »Wirkliche« zu richten, es ganz in sich aufzunehmen und es gleichsam in den Kreis des Bewußtseins hinüberzuziehen. Die erste und in vieler Hinsicht klassische Ausbildung, die die Erkenntnislehre des Sensualismus in der antiken Philosophie gefunden hat, beschreibt diesen Vorgang noch in durchaus sinnlicher und stofflicher Weise: Die Bilder, die *εἴδωλα*, durch welche die Verbindung zwischen Objekt und Subjekt hergestellt wird, sind stoffartige Partikel, die sich von den Dingen loslösen, um in das Ich, in die Seele einzudringen. Die Aristotelische und die stoische Erkenntnislehre haben versucht, den Ausdruck, der hier der Beziehung von Erkenntnis und Gegenstand gegeben wird, ständig zu verfeinern. Bei Aristoteles ist es nicht die Materie des Gegenstandes, sondern seine reine Form, die bei der Sinnesempfindung in die Seele übergeht – wie das Wachs zwar die Form des Siegelrings, aber nicht das Gold oder Erz in sich aufnimmt. Und in der Stoa wird der Terminus der *τýπωσις* von Chrysipp durch den allgemeineren der *ἑτεροίωσις* ersetzt: Nicht ein Abdruck des Gegenstandes werde bei

[7] [Johann Wolfgang von Goethe, Einfache Nachahmung der Natur, Manier, Stil, in: Werke, hrsg. im Auftrage der Großherzogin Sophie von Sachsen, 4 Abt., insges. 133 Bde. in 143 Bdn., Weimar 1887–1919, 1. Abt., Bd. XLVII, S. 77–83: S. 80.]

der Wahrnehmung in der Seele erzeugt, sondern nur eine Veränderung in ihr bewirkt, auf Grund deren über sein Dasein und seine qualitative Beschaffenheit geurteilt wird. Aber sosehr man hier und in der mittelalterlichen Philosophie bestrebt ist, zu einer Intellektualisierung und Sublimierung der Abbildtheorie vorzudringen, und sosehr insbesondere die Scholastik sich um die Unterscheidung der »species intelligibilis« von der »species sensibilis« bemühte – so lebte doch in dem abstrakten Begriff der »Spezies« selbst die alte sinnliche Grundbedeutung des | Bildes fort. Es bedurfte der neuen Denkform des modernen Idealismus, um den aristotelisch-scholastischen Speziesbegriff und die an ihn geknüpfte Erkenntnislehre endgültig zu überwinden. Aber so fest und beharrlich erhielt sich andererseits die Voraussetzung, daß der Gegenstand, um erkannt zu werden, in irgendeiner Weise in das Bewußtsein eingehen, daß er sich in ihm ganz oder teilweise abbilden müsse, daß jetzt, nachdem diese Voraussetzung erschüttert war, auch die Erkennbarkeit des Gegenstandes mehr und mehr problematisch zu werden drohte. Der Idealismus eines Descartes und Leibniz, der nichts anderes erstrebte, als das Kriterium der objektiven Gültigkeit der Erkenntnisse in ihre reine Form, in die Form der cogitatio und des intellectus ipse zu verlegen, schloß für alle diejenigen, die sich von der dogmatischen Prämisse der Abbildtheorie nicht trennen konnten, eine unverhüllt skeptische Folgerung in sich. Selbst bei Kant schien der Schwerpunkt der Lehre mehr in dem, was sie als negative Konsequenz in sich schloß, als in ihrer neuen positiven Grundeinsicht zu ruhen. Als Kern seines Gedankens erschien nicht sowohl der Nachweis, wie die echte Objektivität der Erkenntnis in der freien Spontaneität des Geistes begründet und in ihr gesichert sei, als vielmehr die Lehre von der Unerkennbarkeit des »Dinges an sich«. Dennoch ist gerade umgekehrt der scharfe Schnitt, der hier die Erkenntnis von den »Dingen an sich« ein für allemal loslöst, nur ein anderer Ausdruck für die Tatsache, daß sie nunmehr ihren festen Grund in sich selber gefunden hat. Das »Ding an sich« ist, nach dem Hegelschen Ausdruck, nur das »Caput mortuum [der] Abstraktion«;[8] nur die negative Bezeichnung eines Zieles, nach dem die Erkenntnis nicht orientiert werden kann und nicht länger orientiert zu werden braucht – aber diese Negation schließt zugleich eine neue und eigentümliche Position, schließt die

[8] [S. Georg Wilhelm Friedrich Hegel, Encyclopädie der philosophischen Wissenschaften im Grundrisse. Erster Theil: Die Logik, hrsg. v. Leopold von Henning (Werke. Vollständige Ausgabe durch einen Verein von Freunden des Verewigten, Bd. VI), Berlin 1840, S. 95.]

Zentrierung der Erkenntnis in ihrer eigenen Form, und im Gesetz dieser Form, in sich.

Und die gleiche typische Wendung tritt uns entgegen, wenn wir die Erkenntnis nicht lediglich nach ihrer allgemeinsten Bestimmung, sondern in ihren Besonderungen betrachten; wenn wir nicht nur ihren philosophischen Begriff, sondern die Ausprägung dieses Begriffes, die konkrete Gestaltung der Einzelwissenschaften, ins Auge fassen. Jede Einzelwissenschaft prägt in ihrem Fortgang immer feinere und eigentümlichere Begriffsmittel aus, und sie lernt zugleich mehr und mehr, sie als das, was sie sind, als intellektuelle Symbole, zu verstehen. Die Geschichte der Mathematik liefert für diesen Sachverhalt den fortlaufenden Beleg. Auch die Geometrie mag mit empirischen Messungen begonnen haben; auch die Zahl tritt im menschlichen Denken zuerst als Dingzahl hervor. Aber der Fortschritt der Mathematik und ihre | Entwicklung zur strengen Wissenschaft besteht eben darin, daß sie sich von diesem Anfang und von der mit ihm verbundenen Bindung und Einengung mehr und mehr befreit. Wenn der Begriff der ganzen Zahl sich zu dem der Bruchzahl erweitert, so mag diese Erweiterung an wirklichen Vorgängen der Dingwelt, an der Zerteilung konkreter Gegenstände, noch ihr Korrelat haben; wenn das Irrationale, dem in der antiken Mathematik noch der Name der Zahl versagt wird, als eine ihrer Formen anerkannt wird, wenn neben die positive Zahl die negative tritt, so läßt sich dies alles noch unmittelbar an der Anschauung räumlicher Größen und Größenverhältnisse belegen. Aber mehr und mehr ringt sich allmählich der reine Zahlbegriff wie von der dinglichen, so auch von der räumlichen Anschauung los. In der modernen Mathematik besteht seit Dedekind immer deutlicher die Tendenz, das System der Zahlen als ein System von »freien Schöpfungen des Geistes«[9] zu begreifen, das keinem anderen Gesetz untersteht als demjenigen, das in ihrer ursprünglichen Setzung beschlossen ist. Allgemein zeigt sich, daß jeder wahrhaft große methodische Fortschritt, den die Mathematik im Laufe ihrer Geschichte errungen hat, mit einer Ausbildung, einer intellektuellen Verfeinerung ihres Zeichensystems stets aufs engste verbunden, ja an eine solche geradezu gebunden war. Die Entdeckung der Algebra, die als »Logistice speciosa«, als figürliche Analysis, von Vieta begründet wird; der Algorithmus der Infinitesimalrechnung, den Leibniz aufstellt und der für ihn nur einen Sonderfall seines philosophisch-wissenschaftlichen

[9] [S. Richard Dedekind, Was sind und was sollen die Zahlen? (§ 6), Braunschweig ²1893, S. 21: »[...] kann man die Zahlen mit Recht eine freie Schöpfung des menschlichen Geistes nennen«.]

Grundplans, des Entwurfs einer »allgemeinen Charakteristik« bedeutet, liefert hierfür den deutlichsten Beleg. Was ferner die mathematische Physik betrifft, so weist auch sie, in Hinsicht auf das hier betrachtete Problem, eine höchst charakteristische Entwicklung auf. Solange das klassische System der Galilei-Newtonschen Mechanik schlechthin als das System der Physik galt: solange konnten seine Grundbegriffe, die Begriffe des Raumes und der Zeit, der Kraft und der Masse, noch als Begriffe gedeutet werden, die uns in der Art, wie die Physik sie anwendet, unmittelbar und in eindeutiger Bestimmtheit durch die »Natur der Dinge«, durch den Charakter des physisch Wirklichen aufgenötigt werden. In dem Augenblick aber, als man einen neuen Aufbau der Mechanik kraft einer Variation und Umbildung ebendieser Grundbegriffe versuchte, war dieser Auffassung der Boden entzogen. Es ist daher kein Zufall, daß Heinrich Hertz, der in seinen »Prinzipien der Mechanik« diesen entscheidenden Schritt zuerst vollzog, der den Kraftbegriff aus der Grundlegung der Mechanik ausstrich und diese ausschließlich aus den drei unabhängigen Grundvorstellungen der Zeit, des Raumes und der Masse aufbaute, in eben|diesem Versuch zugleich eine neue prinzipielle Klarheit über den Symbolbegriff im allgemeinen, und über die Richtung und den Sinn der physikalischen Symbolik im besonderen, erringt. »Es ist die nächste und in gewissem Sinne wichtigste Aufgabe unserer bewußten Naturerkenntnis«, so betont er, »daß sie uns befähige, zukünftige Erfahrungen vorauszusehen, um nach dieser Voraussicht unser gegenwärtiges Handeln einrichten zu können. [...] Das Verfahren aber, dessen wir uns zur Ableitung des Zukünftigen aus dem Vergangenen und damit zur Erlangung der erstrebten Voraussicht stets bedienen, ist dieses: Wir machen uns innere Scheinbilder oder Symbole der äußeren Gegenstände, und zwar machen wir sie von solcher Art, daß die denknotwendigen Folgen der Bilder stets wieder die Bilder seien von den naturnotwendigen Folgen der abgebildeten Gegenstände.«[10] Also auch hier tritt an Stelle des äußeren Abdrucks der Gegenstände ihr »inneres Scheinbild«, ihr mathematisch-physikalisches Symbol – und die Forderung, die wir an die Symbole der Physik stellen, ist nicht, daß sie ein einzelnes sinnlich aufzeigbares Dasein abbilden, sondern daß sie untereinander in einer derartigen Verknüpfung stehen, daß wir kraft dieser Verknüpfung, kraft der denknotwendigen Folgen der Bilder, die Gesamtheit unserer Erfahrung systematisch ordnen und

[10] [Heinrich Hertz, Die Prinzipien der Mechanik in neuem Zusammenhange dargestellt (Gesammelte Werke, hrsg. v. Philipp Lenard, Bd. III), Leipzig 1894, S. 1.]

beherrschen können. Betrachtet man das Weltbild der modernen Physik, so sieht man, wie fruchtbar diese allgemeine Auffassung der physikalischen Erkenntnis für dasselbe geworden ist. Das Befremden und die Ratlosigkeit, mit der die Philosophie heute noch vielfach den Ergebnissen der Relativitätstheorie gegenübersteht, rührt vielleicht großenteils daher, daß sie den eigentümlichen Charakter der physikalischen Symbolik, der sich in dieser Theorie ausprägt, noch nicht scharf und klar erfaßt hat. Solange die Philosophie keine andere Möglichkeit kennt, als die Symbole, die hier gebraucht werden, z. B. das Symbol des Riemannschen Raumes, entweder als Ausdrücke für direkt gegebene Wirklichkeiten oder als bloße Fiktionen anzusehen – solange hat sie ihren methodischen Sinn und Wert noch nicht begriffen. Die Relativitätstheorie ist – wenn wir die früher erwähnte Goethesche Dreiteilung zu ihrer Charakteristik verwenden wollen – freilich weit davon entfernt, eine »einfache Nachahmung der Natur« zu bedeuten; aber ebensowenig drückt sich in ihr eine bloß zufällige »Manier« der Naturbetrachtung aus, sondern sie scheint, wie wenige andere Theorien, den eigentlichen »Stil« der modernen physikalischen Erkenntnis zu repräsentieren. |

2.

Wir haben bisher die Kraft des inneren Bildens, die sich in der Erzeugung der Welt der Kunst und der Welt der Erkenntnis, in der Erzeugung der mythischen und der sprachlichen Welt beweist, im wesentlichen als eine Einheit betrachtet; wir haben eine durchgehende Form des Aufbaus, gleichsam eine allgemeine Typik, in ihr herauszustellen gesucht. Aber das wahre Verhältnis der Einzelformen tritt erst zutage, wenn wir nun innerhalb dieser Typik die besonderen und spezifischen Züge jeder einzelnen Grundrichtung zu bestimmen und gegeneinander abzugrenzen versuchen. Die Funktion der Bildgestaltung überhaupt mag immerhin als eine letzte übergreifende Einheit gedacht werden können; aber die Verschiedenheit der Formen tritt sofort wieder hervor, sobald man auf das verschiedene Verhältnis reflektiert, das der Geist in jeder von ihnen zu der von ihm erzeugten Welt der Bilder und Gestalten sich gibt.

Bleiben wir auf der Stufe des Mythos stehen, so tritt uns hier die Bildkraft des Geistes in ihrem ganzen Reichtum, in der unabsehbaren Mannigfaltigkeit und Fülle ihrer Äußerungsweisen, entgegen; aber zugleich bedeutet hier die Welt der Bilder für das Bewußtsein nur eine andere Form der objektiv-dinglichen Wirklichkeit, weil es ihr in der gleichen Gebundenheit wie der Welt der unmittelbaren Sinneseindrücke gegenübersteht. Das Bild ist nicht als solches, als eine freie geistige Schöpfung, gewußt und erkannt, sondern es kommt ihm eine selbständige Wirksamkeit zu; es geht ein dämonischer Zwang von ihm aus, der das Bewußtsein beherrscht und bannt. Das mythische Bewußtsein wird durchweg durch diese Indifferenz von Bild und Sache bestimmt: Beide können sich in der Art des Seins nicht voneinander trennen, weil die Art des Wirkens ihnen gemeinsam ist. Denn in dem allgemeinen mythisch-magischen Verflechtungszusammenhang der Dinge eignet dem Bild die gleiche Kraft wie irgendeinem physischen Dasein. Das Bild des Menschen oder sein Name repräsentiert hier keineswegs den Menschen, sondern es ist, vom Standpunkt des magischen Wirkungszusammenhangs und also gemäß dem magischen Begriff der »Realität«, der Mensch selbst. Wie derjenige, der sich des kleinsten körperlichen Teils eines Menschen, der sich seiner Haare, seiner Nägel usf. zu bemächtigen vermag, kraft desselben den ganzen Menschen besitzt und beherrscht, so wird die gleiche Herrschaft durch den Besitz des Bildes oder Namens verbürgt. Der Glaube an die objektive Wesenheit und an die objektive Kraft des Zeichens, der Glaube an Wort- und Bildzauber, an Namen- und Schriftzauber, bildet ein Grundelement der mythischen Weltansicht. Nun vollzieht sich freilich | innerhalb dieser letzteren selbst eine allmähliche Loslösung und Befreiung in dem Maße, als die Welt des Mythos der eigentlich religiösen Welt zu weichen beginnt. Alle Entfaltung des religiösen Selbstbewußtseins nimmt hier ihren Ursprung. Mag die mythische Phantasie immerhin der substantielle Untergrund und gleichsam der Nährboden auch für alles Religiöse bleiben: Die eigentliche charakteristische Form des Religiösen wird doch erst erreicht, wenn es sich in bewußter Energie von diesem Boden losreißt und mit einer ganz neuen Kraft geistiger Kritik dem Inhalt der mythischen Bilder entgegentritt. Aus dieser Haltung heraus, aus dem Kampf gegen den Bilderdienst, wird im israelitischen Prophetismus der Inhalt und die Form der Gottesidee gewonnen. Das Verbot des Bilderdienstes bildet die Grenzscheide zwischen dem mythischen und dem prophetischen Bewußtsein. Das unterscheidet das neue monotheistische Bewußtsein, daß für dasselbe die beseelende, die geistige Kraft des Bildes wie verloschen ist; daß alle Bedeutung und Bedeutsamkeit sich in eine andere, rein geistige Sphäre zurückzieht und damit vom Sein des Bildes nichts anderes als das leere materielle Substrat zurückläßt. Vor der heroischen Abstraktionskraft, die dem prophetischen Denken eignet und die auch das prophetische religiöse Gefühl bestimmt, werden die Bilder des Mythos zum »lautern

Nichts«.[11] Und doch bleiben sie nicht auf die Dauer in dieser Sphäre des »Nichts« beschlossen, in die das prophetische Bewußtsein sie zurückzudrängen sucht; sondern immer aufs neue brechen sie aus ihr hervor und machen sich als eine selbständige Macht geltend. Immer wieder werden, im Fortgang und in der Entfaltung des religiösen Bewußtseins, die religiösen Symbole zugleich als Träger religiöser Kräfte und Wirkungen gedacht. Für die gesamte Entwicklung des christlichen Dogmas bis zum Protestantismus, bis zu Luther und Zwingli hin, ist es von entscheidender Bedeutung geworden, daß schon in den ersten Anfängen der Begriff des Symbols mit dem des Sakraments und dem des Mysteriums verschmilzt. »Das Symbolische«, so schildert z. B. Harnack den Glauben der Urzeit, »ist [...] für jene Zeit nicht als der Gegensatz des Objectiven, Realen zu denken, sondern es ist das Geheimnissvolle, Gottgewirkte (*μυστήριον*), dem das Natürliche, profan Klare gegenübersteht.«[12] Freilich auch hier dringt immer wieder die Scheidung zwischen dem Bild selbst und der geistigen und bildlosen Wahrheit, die es darstellen will, hervor. Aber es liegt in der Natur des Religiösen begründet, daß dieser Kampf der Motive in ihm selbst nicht zum Abschluß geführt werden kann; denn ebendieser Widerstreit: dieser ständige Versuch, sich vom bloß Bildhaften zu lösen, und die ständige | Notwendigkeit, zu ihm zurückzukehren, bildet ein Grundmoment des religiösen Prozesses selbst, wie er sich in der Geschichte vollzieht.

Aber eine neue Freiheit der Auffassung tritt uns nun entgegen, wenn wir uns von der mythisch-religiösen zur ästhetischen Betrachtung wenden; ja diese letztere entsteht und besteht eigentlich darin, daß hier der Geist zu der ganzen Sphäre des Bildes in ein neues Verhältnis tritt. Auch die Kunst ist freilich gerade in ihren großartigsten Leistungen mit der mythischen Weltansicht noch aufs engste verwachsen. »Werke wie die indischen und ägyptischen Monumente«, so sagt Schelling in der »Einleitung in die Philosophie der Mythologie«, »entstehen nicht wie Stalaktytenhöhlen durch die bloße Länge der Zeit; dieselbe Gewalt, die nach innen die zum Theil kolossalen Vorstellungen der Mythologie erschuf, brachte nach außen gewendet die kühnen, alle Maßstäbe der späteren Zeit übersteigenden Unternehmungen in der Kunst hervor. Die Gewalt, die das menschliche

[11] [Jeremia 10,3 *nach der Luther-Übersetzung:* »Denn der Heiden Satzungen sind lauter Nichts.«]

[12] Adolf Harnack, Lehrbuch der Dogmengeschichte, Bd. I: Die Entstehung des kirchlichen Dogmas, 3., verb. u. verm. Aufl., Freiburg i. Brsg./Leipzig 1894 (Sammlung theologischer Lehrbücher, Bd. 1), S. 198.

Bewußtseyn in den mythologischen Vorstellungen über die Schranken der Wirklichkeit erhob, war auch die erste Lehrmeisterin des Großen, Bedeutungsvollen in der Kunst [...]«[13] Was hier aus einer allgemeinen spekulativen Überzeugung heraus gesagt ist: das hat die empirische Forschung im Gebiet der Kunstgeschichte und der Mythengeschichte durchaus bestätigt. Und doch bleibt bei aller wechselseitigen Durchdringung der Inhalte von Kunst und Mythos ihre beiderseitige Form klar geschieden. Im mythischen und religiösen Bewußtsein besteht auf der einen Seite eine völlige Indifferenz zwischen dem Bild und seinem Bedeutungsgehalt; auf der anderen Seite eine ständige Spannung zwischen beiden. Bald ist der ideelle Gehalt in den Bildgehalt eingeschmolzen und in ihm gleichsam versunken; bald versucht er, sich von dem sinnlich-bildlichen Ausdruck zu befreien, um seiner Gewalt doch stets von neuem zu unterliegen. In der künstlerischen Auffassung und Gestaltung der Welt erst ist an Stelle dieses Wettkampfs und dieses Widerstreits von Motiven ein reines Gleichgewicht getreten. In diesem Gleichgewicht besteht das Leben des ästhetischen Bewußtseins, wie in jenem Gegeneinander das Leben des mythisch-religiösen Bewußtseins besteht. Die künstlerische Anschauung blickt nicht durch das Bild hindurch auf ein anderes, das in ihm ausgedrückt und dargestellt wird, sondern sie versenkt sich in die reine Form des Bildes selbst und beharrt in ihr. Von der Welt des Wirkens und Leidens, in die die magisch-mythische Weltansicht den Menschen einschloß, hat sich das Bild hier endgültig gelöst. Indem es der Verkettung von Ursache und Wirkung entzogen, indem es nur als das genommen wird, was es an ideellem Gehalt in sich faßt, nicht nach dem, was es leistet, tritt es aus dem Kreis der Existenz, | der eben durch dieses Ineinandergreifen von Wirkungen bestimmt wird, heraus. Es ist eine Welt des »Scheins«, die sich in ihm darstellt, aber eines Scheines, der seine eigene Notwendigkeit und somit seine eigene Wahrheit in sich trägt.

Und noch in einem anderen Sinne zeigt sich die Kunst als die Erfüllung dessen, was in anderen Gebieten des Geistes, in anderen Richtungen symbolischer Formung als Forderung enthalten ist. Wir haben es als ein allgemeines Gesetz des sprachlichen Ausdrucks nachzuweisen gesucht, daß er mit der größten Nähe zum sinnlichen Gegenstand und zum sinnlichen Eindruck beginnt, um sich sodann fortschreitend von beiden zu entfernen. Das Wort hört mehr und mehr auf, bloßes Lautbild sein zu wollen; sein reiner Bedeutungsgehalt wird unabhän-

[13] [Friedrich Wilhelm Joseph von Schelling, Einleitung in die Philosophie der Mythologie (Sämmtliche Werke, 2. Abt., Bd. I), Stuttgart/Augsburg 1856, S. 240.]

gig von seinem sinnlich faßbaren Bestand. Auf den höchsten Punkten sprachlicher Entwicklung ist diese Trennung endgültig vollzogen; die reine Beziehung des Lautes auf die Bedeutung tritt selbständig heraus, ohne mehr der Stütze in irgendeiner »natürlichen« Ähnlichkeit zwischen beiden zu bedürfen. Aber wenn nun die Sprache nicht nur als reiner Begriffsausdruck, im Sinne objektiver Bestimmung und objektiver Mitteilung, gebraucht wird, sondern wenn sie sich gleichsam in die Innerlichkeit des Subjekts, von der sie ausgegangen war, wieder zurückwendet, um zum reinen Spiegel dieser Innerlichkeit zu werden: so tritt nun mit einem Schlage ein ganz neues Verhältnis ein. Denn in der Sprache der Dichtung ist nichts mehr bloß abstrakter Begriffsausdruck, sondern jedes Wort hat hier zugleich seinen eigenen Klang- und Gefühlswert. Es geht nicht nur in der allgemeinen Leistung der Repräsentation eines bestimmten Bedeutungsgehalts auf, sondern besitzt daneben, als Klang und Ton, ein selbständiges Leben, ein eigenes Sein und einen eigenen Sinn. Mitten in der höchsten Bestimmtheit objektiver Darstellung bewahrt jetzt der Laut diese seine innere Bedeutsamkeit. Die gegenständliche Schilderung selbst streift nun alles bloß Mittelbare, alles lediglich Repräsentative und Signifikative von sich ab, um in die Form reiner unmittelbarer Gegenwart zurückzugehen. Eben darin besteht das Geheimnis des wahrhaft vollendeten dichterischen Ausdrucks, daß in ihm Sinnliches und Geistiges nicht mehr einander gegenüberstehen. Alles Starre des bloßen Zeichens löst sich; jedes Wort ist wieder erfüllt mit einem ihm eigentümlichen individuellen Gehalt und wird damit zum Ausdruck der inneren Bewegtheit, der reinen Dynamik des Gefühls. Die höchsten lyrischen Kunstwerke – in der deutschen Poesie etwa die vollkommensten Dichtungen Hölderlins – zeigen am meisten diese doppelte Fügung: die vollendete Geistigkeit, die sich zugleich den vollendeten Körper, den ihr schlechthin gemäßen sinnlichen Ton | und Rhythmus geschaffen hat. Vor Schöpfungen dieser Art ergreift uns das Gefühl, das Hamann in die Worte kleidet, daß die Poesie die »*Muttersprache* des menschlichen Geschlechts« sei.[14] Und doch findet hier keine Rückkehr in den primitiven Urgrund, in den ersten geschichtlichen Anfang der Sprachschöpfung statt, sondern die Sprachform hat, indem sie sich mit der Form der Dichtung durchdrungen hat, selbst einen neuen Gehalt gewonnen. Die Stufe des bloßen Nachahmungs- oder Empfindungslautes liegt auch hier weit hinter uns: Die Onomatopöie kann

[14] [Johann Georg Hamann, Aesthetica in nuce. Eine Rhapsodie in Kabbalistischer Prose, in: Schriften, hrsg. v. Friedrich Roth, Bd. II, Berlin 1821, S. 255–308: S. 258.]

gelegentlich, in einem eng begrenzten Kreise, bestimmten dichterischen Einzelwirkungen dienen, geht aber in das Wesen des lyrischen Ausdrucks so wenig wie in das des sprachlichen Ausdrucks ein. Denn der Laut malt auch hier niemals das einzelne, das Besondere und Zufällige des sinnlichen Eindrucks, sondern er schwingt rein in sich selbst – und erst die Gesamtheit dieser nicht auf ein anderes und Äußeres gerichteten, sondern rein aufeinander abgetönten Schwingungen schließt die Einheit der ästhetischen Stimmung in sich. So ist die scheinbare Rückwendung zum Unmittelbaren auch hier vielmehr das Ergebnis einer doppelten Vermittlung, an welcher die sprachliche und die dichterische Form, je in ihrer besonderen Eigenart, teilhaben.

Allgemein kann die philosophische Betrachtung der »symbolischen Formen« niemals dabei stehenbleiben, jede von ihnen einzeln, in ihrer bestimmten geistigen Struktur und in ihren spezifischen Ausdrucksmitteln zu beschreiben, sondern es wird zu einer ihrer wichtigsten Aufgaben, das wechselseitige Verhältnis dieser Formen zu bestimmen – ein Verhältnis, das ebensosehr aus ihrer Entsprechung wie aus ihrem Gegensatz, aus ihrer Anziehung wie aus ihrer Abstoßung sich ergibt. Aus dem Umkreis der Probleme, die sich für eine derartige Betrachtung ergeben, hebe ich nur noch ein einzelnes heraus. Wenn man die mythische Welterklärung der wissenschaftlichen Welterklärung gegenüberstellt, so zeigt sich, daß beide nicht dadurch voneinander getrennt sind, daß auf der einen Seite die höchste objektive Bestimmtheit des Denkens, auf der anderen Seite lediglich phantastische Laune und individuelle Willkür waltet. Auch der Mythos hat eine in sich geschlossene Form; auch er zeigt, in aller widerspruchsvollen Fülle seiner Bildungen, ein bestimmtes Gesetz des Bildens selbst. Und diese Form entspringt wenigstens nicht ausschließlich den Antrieben der Phantasie oder des bloßen Affekts, sondern sie faßt daneben ganz bestimmte intellektuelle Momente in sich. Das mythische Denken hat seine »Kategorien«, wie das logisch-wissenschaftliche Denken sie hat. Vor allem ist es die grundlegende und beherrschende | Kategorie, die Kategorie der Kausalität, die sich auch in ihm wirksam erweist. Daß es dem Mythos an dem allgemeinsten Begriff der Kausalität, an dem bloßen Verhältnisgedanken von »Ursache« und »Wirkung«, keineswegs mangelt, tritt in seiner ständigen Tendenz zur Ableitung und »Erklärung« der Welt deutlich zutage. Kosmogonie und Theogonie bestimmen erst das Ganze der mythischen Welt. Und schon auf niederen Stufen beweist die Fülle der Mythenmärchen, die für irgendein einzelnes Ding, für die Sonne oder den Mond, für den Menschen oder eine Tier- und Pflanzenart, die mythische »Entstehung« angeben, wie tief dieser Grundzug im mythischen Denken wurzelt. Nicht die Form der Kausalität als solche, sondern ihre besondere Richtung und Ausgestaltung ist es somit, die den mythischen Begriff des Seins und Werdens vom wissenschaftlichen Begriff prinzipiell unterscheidet. Denn der Mythos bleibt auch noch in seinem kausalen Denken, und vorzugsweise in ihm, an die Form des »komplexen Denkens« gebunden, die für ihn überhaupt bezeichnend und bestimmend ist. Ihm genügt jede bloße Ähnlichkeit der Dinge oder ihre zufällige Koexistenz, ihr Beisammen im Raume und ihre Berührung in der Zeit, um sie zu einer magischen Einheit des Wirkens zusammenzuschließen. Jeder »Analogiezauber« ist ein typisches Beispiel dieses Verhaltens. Der Name des Analogiezaubers freilich verdunkelt diesen Sachverhalt eher, als daß er ihn erhellt: Denn gerade dies ist für die mythische Auffassung bezeichnend, daß sie dort, wo wir eine bloße »Analogie«, eine bloße Beziehung der Ähnlichkeit erblicken, die zwischen zwei verschiedenen und selbständigen Elementen stattfindet, in Wahrheit nur ein einziges Ding vor sich sieht. Sie trennt nicht das verschiedenartige Besondere nach generischen Ähnlichkeiten ab; sondern jede Ähnlichkeit ist ihr der unmittelbare Ausdruck einer Identität des Wesens. Und das gleiche wie für die Relation der Ähnlichkeit gilt auch für die des räumlichen Beieinander und der zeitlichen Gemeinschaft. Was einmal im Raume und in der Zeit zusammentritt, das verwächst damit zu mythisch-magischer Einheit. »Es ist, als wenn das einzelne Objekt«, so charakterisiert Konrad Theodor Preuß dieses Verhalten des mythischen Denkens, »gar nicht für sich gesondert betrachtet werden kann, sobald es das magische Interesse erregt, sondern stets die Zugehörigkeit zu anderen Objekten in sich trägt, mit denen es identifiziert wird, so daß die äußere Erscheinung nur eine Art Umhüllung, eine Maske bildet.«[15]

Eben hierin aber trennt sich nun der wissenschaftliche Begriff der Kausalität von ihrem mythischen Begriff. Denn dieser wissenschaft|liche Begriff entspringt – trotz Hume und all denen, die seine psychologistische Theorie wiederholt haben – nicht dem Zug und Trieb der »Assoziation«, nicht dem Walten der subjektiven Einbildungskraft, die das post hoc und juxta hoc in ein propter hoc verwandelt. Vielmehr zeigt er sich, schärfer betrachtet, genau in dem entgegengesetzten geistigen Verhalten gegründet. Es ist die begriffliche

[15] Konrad Theodor Preuß, Die geistige Kultur der Naturvölker, Leipzig/Berlin 1914 (Aus Natur und Geisteswelt. Sammlung wissenschaftlich-gemeinverständlicher Darstellungen, Bd. 452), S. 13. Vgl. bes. ders., Die Nayarit-Expedition. Textaufnahmen und Beobachtungen unter mexikanischen Indianern, Bd. I: Die Religion der Cora-Indianer in Texten nebst Wörterbuch, Leipzig 1912.

Kraft der Analyse, die das wissenschaftliche Kausalurteil erst ermöglicht und die ihm seinen festen Halt gibt. Wenn der Mythos ein Ding als komplexe Gesamtheit aus einem anderen Ding hervorgehen läßt, so kennt das wissenschaftliche Kausalurteil strenggenommen die Beziehung von Ursache und Wirkung überhaupt nicht mehr als ein solches unmittelbares Dingverhältnis. Nicht Dinge, als komplexe sinnlich gegebene Gesamtheiten, sondern Veränderungen sind es, die zueinander in das Verhältnis von Ursache und Wirkung treten. Jeder kausale Ablauf erscheint als das Ganze eines Prozesses, der immer genauer und schärfer in seine Teilphasen und seine Teilbedingungen zerlegt wird. Diese Zerlegung schafft erst die Elemente, zwischen denen eine ursächliche Beziehung überhaupt aussagbar ist. Ein Phänomen α gilt als Ursache eines anderen β nicht darum, weil beide in der Beobachtung genügend oft miteinander zusammengetroffen sind und ihr weiteres Zusammentreffen auf Grund eines psychologischen Zwanges erwartet wird, sondern weil aus dem Ganzen von β sich ein Moment x, aus dem Ganzen von α sich ein Moment y herauslösen läßt, wobei x und y so beschaffen sind, daß sich der Übergang vom einen zum andern nach einer allgemeinen Regel bestimmen läßt. Als eindeutig fixiert und als wahrhaft allgemein erscheint dabei, nach der Grundanschauung der mathematischen Physik, diese Regel nur dann, wenn es gelingt, x und y als Größen zu fassen, deren Veränderungen einem bestimmten Maßstab unterliegen und die sich in diesem ihren Maßwert gegenseitig bedingen. Diese Größen und die Form ihrer gesetzlichen Verknüpfung, durch welche ihr Zusammenhang als »verständlich«, als notwendig erscheint, aber werden nicht unmittelbar in dem wahrgenommenen Inhalt der Phänomene vorgefunden, sondern müssen ihm gleichsam erst gedanklich substruiert und unterbaut werden. Das Sinnlichgegebene wird mit der Form unserer kausalen »Schlüsse« durchsetzt und durchdrungen und nimmt nun kraft dieser Analysis und Synthesis des Verstandes selbst eine neue Gestalt an. Was zuvor dicht beieinander lag, was durch qualitative Ähnlichkeit oder durch räumlich-zeitliche Nachbarschaft aufs engste miteinander verbunden schien, kann jetzt in weite Ferne rücken – wie andererseits die vom Standpunkt der unmittelbaren Beobachtung einander fernsten Erscheinungen sich auf Grund der ge|danklichen Zergliederung als einem Gesetz untergeordnet und insofern wesensverwandt erweisen. Während somit die Denkart des Mythos die Bezugsglieder von Ursache und Wirkung überall gleichsam mit Händen zu greifen glaubte, ist es hier eine höchst verwickelte, sondernde und scheidende, eine eigentlich »kritische« Arbeit des Geistes, die erst zu ihnen hinleitet. Durch diese kritische Arbeit tritt an Stelle des bloßen empirischen

Beisammen einzelner Inhalte eine immer schärfere Unter- und Überordnung – das bloße Dasein und seine individuelle Beschaffenheit wandelt sich immer bestimmter in einen allgemeinen Zusammenhang von »Gründen« und »Folgen«. Die Wissenschaft trennt beständig die Elemente des einfachen »Daseins« der Dinge, um für diese Trennung eine um so festere Verknüpfung nach allgemeingültigen Gesetzen einzutauschen. Sie setzt die Elemente des »Seins« derart an und stellt sie zueinander in ein derartiges Verhältnis, daß dies höchste intellektuelle Ziel, dem sie nachstrebt, aufs vollkommenste erreicht wird. Der Zusammenhang der Wahrnehmungswelt löst sich, um in einer anderen Dimension in einer neuen Weise, weil unter einer neuen gedanklichen Form, wieder zu erstehen. So fallen – um ein einzelnes konkretes Beispiel zu geben – sinnlich so weit voneinander abstehende Phänomene wie das Phänomen des fallenden Steines, das Phänomen der Mondbewegung und das von Ebbe und Flut für uns seit Newton unter ein und denselben physikalischen Begriff. Auf der anderen Seite geht das Zurückdrängen des spezifisch sinnlichen Elements aus den Definitionen der physikalischen Begriffe so weit, daß Gebiete der Physik, welche ursprünglich durch die Zuordnung zu einer bestimmten Sinnesempfindung als durchaus einheitlich charakterisiert wurden, theoretisch nunmehr in verschiedene ganz getrennte Stücke auseinanderfallen. »[Während z. B.] die Wärme«, so betont Planck, »[früher] einen bestimmten, durch die Empfindungen des Wärmesinns charakterisierten, wohl abgegrenzten und einheitlichen Bezirk der Physik [bildete, wird heute] ein ganzes Gebiet [von ihr], die Wärmestrahlung, abgespalten und bei der Optik behandelt. Die Bedeutung des Wärmesinns reicht [...] nicht mehr hin, um die heterogenen Stücke zusammenzuhalten; vielmehr wird jetzt das eine Stück der Optik bez. Elektrodynamik, das andere der Mechanik, speziell der kinetischen Theorie der Materie, angegliedert.«[16]

Und auch hier ist es die Sprache, die, indem sie an beiden Haltungen teilhat, indem sie in sich die Momente des Mythos mit denen des Logos verknüpft, damit zwischen die beiden Extreme tritt und zwi|schen ihnen eine geistige Vermittlung herstellt. Die Eigentümlichkeit des »komplexen« Denkens tritt für uns am deutlichsten in demjenigen Sprachtypus heraus, den man als den Typus der einverleibenden oder polysynthetischen Sprachen zu bezeichnen pflegt. Der wesentliche Charakter dieser Sprachen besteht bekanntlich darin, daß

[16] Max Planck, Die Einheit des physikalischen Weltbildes. Vortrag, gehalten am 9. Dezember 1908 in der naturwissenschaftlichen Fakultät des Studentenkorps an der Universität Leiden, Leipzig 1909, S. 8.

in ihnen eine scharfe Grenze zwischen Wort und Satz nicht besteht, daß die Einheit des Satzes sich nicht in relativ selbständige Worteinheiten gliedert, sondern daß die Tendenz besteht, den sprachlichen Ausdruck für einen Gesamtvorgang oder für das Ganze einer konkreten Situation in ein einziges Wort von außerordentlich komplexem Bau zusammenzuziehen. Humboldt ist einer der ersten gewesen, der dieses Verfahren am Beispiel der mexikanischen Sprache erläutert und der es seiner geistigen Grundrichtung nach klarzustellen versucht hat. Es liege – so betont er – dieser Form der Sprache offenbar eine eigentümliche Vorstellungsweise zugrunde: Der Satz solle nicht konstruiert, nicht aus Teilen allmählich aufgebaut, sondern als zur Einheit geprägte Form auf einmal hingegeben werden. Aber diese scheinbar völlig in sich geschlossene und einheitliche Form entbehrt insofern der echten synthetischen Einheit, als sie eine noch undifferenzierte Form ist. Die Synthesis ist ihrem reinen gedanklichen Sinne nach nicht der Gegensatz zur Analyse, sondern setzt diese vielmehr voraus und schließt sie als notwendiges Moment in sich. Die Kraft der Zusammenfassung beruht auf der Kraft der Gliederung; je schärfer diese vollzogen wird, um so bestimmter und energischer tritt jene hervor. Hier dagegen, in dem »polysynthetischen« Verfahren der Sprache, ist die Worteinheit nicht in diesem Sinne die Zusammenfassung klar geschiedener Bedeutungselemente zu einem sprachlichen Bedeutungsganzen, sondern sie ist im Grunde nur ein Konglomerat, in dem die einzelnen Bestimmungen unterschiedslos nebeneinander liegen und ineinander verfließen. Neben der verbalen Bezeichnung, neben dem Ausdruck für die qualitative Eigenart eines Vorgangs oder einer Tätigkeit, wird im Wortganzen eine Fülle zufälliger Nebenbestimmungen des Tuns oder des Vorgangs zum Ausdruck gebracht. Diese Modifikationen verschmelzen mit der Bezeichnung des Hauptbegriffs und wachsen gleichsam völlig mit ihm zusammen. Ihr Sinn legt sich wie eine dichte Hülle um den des Verbalausdrucks selbst. So geht z. B. in die sprachliche Bestimmung der Tätigkeit jeder besondere Umstand des Ortes, der Zeit, der individuellen Art und Weise und der Richtung des Tuns ein. Das Verbum ändert durch Einverleibung von Partikeln, durch eine Fülle von Suffixen oder Infixen seine Form, je nachdem das Subjekt der Handlung sitzt, steht oder liegt, je nachdem es zur Klasse der beseelten oder un|beseelten Wesen gehört, je nachdem die Handlung mit diesem oder jenem Werkzeug erfolgte. »Vielleicht«, so bemerkt Powell, der dies Verfahren am Beispiel der Indianersprachen eingehend und anschaulich geschildert hat, »war es einmal in Millionen Fällen die Absicht, dies alles mit auszudrücken, und in diesem Fall hat die Sprache den ganzen Ausdruck in einem kompakten Wort; aber in einer Unzahl von Fällen zwingt sie auch dort zu einem solchen Ausdruck, wo der jeweilige Zweck der Rede die Erwähnung all dieser Nebenumstände keineswegs erfordert hätte.«[17] Dieser Bemerkung läßt sich freilich entgegenhalten, daß sie unwillkürlich unsere Denkgewohnheiten und unsere Denkerfordernisse der Beurteilung andersgerichteter Sprach- und Denkweise zugrunde legt. Was als Hauptumstand und was als bloßer Nebenumstand einer Handlung oder eines Vorgangs zu gelten hat, steht ja eben nicht an sich, durch eindeutige objektive Kennzeichen, fest, sondern es ist die Art der geistigen Auffassung, die hierüber entscheidet – und diese Auffassung ist es, die dem sprachlichen Denken und dem sprachlichen Ausdruck seine bestimmte Richtung gibt. In der Gesamtentwicklung der Sprache aber scheint es sich wieder als allgemeine Regel zu bewähren, daß die Form des anschaulich-kompakten Ausdrucks mehr und mehr der Form des begrifflich-analytischen Ausdrucks weicht; daß an Stelle der außerordentlichen Konkretion, wie sie in primitiven Sprachen herrscht,[18] die logische Schärfe im Ausdruck reiner Beziehungen tritt. Während die konkrete Bezeichnungsweise ein Zeugnis und ein Symptom dafür bildet, daß hier das Bewußtsein die Fülle seiner Inhalte gleichsam in eins zusammengeballt und im eigentlichen Wortsinn »konkresziert« besitzt: drückt auf der anderen Seite die fortschreitende Gliederung des Satzes den Fortschritt der gedanklichen Gliederung nicht nur aus, sondern erweist sich zugleich als Mittel, als ein geistiges Vehikel dieses Prozesses. Es ist bekannt, wie langsam sich in der Entwicklung der Sprache die Form des eigentlichen generischen Ausdrucks herausbildet; wie er durch das Bedürfnis und die Fähigkeit des individuellen Ausdrucks lange Zeit hintangehalten wird. Die früheren Phasen der sprachlichen Entwicklung sind gegenüber den späteren dadurch charakterisiert, daß in ihnen nicht nur kein Mangel, sondern vielmehr eine Überfülle differenzierender Ausdrücke besteht, daß aber nichtsdestoweniger

[17] John Wesley Powell, Introduction to the Study of Indian Languages with Words Phrases and Sentences to be collected, Washington, D.C. 1880, S.74c [»Perhaps one time in a million it would be the purpose to express all of these particulars, and in that case the Indian would have the whole expression in one compact word, but in the nine hundred and ninety-nine thousand nine hundred and ninety-nine cases all of these particulars would have to be thought of in the selection of the form of the verb, when no valuable purpose would be accomplished thereby.«].

[18] Vgl. hierzu besonders die Darlegungen in dem bekannten Werk von Lucien Lévy-Bruhl, Les fonctions mentales dans les sociétés inférieures, Paris 1910 (Travaux de l'année sociologique); deutsche Ausgabe: Das Denken der Naturvölker, übers., hrsg. u. eingel. v. Wilhelm Jerusalem, Wien/Leipzig 1921, S.116ff.

die Differenzen nicht als solche bewußt und als solche bezeichnet sind, weil es an dem allgemeinen Begriff | und somit an dem allgemeinen Prinzip mangelt, aus dem sie als Besonderungen einer übergreifenden Einheit bestimmt werden könnten. Erst indem die logische Kraft der Analyse erstarkt und indem sie die Bildung der Sprache mehr und mehr durchdringt, wird dieses Prinzip gefunden und gefestigt. Jetzt nimmt auch die Satzform eine immer strengere logische Fügung an. An Stelle des bloßen Nebeneinanders von Satzgliedern, an Stelle der Parataxe, die für jede primitivere Sprachbildung bezeichnend ist, tritt immer bestimmter die Über- und Unterordnung, die der Rede sozusagen erst den geistigen Vorder- und Hintergrund, erst eine logische Perspektive erschafft. So führt der Weg der Sprache von der sinnlichen Komplexion zur immer bewußteren und strafferen gedanklichen Einheit: von elementarer Fülle zu einer scheinbaren Armut, die aber in Wahrheit die Strenge analytischer Bestimmung und analytischer Beherrschung erst ermöglicht.

Damit aber scheint sich freilich ein Einwand aufzudrängen, der nunmehr nicht nur gegen die Sprache, sondern gegen die Gesamtheit der symbolischen Formen erhoben werden kann. Erschöpfen diese Formen den tiefsten unmittelbaren Gehalt des Bewußtseins – oder bedeuten sie nicht vielmehr eine ständige Verarmung desselben? Wir haben das Wort Wilhelm von Humboldts erwähnt, daß die Sprache zwischen Subjekt und Objekt, zwischen den Menschen und die ihn umgebende Wirklichkeit trete. Aber ist durch dieses Wort nicht zugleich zugestanden, daß sich durch sie, wie durch die anderen Formen, ein Gegensatz und eine trennende Schranke zwischen unserem Bewußtsein und der Wirklichkeit aufrichtet? Und muß somit nicht die Frage aufgeworfen werden, ob es nicht möglich sei, diese Schranke zu durchbrechen und damit erst zum wahren und wesenhaften, zum hüllenlosen Sein zu gelangen? In der Tat macht sich heute wieder stärker als zuvor das Bestreben geltend, von aller bloßen Bedeutung zum letzten ursprünglichen Sein, von allem bloß Repräsentativen und Symbolischen zur metaphysischen Grundgewißheit der reinen Intuition zurückzudringen. Der erste und notwendige Schritt hierzu scheint darin zu bestehen, daß wir uns aller konventionellen Symbole entäußern, daß wir an Stelle der Worte die unmittelbare Anschauung, an Stelle des sprachlich-diskursiven Denkens das reine, wortlose Schauen setzen. Schon Berkeley hat hierin die Forderung der modernen positivistischen »Sprachkritik« vorweggenommen. »Vergeblich«, so sagt er einmal, »breiten wir unsern Blick in die Räume des Himmels aus und suchen wir in die Eingeweide der Erde zu dringen; vergeblich befragen wir die Werke gelehrter Männer und gehen den dunklen Spuren des Altertums nach: Wir brauchen nur den Vorhang von Worten wegzuziehen, | um hinter ihnen den Baum der Erkenntnis zu erfassen, dessen Frucht vortrefflich und in greifbarer Nähe für uns ist.«[19] Und was hier von der Sprache gesagt ist: das scheint folgerecht von jeder Art symbolischen Ausdrucks gelten zu müssen. Jede geistige Form scheint zugleich eine Hülle zu bedeuten, in die sich der Geist einschließt. Wenn es gelänge, alle diese Hüllen abzustreifen, dann erst – so scheint es – würden wir zur echten unverfälschten Wirklichkeit, zur Wirklichkeit des Subjekts wie des Objekts durchdringen.

Und doch muß schon der Blick auf die Sprache und auf die Stellung, die sie im Aufbau der geistigen Welt einnimmt, gegen Folgerungen dieser Art bedenklich machen. Gelänge es, alle Mittelbarkeit des sprachlichen Ausdrucks und alle Bedingungen, die uns durch sie auferlegt werden, wahrhaft zu beseitigen, dann würde uns nicht der Reichtum der reinen Intuition, die unsagbare Fülle des Lebens selbst entgegentreten, sondern es würde uns nur wieder die Enge und Dumpfheit des sinnlichen Bewußtseins umfangen. Und noch klarer tritt die Notwendigkeit dieser Folgerung heraus, wenn wir die Frage auf die Gesamtheit der symbolischen Formen, auf die Sprache und den Mythos, auf die Kunst und die Religion richten. Von jeder einzelnen dieser Formen glaubt man absehen zu können und kann man unter bestimmten Bedingungen absehen, sofern man nur gewiß ist, daß man, indem man sie aufgibt, eine andere, gehaltvollere zurückbehält. So sucht die Mystik sich aller bildhaften Gestaltung, wie sie den Kern der ästhetischen Anschauung ausmacht, und aller Bedingtheit des Sprachausdrucks zu entziehen – und in dieser Negation, in diesem reinen »Nein, Nein«, das als ein Grundmotiv in jeder geschichtlichen Gestalt der Mystik wiederkehrt, scheint sich nun erst die neue, die eigentümliche Position des religiösen Bewußtseins zu erschließen. Aber eben als positive Gestalt enthält auch die letztere eine bestimmte und spezifische Weise der Formung in sich. Der Gang unserer Betrachtung hat zu zeigen versucht, wie hinter jedem bestimmten Kreis von Symbolen und Zeichen – mag es sich nun um

[19] George Berkeley, A Treatise concerning the Principles of Human Knowledge, Part I: Wherein the Chief Causes of Error and Difficulty in the Sciences, with the Grounds of Scepticism, Atheism, and Irreligion, are inquir'd into (Einleitung, § 24), Dublin 1710 u. ö., S. 37 f. [»In vain do we extend our View into the Heavens, and pry into the Entrails of the Earth, in vain do we consult the Writings of Learned Men, and trace the dark Foot-steps of Antiquity, we need only draw the Curtain of Words, to behold the fairest Tree of Knowledge, whose Fruit is excellent, and within the reach of our Hand.«].

sprachliche oder mythische, um künstlerische oder intellektuelle Zeichen handeln – immer zugleich bestimmte Energien des Bildens stehen. Sich des Zeichens nicht nur in dieser oder jener, sondern in aller Form entäußern hieße zugleich diese Energien zerstören. Die echte Substantialität des Geistes aber besteht nicht darin, daß er sich alles sinnlich-symbolischen Inhalts als eines bloßen Akzidens entledigt, daß er ihn wie eine leere Schale fortwirft, sondern daß er sich in diesem widerstehen|den Medium behauptet. Für die Philosophie, für die denkende Betrachtung des Seins, kann daher niemals das Leben selbst, vor und außerhalb aller Geformtheit, das Ziel und die Sehnsucht der Betrachtung bilden; sondern für sie bilden Leben und Form eine untrennbare Einheit. Denn erst durch die Form und ihre Vermittlung nimmt die bloße Unmittelbarkeit des Lebens die Gestalt des Geistes an: Die Kraft des Geistes aber ist, nach einem Wort Hegels, »nur so groß als ihre Aeußerung, seine Tiefe nur so tief, als er in seiner Auslegung sich auszubreiten und sich zu verlieren getraut«.[20]

[20] [Georg Wilhelm Friedrich Hegel, Phänomenologie des Geistes, hrsg. v. Johann Schulze (Werke, Bd. II), Berlin 1832, S. 9.]

Das Symbolproblem und seine Stellung im System der Philosophie[1] (1927)

Als Friedrich Theodor Vischer vor etwa 40 Jahren in den »Philosophischen Aufsätzen« zu Eduard Zellers fünfzigjährigem Doktorjubiläum den Symbolbegriff, den er schon in seiner Ästhetik eingehend behandelt hatte, erneut in den Mittelpunkt der theoretischen Betrachtung rückte – da bezeichnete er diesen Begriff als einen gestaltwechselnden Proteus, der schwer zu packen und zu bannen sei. In der Tat gibt es wohl keinen anderen Begriff der Ästhetik, der sich so reich, so fruchtbar und so vielgestaltig wie dieser erwiesen hat – aber auch kaum einen zweiten, der sich so schwer in die Grenzen einer festen definitorischen Bestimmung einschließen und sich in seinem Gebrauch und seiner Bedeutung eindeutig festlegen läßt. Und diese Schwierigkeit steigert und verschärft sich noch, wenn man, wie es in den folgenden Betrachtungen geschehen soll, das Problem des Symbolischen so umfassend nimmt, daß es keinem einzelnen Gebiet des Geistigen ausschließlich angehört, sondern daß es zu einem systematischen Zentrum wird, auf das alle Grunddisziplinen der Philosophie – die Logik nicht minder wie die Ästhetik, die Sprachphilosophie so gut wie die Religionsphilosophie – in gleicher Weise hinzielen. Die Bedeutung des Symbolbegriffs und des Symbolproblems für die immanente gedankliche Entwicklung dieser Gebiete aufzuweisen fällt nicht schwer: Wir brauchen uns nur dem geschichtlichen Fortgang ihrer Grundprobleme zu überlassen, um sie überall hell und deutlich hervortreten zu sehen. Aber jeder Übergang in ein neues Problemgebiet scheint hier mit der inneren Bereicherung, die das Problem erfährt, auch immer wieder eine neue Problemverschiebung, eine eigentliche *μετάβασις εἰς ἄλλο γένος* zur Folge zu haben. Wenn wir von der Religionsphilosophie zur Philosophie der Kunst, wenn wir von dieser zur Logik und Wissenschaftslehre hinüberblicken und wenn wir in ihnen allen das Symbolproblem bedeutsam und wirksam finden – so zeigt sich doch unverkennbar, daß es ebendiese seine universelle Bedeutsamkeit mit einem ständigen Bedeutungswandel erkaufen muß. Je nach der neuen geistigen Atmosphäre, in der es steht, wird es selbst zu einem andern. In der religiösen Sphäre, in der der Begriff des Symbolischen ursprünglich wurzelt, scheint er zunächst in

[1] [*Zuerst veröffentlicht in: Zeitschrift für Ästhetik und allgemeine Kunstwissenschaft 21 (1927), 295–322.*]

| einem rein gegenständlichen, in einem durchaus »objektiven« Sinne genommen zu werden. Dem Symbol haftet nichts von einer bloß mittelbaren Vergleichung, von einer Metapher oder einem »Sinnbild« an: Es steht als ein unmittelbar Wirkliches, weil als ein unmittelbar Wirksames vor uns. In der Urzeit christlichen Glaubens ist, nach Harnack, das Symbolische nicht als der Gegensatz des Objektiven, Reellen zu denken, sondern es ist das Geheimnisvolle und Gottgewirkte – das Mysterium, dem das Natürliche, das profan Klare gegenübersteht.[2] Aber in eine andere Beleuchtung rückt es alsbald, sobald wir aus der Sphäre des religiösen Sinns in die des ästhetischen Sinns hinüberblicken. Seine Wirklichkeit, seine dingliche Realität scheint jetzt mehr und mehr zu verblassen – aber um so bestimmter tritt nun ein neues, tritt das eigentlich ideelle Moment an ihm hervor. In der gesamten spekulativen Ästhetik – von Plotin bis zu Hegel hin – entsteht der Begriff und das Problem des Symbolischen genau an dem Punkt, an dem es sich darum handelt, das Verhältnis der Sinnenwelt zur intelligiblen Welt, das Verhältnis von Erscheinung und Idee zu bestimmen. Das Schöne ist wesentlich und notwendig Symbol, weil und sofern es in sich selbst gespalten, weil es immer und überall eins und doppelt ist. In dieser seiner Spaltung, in diesem Haften am Sinnlichen und in diesem Hinausgehen über das Sinnliche, drückt es nicht nur die Spannung aus, die durch die Welt unseres Bewußtseins hindurchgeht, sondern es offenbart sich darin die ursprüngliche und grundlegende Polarität des Seins selbst: die Dialektik, die zwischen dem Endlichen und dem Unendlichen, zwischen der absoluten Idee und ihrer Darstellung und Verkörperung innerhalb der Welt des einzelnen, des empirisch Daseienden, besteht. Und wieder ein anderes Verhältnis tritt uns im Umkreis der rein logischen Probleme entgegen. Auch im Aufbau und Ausbau dieser Probleme zeigt es sich, daß der Zusammenhang der logischen Formwelt sich nicht vollständig erfassen und sich nicht exakt darstellen läßt, sofern wir uns nicht für diese Darstellung bestimmter konkret-sinnlicher Zeichen bedienen. An ihnen als Repräsentanten des logischen Sinnes erschließt sich uns erst wahrhaft sein inneres Gefüge. In der neueren Philosophie ist es vor allem Leibniz gewesen, der zuerst dieses Grundverhältnis durchschaut und nach allen Seiten hin verfolgt hat. Wie diese seine Grundansicht, wie seine Forderung einer »allgemeinen Charakteristik«, die der Logik überall zur Seite treten sollte, sich bei ihm selbst bewährt,

[2] Adolf Harnack, Lehrbuch der Dogmengeschichte, Bd. I: Die Entstehung des kirchlichen Dogmas, 3., verb. u. verm. Aufl., Freiburg i. Br./Leipzig 1894 (Sammlung Theologischer Lehrbücher, Bd. 1), S. 198.

wie sie in der Schöpfung des Algorithmus der Infinitesimalrechnung ihre produktive Kraft erwiesen hat, ist bekannt. Aber sie hat weit über diesen Kreis hinaus gewirkt – ja | es ist kaum zu viel gesagt, wenn man behauptet, daß die gesamte wissenschaftliche Gestaltung der Logik und der Mathematik, wie sie sich im 19. Jahrhundert vollzieht, in ihrem Zeichen steht. In der stetigen Weiterbildung des Leibnizischen Leitgedankens ist auf der einen Seite die geometrische Charakteristik und die Ausdehnungslehre Hermann Graßmanns entstanden, wie anderseits hierauf die Grundlegung der »symbolischen Logik« bei Boole, bei Peano und Russell beruht. Und heute sieht der princeps mathematicorum, heute sieht ein Denker wie Hilbert das Heil der Mathematik allein auf diesem Wege: Nur von einer durchgängigen, bis ins letzte getriebenen »Formalisierung« der Mathematik erhofft er die Sicherung ihrer Grundlagen und den lückenlosen Beweis ihrer Widerspruchslosigkeit. So stark, so beherrschend ist diese Tendenz, daß sich unter ihrem Einfluß eine völlige Wandlung in der Auffassung des Gegenstands der Mathematik durchzusetzen beginnt. Denn den eigentlichen mathematischen Gegenstand bilden fortan nicht mehr die Zahlen oder Größen, sondern ihn bilden vielmehr die sinnlich anschaulichen Zeichen selbst. »Indem ich diesen Standpunkt einnehme«, so betont Hilbert, »sind mir – im genauen Gegensatz zu Frege und Dedekind – die Gegenstände der Zahlentheorie die Zeichen selbst [...] Hierin liegt die feste philosophische Einstellung, die ich zur Begründung der reinen Mathematik – wie überhaupt zu allem wissenschaftlichen Denken, Verstehen und Mitteilen – für erforderlich halte: *am Anfang* – so heißt es hier – *ist das Zeichen.*«[3] Es darf freilich nicht übersehen und nicht verschwiegen werden, daß ebendiese radikale Folgerung heute im Kreise der Mathematik noch durchaus umstritten ist – daß dem Hilbertschen Versuch einer Reduktion der gesamten Mathematik auf eine »Lehre vom Zeichen« in der »intuitionistischen Mathematik«, wie sie von Brouwer und Weyl vertreten wird, ein gefährlicher Gegner erstanden ist. Aber schon der Versuch, den gesamten Gehalt der Mathematik in dieser Weise in eine »Lehre vom Zeichen« einzuspannen, ist charakteristisch für eine typische Grundrichtung der modernen mathematischen Denkart. Und es bedarf nur eines kurzen Hinweises darauf, wie stark diese Denkart auch auf die Fassung der naturwissenschaftlichen Begriffe und auf deren erkenntnistheoretische Begründung gewirkt

[3] David Hilbert, Neubegründung der Mathematik. Erste Mitteilung, in: Abhandlungen aus dem Mathematischen Seminar der Hamburgischen Universität, Bd. 1, Göttingen 1922, S. 157–177: S. 163.

hat. Schon bei Helmholtz tritt der Begriff des Zeichens in den Mittelpunkt der naturwissenschaftlichen Erkenntnislehre: Er ist es, der der gesamten Helmholtzschen Wahrnehmungstheorie und seinem Aufbau der »Physiologischen Optik« das Gepräge gegeben hat. Und Heinrich Hertz | hat in seinen »Prinzipien der Mechanik« diese Richtung des Denkens nicht nur weiter verfolgt, sondern er hat ihr auch die genaue und explizite Formulierung gegeben. Alles naturwissenschaftliche Denken, alle physikalische Begriffs- und Theorienbildung besteht nach ihm in einem symbolischen Grundakt: »Wir machen uns innere Scheinbilder oder Symbole der äußeren Gegenstände, und zwar machen wir sie von solcher Art, daß die denknotwendigen Folgen der Bilder stets wieder die Bilder seien der naturnotwendigen Folgen der abgebildeten Gegenstände.«[4]

Aber – so müssen wir uns nunmehr fragen – hat nicht ebendiese Fülle der Anwendungen, deren der Symbolbegriff sich als fähig erwiesen hat, seinen klaren und bestimmten Gehalt mehr und mehr zersetzt und zerstört? Haben wir es hier wirklich noch mit einem einheitlichen systematischen Grundproblem zu tun, das sich über alle Bezirke des Wissens und über alle Gebiete des Geistes erstreckt, oder handelt es sich nicht vielmehr um eine bloße Scheineinheit, die uns, sobald wir sie zu fassen und näher zu bestimmen suchen, in ein bloßes Wort zergeht? Birgt der Name des Symbols, so wie er heute in der Religionsphilosophie, in der Ästhetik, in der Logik und in der Wissenschaftstheorie gebraucht wird, noch irgendeinen einheitlichen Gehalt – bezieht er sich auf eine allumfassende geistige Funktion, die in ihren Grundzügen sich gleichbleibt, wenngleich sie in jeder ihrer Auswirkungen eine neue, spezifisch eigentümliche Gestalt annimmt? Und wenn dem so ist: Wo finden wir das einigende Band, das die Fülle und Mannigfaltigkeit der Bedeutungen, die der Symbolbegriff allmählich in seiner eigenen immanenten Entwicklung angenommen hat, miteinander verknüpft? Ich kann in der knapp bemessenen Zeit, die mir hier zur Verfügung steht, nicht daran denken, diese Frage in wirklicher Schärfe und Genauigkeit zu beantworten – geschweige denn für die Antwort, die mir als die richtige vorschwebt, eine wirkliche systematische Begründung zu versuchen. Nur einige Richt- und Leitlinien suche ich anzugeben, die aber mehr den Gang der Untersuchung andeuten sollen, als daß sie ein positives Ergebnis derselben vor Sie hinstellen könnten. Lassen Sie mich demgemäß mit einem einfachen konkreten Beispiel beginnen, das uns in den Mittelpunkt der

[4] [Heinrich Hertz, Die Prinzipien der Mechanik in neuem Zusammenhange dargestellt (Gesammelte Werke, Bd. III), Leipzig 1894, S. 1.]

Frage versetzen soll. Wir gehen von einem bestimmten Wahrnehmungserlebnis aus: von einer Zeichnung, die wir vor uns sehen und die wir in irgendeiner Weise als eine optische Struktur, als ein zusammenhängendes Ganzes erfassen. Hierbei können wir zunächst dem rein sinnlichen »Eindruck« dieser Zeichnung zugewandt sein: Wir erfassen sie etwa als einen einfachen Linienzug, der sich durch bestimmte sichtbare Qualitäten, durch gewisse elementare Grundzüge seiner räum|lichen Form gegen andere unterscheidet und abhebt. Ob hierbei die räumliche Gestaltung schon im einfachen sinnlichen Eindruck enthalten und mitgegeben ist oder ob schon diese Gliederung selbst nur durch die Mitwirkung »höherer« geistiger Funktionen zustande kommt – ob vielleicht in das, was wir die unmittelbare »Wahrnehmung« des Raumes zu nennen pflegen, schon bestimmte intellektuelle Prozesse, etwa Prozesse des »unbewußten Schließens«, eingehen: dies braucht uns hierbei vorerst nicht zu beschäftigen. Das Wahrnehmungserlebnis selbst, als reine phänomenale Gegebenheit, weist jedenfalls in sich keine derartige Trennung auf: Sie wird erst durch die nachträgliche psychologische oder erkenntniskritische Analyse in dasselbe hineingetragen. Aber während ich noch dem Eindruck dieses schlichten Wahrnehmungserlebnisses hingegeben bin, während ich die einzelnen Linien der Zeichnung in ihren sichtbaren Verhältnissen, in ihrem Hell und Dunkel, in ihrer Absetzung gegen den Hintergrund, in ihrem Auf und Ab verfolge – beginnt plötzlich der Linienzug sich gleichsam als Ganzes von innen her zu beleben. Das räumliche Gebilde wird zum ästhetischen Gebilde: Ich erfasse in ihm den Charakter eines bestimmten Ornaments, mit dem sich für mich ein bestimmter künstlerischer Sinn und eine künstlerische Bedeutsamkeit verknüpft. Ich kann in der reinen Betrachtung dieses Ornaments aufgehen, ich kann es als ein gewissermaßen Zeitloses vor mich hinstellen, oder aber ich erfasse an ihm und in ihm noch ein anderes: Es stellt sich mir als Ausschnitt und als Ausdruck einer künstlerischen Sprache dar, in der ich die Sprache einer bestimmten Zeit, in der ich den Stil einer historischen Epoche wiedererkenne. In dem konkreten Erlebnis des einfachen Linienzugs steht jetzt mit einem Schlage ebendieser Stil, steht der gesamte charakteristische »Kunstwille« der Zeit (das was Herr Frankl gestern ihre »Gesinnung« genannt hat) prägnant und lebendig vor mir. Und abermals kann sich die Form der Betrachtung wandeln, sofern sich mir etwa das, was sich zunächst als reines Ornament darstellte, als Träger einer mythisch-religiösen Bedeutung enthüllt. In dem Augenblick, in dem ich nicht nur von außen her und reflektierend diese Bedeutung erfasse, sondern in dem sie mich innerlich ergreift, in dem ich in ihr lebe und bin, ist die Gestalt, die ich vor mir sehe, wie erfüllt und durchtränkt mit einem neuen Sinne. Sie ist umwittert von einem magischen Zauberhauch; sie wirkt nicht mehr als bloß ästhetische Form, sondern wie eine Uroffenbarung aus einer anderen Welt: aus der Welt des »Heiligen«, die den, der für sie aufgeschlossen ist, hier mitten im sinnlichen Erlebnis mit ihrem Geheimnis und mit ihrem Schauer überfällt. Und dieser Form der Auffassung und der inneren Aneignung können wir schließlich mit bewußter Schärfe eine andere, ihr diametral entgegengesetzte | gegenüberstellen. Wo der ästhetisch Betrachtende und Genießende sich der Anschauung der reinen Form hingibt – wo sich dem religiös Ergriffenen in der Form ein mystischer Sinn erschließt –, da kann sich dem Gedanken das Gebilde, das vor dem sinnlichen Auge steht, als Beispiel für einen rein logisch-begrifflichen Strukturzusammenhang geben. Wie Platon gesagt hat, daß für den rechnenden Astronomen die Sternbilder nichts an sich selbst bedeuten, sondern daß sie ihm nur als »Paradeigma« dienen, an dem er sich die rein mathematische Natur der Bewegung, an dem er sich das zeitlose ideelle Wesen des »Schnelleren« und des »Langsameren« zum Bewußtsein bringt – so wird dem mathematischen Geiste der Linienzug zu nichts anderem als zum anschaulichen Repräsentanten eines bestimmten Funktionsverlaufs. Er erfaßt an seiner unmittelbar gegebenen Gestalt ein Etwas, was sich der Anschauung als solcher schlechthin entzieht – er sieht in ihm das Bild eines Gesetzes, einer Form der ideellen Zuordnung, die das letzte Fundament für alles mathematische Denken ist. Und auch hier ist es das Ganze der anschaulichen Gestalt, nicht etwa nur ein Teil oder Bruchstück von ihr, das unter diesen spezifischen »Gesichtspunkt« gestellt und ihm gemäß mit einem bestimmten Sinngehalt durchdrungen wird. Wo die ästhetische Richtung der Betrachtung vielleicht eine Hogarthsche Schönheitslinie vor sich sah – da sieht der Blick des Mathematikers das Bild einer bestimmten trigonometrischen Funktion, etwa das Bild einer Sinuskurve vor sich, während der mathematische Physiker in ebendieser Kurve vielleicht das Gesetz eines bestimmten Naturvorgangs, das Gesetz für eine periodische Schwingung erkennt. Wir suchen diesen systematischen Zusammenhang dadurch zum Ausdruck zu bringen, daß wir das sinnliche Grunderlebnis, um das es sich in diesem Falle handelt, in verschiedene »symbolische Formen« aufgenommen und durch sie bestimmt und gestaltet denken. Dabei soll und darf jedoch dieser Ausdruck nicht so verstanden werden, als handle es sich hier um ein bloßes Auseinander oder um ein zeitliches Nacheinander von »Form« und »Stoff«. Wenn wir im Sinne der Husserlschen Terminologie zwischen dem sinnlichen Stoff und den

»beseelenden Akten«, zwischen sensueller ὕλη und intentionaler μορφή unterscheiden dürfen – so kann diese abstrakte Scheidung doch niemals bedeuten, daß beides sich im Phänomen trennen läßt, daß ein an sich formloser Stoff gegeben wäre, der nach und nach in verschiedene Formen der Sinngebung aufgenommen und durch sie erst gestaltet würde. Wer den Kantischen »Dualismus« von Form und Stoff, der ein Unterschied der Bedeutung, der transzendentalen »Geltung« ist, in dieser Weise zu einem Auseinander und Nebeneinander im realen Dasein macht – der hat damit bereits den entscheidenden Gesichts|punkt für das tiefere Verständnis dieses Unterschieds verfehlt. Für uns jedenfalls steht fest, daß »Sinnliches« und »Sinnhaftes« uns rein phänomenologisch immer nur als ungeschiedene Einheit gegeben sind. Wir können niemals das Sinnliche als solches, als bloßen »Rohstoff« der Empfindung, aus dem Ganzen der Sinnverbände überhaupt herauslösen: Wohl aber können wir aufzeigen, wie es sich verschieden gestaltet und wie es Verschiedenes »besagt« und meint, je nach der charakteristischen Sinnperspektive, je nach dem *Blickpunkt*, unter den es rückt. Die Philosophie darf sich nicht damit begnügen, je einen dieser Blickpunkte, mag er auch noch so umfassend erscheinen, zu fixieren, sondern sie muß in einer Synopsis höherer Stufe sie alle zu umspannen und sie in ihrem konstitutiven Prinzip zu verstehen suchen: Denn erst die Totalität dieser Prinzipien macht die objektive Einheit und die objektive Ganzheit des Geistes aus. Nicht darauf kann das Absehen einer im strengen Sinne »kritischen« Philosophie gerichtet sein, den Reichtum und die Fülle, die sich hier in den verschiedenen Grundrichtungen des Kulturbewußtseins darbieten, *schematisch* zu vereinfachen, indem man ihn in eine allgemeine Form zusammenzudrängen sucht: Wir müssen vielmehr die besondere Weise, in der innerhalb jedes Gebiets Sinnliches zum Träger von Sinnhaftem wird, in concreto zu erfassen und die Grundgesetze, unter denen alle diese verschiedenen Prozesse der Formung stehen, in ihrer Bestimmtheit aufzuweisen suchen.

Hier zeigt sich zunächst, daß in jeder einzelnen Formwelt, wie sehr sie alle sich durch ihr Prinzip und ihre Struktur unterscheiden mögen, doch eine bestimmte *Richtung* des Aufbaus, eine Weise des Fortgangs von den elementaren Gestalten zu den komplexeren Gestalten besteht. Versuchen wir die Richtlinien dieses Fortgangs in aller Kürze – und daher freilich notgedrungen abstrakt und schematisch – zu bezeichnen, so können wir zunächst gewissermaßen ein allgemeinstes *gedankliches Bezugssystem* einführen, relativ zu dem wir die »Orientierung« jeder einzelnen symbolischen Form beschreiben und bestimmen wollen. Wie wir die Gestalt einer Raumkurve vollständig wiedergeben können, indem wir drei aufeinander senkrechte Achsen einführen und die Entfernung eines jeden Punktes der Kurve von diesen drei Hauptachsen messen – so mag es erlaubt sein, drei verschiedene Dimensionen der symbolischen Formung voneinander zu unterscheiden. Die einfachste und die im gewissen Sinne ursprünglichste und urtümlichste Art dieser Beziehung tritt uns dort entgegen, wo irgendein sinnliches Erlebnis sich für uns dadurch mit einem bestimmten Sinngehalt erfüllt, daß an ihm ein charakteristischer Ausdruckswert haftet, mit dem es gleichsam gesättigt erscheint. Schon hier | sind wir über die Abstraktion der »bloß« sinnlichen Empfindung, wie sie der dogmatische Sensualismus nimmt, prinzipiell hinaus. Denn der sinnliche Inhalt steht jetzt, um mit Spinoza zu sprechen, nicht mehr gleich einem stummen Bild auf einer Tafel vor uns, sondern unmittelbar in seinem objektiven Dasein und in seinem objektiven Sosein gibt er uns Kunde von einem inneren Leben, das durch ihn hindurchscheint. Diese Transparenz des Sinnlichen ist es, die jeder ästhetischen Anschauung als solcher innewohnt; aber sie ist keineswegs auf das Gebiet des Ästhetischen beschränkt, sondern sie gibt sich nicht minder in jedem Laut der Sprache, in allen Elementargestalten des Mythos zu erkennen. Wir fragen hier nicht nach der Möglichkeit dieses Zusammenhangs; wir versuchen nicht zu erkennen, in welchen, sei es metaphysischen, sei es psychologischen Grundbestimmungen es gegründet ist, daß ein sinnlich Äußerliches in sich die Kraft besitzt, in dieser Weise ein »innerliches« Sein in sich auszudrücken und es uns unmittelbar zu offenbaren. Die Antworten, die man auf diese Frage versucht hat, verkennen entweder das Problem, um das es sich hier handelt, indem sie ihm einen fremden Sachverhalt – etwa den logischen Sachverhalt eines Analogieschlusses – unterschieben oder sie schaffen im günstigsten Fall nur eine andere Bezeichnung für dasselbe, indem sie etwa von einer symbolischen »Einfühlung« des Inneren in das Äußere sprechen. So problematisch indes sich alle Theorien über das Urphänomen des Ausdrucks, je tiefer man ihnen nachdenkt, erweisen – so klar und bestimmt steht es selbst, als Phänomen, vor uns. Auf der anderen Seite aber lehrt schon ein Blick auf die Sprache und insbesondere auf den sprachlichen Satz, der, mit größerem Rechte als das Wort, als das eigentliche sprachliche Elementargebilde bezeichnet werden kann, daß die Sprache in diesem ersten Kreise, in dem Kreise des Ausdrucks, nicht stehenbleibt, sondern daß sie ihn überschreiten, daß sie ihn notwendig transzendieren muß, wenn sie die ihr eigentümliche Aufgabe erfüllen will. Denn in jedem Satz ist stets eine bestimmte Setzung enthalten: Und diese zielt auf einen objektiven Sachverhalt hin, den die Sprache in irgendeiner Weise festhalten und beschreiben will. Hier sind es nicht mehr bloße Zuständlichkeiten im Sprechenden, die durch die Rede vermittelt werden sollen, sondern hier wird eine Beziehung im Sein ausgesagt, die »an sich« bestehen soll und die in diesem ihrem Bestand für jedes empfindende, anschauende oder denkende Subjekt in gleicher Weise als auffindbar und feststellbar gedacht wird. Das »Ist« der Kopula ist die reinste und prägnanteste Ausprägung für diese neue Dimension der Sprache, die man – mit einem Terminus, den Bühler im Anschluß an Husserl eingeführt hat – als ihre Darstellungsfunktion bezeichnen kann. Aber über diese Funktion der Dar|stellung erhebt sich nun noch eine andere und dritte Sphäre, die wir als die der reinen Bedeutung bezeichnen wollen. Sie ist von der Sphäre der Darstellung dadurch getrennt, daß sie sich von dem Grunde der anschaulichen Gestaltung, in welchem die Darstellung wurzelt und aus dem sie fort und fort ihre beste Kraft zieht, gelöst hat – daß sie sozusagen im freien Äther des reinen Gedankens schwebt. Das Zeichen im Sinne des reinen Bedeutungszeichens drückt nichts aus und stellt nichts dar – es ist Zeichen im Sinne einer bloß abstrakten Zuordnung. Was in ihm festgehalten wird, ist eine wechselseitige Beziehung und Entsprechung, die in ihrem allgemeinen Gesetz erfaßt wird, während wir darauf verzichten müssen, uns die Elemente, die in diese Beziehung eingehen, als selbständigen Bestand, als Inhalte, die außerhalb der Beziehung noch etwas sind und bedeuten, vorstellig zu machen. Am deutlichsten vielleicht prägt sich dieses Verhältnis in der modernen Grundlegung der Geometrie aus, wie sie durch Pasch eingeleitet und durch Hilbert im wesentlichen vollendet worden ist. In dem System von Hilbert und Pasch haben die Punkte, die Geraden, die Ebenen, die wir im Sinne der älteren Auffassung als anschauliche Gebilde anzusehen pflegen, diesen ihren Darstellungssinn völlig eingebüßt: Sie fungieren nur noch als Zeichen für einen bestimmten Bedeutungsgehalt – eben für jenen mathematischen Sinngehalt, der sich in den Axiomen der Geometrie ausspricht. Was immer diesen Axiomen genügt, kann als Repräsentant dieses Sinngehalts gewählt werden: Denn nur auf das konstitutive Gesetz dieses Gehalts, nicht auf die anschauliche Bestimmtheit der Elemente selbst kommt es in jeder echt geometrischen Aussage an. So können in bekannter Weise in dieser »abstrakten« Geometrie die Punkte und Geraden durch Gebilde von anschaulich ganz anderer Art ersetzt werden, ohne daß diese Verschiedenheit der anschaulichen Interpretation irgend etwas an dem Charakter, an dem logischen Gehalt der betreffenden Geometrie ändert: Denn dieser ist lediglich in der reinen

Form der Axiome selbst, also nicht in bestimmten Gestalten und Gebilden, sondern in allgemeinen Zuordnungsprinzipien gegründet.

Legen wir nun diese allgemeine Unterscheidung der Ausdrucksfunktion, der Darstellungsfunktion und der Bedeutungsfunktion, die ich hier freilich nur andeuten, nicht aber näher entwickeln kann, zu Grunde: So besitzen wir an ihr einen allgemeinen Plan der ideellen Orientierung, innerhalb dessen wir nun gewissermaßen die Stelle jeder symbolischen Form bezeichnen können. Freilich nicht in dem Sinne, daß diese Stelle ein für allemal fixiert, daß sie innerhalb dieses Grundplans durch einen festen Punkt zu bezeichnen wäre. Vielmehr ist es für jede Form bezeichnend, daß | sie in verschiedenen Phasen ihrer Entwicklung, in den verschiedenen Stadien ihres geistigen Aufbaues, sich zu den drei Grundpolen, die wir hier auszuzeichnen versuchten, verschieden verhält. Sie rückt in dieser Entwicklung von Ort zu Ort – und sie erfüllt erst in dieser Bewegung und kraft ihrer den Kreis des Seins und den Kreis des Sinnes, der ihr zugemessen ist. In ihr gelangt sie zu ihrer immanenten Vollendung, wie auch zu ihrer immanenten Begrenzung. Versuchen wir dies zunächst wiederum am Beispiel der Sprache zu verdeutlichen – so kann kein Zweifel daran sein, wie sehr die Sprache, von ihren primitivsten Gestaltungen bis hinauf zu ihren höchsten Stufen, im rein Ausdrucksmäßigen gegründet und wie stark sie in ihm verwurzelt ist. So einseitig und ungenügend es ist, wenn man sie mit Wundt als bloße Ausdrucksbewegung zu fassen und von hier aus ihr geistiges Wesen zu bestimmen sucht: so kann doch kein Zweifel sein, daß selbst den Worten unserer hochentwickelten Sprache noch immer ein bestimmter Ausdruckscharakter, ein »physiognomischer« Charakter innewohnt. Gerade die moderne Psychologie des Ausdrucks hat den Blick wieder auf diese Charaktere hingelenkt: In letzter Zeit hat namentlich Heinz Werner in Versuchen, die er im Hamburger Psychologischen Laboratorium angestellt hat, diese physiognomische Seite der Spracherlebnisse näher zu bestimmen und aufzuhellen gesucht. Auf der anderen Seite kann indes nicht fraglich sein, daß damit nur ein einzelnes Motiv und gewissermaßen eine einzelne Dimension des sprachlichen Ausdrucks getroffen ist und daß sich die Sprache als Ganzes erst konstituiert und vollendet, indem sie über dieses Motiv hinausschreitet. Um sich die Art dieses Fortgangs und um sich die Stetigkeit desselben zu verdeutlichen, braucht man etwa nur das Verfahren zu betrachten, das die Sprache in der Prägung der ersten Bezeichnungen für räumliche Verhältnisse anzuwenden pflegt. Überall, wo solche Verhältnisse sprachlich bezeichnet werden, wo das »Hier« vom

»Dort«, wo der Ort des Sprechenden vom Ort des Angesprochenen unterschieden, wo die größere Nähe oder Entfernung durch verschiedene deiktische Partikeln wiedergegeben wird, steht die Sprache vor einer neuen Aufgabe. Die bloße subjektive Empfindung und Erregung wandelt sich in eine objektive Anschauung: Der Naturlaut als reiner Gefühlslaut geht in den Darstellungslaut über. Aber die Kontinuität der Entwicklung bekundet sich hier eben darin, daß die neue Form, zu der die Sprache sich jetzt erhebt, sich durchaus noch der alten stofflichen Mittel bedient. Sie wirft die rein ausdrucksmäßigen Bestandteile nicht weg, sondern sie bewahrt sie, indem sie zugleich ihre Gestalt verändert, indem sie ihnen einen neuen Sinn und in diesem gleichsam ein neues Leben einhaucht. Die deiktischen | Grundworte, die demonstrativen Pronomina primitiver Sprachen lassen dieses Doppelverhältnis, diesen bipolaren Charakter, noch überall deutlich erkennen. Sie gehen von einer rein »physiognomischen« Bestimmung, von einer Tönung und Färbung des Vokals aus – aber sie halten eben in dieser sinnlichen Klangfarbe gewisse Grundbestimmungen der gegenständlichen Anschauung fest. Der schärfere Vokal bezeichnet etwa die Nähe zum Sprechenden, der dumpfere die weitere Entfernung; und in ähnlicher Weise wird die Richtung vom Ich zum Du, die zentrifugale Richtung, von der umgekehrten, der zentripetalen Richtung unterschieden. Auch zeitliche Unterschiede können in dieser Weise rein klanglich differenziert werden: In den Somalisprachen z. B. dient der Vokal *-a*, der als Suffix an ein Nomen tritt, dazu, um es als zeitlich gegenwärtig zu bezeichnen, während der Vokal *-o* das zeitlich Abwesende, das Vergangene oder Zukünftige bezeichnet. So geht die Sprache vom Ausdruckssinn zum reinen Darstellungssinn fort – und sie strebt von diesem beständig dem »dritten Reich«, dem Reich der reinen Bedeutung zu. Sie bleibt nicht im Kreise des anschaulich Faßbaren stehen, sondern sie wagt es, nach dem Letzten und Höchsten im Reiche des Gedankens zu greifen. Aber eben in diesem Versuch wird freilich die Schranke sichtbar, die ihr gesetzt ist. Denn auch dort, wo sie sich zum reinen Beziehungsausdruck erhebt, haftet diesem Ausdruck noch die Farbe des Sinnlichen an. Immer wieder suchte die Sprache den Ausdruck rein logischer Bestimmungen und Relationen in Bilder zu fassen, die sie der unmittelbar anschaulichen Sphäre entnimmt. Am klarsten tritt dies vielleicht bei dem universellsten Beziehungsausdruck, bei der Kopula des prädikativen Satzes hervor. Das reine »Ist« des prädikativen Aussagesatzes wird von den meisten, auch von hochentwickelten und fortgeschrittenen Sprachen, derart bezeichnet, daß ihm ein anschaulicher Nebensinn anhaftet – das logische »Sein« wird durch ein räumliches, durch ein Da-

oder Dort-Sein, die Geltung der Beziehung wird durch eine Existenzaussage, durch die Aussage über ein bestimmtes Dasein und die Beschaffenheit dieses Daseins ersetzt. In solcher Art der Stellvertretung prägt sich ein Grundcharakter der Sprache aus, den sie nicht verlassen kann, ohne damit sich selbst aufzugeben.

Der philosophische Sensualismus hat gern und häufig auf diesen Sachverhalt verwiesen, um aus der Ohnmacht der Sprache, den Kreis des sinnlich Anschaulichen zu durchbrechen, auf die gleiche Ohnmacht des Gedankens zu schließen. Schon Locke bedient sich hier der Sprachtheorie, um sie als Kronzeugen für seine Erkenntnistheorie zu benutzen. Aber hierbei ist freilich das wesentliche Moment übersehen, daß die reine Erkenntnis, wenngleich sie der Sprache als eines | echten Organon des Denkens nirgends entraten kann, das Instrument, das sie braucht, doch in ebendiesem Gebrauch verändert. Sie bindet sich nicht an die Grenzen der Laut- und Wortsprache, sondern sie erweitert dieselben, indem sie sie ihren eigenen Zielen dienstbar macht, über ihre ursprüngliche Bestimmung hinaus. Jetzt entsteht jene allgemeine Sprache, jene lingua universalis, wie schon Descartes und Leibniz sie als notwendiges Organ für den Fortschritt des wissenschaftlichen Denkens gefordert haben – wie sie aber erst in der modernen Mathematik und in der symbolischen Logik, die ihr als Grundlage dient, zur eigentlichen Ausbildung und Durchbildung gelangt ist. In ihr hat die Sprache das Gebiet, in dem sie ursprünglich wurzelt, ein für allemal verlassen, hat sie alles, was bloß ausdrucksmäßig ist, entschlossen hinter sich geworfen. An den Zeichen der symbolischen Sprache der Mathematik und Logik haftet nichts mehr, was noch irgendeine Beziehung zum »Subjekt«, zu seiner individuellen Gefühls- oder Empfindungswelt, in sich schließt: Sie dienen nur noch der Repräsentation schlechthin allgemeiner, objektiv notwendiger Sachverhalte. Aber auch die Welt der Anschauung, der die Darstellungsfunktion der Sprache beständig zugewandt bleibt, beginnt jetzt mehr und mehr zu verblassen, ja sie versinkt zuletzt völlig vor einer neuen Welt, die nun emporsteigt und die immer klarer und bewußter ihr Eigenrecht erkennt und behauptet. Russell hat bekanntlich eine humoristische Definition der reinen Mathematik gegeben, die dahin geht, sie sei ein Gebiet, in dem man niemals weiß, wovon man spricht, noch auch ob das, was man sagt, wahr ist. Diese Definition will natürlich der reinen Mathematik – oder, was für Russell gleichbedeutend ist, der reinen Logik – keineswegs ihre spezifische Bedeutung absprechen: Aber sie leugnet, daß diese Bedeutung noch irgendeines anschaulichen Substrats und eines anschaulichen Gegenstandes bedarf. Hier ist daher der letzte radikale Schnitt getan:

Das Reich der reinen Beziehungen und Bedeutungen hat sich rein auf sich selbst gestellt und sich von jeder Bindung im anschaulichen Dasein gelöst. Besonders markant tritt die Eigenart dieser Loslösung und ihre Tendenz dort hervor, wo sie nicht im Kreise der reinen Mathematik, als einer abstrakt-formalen Beziehungslehre, stehenbleibt, sondern wo sie auf die Wirklichkeitserkenntnis übergreift und diese dem neuen Ideal gemäß bestimmt. Man kann sagen, daß es ebendiese methodische Neubestimmung, diese veränderte Grundansicht vom Sinn des Naturerkennens und von den Mitteln, deren es sich zu bedienen hat, gewesen ist, die die Krisis in der modernen mathematischen Physik herbeigeführt hat. Was das Weltbild der klassischen Mechanik von dem Weltbild der allgemeinen Relativitätstheorie grundsätzlich | unterscheidet, ist die verschiedene Rolle und der verschiedene Rang, den beide der Anschauung im Aufbau und in der Konstitution des naturwissenschaftlichen Gegenstandes, des Gegenstandes der Erfahrung, zuweisen. Gewiß, auch das Newtonsche klassische System geht von Begriffen aus, die prinzipiell unanschaulicher Art sind: Newtons absoluter Raum und seine absolute Zeit, die losgelöst von aller Beziehung auf einen äußeren Gegenstand vermöge ihrer Natur gleichförmig verfließt, sind keine anschaubaren Inhalte mehr. Aber betrachtet man ihre Struktur näher, so zeigt sich, daß sie durchweg auf den Bereich des anschaulichen Seins bezogen und daß sie in einem kontinuierlichen Prozeß, in einem Prozeß fortschreitender Idealisierung, aus ihm abgeleitet sind. Sie gehen nur den Weg, den die Anschauung weist, zu Ende: Sie unterwerfen das physikalische Sein einem festen geometrisch-anschaulichen Schema, innerhalb dessen alle Naturvorgänge einzuordnen sind. Der Raum und die Zeit erscheinen hier zum mindesten als Analoga der empirisch anschaulichen Gegenstände: Sie sind, selbst in ihrer Absolutheit, noch als dinghaft konkrete Gebilde gefaßt. Und ebenso hat der Massenbegriff der Newtonschen Physik diesen konkret-substantiellen Charakter. Ein Stück Materie läßt sich als ein identisches Ding fixieren und in verschiedenen Orten des Raumes als ein und dasselbe wiedererkennen: Es läßt sich in allen Phasen seiner Bewegung gewissermaßen mit dem Blick verfolgen. Die unendlich vielen Raumlagen, die es zu verschiedenen Zeiten einnehmen kann, bilden nichtsdestoweniger ein überschaubares Ganze, sofern sie stetig auseinander hervorgehen und sämtlich an ein und dasselbe anschaulich gegebene Substrat gebunden sind. Aber ebendiese Substantialität des Raumes, der Zeit, der Masse selbst ist von der modernen physikalischen Erkenntnis mehr und mehr preisgegeben worden. Schon die Maxwellsche Theorie des Lichts und der Elektrizität bildet hier einen wichtigen und methodisch wesentlichen Einschnitt. Die mechanische Theorie des Lichts mußte die optischen Phänomene dadurch zu erklären suchen, daß sie ihnen das Bild einer bestimmten Bewegung unterlegte, die nach dem Muster der Bewegung fester Körper gestaltet war. Auch nachdem sie von der Emissionstheorie zur Undulationstheorie fortgeschritten war, galten die Lichtwellen immer noch als ein konkretes Etwas – als eine Bewegung von Teilchen, die sich in dem Medium des Äthers in derselben Weise fortpflanzen, wie sich eine Welle im Wasser oder die Schwingung einer elastischen Saite in der Luft ausbreitet. Maxwells Theorie hingegen durchbricht bereits den Kreis dieser Erklärungsweise: An die Stelle einer derartigen Beschreibung des physikalischen Vorgangs, die einer Umsetzung in bekannte anschauliche Verhältnisse gleichkommt, ist hier eine rein mathematische | Bestimmung getreten. Jeder einzelnen Stelle des Äthers wird eine bestimmte Zuständlichkeit zugeordnet, und der periodische Wechsel dieser Zuständlichkeiten, wie er durch bestimmte Gleichungen ausgedrückt wird, tritt an die Stelle des metaphorisch-bildlichen Ausdrucks der »Lichtwelle«. Die Charakteristik des Äthers beschränkt sich darauf, daß für jeden seiner Punkte zwei gerichtete Größen, der magnetische und der elektrische Vektor, angegeben werden. Es ist bekannt, wie die moderne Theorie auf diesem Wege fortgeschritten ist – wie sie zur reinen Feldphysik geworden ist. Aber sie konnte diese Umbildung nur vollziehen, indem sie sich von den Bedingungen der Anschaulichkeit, auf denen die ältere Theorie des Äthers bestand, mehr und mehr befreite. In seinem Leidener Vortrag über Äther- und Relativitätstheorie hat Einstein ausgeführt, daß auch die allgemeine Relativitätstheorie auf den Begriff des Äthers nicht zu verzichten brauche: Nur müsse sie es sich versagen, dem Äther noch irgendeinen bestimmten Bewegungszustand beizulegen. Aber ein solcher Äther, von dem wir weder sagen dürfen, daß er ruhe, noch daß er sich mit einer bestimmten Geschwindigkeit bewegt, ist offenbar kein physikalisches »Ding« mehr, das nach der Analogie irgendeines der Anschauung gegebenen Dinges gestaltet ist: Er ist zu einem reinen Ordnungssymbol geworden. Und Ordnungssymbole dieser Art sind es auch, die wir in den Raum- und Zeitbegriffen der allgemeinen Relativitätstheorie vor uns haben. Denn auf der einen Seite wird hier eine Vertauschbarkeit der Raum- und Zeitwerte behauptet, die für die Anschauung als solche unvollziehbar erscheinen muß; auf der anderen Seite hat »der« Raum und »die« Zeit überhaupt aufgehört, etwas gegenständlich Selbständiges, etwas für sich Meßbares zu sein. Der Raum hat überhaupt keine feste »Struktur« mehr, mögen wir sie als euklidische oder nicht-euklidische bestimmen, sondern für jede Stelle gilt je eine besondere Maßbestimmung, deren Form von gewissen physikalischen Größen, von den Größen, die das Gravitationsfeld an dem betreffenden Ort bestimmen, abhängig ist. Ich brauche auf alle diese Zusammenhänge nicht näher einzugehen; hier sollten sie nur als Beleg dafür dienen, wie die »Symbole«, in denen der moderne Physiker das Naturgeschehen beschreibt, in der Tat den letzten entscheidenden Schritt vollzogen haben: wie sie aus dem Bereich der Anschauung und *Darstellung* ins Gebiet der reinen *Bedeutung* übergetreten sind.

Daß die neuere Mathematik und Physik diesen Weg nicht von ungefähr beschritten hat, sondern daß sie durch die Eigenart ihrer Methode und durch die ihres Gegenstandes mit innerer sachlicher Notwendigkeit auf ihn geführt worden ist: Dies kann keinem ernsthaften Zweifel unterliegen. Aber um so schärfer hebt sich nun von | der Art der gedanklich-symbolischen Formung, die sich hier vollzieht, die Grundrichtung anderer geistiger Gebiete ab. Auf die Besonderheit der *ästhetischen* Formung braucht in diesem Zusammenhang und in diesem Kreise nicht näher eingegangen zu werden. Das eine ist sofort deutlich, daß der ästhetische Gegenstand in einem ganz anderen und weit tieferen Sinne in der Welt der Anschauung und in ihren Bedingungen wurzelt, als es bei dem empirisch-physikalischen Gegenstand der Fall ist. Wie weit und wie hoch die ästhetische Darstellung auch über die sinnliche Gegebenheit der Erscheinungen hinausgreift, wie sehr sie ins Ideelle, ins Gebiet des *νοητόν κάλλος* streben mag: Sie ist und bleibt dem anschaulichen Sein verhaftet und muß sich an ihm mit klammernden Organen festhalten. Schwieriger scheint es der ästhetischen Theorie geworden zu sein, die Beziehungen festzustellen, die innerhalb der ästhetischen Auffassung und Gestaltung zwischen der Welt des reinen *Ausdrucks* und der Welt der reinen *Darstellung* bestehen. Nicht selten ist versucht worden, das Ästhetische ausschließlich oder doch vornehmlich auf den *einen* dieser beiden Pole zu beziehen und in ihm zu verankern. Es gibt ästhetische Systeme, die die Kunst so ganz im Emotionalen festzuhalten suchen, die sie so völlig in reinen Ausdruckserlebnissen aufgehen lassen, daß darüber das Charakteristische des ästhetischen *Gegenstandes* fast verloren geht – wie es andere gibt, die das Ästhetische, im strengen und eigentlichen Sinne, von der Verwurzelung im subjektiven »Gefühl« ganz loszulösen versuchen, so daß es für sie zu nichts anderem als zu einer bestimmten Grundform der gegenständlichen Erfassung und der gegenständlichen Erkenntnis wird, die als solche auf derselben Stufe wie die theoretische Naturerkenntnis steht. Aber es ist unverkennbar, daß durch ebendiese Isolierung und durch die abstrakte Entgegensetzung des »subjektiven« und des »objektiven« Moments die spezifische Form des Ästhetischen, statt erkannt zu werden, vielmehr zerstört wird. Denn ebendies gehört zum Grundcharakter und zum Wesen der ästhetischen Sinnform selbst, daß in ihr zwei Motive, die sich in anderen Sinnformen als trennbar, als relativ unabhängig voneinander erweisen, diese Trennung aufgeben und an ihre Stelle eine reine Wechselbeziehung und Wechselbestimmung treten lassen. Hier läßt sich nicht länger fragen, welches der beiden Momente – das Ausdrucksmoment oder das Darstellungsmoment –, das *πρότε ον τῇ φύσει*, das der Natur nach Frühere, welches das Spätere sei: Denn die Natur des Ästhetischen selbst schließt jedes solche Verhältnis des Früher und Später, jede Beziehung der einseitigen und einsinnigen Abhängigkeit des einen vom andern aus. Erst das Aufgehen des einen im andern, das ideale Gleichgewicht, das sich zwischen ihnen darstellt, konstituiert das | ästhetische Verhalten, wie es den ästhetischen Gegenstand konstituiert. Ich darf mich hier auf das berufen, was Herr Prinzhorn gestern über das Problem des Rhythmus dargelegt hat: Gipfelte doch seine Charakteristik des Rhythmus geradezu darin, daß er der »Ausgleich der Polspannung von Ausdruck und Darstellung« sei.[5] Und blicken wir noch einmal auf die Sprache zurück, so unterscheidet sich die Sprache der Dichtkunst von der des gewöhnlichen Lebens und von der der Wissenschaft eben darin, daß es für sie keinen Gegensatz und keine Abscheidung des Darstellungssinnes vom Ausdruckssinn gibt: daß sie im Ausdruck und kraft seiner die reine Darstellung, wie in dieser den reinen Ausdruck sucht. Jedes vollendete Goethesche Gedicht etwa stellt beides in unlösbarer Einheit und Ganzheit vor uns hin. Es ist ganz in eine bestimmte Stimmung getaucht, es ist in jedem Klang und in seiner gesamten rhythmischen Bewegung von ihr gesättigt: Aber eben in diesem melodisch-rhythmischen Ausdrucksgehalt baut sich für uns eine neue Gestalt der Welt auf, die uns in reiner Gegenständlichkeit gegenübertritt. Die verschiedenen Kunstarten, die Dichtkunst, die Musik, die bildenden Künste und in ihnen wieder die Malerei und die Plastik mögen diese Einheit auf verschiedenen Wegen und mit verschiedenen Mitteln erreichen: Aber sie fehlt in keiner von ihnen, weil sie zum Wesen der künstlerischen Formung als solcher gehört.

Ich kann auf eine Fülle von Einzelfragen, zu deren Behandlung das Thema, das mir gestellt worden ist, auffordert und verlockt, nicht näher eingehen. Ich habe versucht, hier nur einen ganz allgemeinen

[5] Vgl. Hans Prinzhorn, Rhythmus im Tanz, in: Zeitschrift für Ästhetik und allgemeine Kunstwissenschaft 21 (1927), S. 276–287: S. 286.

Umriß der Probleme zu zeichnen: Ich wollte nur einen Rahmen für eine Behandlung des Symbolproblems schaffen, ohne daran denken zu können, ihn in irgendeiner Weise auszufüllen. Die Ausfüllung dieses Rahmens muß den Einzelvorträgen überlassen werden, deren jeder das Problem von einer bestimmten Seite her beleuchten wird. Hier sei mir zum Schluß nur noch gestattet, auf eine ganz allgemeine Grundfrage, die sich bei der Analyse jeder symbolischen Form aufdrängt, wenigstens mit einigen Worten einzugehen. Man kann schon den Terminus des Symbols nicht anwenden, ohne daß sich alsbald die allgemeine Frage erhebt, die man als die Wahrheitsfrage bezeichnen kann. Das Symbol wäre nicht Symbol, wenn es nicht irgendeine Art der Wahrheit für sich in Anspruch nähme: Das bloße Zeichen, das sich von aller Beziehung auf ein zu Bezeichnendes, auf eine Bedeutung, die es erfassen und zum Ausdruck bringen will, loslöste, würde damit aufhören, Zeichen zu sein – würde zu einem bloßen Dasein herabsinken, in dem eben die charakteristische Zeichenfunktion erloschen wäre. Nicht darin also unterscheidet | sich unsere idealistische Auffassung der symbolischen Formen von einer realistischen Ansicht, daß sie die objektive Bestimmtheit dieser Formen leugnet: Sie sucht vielmehr ebendiese Bestimmtheit zu begründen und aus einem allgemeinen Prinzip heraus zu verstehen. Kant hat den Grundcharakter des Platonischen Idealismus darin gesehen, daß Platon nicht bei der »kopeylichen Betrachtung des Physischen der Weltordnung«[6] stehengeblieben sei, sondern sich zu einer Anschauung ihrer »architektonischen Verknüpfung« erhoben habe. In diesem Sinne muß in jedem Gegenstandsbereich, von welcher Art und Form er auch sei, der Standpunkt der bloß »kopeylichen Betrachtung« mit dem der »architektonischen Verknüpfung« vertauscht werden. Die Objektivität und die Wahrheit, die ihm eignet, kann er nicht in der bloßen Nachahmung und Nachzeichnung eines festen vorgegebenen Seins erweisen, sondern in der sinnvollen Ordnung, in dem Aufbau, den er kraft eines ursprünglichen Prinzips der Formgebung vollzieht. Wie dieser Grundgedanke sich in der »kopernikanischen Drehung«, die Kant in der Begründung der Erkenntnis vollzogen hat, bewährt, ist bekannt. Das Objekt der Erkenntnis, die Natur, steht unter den reinen Verstandesgesetzen, weil diese allein es gestatten, Erscheinungen so zu buchstabieren, daß wir sie als Erfahrungen lesen, d. h., daß wir sie zu gegenständlichen Einheiten verknüpfen können. Aber auch

[6] [Immanuel Kant, Kritik der reinen Verunft, hrsg. v. Albert Görland (Werke, in Gemeinschaft mit Hermann Cohen u. a. hrsg. v. Ernst Cassirer, 11 Bde., Berlin 1912 ff., Bd. III), Berlin 1913, S. 257 (B 370).]

außerhalb dieses rein theoretischen Bereiches gilt es einzusehen, daß es die jeweilige Form der Verknüpfung, die Synopsis ist, die den Gegenstand, der in dieser Synopsis gesehen wird, nicht nachbildet, sondern konstituiert. Wie die Kritik der Erkenntnis, so hat freilich auch die Ästhetik Jahrhunderte gebraucht, ehe sie den Begriff der »Naturwahrheit« in diesem Sinne zu fassen und zu bestimmen gelernt hat. Immer wieder vergaß sie, daß die Natur, als »schöne« Natur, nicht gegeben, nicht als Ziel der Nachahmung vor den bildenden Künstler hingestellt ist, sondern daß es vielmehr die Art und Richtung der künstlerischen *Gestaltung* ist, aus der den einzelnen Künsten ihre Anschauung der Natur erst erwächst. So kann das Stilgesetz, und damit das Gesetz der inneren Wahrheit, unter dem jede einzelne Kunst steht, nicht einer feststehenden »Natur der Dinge« entnommen werden; es ist vielmehr die selbständige Eigenart, die Autonomie dieses Gesetzes, die aus sich heraus diese Wahrheit bestimmt. Die Übereinstimmung mit dieser inneren Norm, die eine Norm des *Bildens* ist, gibt dem *Gebilde* erst seinen Halt. In diesem Sinne hat schon die Ästhetik des 18. Jahrhunderts, die Ästhetik Mendelssohns und Lessings, den Gedanken ausgeprägt, daß wir, um zu einer sicheren Abgrenzung des Gegenstandsbereichs und der gegenständlichen Möglichkeiten jeder Kunst zu gelangen, von der Art der | *Zeichen* ausgehen müssen, deren sie sich bedient. Die Bestimmung einer Kunst liegt in dem, was sie kraft ihrer *spezifischen* Zeichen vermag, nicht in dem, was andere Künste ebensogut, wo nicht besser, vermögen. Dieses Lessingsche Prinzip besagt zuletzt nichts anderes, als daß der *Stil* jeder Kunst es ist, der über ihre immanente Wahrheit, ihre Gegenständlichkeit entscheidet – nicht umgekehrt. Wenden wir diesen Grundgedanken ins Allgemeine, so liegt in ihm unmittelbar die Forderung, wie die einzelnen Künste, so *alle* Gebiete des Geistes überhaupt nach dem Gesetz ihrer Formung zu befragen und die gegenständlichen Strukturen, die in ihnen sichtbar werden, aus diesem Gesetz zu verstehen. Erinnern wir uns rückblickend noch einmal unseres Beispiels des Linienzuges, der bald als ästhetisches Ornament, bald als magisch-mythisches Wahrzeichen, dann wieder als mathematische Kurve, als Bezeichnung eines Funktionsverlaufs gefaßt werden konnte und der in jeder dieser Fassungen eine durchaus andere gegenständliche Prägung gewann – so tritt deutlich hervor, wie das, was wir den Gegenstand nennen, nicht in der Art einer festen und starren forma substantialis, sondern als Funktionsform zu fassen ist. Und es zeigt sich zugleich, wie sich der wahre Reichtum des Seins erst aus dem Reichtum des *Sinns* entfaltet, wie die Mannigfaltigkeit der Seinsbedeutungen zu der Forderung der Einheit des Seins nicht im

Widerspruch steht, sondern vielmehr erst die eigentliche Erfüllung ebendieser Forderung darstellt.

Mitberichte[7]

Paul Hofmann: Herr Cassirer arbeitet seit einer Reihe von Jahren an einer »Philosophie der symbolischen Formen«. Den Grundgedanken dieses Unternehmens halte ich für einen außerordentlich glücklichen Griff. Denn das Geistige oder Sinnhafte, zu dem ich auch die Wertmomente rechne, ist das, was man (mit einer gewissen Sinnerweiterung dieses Terminus) den »Gegenstand« der Philosophie nennen könnte. Diesen Geist aber haben wir nie unmittelbar an sich selbst, sondern eben immer nur in und an »Symbolen«.

Das, was die Philosophie der symbolischen Formen sucht, kann nun offenbar nicht einfach abgelesen werden an dem Faktum der verschiedenen symbolischen Formen, die wir vorfinden. Es müssen vielmehr gewisse Voraussetzungen der Arbeit mitgebracht werden. Gewisse »apperzipierende Begriffe« oder, wie Herr Cassirer sagte, »gedankliche Bezugssysteme«. Das Recht oder die Wahrheit dieser mitgebrachten Voraussetzungen ergibt sich nun wohl zum Teil eben aus dem Maße, in dem sie sich an jenen vorgefundenen »Fakten« in der | Arbeit selbst als angemessen bewähren. Gewisse Momente aber dieser mitgebrachten Voraussetzungen sind ohne Zweifel auch hier derart, daß sie den Sinn eines solchen Bewährens selbst erst begründen. Diese Momente gilt es möglichst scharf zu erkennen, in ihnen liegt ein echtes Apriori. Sie werden aber aufzusuchen sein in einer Feststellung und analytischen Auseinanderlegung des spezifischen Sinnes, der dem Geistigen oder Sinnhaften überhaupt zukommt. Zugleich wird sich so auch die spezifische Bedeutung der Symbolfunktion für die »Erscheinungen« des Geistigen verstehen lassen. Und wir werden drittens einen Ansatz wenigstens gewinnen, um wesentlich verschiedene Arten der Symbolfunktion zu unterscheiden. Zu dieser Seite der Philosophie der symbolischen Formen glaube ich vieles und auch Grundsätzliches sagen zu können; ich will mich aber hier an das anschließen, was Herr Cassirer soeben selbst gesagt hat.

Herr Cassirer unterscheidet drei Dimensionen der Symbolfunktion: Ausdruck, Darstellung, Bedeutung. Mit einem der beiden so gezogenen Trennungsstriche bin ich durchaus einverstanden: Aus-

[7] [*Verhandlungsleiter: Theodor Ziehen.*]

druck einerseits, Darstellung und Bedeutung anderseits sind wesentlich verschiedene Funktionen. Warum?

Geistig-sinnhaft sind diejenigen Momente unseres Erlebt-Gegebenen, die sich selbst nicht durchaus und restlos als »Gegenstände« fassen lassen. Sie sind von der meinenden Seele nicht völlig scharf als etwas ihr gegenüber Für-sich-Seiendes zu trennen. Sinn ist niemals in letztem Sinne »Ereignis«: Wir »er-augen« ihn nicht, sondern wir haben ihn nur, indem er in uns oder wir in ihm »leben« – wir »erleben« den Sinn, und im Erleben »verstehen« wir ihn. Dieses nur erlebbare geistig Sinnhafte können wir nun mit Goethe als etwas »Verrinnendes« bezeichnen: Es ist grundsätzlich unwiederholbar, einzig, einmalig, ja eigentlich überhaupt unzählbar. Ebendarum wird dieses nicht eigentlich Gegenständliche an feste, wiederholbare Gegenstände irgendwie geknüpft. Diese Gegenstände heißen Symbole.

Darum sind zunächst alle Symbole Ausdruck. Ausdruck eines nur Erlebbaren, Geistigen, das unter ihnen »verstanden« werden muß.

Das an die Symbole geknüpfte nur Erlebbare kann nun aber auch ein »Meinen« sein, das seinerseits Gegenständliches meint. Dann bezeichnen die Symbolgegenstände mittelbar andere, nämlich eben die gemeinten Gegenstände: Sie sind Darstellung derselben. Ich kann nun hier nicht auf die schwierigen strukturellen Sinnverhalte eingehen, an denen sich zeigen läßt, in welchen wesentlich verschiedenen Weisen in allem Geistigen auch ein Meinen von Gegenständlichem lebt. Soweit jedenfalls und in den verschiedenen Weisen, wie dies der Fall | ist, ist jedes Symbol nicht nur Ausdruck, sondern zugleich auch Darstellung. Ich fasse zusammen: Es besteht eine im Wesen des Geistigen und der Symbolfunktion begründete eigenartige Unterscheidbarkeit des »bloßen Ausdrucks« von der Darstellung des Gegenstandes, den das ausgedrückte Erleben meint, und in diesem Sinne sind Ausdruck und Darstellung selbst wesentlich verschieden.

Ich komme nun zu dem Trennungsstrich des Herrn Cassirer, gegen den mir Bedenken bleiben: Er sonderte Darstellung und anderseits Bedeutung. Darstellung ist eine anschauliche Abbildung des Symbolisierten. In der Bedeutung findet an Stelle dieses Abbildens nur eine Zuordnung statt. Und zwar wird das Symbolisierte im letzteren Falle symbolisiert nicht durch anschauliche Elemente, sondern durch rein gedankliche Beziehungen.

Zu eingehender Erörterung meiner Bedenken gegen diese Unterscheidung fehlt die Zeit. Um anzudeuten, was ich meine, betrachten wir ein Beispiel, das Herr Cassirer gegeben hat. Für die Relativitätstheorie wird jede anschauliche Abbildung des physisch Wirklichen unmöglich. An ihre Stelle treten die Transformationsgesetze, durch die wir von jeder Abbildung in einem Koordinatensystem, die nun nur noch als sozusagen perspektivisch richtig gilt, zu der unendlichen Zahl gleichberechtigter anderer Abbildungen übergehen. Hier gibt es also in der Tat keine allein richtige anschauliche Abbildung des Wirklichen mehr. Eine Darstellung des Wirklichen findet aber, wie ich hervorheben möchte, auch hier statt. Es wird nur von einer Möglichkeit Gebrauch gemacht, die der richtig bestimmte Sinn der Erkenntnis und des Wirklichen offen läßt: Das Wirkliche nämlich wird als für uns grundsätzlich unanschaubar bestimmt und dementsprechend in anderer Weise als bisher »dargestellt«. (Hieraus folgt nun, daß der von Kant noch beibehaltene Satz Berkeleys: »esse est percipi« aufgegeben werden muß, weil er sinnanalytisch falsch ist. Dieser Satz ist aber nicht etwa deshalb falsch, weil er der Relativitätstheorie widerspricht. Vielmehr ist er bereits rein als Sinnbestimmung falsch, und die Annahme dieser falschen Sinnbestimmung erschwert den Zugang zum Verständnis jener Theorie.) Zu bemerken ist aber nun, daß die in der Relativitätstheorie implizierte Berichtigung der Auffassung vom Wesen des Wirklichen sich keineswegs als methodischer Fortschritt des reinen Denkens oder als ein solcher der Anwendung der Symbole ergeben hat, sondern durchaus unter dem Zwange der Erfahrung. Dies Beispiel soll folgendes andeuten: Worauf es hier ankommt, ist nicht die Anschaulichkeit oder Unanschaulichkeit der Symbole, sondern dessen, was durch sie symbolisiert werden soll – nämlich hier der zu denkenden Wirklichkeit. Cassirers Unterscheidung | von Darstellung und Bedeutung, die natürlich an sich berechtigt ist, scheint mir deshalb nicht einen wesentlichen Unterschied in der Symbolfunktion zu treffen.

An die Unterscheidung von Darstellung und Bedeutung knüpft nun aber das an, was Herr Cassirer über die Wahrheitsfrage sagte. Sein »Richtpunkt« soll sein, von der »kopeylichen« Auffassung der Wahrheit zu einer »architektonisch-konstruktiven« überzugehen. Zu dieser Wahrheitsfrage noch eine kurze, wieder lediglich an einem Beispiel orientierte, Bemerkung.

Es gibt offenbar Gebiete des Symbolisierens, in denen die Ausdrucksfunktion sozusagen führend ist, während die Darstellung (oder Bedeutung) zurücktritt oder doch einen durchaus eigenartigen, neuen Sinn erhält. So ist Kunst im wesentlichen Ausdruck des nur Erlebbaren. Was bedeutet nun in diesen Gebieten die Frage nach der Wahrheit? Sie bedeutet, um es kurz zu sagen: »Echtheit«. Zunächst heißt das vielleicht einfach: Angemessenheit des ausdrückenden Symbols an das ausgedrückte[8] *Erleben*. Dann aber kann auch dies *Erleben selbst* mehr oder weniger »echt« sein. Es selbst wieder erscheint nämlich als Ausdruck eines tieferen, »*eigentlicheren*« Erlebens. Hier öffnet sich der Blick in unendliche Stufungen des Ausdrucks ebenso, wie in solche seiner Echtheit. Echtheit des Ausdrucks bedeutet aber jedesmal zugleich ein *Sich-selbst-Verstehen*, dessen Ursache *unter Umständen* im Willen, nämlich in der inneren *Redlichkeit* oder *Wahrhaftigkeit* des zum Ausdruck gelangenden Erlebens gesucht wird.

Um die hier auftauchenden Wahrheitsfragen recht zu verstehen, reicht der Gesichtspunkt einer nicht-kopeylichen Wahrheitsauffassung, wie mir scheint, allein wohl sicher nicht aus. Es bedarf tiefgreifender Sinnanalyse des Erlebens und damit des Geistigen überhaupt.

Willi Moog: Herr Cassirer hat das große Verdienst, durch seine tiefdringenden Untersuchungen über die Philosophie der symbolischen Formen die logisch-erkenntnistheoretische Bedeutung des Symbolbegriffs hervorgehoben zu haben. Es kommt ihm in seinem heutigen Vortrag darauf an, einen allgemeinen, rationalen Sinn des Symbols, der in den verschiedenen Gebieten seiner Anwendung zu finden ist, herauszustellen. Das Symbolproblem kann natürlich noch von vielen anderen Seiten her beleuchtet werden, von der psychologischen, der psychoanalytischen, | der ethnologischen, der religionsphilosophischen, der metaphysischen Seite usw., aber zweifellos muß auch die allgemeine, logisch-erkenntnistheoretische Frage gestellt werden, ja besitzt sie eine besondere Wichtigkeit.

Nun wird man einen allgemeinen, einheitlichen Sinn des Symbolbegriffs nicht zu leugnen brauchen, man wird nicht annehmen, daß bei der Anwendung des Symbolbegriffs in den verschiedenen Gebieten eine bloße Wortgleichheit bestehe, aber man wird vielleicht die Betrachtungsweise von Herrn Cassirer durch eine Betrachtung ergänzen können, die die Verschiedenheit der Gebiete mehr würdigt, ohne daß sie schon auf das Spezielle dieser Gebiete einzugehen brauchte. Eine solche Betrachtung steht wohl nicht im Widerspruch zu den Ausführungen von Herrn Cassirer, es ergibt sich dadurch nur eine etwas andere Akzentuierung, bei der nicht so sehr die Einheit als solche betont wird, vielmehr die charakteristischen Unterschiede bei aller Einheit stärker hervorgehoben werden.

[8] Dies Ausdrücken wird dabei zugleich als ein gleiches, nur in umgekehrter Richtung als das oben besprochene, verlaufendes Darstellen: als ein Sich-selbst-Darstellen, aufgefaßt.

Zunächst will mir scheinen, daß man guttut, den Symbolbegriff nicht in einem so ganz weiten Sinne zu fassen, daß er mit dem Begriff des Zeichens überhaupt zusammenfällt. Es wird zu empfehlen sein, den Begriff des Symbols in einem engeren Sinn zu nehmen als den des Zeichens, nicht aus bloß sprachlichen Gründen, sondern weil mit der sprachlichen Unterscheidung ein sachlicher Bedeutungsunterschied verknüpft werden kann. Nicht jedes Zeichen ist Symbol. Das Zeichen als bloßes abstraktes Bedeutungszeichen kann seinen eigentlichen Symbolcharakter verloren haben oder braucht einen solchen auch nie besessen zu haben, weil es ganz in der rationalen Funktion der Bedeutungsbezeichnung aufgeht, weil es nur einer abstrakten Zuordnung dient. Da kann ein System von relativ willkürlich gewählten Bedeutungszeichen aufgestellt werden, die eben nur bestimmte Bedeutungsfunktionen zu erfüllen haben. In Wissenschaften wie der reinen Mathematik, Teilen der modernen Naturwissenschaft und auch Teilen der Logik können wir mit Zeichen, auch mit Bildern und Modellen operieren, deren symbolischer Charakter gleichgültig geworden ist. Man würde hier wohl besser nicht mehr von Symbolen sprechen. Der Ausdruck »symbolische Logik« erscheint mir als ein recht unglücklicher Ausdruck. In den genannten Gebieten geht die Tendenz doch auf die rationale Bedeutung als solche. Es ist verständlich, daß bei der Richtung des Blicks auf die logische Bedeutung ein Philosoph wie Hegel in seiner Logik sagen kann: »[…] in Symbolen ist die Wahrheit durch das sinnliche Element noch *getrübt* […] ganz offenbar wird sie allein dem Bewußtseyn in der Form des Gedankens; die *Bedeutung* ist nur der Gedanke selbst.«[9] |

Anders aber als in den Wissenschaften wie Logik, Mathematik und Naturwissenschaften verhält es sich auf den Gebieten, wo die rational-logische Erfassung auf Schwierigkeiten stößt, wo eine Spannung zwischen Rationalem und Irrationalem besteht und wo man gerade in dem Irrationalen das Wesentliche oder einen Rest von Wesentlichem sieht, wo nicht fixierbares Individuelles, Gefühlsmäßiges, Unbegreifliches eine ausschlaggebende Rolle spielt und die Bedeutung gleichsam nicht ausreicht, das Gemeinte voll zu bestimmen, sondern ein Hof von Unbestimmtheit bleibt. Da hat das Symbol seine eigentliche Stelle. Da kann die anschauliche, intuitiv erfaßbare Form des Symbols mehr ausdrücken als der bloße Begriff und das Bedeutungszeichen. Charakteristisch für das eigentliche Symbol ist, daß es nicht nur irgendwie

[9] [Georg Wilhelm Friedrich Hegel, Wissenschaft der Logik. Erster Theil: Die objektive Logik, hrsg. v. Leopold von Henning (Werke. Vollständige Ausgabe durch einen Verein von Freunden des Verewigten, Bd. III), Berlin 1833, S. 250.]

einen Sinn hat, sondern zugleich einen Hintersinn, daß es in eine verborgene, tiefere Sphäre hineindeutet – sei es in die religiöse, die metaphysische, die ästhetische Sphäre oder die Sphäre des Unbewußt-Seelischen usw. Das Bild soll da mehr sein als bloßes Bild, soll gerade auf ein zugrundeliegendes Irrationales weisen. Ungeschickt und unzureichend hat man dieses Hineinragen in eine andere Sphäre, dieses Transzendieren früher dadurch zu kennzeichnen gesucht, daß man sagte, beim Symbol trete zu der eigentlichen Bedeutung die uneigentliche. Friedrich Theodor Vischer definierte in seiner Ästhetik das Symbol als ein Bild, das durch das äußerliche Band des bloßen Vergleichspunktes eine andere als die ihm wirklich innewohnende Idee ausdrückt – eine Definition, die natürlich nicht genügt, denn für den Symbolschaffenden und Symbolverstehenden ist das »Band« kein bloß äußerliches, und es handelt sich auch um keine bloße Vergleichung.

Das Symbol in primitiven Stadien ist ein vorwissenschaftliches, undifferenziertes, notwendiges Mittel, das dazu dient, die Fülle des Irrationalen der Dinge vom seelischen Erleben aus überhaupt irgendwie zu beherrschen. Auf höherer Kulturstufe ist es vor allem auf den Gebieten ein Mittel, wo rationales, wissenschaftliches Bestimmen nicht ausreicht oder nicht auszureichen scheint, wo man darüber hinausgelangen will in eine außer- oder überwissenschaftliche Sphäre. Die primitive Symbolik, die auf einem Mangel an Differenziertheit beruht und der notwendige Ausdruck des Verhaltens des Menschen auf dieser Stufe ist, keineswegs eine phantasiemäßige ästhetische Einfühlung, muß unterschieden werden von der Symbolik, die auf der Differenzierung der Kulturrichtungen beruht und aus der Sehnsucht nach einer Überwindung der Differenziertheit und Gegensätzlichkeit entsteht. Bei der undifferenzierten mythischen Anschauung ist die Scheidung von »Eigentlichem« und »Uneigentlichem« noch nicht vollzogen, da ist das Symbol das Mittel des Hinausgreifens in die irrationale Welt der Dinge überhaupt. | Auf der Stufe der Differenzierung der Kulturgebiete sucht man nach einer gleichsam unterirdischen Verbindung, nach Erfassung auch irrationaler Beziehung der Gebiete zueinander, und das Symbol soll da aus der Sphäre der anschaulichen Wirklichkeit hinweisen in eine andere Sphäre, in die künstlerische, die religiöse Welt, in das Unendliche.

Bei der Kultivierung des Symbols, wenn wir so sagen wollen, ergibt sich wohl ein gewisser Fortschritt vom Ausdruck zur Darstellung und weiter zur Bedeutung. Die drei Momente, die Cassirer als drei Grunddimensionen der symbolischen Formung bezeichnet, treten hervor, z. B. bei der Sprache, und da kann man auch wohl eine Stufenfolge herstellen. Aber kaum erfolgt immer eine einfache Ablösung des einen

Moments durch das andere, so daß eine geradlinige Entwicklung zu konstatieren wäre, sondern es besteht eine eigentümliche Verflochtenheit der drei Momente, und je nach den Gebieten kann die Ausdrucks-, die Darstellungs- oder Bedeutungsfunktion in den Vordergrund treten. Gerade auf den Gebieten, auf denen uns das Symbol besonders legitim erscheint, auf dem Gebiet des Religiösen und in der Kunst liegt das Ziel nicht in der Herausstellung der bloßen Bedeutungsfunktion, sondern da spielen Ausdrucks- und Darstellungswert immer eine maßgebende Rolle, ja gerade darin tritt das Symbolische zutage. Religiöses und künstlerisches Verhalten weisen über die durch das Denken erfaßbare Bedeutung hinaus. Dem Logiker Hegel, dem es auf die Bedeutung, nicht auf das Symbol ankommt, ist entgegenzusetzen der Dichter Goethe, dem in künstlerischer Weltanschauung das Phänomen zum Symbol wird. Am 8. April 1818 hat Goethe einmal gesagt: »Alles was geschieht ist Symbol, und, indem es vollkommen sich [...] darstellt, deutet es auf das Uebrige.«[10] Und für den Kunstphilosophen Schelling stellt sich in der endlichen Form des Kunstwerkes das Unendliche dar. Anders wieder als beim künstlerischen Menschen, für den die Erscheinung zum Symbol der ästhetischen Form oder der Idee wird, ist es beim religiösen Menschen, der einen in und hinter dem Wirklichen liegenden irrationalen Gehalt spürt, und wieder anders etwa beim Anhänger der Psychoanalyse, dem Unbewußtes in allen möglichen Symbolen sich kundtut. Wesentlich erscheint mir aber immer das Hinweisen in eine andere Sphäre und das Ineinanderverflochtensein von Ausdruck, Darstellung und Bedeutung, wobei das Bedeutungsmoment gar nicht immer zu dominieren braucht.

Das Verhältnis des Symbols zur Wissenschaft wäre etwa folgendermaßen zu kennzeichnen. Das primitive Symbol ist eine notwendige Form vorwissenschaftlicher Anschauung und vorwissenschaftlichen Denkens, in ihm drückt sich ein Urverhältnis der ganzen seelischen | Erlebnisweise des Menschen gegenüber der Welt mit ihrer Irrationalität aus. Im wissenschaftlichen Denken wird das Symbol zum bloßen Bedeutungszeichen sublimiert und aus seiner ursprünglichen Stellung verdrängt. Aber das Symbol rächt sich gleichsam an der Wissenschaft, indem es über die Wissenschaft hinaus auf Sphären hindeutet, wo wissenschaftliches Denken nicht genügt, auf das religiöse, das ästhetische

[10] [Johann Wolfgang von Goethe, Brief an Carl Ernst Schubarth vom 2. April 1818, in: Werke [Weimarer Ausgabe], hrsg. im Auftr. der Großherzogin Sophie von Sachsen, 4 Abt., insg. 133 Bde. in 143 Bdn., Weimar 1887–1919, 4. Abt., Bd. XXIX, S. 121 ff.: S. 122.]

oder sonst ein Gebiet, und indem es dadurch Höchstes und Tiefstes zum Ausdruck bringt, was sich nicht mehr sagen und nicht mehr begreifen läßt.

Aussprache

Schmied-Kowarzik betont gleichfalls, daß der Cassirersche Symbolbegriff (ein Sinnliches als Träger des Sinnhaften) viel zu weit ist. Freyer hat in seiner »Theorie des objektiven Geistes« die einzelnen Formen der Objektivation des Geistigen, d. h. der Art, wie Sinnhaftes sich im Sinnlichen manifestiert, untersucht und dabei unter anderem »Gerät, Gebilde (z. B. Ornament) und Zeichen« (Symbol) unterschieden.[11] Neben diese drei Freyerschen Begriffe müßte noch der des »Abbildes« gestellt werden. Diese vier Formen geistiger Objektivation sind die einzigen Gattungen physischer Träger sinnhafter Geisteswerte. Der Ausdruck des Seelischen im Leiblichen, den Cassirer auch als Symbol bezeichnet, ist überhaupt nicht Träger eines geistigen Sinns, kein Kulturphänomen, sondern eine Naturtatsache des animalischen Lebens, die instinktive Verbundenheit einer leiblichen Bewegung mit einem seelischen Gefühls- und Strebungszustand. Weder Ausdruck noch Gerät, Gebild oder Abbild, sondern nur das Zeichen kann Symbol genannt werden.

Alois Schardt: Meines Erachtens handelt es sich bei dem Vortrag Cassirers nicht darum, die vielen Definitionen einer spezialwissenschaftlichen Philosophie um eine neue zu vermehren, sondern um den bedeutsamen Versuch, das Wort Symbol so zu formen, daß sich in ihm unser modernes Weltbild, d. h. unsere ganz und gar veränderte Stellungnahme zur körperlichen Anschaulichkeit zusammenfassend festlegen läßt.

In dieser Annahme werde ich besonders bestärkt durch seine Berufung auf Hilbert, der in seiner »impliziten Definition« eine der größten geistigen Erfindungen – vielleicht der letzten Jahrhunderte gemacht hat. Wenn sich auch diese Erfindung zunächst nur auf die Mathematik beschränkt, so sehen wir doch heute schon, wie sie auf alle Gebiete übergreift und uns aus einer alten kausal und damit subjektiv bestimmten Welt – insofern man aus der Wirkung auf die Ursache als das verantwortliche Subjekt zu schließen gewohnt war – in die Welt einer gegenseitigen Bezogenheit – eines rein funktionalen Seins führt, einer Welt, wo selbstverständlich das Wort Subjekt seine – sogar

[11] [Vgl. Hans Freyer, Theorie des objektiven Geistes. Eine Einleitung in die Kulturphilosophie, Leipzig/Berlin 1923, S. 45 ff.]

erhöhte – Geltung, aber einen vollkommen veränderten Sinn erhält, nämlich den eines besonderen, bevorzugten Bezugssystems. Diesen Bedeutungswandel, der sich ganz besonders auch an Worten wie Gegenstand, Materie, Erscheinung usw. offenbart, verankert Cassirer in dem Wort Symbol, als einem funktionalen Ausdruck – als einer Art Zeichen oder Verhältnisübertragung, wobei er wiederum den erhöhten Wert legt auf die dritte Stufe der Symbolbedeutung, nämlich der Bedeutungsfunktion, die er in besonderer Weise in der reinen Mathematik und der symbolischen Logik sich verwirklichen läßt.

Wie dieses Streben, sich von der subjektiven Gegenständlichkeit zu befreien und an ihre Stelle ein System reiner Beziehungen aufzuweisen, auch auf anderen Ge|bieten lebendig ist, möchte ich nur ganz kurz auf dem Gebiet zeigen, wo es sicherlich am wenigsten erwartet wird, nämlich auf dem der bildenden Kunst. Und zwar erwartet man es deswegen hier am wenigsten, weil man die bildende Kunst durch ihre historische Nachbarschaft mit der materialen Natur in der Anschaulichkeit schlechthin verankert findet.

Und doch – wenn man die Entwicklung der Kunst in den letzten hundert Jahren von der Romantik über die sogenannten Nazarener und über Marées bis zur Jetztzeit – ich scheide hier die große Gegenbewegung des späteren Biedermeiertums und des sich daraus entwickelnden Naturalismus aus – genauer verfolgt, wird man mit einer erstaunlichen Folgerichtigkeit das Thema angedeutet und bearbeitet finden: sich von der Anschaulichkeit des gegenständlichen Erlebens zu dem reinen Formalerlebnis hinüberzuentwickeln.

Auch hier tritt diese Entwicklung im Zusammenhang damit auf, daß sich die Gefühlsbegleitungen des Gegenstandes nicht mehr auf eindeutige Grundgefühle zurückführen ließen, so daß die Darstellung des Gegenstandes vieldeutig werden mußte, wodurch der Gegenstand nicht mehr geeignet war, als Grundlage für ein eindeutiges Gefühlssystem – so kann man von hier aus gesehen ein Kunstwerk nennen – zu dienen.

Während bei den Neuromantikern oder Expressionisten dieser Übergang von einer alten Gegenstandsbezogenheit zu einem neuen – oder übergegenständlichen – Spannungs- oder Bedeutungssystem als ein bewußt künstlerisches Moment empfunden und gestaltet wurde, tritt diese Bewegung mit einer seltenen Schärfe in der Richtung der abstrakten Kunst und unter dieser wiederum der Konstruktivisten hervor, wo man sich ganz und gar von jeder Gegenständlichkeit, insofern sie geeignet sein könnte, subjektive, d.h. mehrdeutige Gefühle auszulösen, trennt, um lediglich die »architektonische Verknüpfung«, wie Cassirer in seinem Vortrag sagt, aufzuzeigen – die sinnvolle Ordnung schlechthin. Ja, bis zur Ironie wird dieses Prinzip da getrieben, wo man betont, daß das Darstellungsmittel als solches gleichgültig ist, seine Rollen vertauschen kann und dennoch geeignet ist, diese inneren Beziehungen herzustellen, die um so reiner sind, je mehr sie sich von einer vieldeutigen Gegenständlichkeit losgelöst haben.

Ich kann hier nicht alle jene Fragen erörtern, ob solche Gebilde noch Gegenstand ästhetischen Erlebens sein können usw. Nur das eine steht für mich fest, daß nach Durchlauf dieses Umbildungsprozesses, wenn man ihn so nennen will, die gegenständliche Anschaulichkeit, wenn sie wieder Vorwurf eines künstlerischen Schöpfertums wird, einen ganz und gar veränderten Sinn erhalten haben wird.

Schlußwort

Ernst Cassirer: Die Diskussion hat, so reiche und dankenswerte sachliche Anregungen sie auch gegeben hat, doch vor allem ein Problem in den Mittelpunkt gerückt, das weniger systematischer als terminologischer Art ist. Von verschiedenen Seiten her ist gegen meine Ausführungen der Einwand erhoben worden, daß in ihnen der Symbolbegriff in einer ungewohnten und ungerechtfertigten Weite genommen werde und daß es gegenüber dieser umfassenden Verwendung zweckmäßig und notwendig erscheine, die Grenzen des Begriffs wesentlich enger zu ziehen. Ich möchte nun gegen solche terminologischen Festsetzungen, wie sie im Lauf der Debatte mehrfach versucht worden sind, nicht streiten: Habe ich doch selbst betont, daß wir von einer eindeutigen Fixierung des Symbolbegriffs heute noch weit entfernt sind. Ich selbst habe auf den starken Bedeutungswandel hingewiesen, dem der Begriff im Lauf seiner Geschichte unterliegt; ich habe hervorgehoben, wie er | mit jeder neuen Sphäre des Geistes, in die er eintritt und in welcher er sich Geltung verschafft, eine andere Gestalt und gewissermaßen ein neues Gesicht gewinnt. Aber sollten nicht alle diese verschiedenen Verwendungen des Wortes »Symbol«, wie wir sie heute in der Sprachphilosophie und in der Religionsphilosophie, in der Ästhetik und in der Wissenschaftslehre antreffen, doch zuletzt in eine Einheit zusammengehen – die freilich heute noch weniger als die klare Einheit eines abgeschlossenen Begriffs denn als die latente Einheit eines Problems erscheint? Das eine möchte ich jedenfalls hervorheben, daß alle Begrenzungen und Einengungen, wie sie hier im Lauf der Diskussion vorgeschlagen worden sind, nicht geeignet scheinen, das Ganze der Anwendungen des Symbolbegriffs, wie sie sich in den verschiedensten Gebieten des Geistes und der systematischen Philosophie durchgesetzt haben, wirklich zu umspannen. Wenn wir das »Symbolische« dem »Rationalen« entgegensetzen, wenn wir es als Ausdruck dessen nehmen, was der strengen Erkenntnis nicht faßbar und zugänglich ist, so mag dies vom Standpunkt des geschichtlichen Ursprungs des Begriffs gerechtfertigt erscheinen: Ich selbst habe darauf hingewiesen, daß innerhalb der religiösen Sphäre das Symbolische zunächst der Welt des »Mysteriums« angehört, daß es sich vom unmittelbar Offenbarten, vom »profan Klaren« unterscheidet. Aber wer es auf diese seine Grund- und Urbedeutung beschränken wollte – der müßte große und weite Gebiete seiner heutigen Anwendung, und zwar die wichtigsten und fruchtbarsten, von ihm abscheiden. Heute besitzen wir einen reichen und philosophisch aufs höchste bedeutsamen Wissenszweig, der sich selbst »symbolische Logik« nennt, wie es nicht an Versuchen fehlt, die gesamte Mathematik in eine rein »symbolische Mathematik« zu verwandeln (Hilbert). Es hat mir völlig ferngelegen, die prinzipiellen, die tief einschneidenden Unterschiede zu leugnen oder zu verwischen, die zwischen all den mannigfachen Anwendungsformen des Symbolbegriffs, wie wir sie gegenwärtig im tatsächlichen wissenschaftlichen Sprachgebrauch vorfinden, bestehen. Im Gegenteil: durch die Herausarbeitung und Abgrenzung der drei »Dimensionen« – der Dimension des »Ausdrucks«, der «Darstellung« und der »Bedeutung« – sollte für diese Unterscheidung der Grund gelegt, sollte eine Art von methodischem Gerüst für sie geschaffen werden. Aber die volle Anerkennung der spezifischen Differenzen zwingt uns, soviel ich sehe, nicht dazu, das »Genus proximum« fallenzulassen und aufzugeben. So außerordentlich groß die Spannweite der Bedeutungen ist, die das Symbolische umschließt: die Einheit seines Begriffs bricht darum nicht auseinander. Mir erscheint es gerade als die wesentliche Aufgabe einer Philosophie der symbolischen Formen, auf diese Einheit, auf die Eigenart der symbolischen Funktion als solcher, hinzuweisen, ohne sie dabei in eine bloß abstrakte Einfachheit aufgehen zu lassen. Nur auf diese Weise dürfen wir hoffen, der Sprache wie dem Mythos, der Kunst und der theoretischen Erkenntnis in ihrer konkreten Besonderung gerecht zu werden, ohne doch, vom Standpunkte der theoretischen Philosophie, alle diese Besonderungen als bloße Einzelheiten, als disjecta membra, nebeneinander stehenlassen zu müssen. Im übrigen möchte ich gerade in diesem Kreise darauf hinweisen, daß eine ganz analoge Entwicklung, wie sie hier für die Philosophie als Ganzes gefordert wird, sich im Lauf der philosophischen Ästhetik in den letzten Jahrzehnten bereits vollzogen hat. Auch die Ästhetik hat mit einem engeren Begriff des »Symbolischen« begonnen, um mit einem weiteren und umfassenderen zu schließen. In Hegels Ästhetik bildet die »symbolische Kunst« nur ein Moment, und zwar das erste in der Entwicklung der ästhetischen Idee – über ihr steht und über sie erhebt sich die Sphäre der »klassischen« und die der »romantischen Kunst«. Die Ästhetik des 19. Jahrhunderts aber ist bei dieser | Abgrenzung nicht stehengeblieben. Friedrich Theodor Vischer, der ursprünglich Hegel folgt, hat in seinem Aufsatz »Über das Symbol«, wie schon zuvor in seinen »Kritischen Gängen«, seine anfängliche Einteilung ausdrücklich zurückgenommen: Er will das Symbolische nicht als Ausdruck für ein bestimmtes Gebiet, für einen Teil der Kunst verwendet sehen, sondern er betont, daß jede Kunst als solche symbolisch sei – daß der Symbolbegriff somit nicht bloß dazu verwendet werden dürfe, eine einzelne Richtung des Ästhetischen zu kennzeichnen, sondern daß er in den Mittelpunkt, in das lebendige Zentrum der künstlerischen Gestaltung hineinführe. Der Gesichtspunkt, der hier für die Ästhetik aufgestellt ist und der ihre moderne Entwicklung – es sei nur an Volkelts bekannte Schrift über das Symbolproblem in der neueren Ästhetik erinnert – wesentlich mitbestimmt hat, gilt in einem noch wesentlich allgemeineren Sinne für das Ganze der Philosophie. Auch hier sehen wir – in einer intellektuellen Bewegung, deren Ziel wir heute noch nicht vorwegnehmen können, deren Richtung aber für uns immer klarer und schärfer zutage tritt – das Problem des »Symbolischen« von der Peripherie der Betrachtung ins Zentrum der Betrachtung rücken. Meine Ausführungen sollten lediglich andeuten, an welcher Stelle des philosophischen Systems meiner Ansicht nach dieses Zentrum zu suchen ist – aber es hat mir ferngelegen, es in den knappen Andeutungen, auf die ich mich hier beschränken mußte, irgendwie endgültig bestimmen und festlegen zu wollen.

Form und Technik[1]
(1930)

I

Wenn man den Maßstab für die Bedeutung der einzelnen Teilgebiete der menschlichen Kultur in erster Linie ihrer realen Wirksamkeit entnimmt, wenn man den Wert dieser Gebiete nach der Größe ihrer unmittelbaren Leistung bestimmt, so ist kaum ein Zweifel daran erlaubt, daß, mit diesem Maße gemessen, die Technik im Aufbau unserer gegenwärtigen Kultur den ersten Rang behauptet. Gleichviel, ob man diesen »Primat der Technik« schilt oder lobt, erhebt oder verdammt: Seine reine Tatsächlichkeit scheint außer Frage zu stehen. Die gesamte Energie der gestaltenden Kräfte unserer gegenwärtigen Kultur drängt sich mehr und mehr auf diesen einen Punkt zusammen. Selbst die stärksten Gegenkräfte der Technik – selbst diejenigen geistigen Potenzen, die ihr, nach Gehalt und Sinn, am fernsten stehen – scheinen ihre Leistung nur noch dadurch vollbringen zu können, daß sie sich mit ihr verbinden und daß sie in ebendiesem Bündnis sich ihr unmerklich unterwerfen. Diese Unterwerfung gilt heute vielen als das eigentliche Ziel, dem die moderne Kultur entgegengeht, und als ihr unaufhaltsames Schicksal. Aber auch dann, wenn man diesen Gang der Dinge nicht beschränken und nicht aufhalten zu können meint, bleibt doch ihm gegenüber noch eine letzte Frage zurück. Es gehört zum Wesen und zu den Grundbestimmungen des Geistes, daß er auf die Dauer keine schlechthin äußere Determination erträgt und duldet. Selbst dort, wo er sich einer fremden Macht überantwortet und seinen Fortgang durch sie bestimmt sieht, muß er zum mindesten in den Kern und Sinn dieser Bestimmung selbst einzudringen suchen. Und damit hebt sich ihm sein Schicksal selbst wieder in Freiheit auf. Wenn er die Macht, der er unterliegt, nicht von sich abzuwenden und nicht zu bezwingen vermag, so verlangt er doch, ebendiese Macht zu erkennen und sie als das, was sie ist, zu sehen. Und immer wieder zeigt sich alsdann, daß dieser Forderung, wenn mit ihr wahrhaft Ernst gemacht wird, keine bloß »ideelle« Bedeutung innewohnt, daß sie nicht im Reich »bloßer Gedanken« verharrt. Aus der Klarheit und Bestimmtheit des Sehens geht eine neue Kraft des Wirkens her-

[1] *[Zuerst veröffentlicht in: Kunst und Technik, hrsg. v. Leo Kestenberg, Berlin 1930, S. 15–61.]*

vor: eine Kraft, | mit der sich der Geist gegen jede äußere Bestimmung, gegen jede bloße Fatalität der Sachen und Sachwirkungen zur Wehr setzt. Indem der Geist sich auf die Mächte, die ihn äußerlich zu bestimmen scheinen, besinnt, schließt ebendiese Besinnung schon eine eigentümliche Rückwendung und Innenwendung in sich. Statt in die Welt der Dinge hinauszugreifen, geht er nunmehr in sich selbst zurück; statt sich in die Breite der Wirkungen zu verteilen, schließt er sich in sich zusammen und gelangt in dieser Konzentration zu einer neuen Stärke und Tiefe.

Von der Erfüllung dieser ideellen Forderung sind wir freilich, gerade im Gebiet der Technik, heute noch weit entfernt. Immer wieder bricht hier die Kluft auf, die Denken und Tun, Wissen und Wirken voneinander trennt. Wenn der Hegelsche Satz zu Recht besteht, daß die Philosophie einer Zeit nichts anderes sei als ebendiese Zeit selbst »in Gedanken erfaßt«, daß die Philosophie, als der Gedanke der Welt, erst erscheine, nachdem die Wirklichkeit ihren Bildungsprozeß vollendet und »sich fertig gemacht« habe[2] – so müßte man erwarten, daß der unvergleichlichen Entwicklung, die die Technik im Laufe des letzten Jahrhunderts erfahren hat, auch eine eigentümliche Wendung der Denkart entspricht. Aber diese Erwartung wird, wenn man die gegenwärtige Lage der Philosophie betrachtet, nur unvollkommen erfüllt. Zwar kann kein Zweifel daran bestehen, daß etwa seit der Mitte des 19. Jahrhunderts Probleme, die ihren Ursprung im Reich der Technik haben, mehr und mehr auch in die abstrakten »philosophischen« Untersuchungen eindringen und ihnen ein neues Ziel und eine neue Richtung weisen. Die Wissenschaftslehre hat sich ebensowenig wie die Wertlehre diesem Einfluß entzogen; die Erkenntnistheorie wie die Kulturphilosophie und die Metaphysik zeigt seine Weite und seine steigende Macht. Am deutlichsten stellt sich dieser Zusammenhang in bestimmten Strömungen der modernen Erkenntnislehre dar, die das traditionelle Verhältnis von »Theorie« und »Praxis« in sein Gegenteil zu verkehren suchen, die die theoretische »Wahrheit« selbst als einen bloßen Sonderfall des »Nutzens« definieren. Aber auch außerhalb dieser eigentlich »pragmatistischen« Gedankengänge ist der wachsende Einfluß technischer Begriffe und Fragestellungen auf das Ganze der Philosophie unverkennbar. Auch die moderne Lebensphilosophie unterliegt ihnen nicht selten ebendort am meisten, wo sie sich am kräf-

[2] [Georg Wilhelm Friedrich Hegel, Grundlinien der Philosophie des Rechts, oder Naturrecht und Staatswissenschaft im Grundrisse, hrsg. v. Eduard Gans (Werke. Vollständige Ausgabe durch einen Verein von Freunden des Verewigten, Bd. VIII), Berlin 1833, S. 19f.]

tigsten gegen sie zur Wehr zu setzen meint; auch sie ist von den Ketten nicht frei, deren sie zu spotten pflegt. Aber alle diese unausbleib|lichen Berührungen, die sich zwischen dem *Gebiet* der Technik und dem der Philosophie ergeben haben, beweisen keineswegs, daß zwischen beiden irgendeine innere Gemeinsamkeit sich anzubahnen und herzustellen beginnt. Eine solche Gemeinschaft kann niemals aus einer bloßen Summe äußerer »Einflüsse« resultieren – so mannigfach und so stark man diese auch immer denken mag. Die *Verbindung*, die Philosophie und Technik in den Systemen des Positivismus und Empirismus miteinander eingegangen sind – man braucht etwa nur an das Machsche Ökonomieprinzip als Grundlage der Erkenntnislehre zu denken – darf nicht den Schein einer wahrhaften *Einigung* zwischen beiden erzeugen. Eine solche wäre erst erreicht, wenn es der Philosophie gelänge, auch an diesem *Punkte* die allgemeine Funktion zu erfüllen, die sie für die andern Grundgebiete der Kultur in steigendem Maße und mit immer klarerem Bewußtsein erfüllt hat. Seit den Tagen der Renaissance hat die Philosophie alle Mächte des modernen Geistes vor ihr Forum gezogen und sie nach ihrem Sinn und Recht, ihrem Ursprung und ihrer Geltung befragt. Diese Frage nach dem Geltungsgrund, nach dem quid juris, wie Kant sie nennt, ergeht an alle geistigen Formprinzipien – und in ihr wird erst der Grund ihrer spezifischen Eigenart aufgedeckt, wird ihr Selbst-Sinn und Selbst-Wert entdeckt und sichergestellt. Solche Sicherstellung, solche »kritische« Besinnung und Rechtfertigung, ist der Philosophie für die Mathematik, für die theoretische Naturerkenntnis, für die Welt des »Historischen« und der Geisteswissenschaften gelungen. Wenngleich auch hier ständig neue Probleme aufbrechen, wenngleich die Arbeit der »Kritik« nirgends an ein Ende gelangt, so steht doch die *Richtung* dieser Arbeit seit den Tagen Kants und seit seiner Grundlegung der »Transzendentalphilosophie« für uns fest. Die Technik aber ist diesem Kreis der philosophischen Selbstbesinnung noch nicht wahrhaft eingeordnet. Sie scheint noch immer einen eigentümlich peripheren Charakter zu behalten. Mit dem Wachstum ihres Umfangs hat ihre eigentliche Erkenntnis, hat die Einsicht in ihr geistiges »Wesen« nicht Schritt gehalten. Eben in diesem Mißverhältnis, in dieser Ohnmacht des »abstrakten« Denkens, in den Kern der technischen Welt einzudringen, liegt ein Grundmotiv für die innere Spannung und Gegensätzlichkeit, die in den Bildungstendenzen unserer Epoche besteht. Eine Lösung dieser Spannung kann niemals auf dem Wege der Angleichung der Extreme und eines bloßen Kompromisses zwischen ihnen erhofft und gesucht werden. Der | Weg zu einer möglichen Einheit muß vielmehr über die Einsicht und über die scharfe und rückhaltlose Anerkennung der Besonderung führen, einer Besonderung, die mehr als bloße Differenz, die echte *Polarität* ist. Von hier aus ergibt sich die eigentliche Bestimmung der Aufgabe, die, im gegenwärtigen Zeitpunkt der Entwicklung, die Philosophie gegenüber der Technik zu erfüllen hat. Diese Aufgabe kann sich nicht darauf beschränken, der Technik im Ganzen der Kultur und damit im Ganzen der systematischen Philosophie, die der gedankliche Ausdruck dieser Kultur sein will, einen bestimmten »Platz« anzuweisen – sie einfach *neben* die andern Gebiete und Gebilde, wie »Wirtschaft« und »Staat«, »Sittlichkeit« und »Recht«, »Kunst« und »Religion«, zu stellen. Denn im Bereich des Geistes gibt es kein solches bloßes Beisammen oder Nebeneinander getrennter Gebiete. Die Gemeinschaft ist hier niemals räumlich-statischer, sondern sie ist dynamischer Art: Ein Element ist »mit« dem andern nur dadurch, daß beide sich *gegeneinander* behaupten und sich in dieser Gegenwirkung wechselweise »auseinandersetzen«. Jedes neu hinzutretende Element erweitert daher nicht nur den *Umfang* des geistigen Horizonts, in dem diese Auseinandersetzung sich abspielt, sondern sie verändert die *Art* des Sehens selbst. Der Prozeß der Gestaltung erweitert sich nicht nur nach außen hin, sondern er erfährt in sich selbst eine Intensivierung und Steigerung, und mit dieser ist zugleich eine qualitative Umbildung, eine eigentümliche Metamorphose gegeben. Es ist demnach nicht genug, wenn die moderne Philosophie mehr und mehr dazu übergeht, im Ganzen ihres Lehrgebäudes für die Technik irgendwie »Raum« zu schaffen. Der so geschaffene Raum bleibt, statt eines wahrhaften System-Raums, immer nur ein Aggregat-Raum. Will die Philosophie ihrer Mission treu bleiben, will sie ihr Vorrecht behaupten, gewissermaßen das logische *Gewissen* der Kultur zu bedeuten, so wird sie – wie sie nach der »Bedingung der Möglichkeit« der theoretischen Erkenntnis, der Sprache, der Kunst fragt – so auch nach den »Bedingungen der Möglichkeit« des technischen Wirkens und der technischen Gestaltung fragen müssen. Sie wird auch hier die Seinsfrage und die Rechtsfrage erst stellen können, nachdem sie die Sinnfrage von Grund aus geklärt hat. Aber diese Klärung kann nicht gelingen, solange die Betrachtung im Kreis der technischen *Werke*, im Bezirk des Gewirkten und Geschaffenen, verharrt. Die Welt der Technik bleibt stumm, solange man sie lediglich unter diesem Gesichtspunkt betrachtet und befragt – sie beginnt sich erst zu | erschließen und ihr Geheimnis preiszugeben, wenn man auch hier von der forma formata zur forma formans, vom Gewordenen zum Prinzip des Werdens zurückgeht.

Die Notwendigkeit dieses Rückgangs wird heute, weit stärker als in der systematischen Philosophie, von den Männern empfunden, die selbst von der Technik herkommen und mitten in ihrer produktiven Arbeit stehen. Die Macht der »materialistischen« Denkweise und der materialistischen Fragestellung ist auch in der Technik seit langem gebrochen. Wo man nach ihrem Grund und Recht forscht, da stellt man diese Frage immer deutlicher und immer bewußter in der Richtung auf die »Idee«, die sie verkörpert – auf die geistige Wesensbestimmung, die sich in ihr erfüllt. »Das Ursprungsland der Technik«, so wird es in einem der neuesten Werke zur Philosophie der Technik geradezu ausgesprochen, »liegt in der Idee.«[3] »Wir werden die Technik betrachten«, so formuliert ein anderer Autor die Aufgabe, »als die organische Teilerscheinung eines größeren Phänomens, der Kulturentwicklung überhaupt. Wir werden sie zu verstehen suchen als den körperlichen Ausdruck, als die historische Erfüllung einer Grundidee, die im System der Kulturideen notwendig gefordert wird und die allen sichtbaren und greifbaren Stoff des technischen Schaffens im Inneren beherrscht, wie verschieden auch die vorübergehenden Äußerungen dieser Idee im Kampfe der Motive und Tendenzen den handelnden Subjekten erscheinen mögen. Es gilt, die *überpersönliche*, über die niedere Interessensphäre der vermittelnden Subjekte in die Geschichte übergreifende *ideelle Gemeinsamkeit* einzusehen, die das Handeln der Menschen nicht etwa wie ein blindes Gesetz bestimmt; sondern die in ihren Taten von ihnen frei ergriffen wird, um so [...] in die historische Wirklichkeit zu treten.«[4] Wie immer jetzt die Antwort lauten mag: die Frage selbst ist damit erst in diejenige Ebene verlegt und auf diejenige Niveaufläche erhoben, der alle eigentlich geistigen Grundentscheidungen angehören. Und zugleich ist mit dieser Fragestellung das Problem wieder auf seinen ersten historischen Ursprung zurückgeführt und in einer merkwürdigen und überraschenden Weise mit ihm verknüpft. Denn ebenso wie hier ein moderner Denker, der mitten im konkreten | Dasein und Leben der Technik steht, ihr Grundproblem sieht: so ist es vor über 2000 Jahren von dem eigentlichen Entdecker der »Idee« und der »Ideenwelt« gesehen worden. Wenn Platon das Verhältnis von »Idee« und »Erscheinung« entwickelt und wenn er es systematisch zu begründen sucht: so greift er für diese Begründung nicht in erster Linie auf die Gestalten der Natur, sondern auf die Werke und Gebilde der τέχνη zurück. Die Kunst des »Werkbildners«, des »Demiurgen«, liefert ihm eines der

[3] Friedrich Dessauer, Philosophie der Technik. Das Problem der Realisierung, Bonn 1927, S. 146.

[4] Eberhard Zschimmer, Philosophie der Technik. Vom Sinn der Technik und Kritik des Unsinns über die Technik, Jena 1914, S. 28.

großen Leit- und Musterbilder, an denen er Sinn und Bedeutung der Idee darstellt. Denn diese Kunst ist nach Platon keine bloße Nachbildung eines Vorhandenen und Daseienden, sondern sie ist nur auf Grund eines Vorbildes und Urbildes möglich, auf das der Künstler in seinem Schaffen hinblickt. Der Künstler, der zuerst die Weberlade erfand, hat sie nicht als ein in der Sinnenwelt zuvor Gegebenes aufgefunden, sondern er hat sie in die Sinnenwelt eingeführt, indem er auf die Form und die Bestimmung, auf das Eidos und Telos des Werkzeugs hinsah. Und so blickt auch noch heute der Bildner der Weberlade, wenn sie ihm etwa bei der Arbeit zerbricht und er daran geht, eine neue zu schaffen, nicht auf das zerbrochene Gerät als Modell und Muster hin, sondern was seiner Arbeit die Richtung gibt, ist wieder der Blick auf jene ursprüngliche Form, wie sie im Geist des ersten Erfinders sich darstellte. Diese allgemeine Form, nicht aber ein in der Sinnenwelt bestehendes Einzelding, ist also erst das, was das eigentliche und wahrhafte »Sein« der Weberlade begründet und ausmacht.[5] Sollte es ein Zufall sein, wenn dieses eigentümliche Grundmotiv des Platonismus sich auch in der modernen Reflexion über Sinn und Wesen der Technik immer stärker geltend macht? »Es sinkt aus einer höheren Sphäre von Macht und Wirklichkeit«, so heißt es z.B. bei Dessauer, »durch Geist und Hände des Technikers und des Arbeiters ein ungeheurer Strom von Erfahrung und Macht in das irdische Dasein. Ein Geistesstrom rinnt in die chaotische materielle Welt, und alle haben daran teil, die Schaffenden bis zum letzten Arbeiter als Vollstrecker, alle als Empfänger.« »*Technik ist alles*«, so sagt im gleichen Sinne Max Eyth, »*was dem menschlichen Wollen eine körperliche Form gibt*. Und da das menschliche Wollen mit dem menschlichen Geist fast zusammenfällt, und dieser eine Unend|lichkeit von Lebensäußerungen und Lebensmöglichkeiten einschließt, so hat auch die Technik, trotz ihres Gebundenseins an die stoffliche Welt, etwas von der Grenzenlosigkeit des reinen Geisteslebens überkommen.«[6] Deutlich tritt in solchen Äußerungen zutage, daß die moderne Besinnung auf Grund und Wesen der Technik nicht länger damit zufrieden ist, sie lediglich als eine »angewandte Naturwissenschaft« zu betrach-

[5] Platon, Kratylos 389 A (Näheres in meiner Darstellung der Geschichte der griechischen Philosophie: Die Philosophie der Griechen von den Anfängen bis Platon, in: Lehrbuch der Philosophie, hrsg. v. Max Dessoirs, Bd. I: Die Geschichte der Philosophie, dargest. v. Ernst von Aster u. a., Berlin 1925, S. 7–138: S. 92 f. [ECW 16, S. 313–467]).

[6] Dessauer, Philosophie der Technik, S. 150; Max Eyth, Poesie und Technik, in: Lebendige Kräfte. Sieben Vorträge aus dem Gebiete der Technik, 4. Aufl., Berlin 1924, S. 1–22: S. 1 f.

ten und sie demgemäß irgendwie in die Begriffe und Kategorien des naturwissenschaftlichen Denkens einzuspannen und einzufangen. Was man sucht, ist ihre Beziehung auf die Allheit des Geisteslebens, auf seine Totalität und Universalität. Diese Beziehung aber läßt sich nur dadurch finden und feststellen, daß man, statt des Seinsbegriffs der Naturwissenschaft, vielmehr den Formbegriff in den Mittelpunkt stellt und sich auf seinen Grund und Ursprung, seinen Gehalt und Sinn zurückbesinnt. Denn er ist es, in dem sich uns die Weite des Geistigen erst eigentlich erschließt und in dem sich uns sein Umfang und sein Horizont bestimmt.[7] Geht man statt vom Dasein der technischen Werke vielmehr von der Form des technischen Wirkens aus, blickt man vom bloßen Produkt auf den Modus, auf die Art des Produzierens zurück und auf die Gesetzlichkeit, die sich in ihr offenbart, so verliert damit die Technik jenes Enggebundene, jenes Beschränkte und Bruchstückhafte, das ihr sonst anzuhaften scheint. Sie ordnet sich, wenn nicht unmittelbar in und mit ihrem Ergebnis, so doch mit ihrer Aufgabe und ihrer Problematik einem wahrhaft umfassenden Fragekreis ein, innerhalb dessen erst ihr spezifischer Sinn und ihre eigentümliche geistige Tendenz sich bestimmen läßt.

Um in diesen Kreis einzudringen und um seinen Mittelpunkt wahrhaft zu erfassen, bedarf es freilich zuvor noch einer grundsätzlichen, rein methodischen Besinnung. Das Eigentümliche der Sinnfrage, die uns hier entgegentritt, droht immer wieder verdunkelt, ihre Grenzen drohen immer wieder verwischt zu werden, indem sich dieser Frage andere Motive nicht nur zugesellen, sondern sich ihr allmählich und unvermerkt unterschieben. Eine solche Unterschiebung ist es schon, | wenn man glaubt, die Sinnfrage mit der Wertfrage gleichsetzen und sie von ihr aus zur eigentlichen Lösung bringen zu können. In dieser Gleichsetzung von »Sinn« und »Wert« hat bereits eine Verschiebung des Problems stattgefunden. Dieser logische Mangel pflegt freilich um so eher unbemerkt zu bleiben, als er keineswegs allein dem Problem, das hier in Frage steht, angehört, sondern sich vielmehr auf die ganze Weite der »Philosophie der Kultur« und auf die Gesamtheit ihrer Aufgaben erstreckt. So oft bisher auch in der Geschichte des Denkens die »transzendentale« Frage nach der »Möglichkeit« der Kultur, nach ihren Bedingungen und Prinzipien gestellt

[7] Ich kann im Rahmen dieser Arbeit diesen Satz lediglich als These hinstellen: Für die Entwicklung und für die systematische Begründung dieser These muß ich auf meine »Philosophie der symbolischen Formen« (Erster Teil: Die Sprache, Berlin 1923 [ECW 11], Zweiter Teil: Das mythische Denken, Berlin 1925 [ECW 12]. Dritter Teil: Phänomenologie der Erkenntnis, Berlin 1929 [ECW 13]) verweisen.

worden ist, so selten ist sie in wirklicher Schärfe nach ihrem reinen Ansich festgehalten und durchgeführt worden. Immer wieder glitt sie in zwei verschiedene Richtungen ab: Der Frage nach dem Kulturgehalt schob sich die nach ihrer Leistung unter. Das Maß dieser Leistung mochte man ganz verschiedenen geistigen Dimensionen entnehmen; man mochte es noch so hoch oder noch so niedrig ansetzen – dies änderte jetzt nichts mehr an dem Fehlgriff, der schon im ersten Ansatz des Problems begangen war. Deutlich tritt dieser Sachverhalt bereits bei dem ersten eigentlichen »Kritiker« der modernen Kultur, bei Rousseau, hervor. Als Rousseau das Ganze der intellektuellen und der geistigen Bildung seiner Zeit vor die eigentliche Gewissens- und Schicksalsfrage stellte – da war ihm die Fassung dieser Frage durch einen äußeren Anlaß, durch die Preisaufgabe der Akademie von Dijon vom Jahre 1750 vorgeschrieben. Die Frage lautete, ob und wieviel die Wiedergeburt der Künste und Wissenschaften zur ethischen Vervollkommnung der Menschheit beigetragen habe (»Si le rétablissement des sciences et des arts a contribué a épurer les mœurs«).[8] Und ihr gesellt sich, gemäß der Grundrichtung der Ethik des Aufklärungszeitalters, im Geiste Rousseaus alsbald die andere nach dem Lustertrag – nach dem Maße der »Glückseligkeit«, die die Menschheit durch ihren Übergang aus dem Stande der »Natur« in den der Kultur gewonnen hat. »Glückseligkeit« und »Vollkommenheit«: Das sind somit die beiden Dimensionen, innerhalb deren er die Antwort auf sein Problem sucht – und sie liefern ihm die Maßstäbe, denen er es unterwirft. Erst die Philosophie des deutschen Idealismus hat hier eine entscheidende Wendung gebracht; erst sie hat die »Wesensfrage« in wirklicher Schärfe und Reinheit gestellt und sie von dem Beiwerk der Glücksfrage wie der Frage nach der moralischen »Vervollkommnung« gelöst. | So wird etwa in der »Kritik der Urteilskraft« das Reich der Schönheit erst dadurch philosophisch begründet, daß die Autonomie, die Selbst-Gesetzlichkeit und Selbst-Bedeutsamkeit des Schönen gegenüber dem Gefühl der Lust und Unlust und gegenüber den Normen und Regeln des ethischen Sollens entdeckt und sichergestellt wird. Blickt man von hier aus auf das Reich der Technik hin und auf den Kampf, der in immer steigender Heftigkeit um dieses Reich, um die Erfassung seines spezifischen Sinns und Gehalts geführt wird, so findet man, daß dieser Kampf sich zumeist noch in einem

[8] [Jean-Jacques Rousseau, Discours qui a remporté le prix a l'Academie de Dijon, en l'année 1750. Sur cette question proposée par la même Academie: Si le rétablissement des sciences et des arts a contribué à épurer les mœurs, in: Collection complette des œuvres, Bd. XIII, Zweibrücken 1782, S. 27–62.]

Vorstadium bewegt, das in anderen Gebieten der geistigen Kultur seit langem überschritten ist. Man mag die Technik segnen oder ihr fluchen – man mag sie als eines der höchsten Besitztümer des Zeitalters verehren oder sie als dessen Not und Verderbnis beklagen – immer pflegt in diesen Urteilen ein Maß an sie angelegt zu werden, das ihr nicht selbst entstammt; immer werden ihr, bewußt oder unbewußt, Zwecke unterschoben, die sie in ihrem reinen Gestaltungswillen und in ihrer reinen Gestaltungskraft nicht kennt. Und doch kann das eigentliche Urteil über sie nur aus ihr selbst, nur aus der Einsicht in das ihr innewohnende immanente Gesetz gewonnen werden. Die Philosophie der Technik zum mindesten ist an diese Forderung gebunden. Auch die Philosophie steht freilich den Inhalten der geistigen Kultur nicht nur betrachtend und prüfend, sondern richtend gegenüber. Sie will nicht lediglich erkennen, sondern sie darf und muß anerkennen und verwerfen, beurteilen und werten, entscheiden und richten. Aber ihr intellektuelles Gewissen verwehrt ihr, einen Richterspruch zu fällen, ehe sie in das Wesen dessen, worüber sie richtet, eingedrungen ist und es aus seinem eigenen Prinzip heraus begriffen hat. Diese Freiheit des philosophischen Blicks ist in den modernen Apologien der Technik, sowenig wie in den Angriffen und Anklagen, die wider sie gerichtet werden, kaum jemals zu finden. Immer wieder fühlt man sich versucht, dem Verteidiger wie dem Kläger die Maxime entgegenzuhalten, die Spinoza für die Philosophie der Politik geprägt hat: »[N]on ridere, non lugere, neque detestari; sed intelligere«.[9] Die Bestimmung des »Seins« und »Soseins«, die Anschauung dessen, was die Technik ist, muß dem Urteil über ihren Wert vorangehen. Und hier scheint freilich ein neues Dilemma zu entstehen: Denn das »Sein« | der Technik läßt sich selbst nicht anders als in der Tätigkeit erfassen und darstellen. Es tritt nur in ihrer Funktion hervor; es besteht nicht in dem, als was sie nach außen hin erscheint und als was sie sich nach außen gibt, sondern in der Art und Richtung der Äußerung selbst: in dem Gestaltungsdrang und Gestaltungsprozeß, von dem diese Äußerung Kunde gibt. So kann das Sein hier nicht anders als im Werden, das Werk nicht anders als in der Energie sichtbar werden. Aber ebendiese Schwierigkeit ist es, die der weiteren

[9] [Baruch de Spinoza, Tractatus politicus. In quo demonstratur, quomodo societas, ubi imperium monarchicum locum habet, sicut et ea, ubi optimi imperant, debet institui, ne in tyrannidem labatur, et ut pax, libertasque civium inviolata maneat, in: Opera postuma. Quorum series post praefationem exhibetur, o. O. (Hamburg) 1677, S. 265–354: S. 268.] Man vgl. etwa die disparaten Urteile über Sinn und Wert der Technik, die Zschimmer in seiner »Philosophie der Technik«, z. B. S. 45 ff. u. 136 ff., zusammengestellt hat.

Betrachtung den Weg weist und den Weg bahnt. Denn eben in ihr wird die Verwandtschaft und die innere Beziehung deutlich, die zwischen der Technik und den anderen Grundmächten des Geistes, so fern sie ihr inhaltlich stehen mögen, in rein formaler und prinzipieller Hinsicht besteht. Von all diesen Mächten gilt im Grunde das, was Humboldt von der Sprache gesagt und von ihr erwiesen hat: daß die echte Begriffsbestimmung, die einzig wahrhafte »Definition«, die sich von ihnen geben läßt, keine andere als eine genetische sein könne. Sie können und dürfen nicht als ein »totes Erzeugtes«, sondern sie müssen als eine Weise und Grundrichtung des Erzeugens verstanden werden. In dieser gedanklichen Tendenz soll hier nach dem Wesen der Technik gefragt werden. Goethe sagt, daß der Mensch, wo er bedeutend auftrete, immer zugleich gesetzgebend auftrete. Es gehört zu der wesentlichen Aufgabe der Philosophie, in diese menschliche Gesetzgebung einzudringen; ihre Einheit und ihre inneren Unterschiede, ihre Universalität und ihre Besonderung zu ermessen und zu durchschauen. Aus solcher umfassenden Bestrebung läßt sich erst ein sicherer Standort für die Beurteilung des einzelnen gewinnen – läßt sich die Bestimmung einer Norm erhoffen, die über alle bloß subjektiven Äußerungen von Lob und Tadel, von Gefallen und Mißfallen erhaben ist und statt dessen die eigentlich objektive »Form« des betrachteten Gegenstandes in ihrer Natur und in ihrer Notwendigkeit ergreift.

II

In einem Vortrag über »Poesie und Technik« geht Max Eyth, der zu den eifrigsten und beredtesten Vorkämpfern für das geistige Eigenrecht der Technik gehört, von der Verwandtschaft aus, die sich zwischen der Funktion der Technik und der Funktion der Sprache erkennen und durchführen läßt. »Was den Menschen in seinem Wesen, so | weit es äußerlich in die Erscheinung tritt, vom Tier unterscheidet, sind zwei Dinge: Das Wort und das Werkzeug. Die Fähigkeit, Worte und Werkzeuge zu schaffen, haben [...] aus dem Tier den Menschen gemacht. Wie diese Fähigkeiten in die Welt gekommen sind, wird sicher ein ewiges Rätsel bleiben, das keine Deszendenztheorie zu lösen imstande ist, denn sie sind geistigen Ursprungs und stammen aus einer Quelle, aus der bis auf den heutigen Tag kein Tier [...] getrunken hat. Beide Fähigkeiten waren unerläßlich für das Fortbestehen des Menschen als Gattung, einer feindlichen Welt gegenüber, in der er, körperlich hilfloser, schwächer, weniger widerstandsfähig als die meisten Tiere, zweifellos in kurzer Zeit hätte untergehen müssen.

Was ihn rettete [...] war im Bereich des Wissens die Sprache, im Bereich des Könnens das Werkzeug [...] Auf Wissen und Können, auf Wort und Werkzeug beruht die Macht, die den nackten, wehrlosen Menschen zum Herrscher über alles Lebende auf Erden gemacht hat [...] In Urzeiten bis weit hinein in die Anfänge der Kultur spielte zweifellos das Werkzeug die erste Rolle in der Gestaltung des menschlichen Daseins [...] Später [...] trat eine eigentümliche Änderung in dem Verhältnis zwischen Wort und Werkzeug ein. Die Sprache, eben weil sie sprechen konnte, wußte sich eine überragende, man wird wohl sagen dürfen, eine ungebührliche Bedeutung zu verschaffen. Das stumme Werkzeug wurde im Empfinden der Menschheit immer mehr in den Hintergrund gedrängt. Das Wissen herrschte, das Können diente; und dieses Verhältnis steigerte sich [...] mehr und mehr und ist bis in die Gegenwart allgemein anerkannt geblieben. Heute stehen wir inmitten eines heftigen Kampfes, der bestrebt ist, das Verhältnis der beiden, wenn nicht umzugestalten, so doch auf seine richtigen Grundlagen zurückzuführen. Die Sprache hat [...] in den Tagen ihres wachsenden Triumphs den ungebührlichen Anspruch erhoben, das einzige Werkzeug des Geistes zu sein [...] Sie glaubt es im allgemeinen heute noch. Sie vergißt über dem Werkzeug des Geistes den Geist des Werkzeuges. Aber beide, Wort und Werkzeug, sind ein Erzeugnis derselben geistigen Urkraft, die das Tier ›homo‹ zum Menschen ›homo sapiens‹ gemacht hat, wie ihn die Gelehrten nennen, die natürlich auch hier wieder allein auf sein Wissen anspielen und sein Können, das all dieses Wissen ermöglichte, vergessen.«[10] |

Ich hebe diese Sätze eines Technikers und eines Denkers über die Technik heraus, weil in dem Parallelismus, der hier zwischen Sprache und Werkzeug behauptet wird, ein echtes philosophisches Problem sich birgt. Es ist kein bloßes Spiel des Witzes, keine bloß äußerliche Analogie, wenn man Sprache und Werkzeug zusammennimmt und beide aus einem geistigen Prinzip zu verstehen sucht. Schon den ersten »Sprachphilosophen« im Kreise unseres europäischen Denkens war der Gedanke an eine solche Wesensverwandtschaft nicht fremd. Sie faßten das Wort und die Sprache nicht in erster Linie als bloßes Darstellungsmittel, als Mittel der Beschreibung der äußeren Wirklichkeit auf, sondern sie sahen in ihm ein Mittel zur Bemächtigung der Wirklichkeit. Die Sprache wurde ihnen zur Waffe und zum Werkzeug, dessen sich der Mensch bedient, um sich im Kampf mit der Natur und im Kampf mit seinesgleichen, im sozialen und politischen

[10] Eyth, Poesie und Technik, S. 12 ff.; vgl. den Vortrag: ders., Zur Philosophie des Erfindens, in: Lebendige Kräfte, S. 229–264.

Wettstreit, zu behaupten.[11] Der »Logos« selbst, als Ausdruck der eigentümlichen Geistigkeit des Menschen, erscheint somit hier nicht lediglich in »theoretischer«, sondern in »instrumentaler« Bedeutung. Und darin liegt zugleich implizit die Gegenthese beschlossen, daß auch in jedem bloß stofflichen Werkzeug, in jedem Gebrauch eines materiellen Dinges im Dienste des menschlichen Willens, die Kraft des Logos schlummert. So wird die Wesensbestimmung, die Definition des Menschen in dieser zweifachen Richtung entwickelt. Der Mensch ist ein »vernünftiges« Wesen: in dem Sinne, daß die »Vernunft« aus der Sprache stammt und unlöslich an sie gebunden ist – daß ratio und oratio, Sprechen und Denken, Wechselbegriffe werden. Aber zugleich, und nicht minder ursprünglich, erscheint er als ein technisches, ein werkzeugbildendes Wesen: »a tool-making animal«,[12] wie Benjamin Franklin ihn genannt hat. In diesen beiden Seiten seines Wesens ist die Kraft beschlossen, mit der er sich gegen die äußere Wirklichkeit behauptet und Kraft deren er sich ein geistiges »Bild« dieser Wirklichkeit erst erringt. Alle geistige Bewältigung der Wirklichkeit ist an diesen doppelten Akt des »Fassens« gebunden: an das »Begreifen« der Wirklichkeit im sprachlich-theoretischen Denken und an ihr »Erfassen« durch das Medium des Wirkens; an die gedankliche wie an die technische Formgebung.

Und in beiden Fällen gilt es, um in den eigentlichen Sinn dieser Form|gebung einzudringen, ein Mißverständnis abzuwehren. Die »Form« der Welt wird vom Menschen weder im Denken noch im Tun, weder im Sprechen noch im Wirken einfach empfangen und hingenommen, sondern sie muß von ihm »gebildet« werden. Denken und Tun sind insofern ursprünglich geeint, als sie beide aus dieser gemeinsamen Wurzel des bildenden Gestaltens stammen und sich aus ihr erst allmählich entfalten und abzweigen. Wilhelm von Humboldt[13] hat dieses Grundverhältnis an der Sprache aufgewiesen: Er hat gezeigt, wie der Akt des Sprechens niemals ein bloßes Empfangen der

[11] Über diesen »agonalen Charakter des Logos« in der Sprachtheorie der Sophistik vgl. die Darlegungen von Ernst Hoffmann, Die Sprache und die archaische Logik, Tübingen 1925 (Heidelberger Abhandlungen zur Philosophie und ihrer Geschichte 3), S. 28 ff.

[12] [*Verifiziert nach:* James Boswell, (Gespräch vom 7. April 1778), in: Life of Samuel Johnson, Bd. II, London 1900, S. 422–430: S. 425.]

[13] Wilhelm von Humboldt, Ueber die Verschiedenheit des menschlichen Sprachbaues und ihren Einfluss auf die geistige Entwicklung des Menschengeschlechts (Gesammelte Schriften, hrsg. v. der Königlich Preußischen Akademie der Wissenschaften, Abt. 1: Werke, hrsg. v. Albert Leitzmann, Bd. VII/1), Berlin 1907, S. 119 usw., Näheres in meiner »Philosophie der symbolischen Formen. Erster Teil« [ECW 11].

Objekte, eine Aufnahme der bestehenden Gegenstandsform in das Ich bedeutet, sondern wie er einen echten Akt der Weltschöpfung, der Erhebung der Welt zur Form in sich schließt. Die Vorstellung, daß die verschiedenen Sprachen nur dieselbe Masse der unabhängig von ihnen vorhandenen Gegenstände und Begriffe bezeichnen, gilt Humboldt als die dem Sprachstudium eigentlich verderbliche. Sie verdeckt das, was ihren eigentlichen Sinn und Wert ausmacht; sie trübt den Blick für den schöpferischen Anteil, den die Sprache an der Herausstellung, an der Gewinnung und Sicherung des anschaulichen Weltbildes hat. Die Verschiedenheit der Sprachen ist nicht eine solche von Schällen und Zeichen, sondern »eine Verschiedenheit der Weltansichten selbst«.[14] Was hier vom Gebrauch der Sprache gesagt ist, das gilt, recht verstanden, auch von jedem noch so elementaren und »primitiven« Werkzeuggebrauch. Das Entscheidende liegt auch hier niemals in den materiellen Gütern, die durch ihn gewonnen werden – in der quantitativen Ausdehnung des Machtbereichs, durch die nach und nach ein Teil der äußeren Wirklichkeit nach dem andern dem Willen des Menschen unterworfen wird – durch die der Wille, der anfangs auf den engen Umkreis des menschlichen Leibes, auf die Bewegung der eigenen Gliedmaßen beschränkt schien, allmählich alle räumlichen und zeitlichen Schranken durchbricht und sprengt. Diese Überwindung wäre letzten Endes dennoch ohne Frucht, wenn sich in ihr dem Geiste immer nur neuer Weltstoff erschlösse und entgegendrängte. Der eigentliche, der tiefere Ertrag liegt auch hier im Gewinn der »Form«: in der Tatsache, daß die Ausdehnung des Wirkens zugleich seinen qualitativen Sinn verändert und daß sie damit die Möglichkeit eines neuen Weltaspekts erschafft. Das | Wirken müßte sich gerade in seiner ständigen Mehrung, in seiner Erweiterung und Steigerung, zuletzt als ohnmächtig, als innerlich ziellos und kraftlos erkennen, wenn sich in ihm nicht gleichzeitig eine innere Umbildung, eine ideelle Sinnwendung vorbereitete und ständig und stetig vollzöge. In der Aufweisung dieser Sinnwendung liegt das, was die Philosophie für die Technik, für ihr Verständnis und gleichsam für ihre geistige Legitimierung zu leisten vermag. Aber sie muß hierfür weit zurückgreifen; sie muß bis zu den ersten Anfängen zurückzudringen suchen, in denen sich das Geheimnis der »Form« für den Menschen zuerst erschließt, in denen es ihm, im Denken und Vollbringen, aufzugehen beginnt, um sich ihm freilich zunächst eher zu verhüllen als zu offenbaren, um sich ihm nur

[14] [Wilhelm von Humboldt, Ueber das vergleichende Sprachstudium in Beziehung auf die verschiedenen Epochen der Sprachentwicklung, in: Werke, Bd. IV, S. 1–34: S. 27.]

wie in einem rätselhaften Zwielicht, in der Dämmerung des magisch-mythischen Weltbildes darzustellen.

Stellt man das Weltbild der Kulturvölker dem der Naturvölker gegenüber, so zeigt sich der tiefe Gegensatz, der zwischen beiden besteht, vielleicht in keinem andern Zuge so scharf und so klar als in der Richtung, die der menschliche Wille einschlägt, um Herr über die Natur zu werden und sich ihrer fortschreitend zu bemächtigen. Dem Typus des technischen Wollens und Vollbringens steht der Typus des magischen Wollens und Vollbringens gegenüber. Man hat versucht, von diesem Urgegensatz aus die Gesamtheit der Unterschiede abzuleiten, die zwischen der Welt der Kulturvölker und der der Naturvölker bestehen. Der Mensch der Frühzeit und der der späteren Stufe scheiden sich, wie sich die Magie von der Technik unterscheidet: Jener läßt sich als Homo divinans, dieser als Homo faber bezeichnen. Der gesamte Entwicklungsgang der Menschheit stellt sich alsdann als ein in zahllosen Zwischenformen sich vollziehender Verlauf dar, kraft dessen der Mensch von der Anfangsstufe des Homo divinans in die des Homo faber übergeht. Nehmen wir diese Unterscheidung – wie sie Danzel in seiner Schrift über »Kultur und Religion des primitiven Menschen« aufgestellt und durchgeführt hat[15] – an, so haben wir damit freilich keine Lösung des Problems, sondern erst eine Aufstellung, eine Formulierung des Problems erreicht. Denn es ist nur eine scheinbare Erklärung und Weiterführung, wenn die Ethnologie, der diese Unterscheidung entstammt, sie dadurch zu erläutern strebt, daß sie das Verhalten des | »magischen« Menschen im wesentlichen auf das Überwiegen der »subjektiven« Bestimmungen und Beweggründe über die rein »objektiven« zurückführt. Das Weltbild des »Homo divinans« soll dadurch zustande kommen, daß er seine eigenen Zustände in die Wirklichkeit projiziert, daß er das, was in ihm selbst vorgeht, in die Außenwelt hineinsieht. Innenvorgänge, die sich rein in der Seele abspielen, werden nach außen verlegt; Triebe und Willensregungen werden als Kräfte gedeutet, die unmittelbar in das Geschehen eingreifen und es lenken und umgestalten können. Aber diese Erklärung schließt, rein logisch betrachtet, eine Petitio principii in sich; sie nimmt das zu Erklärende als Erklärungsgrund vorweg. Wir sprechen vom Standpunkt unserer theoretischen Weltbetrachtung, die auf dem Prinzip des »Grundes«, auf der Kategorie der Kausalität als Bedingung der Möglichkeit der Erfahrung und der Erfahrungsge-

[15] Theodor-Wilhelm Danzel, Kultur und Religion des primitiven Menschen. Einführung in Hauptprobleme der allgemeinen Völkerkunde und Völkerpsychologie, Stuttgart 1924, S. 2 ff., 45 ff. u. 54 ff.

genstände, beruht, wenn wir dem Primitiven vorhalten, daß er Objektives und Subjektives »verwechselt«, daß er die Grenzen beider Gebiete ineinanderfließen läßt. Denn ebendiese Grenzen sind nicht »an sich« vorhanden; sondern sie müssen erst gesetzt und gesichert, erst durch die Arbeit des Geistes g e z o g e n werden. Und die Art dieser Grenzsetzung vollzieht sich verschieden, je nach der Gesamthaltung, in welcher der Geist steht, und je nach der Richtung, in der er sich bewegt. Jeder Übergang von der einen Haltung und Richtung in die andere schließt immer zugleich eine neue »Orientierung«, ein neues Verhältnis von »Ich« und »Wirklichkeit« in sich. Die Beziehung zwischen beiden ist also nicht von Anfang an als eine einmalige und eindeutige gesetzt; sondern sie entsteht erst auf Grund der mannigfachen ideellen Prozesse der »Auseinandersetzung«, wie sie sich im Mythos und in der Religion, in der Sprache und in der Kunst, in der Wissenschaft und in den verschiedenen Grundformen »theoretischen« Verhaltens überhaupt vollziehen. Für den Menschen besteht nicht von Anfang an eine feste Vorstellung von Subjekt und Objekt, nach welcher er sodann sein Verhalten richtet; sondern im Ganzen dieses Verhaltens, im Ganzen seiner leiblichen und seiner seelisch-geistigen Betätigungen geht ihm erst das Wissen von beiden auf, scheidet sich ihm erst der Horizont des Ich von dem der Wirklichkeit.[16] Zwischen beiden gibt es nicht von Anbeginn ein festes statisches Verhältnis, son|dern gleichsam eine hin- und hergehende, fluktuierende Bewegung – und aus ihr kristallisiert sich erst allmählich die Form heraus, in der der Mensch sein eigenes Sein wie das Sein der Gegenstände begreift.

Wenden wir diese allgemeine Einsicht auf das Problem, das hier vorliegt, an, so sehen wir, daß der Mensch im magischen wie im technischen Verhalten nicht schon eine bestimmte Form der Welt h a t, sondern daß er vielmehr diese Form erst s u c h e n und sie auf verschiedenen Wegen f i n d e n muß. In welcher Art er sie findet: das hängt hierbei von dem dynamischen Prinzip ab, dem die Gesamtbewegung des Geistes folgt. Nimmt man an, daß schon in der magischen Auffassung der Natur das Prinzip der »Kausalität«, die Frage nach den »Gründen« des Seins und nach den »Ursachen« des Geschehens waltet – so fällt damit die Scheidewand zwischen Magie und Wissenschaft dahin. Es ist einer der besten Kenner der magischen Phänomene, der in seiner Darstellung dieser Phänomene diesen Schluß ausdrücklich gezogen hat. Indem F r a z e r in seinem Werk »The

[16] Zur näheren Begründung vgl. die Einleitung zu meiner »Philosophie der symbolischen Formen, Erster Teil«, S. 6 ff. [ECW 11, S. 4 ff.].

Magic Art« den Tatsachenbereich der magischen Kunst in seiner ganzen Weite vor uns auszubreiten sucht, knüpft er an die Beschreibung dieses Tatsachenbereichs zugleich eine bestimmte Theorie über Sinn und Ursprung der Magie. Und sie wird ihm hierbei zu nichts anderem und zu nichts Geringerem als zum ersten Anfang der »Experimentalphysik«. In der Magie gewinnt der Mensch die erste Anschauung eines objektiven Seins und Geschehens, die nach festen Regeln geordnet sind. Der Lauf der Dinge stellt sich ihm jetzt als ein geschlossener Nexus, als eine Kette von »Ursachen« und »Wirkungen« dar, in die keine jenseitige übernatürliche Macht nach Willkür eingreifen kann. Hierin trennt sich, nach Frazer, die Welt der Magie scharf und klar von der religiösen Welt. In der religiösen Anschauung unterwirft sich der Mensch fremden Gewalten, denen er das Ganze des Seins anheimgibt. Hier gibt es noch keinen festen Naturlauf: Denn die Welt hat noch keine eigene Gestalt und keine eigene Macht, sondern sie ist ein Spielball in der Hand überlegener transzendenter Kräfte. Ebendiese Grundauffassung aber ist es, gegen die die magische Weltansicht sich auflehnt. Sie faßt die Natur als ein streng determiniertes Geschehen, und sie sucht in das Wesen dieser Determination einzudringen. Sie kennt im Grunde keinen Zufall, sondern sie erhebt sich zur Anschauung einer strengen Gleichförmigkeit des Geschehens. Und damit erst erreicht sie, im Gegensatz zur Religion, die Stufe wissenschaftlicher Welterkennt|nis. Die Magie unterscheidet sich von der Wissenschaft zwar im Resultat, aber nicht in ihrem Prinzip und in ihrem Problem. Denn der Grundsatz: »Gleiche Ursachen, gleiche Wirkungen« beherrscht auch sie und gibt ihr das Gepräge, das sie durchgängig zeigt. Daß sie diesen Grundsatz nicht im gleichen Sinne wie die theoretische Naturwissenschaft anzuwenden vermag, beruht nach Frazer nicht auf einem logischen, sondern lediglich auf einem faktischen Grunde. Sie ist »primitiv« nicht ihrer Denkform nach, sondern nach dem Maß und der Sicherheit ihrer inhaltlichen Kenntnisse. Der Kreis der Beobachtung ist zu eng, die Art der Beobachtung ist zu schwankend und unsicher, als daß es zur Aufstellung wirklich haltbarer empirischer Gesetze kommen könnte: Aber das Bewußtsein der Gesetzlichkeit als solcher ist in ihr erwacht und wird von ihr unverbrüchlich festgehalten. So sieht Frazer zuletzt in den beiden Grundformen der Magie nichts anderes als die Anwendungen und Abwandlungen des »wissenschaftlichen« Grundsatzes der Kausalität, den er hierbei gemäß den Anschauungen des englischen Empirismus auffaßt und erläutert. Die »sympathetische« Magie und die »homöopathische oder imitative« Magie beruhen beide auf den grundlegenden Gesetzen der Ideenassoziation, die auch alles kausale

Denken beherrschen: In dem einen Falle wirkt sich das Gesetz der »Ähnlichkeitsassoziation«, in dem andern das Gesetz der »Berührungsassoziation« aus und wird zur Richtschnur des theoretischen und praktischen Verhaltens.[17]

Der Mangel dieser Theorie Frazers, der eine große Zahl ethnologischer Forscher sich angeschlossen haben, läßt sich mit einem Wort bezeichnen: Sie spricht dem magischen Verhalten eine Bedeutung zu und vindiziert ihm eine Leistung, die erst dem technischen Verhalten vorbehalten ist. Die Magie mag sich immerhin dadurch von der Religion unterscheiden, daß der Mensch in ihr aus dem bloß passiven Verhältnis zur Natur heraustritt – daß er die Welt nicht länger als bloßes Geschenk überlegener göttlicher Macht empfangen, sondern daß er sie selbst in Besitz nehmen und ihr eine bestimmte Form aufprägen will. Aber die Art dieser Besitzergreifung ist eine durchaus andere als diejenige, die sich im technischen Wirken und im naturwissenschaftlichen Denken vollzieht. Der magische Mensch, der »homo divinans«, glaubt | im gewissen Sinne an die Allmacht des Ich: Aber diese Allmacht stellt sich ihm lediglich in der Kraft des Wunsches dar. Dem Wunsch in seiner höchsten Steigerung und Potenzierung vermag sich zuletzt die Wirklichkeit nicht zu entziehen; sie wird ihm gefügig und untertan. Der Erfolg eines bestimmten Tuns wird daran geknüpft, daß das Ziel dieses Tuns in der Vorstellung aufs genaueste vorweggenommen wird, und daß das Bild dieses Zieles in höchster Intensivierung herausgearbeitet und festgehalten wird. Alle »realen« Handlungen bedürfen, wenn sie glücken sollen, einer solchen magischen Vorbereitung und Vorwegnahme: Ein Kriegs- oder Beutezug, ein Fischfang oder eine Jagd können nur gelingen, wenn jede Einzelphase von ihnen in der rechten Weise magisch antizipiert und gleichsam »vorgeübt« ist.[18] Schon in der magischen Weltansicht reißt sich somit der Mensch von der unmittelbaren Gegenwart der Dinge los und richtet sich ein eigenes Reich auf, mit dem er in die Zukunft hinausgreift. Aber wenn er damit im gewissen Sinne von der Macht der unmittelbaren Empfindung frei wird, so hat er an ihrer Stelle nur die Unmittelbarkeit des Begehrens eingetauscht. In ihr glaubt er die Wirklichkeit direkt ergreifen und bezwingen zu können. Die Gesamtheit der magischen Praktiken ist gewissermaßen nur die Auseinander-

[17] Vgl. James George Frazer, The Golden Bough. A Study in Magic and Religion, Teil 1 in 2 Bdn.: The Magic Art and the Evolution of Kings, Bd. I (Kap. 3 u. 4), London ³1911, S. 52–243.

[18] Reiches ethnologisches Material für diese Grundanschauung findet sich bei Lucien Lévy-Bruhl, Das Denken der Naturvölker, übers., hrsg. u. eingel. v. Wilhelm Jerusalem, Wien/Leipzig 1921.

legung, die fortschreitende Entfaltung des Wunschbildes, das der Geist von dem zu erreichenden Ziele in sich trägt. Die einfache, immer gesteigerte Wiederholung dieses Zieles gilt schon als der Weg, der mit Sicherheit zu ihm hinführen muß. Auf diese Weise entstehen die beiden Urformen der Magie: der Wortzauber wie der Bildzauber. Denn Wort und Bild sind die beiden Weisen, in denen der Mensch ein Nicht-Gegenwärtiges gleich einem Gegenwärtigen behandelt; in denen er ein Gewünschtes und Ersehntes gleichsam vor sich hinstellt, um es schon in diesem Akt des »Vorstellens« zu genießen und sich zu eigen zu machen. Das räumlich Entlegene und das zeitlich Ferne wird im Wort »hervorgerufen«; oder es wird »eingebildet« und »vorgebildet«. So wird schon hier das regnum hominis gesucht; aber es entgleitet dem Menschen alsbald wieder und löst sich in ein bloßes Idol auf. Die Magie ist zweifellos nicht lediglich eine Weise der Weltauffassung, sondern in ihr liegen schon echte Keime der Weltgestaltung. Aber das Medium, in dem sie sich bewegt, läßt diese Keime nicht zur Entfaltung kommen. Denn noch | wird die erfahrbare Wirklichkeit nicht in ihren Ordnungen und Regeln gesehen, sondern sie wird dichter und dichter in einen bloßen Wunschtraum eingehüllt, der ihre eigene Form verdeckt. Auch diese Leistung der »Subjektivität« ist freilich nicht ausschließlich negativ zu bewerten: Denn es ist schon ein erster und im gewissen Sinne entscheidender Schritt, wenn der Mensch sich nicht lediglich dem Eindruck der Dinge, ihrer bloßen »Gegebenheit« überläßt und unterwirft, sondern statt dessen dazu übergeht, eine Welt aus sich erstehen zu lassen – wenn er sich nicht mehr beim bloßen Dasein beruhigt, sondern ein Sosein und ein Anderssein fordert. Aber dieser ersten aktiven Richtung, in der der Welt des Seins die Welt der Tat gegenübertritt, fehlt es noch an den echten Mitteln der Betätigung. Indem der Wille direkt auf sein Ziel überspringt, kommt es in solcher magischen Identifizierung von Ich und Welt zu keiner wahrhaften »Auseinandersetzung« zwischen beiden. Denn jede solche Auseinandersetzung fordert nicht nur Nähe, sondern Entfernung; nicht nur Bemächtigung, sondern auch Verzicht, nicht nur die Kraft des Erfassens, sondern auch die Kraft zur Distanzierung.

Ebendieser Doppelprozeß ist es, der sich im technischen Verhalten offenbart und der es vom magischen Verhalten spezifisch unterscheidet. An Stelle der Macht des bloßen Wunsches ist hier die Macht des Willens getreten. Dieser Wille offenbart sich nicht nur in der Kraft des vorwärtsstürmenden Impulses, sondern in der Art, in der dieser Impuls geleitet und beherrscht wird; er offenbart sich nicht nur in der Fähigkeit der Ergreifung des Zieles, sondern in einer eigentümlichen Fähigkeit, das Ziel in die Ferne zu rücken und es in dieser Ferne zu belassen, es in ihr »stehenzulassen«. Dieses Stehenlassen des Zieles ist es erst, was eine »objektive« Anschauung, eine Anschauung der Welt als einer Welt von »Gegenständen« ermöglicht. Der Gegenstand ist für den Willen ebensosehr die Richt- und Leitschnur, die ihm erst seine Bestimmtheit und seine Festigkeit gibt, wie er die Schranke des Willens, sein Gegenhalt und sein Widerstand, ist. An der Kraft dieser Schranke erwächst und erstarkt erst die Kraft des Willens. Die Durchführung des Willens kann niemals in der bloßen Steigerung seiner selbst gelingen; sondern sie verlangt, daß der Wille in eine ihm selbst ursprünglich fremde Ordnung eingreift und daß er diese Ordnung als solche weiß und erkennt. Dieses Erkennen ist immer zugleich eine Weise des Anerkennens. Der Natur wird jetzt | nicht, wie in der Magie, das eigene Wünschen und Wähnen bloß untergeschoben, sondern es wird ihr ein eigenes unabhängiges Sein zugestanden. Und in dieser Selbstbescheidung erst ist der wahrhafte Sieg des Gedankens errungen. »Natura [...] non nisi parendo vincitur [...]«:[19] Der Sieg über die Natur läßt sich nur auf dem Wege des Gehorsams gegen sie erreichen. Durch diesen Gehorsam, der die Kräfte der Natur walten läßt, der sie nicht mehr magisch zu bannen und zu unterjochen versucht, wird nun auch im rein »theoretischen« Sinne eine neue Gestalt der Welt heraufgeführt. Der Mensch sucht nicht länger, sich die Wirklichkeit mit allen Mitteln des Zaubers und der Bezauberung gefügig zu machen; sondern er nimmt sie als ein selbständiges charakteristisches »Gefüge«. Sie hat für ihn aufgehört, ein amorpher Stoff zu sein, der sich zu jeder Metamorphose hergibt, der sich durch die Macht des magischen Wortes und Bildes zuletzt in jede beliebige Gestalt zwingen läßt. An Stelle des zauberischen Zwanges tritt die »Entdeckung« der Natur, die in jedem technischen Verhalten, in jedem noch so einfachen und primitiven Werkzeuggebrauch enthalten ist. Diese Entdeckung ist Aufdeckung: ist das Erfassen und Sichzueigenmachen eines wesenhaften und notwendigen Zusammenhangs, der zuvor verborgen lag. Damit erst ist die Gestaltenfülle und der unbeschränkte Gestaltenwandel der mythisch-magischen Welt auf eine feste Norm, auf ein bestimmtes Maß zurückgeführt – und doch ist andererseits die Wirklichkeit durch die Reduktion auf diese ihre inneren Maßverhältnisse nicht zu einem schlechthin starren Sein geworden, sondern sie hat ihre innere Beweglichkeit bewahrt. Sie hat von ihrer »Plastizität« nichts verloren; aber diese Plastizität, diese ihre

[19] [Francis Bacon, Novum organum, in: Works, hrsg. v. Robert Leslie Ellis, James Spedding u. Douglas Denon Heath, Bd. I, London 1858, S. 70–223: S. 157.]

»Formbarkeit« ist nunmehr wie in einen festen gedanklichen Rahmen eingespannt und auf bestimmte Regeln des »Möglichen« eingeschränkt. Dieses objektiv Mögliche erscheint jetzt als die Grenze, die der Allmacht des Wunsches und der affektiven Phantasie gesetzt ist. An die Stelle des bloß triebhaften Begehrens ist erst jetzt ein echtes, bewußtes Willensverhältnis getreten – ein Verhältnis, das Herrschen und Dienen, Fordern und Gehorchen, Sieg und Unterwerfung in eins faßt. In solcher Wechselbestimmung wird ein neuer Sinn des Ich und ein neuer Sinn der Welt ergriffen. Die Willkür, der bloße Eigenwille und Eigensinn des Ich tritt zurück – und in dem Maße, als dies geschieht, hebt sich der eigene Sinn des Daseins und des Geschehens, hebt sich die Wirklichkeit als Kosmos, als Ordnung und Form heraus. |

Man braucht, um sich dies zu vergegenwärtigen, nicht auf die vollständige Entfaltung und auf die gegenwärtige Gestaltung der Technik hinzublicken; sondern fast noch deutlicher als in all den Wunderwerken der modernen Technik stellt sich das Grundverhältnis in den ganz schlichten und unscheinbaren Phänomenen, in den ersten und einfachsten Anfängen des Werkzeuggebrauchs dar. Schon hier dringen wir – rein philosophisch betrachtet – in den Kern und Mittelpunkt des Problems ein. Denn der Abstand zwischen jeglichem noch so ungefügen und unvollkommenen Werkzeug, dessen sich der Mensch bedient, und den höchsten Erzeugnissen und Errungenschaften technischen Schaffens mag in rein inhaltlicher Hinsicht noch so gewaltig erscheinen: Er ist dennoch, wenn man lediglich das Prinzip des Handelns ins Auge faßt, nicht größer, sondern geringer als die Kluft, die die erste Erfindung und den ersten Gebrauch des rohesten Werkzeugs vom bloß tierischen Verhalten trennt. Es ist nicht zuviel gesagt, wenn man behauptet, daß in dem Übergang zum ersten Werkzeug nicht nur der Keim zu einer neuen Weltbeherrschung liegt, sondern daß hier auch eine Weltwende der Erkenntnis einsetzt. In der Weise des mittelbaren Handelns, die jetzt gewonnen ist, gründet und festigt sich erst jene Art von Mittelbarkeit, die zum Wesen des Denkens gehört. Alles Denken ist seiner reinen logischen Form nach mittelbar – ist auf die Entdeckung und Gewinnung von Mittelgliedern angewiesen, die den Anfang und das Ende, den Obersatz und den Schlußsatz einer Schlußkette miteinander verknüpfen. Das Werkzeug erfüllt die gleiche Funktion, die sich hier in der Sphäre des Logischen darstellt, in der gegenständlichen Sphäre: Es ist gleichsam der in gegenständlicher Anschauung, nicht im bloßen Denken erfaßte »terminus medius«. Es stellt sich zwischen den ersten Ansatz des Willens und das Ziel – und es gestattet in dieser Zwischenstellung erst, beide voneinander zu sondern und in die gehörige Distanz zu setzen. Solange der Mensch sich zur Erreichung seiner Zwecke lediglich seiner Gliedmaßen, seiner körperlichen »Organe« bedient, ist solche Distanzierung noch nicht erreicht. Er wirkt alsdann zwar auf seine Umwelt – aber von diesem Wirken selbst zum Wissen des Wirkens ist noch ein weiter Abstand. Wo alles Tun des Menschen darin aufgeht, die Welt zu ergreifen, da kann er sie noch nicht als solche begreifen – da kann er sie noch nicht als eine Welt von Gegenständen in objektiver Gestalt vor sich hinstellen. Das triebhafte In-Besitz-Nehmen, das unmittelbare leibliche Fassen | läßt es nicht zu einem »Erfassen«, zu einem Aufbau in der Region des reinen Anschauens und in der Region des Denkens kommen. Im Werkzeug und seinem Gebrauch hingegen wird gewissermaßen zum ersten Male das erstrebte Ziel in die Ferne gerückt. Statt wie gebannt auf dieses Ziel hinzusehen, lernt der Mensch von ihm »abzusehen« – und ebendieses Absehen wird zum Mittel und zur Bedingung seiner Erreichung. Diese Form des Sehens ist es erst, die das »absichtliche« Tun des Menschen von dem tierischen Instinkt scheidet. Die »Ab-Sicht« begründet die »Voraus-Sicht«; begründet die Möglichkeit, statt auf einen unmittelbar gegebenen Sinnenreiz hin zu handeln, die Zielbestimmung auf ein räumlich Abwesendes und zeitlich Entferntes zu richten. Nicht weil das Tier an körperlicher Geschicklichkeit hinter den Menschen zurücksteht, sondern weil ihm diese eigentümliche Blickrichtung versagt ist, gibt es im Bereich tierischen Daseins keinen eigentlichen Werkzeuggebrauch.[20] Und diese Blickrichtung ist es auch, in der erst der Gedanke der kausalen Verknüpfung im strengen und eigentlichen Sinne ersteht. Faßt man freilich den Begriff der Kausalität so locker und lose, daß man ihn überall anwendbar findet, wo Ähnliches oder räumlich und zeitlich Benachbartes durch bloße »Assoziation« verbunden wird – so muß man den Ursprung dieses Begriffs weit früher ansetzen. Es ist kein Zweifel, daß schon die mythische Welt und daß schon das rein magische Wirken von derlei »Assoziationen« erfüllt und durch sie beherrscht ist. Frazer verfährt daher konsequent, wenn er, auf Grund dieser Auffassung der Kausalität, schon die Welt der Magie dem Prinzip der Kausalität unterstellt – wenn er in der Magie die eigentlichen Anfänge der »Experimentalphysik« sieht.[21] Aber ein anderes Bild und ein anderes Urteil über die

[20] Näheres hierüber s. Cassirer, Philosophie der symbolischen Formen. Dritter Teil: Phänomenologie der Erkenntnis, S. 317 ff. [ECW 13, S. 315 ff].

[21] »Wherever sympathetic magic occurs in its pure unadulterated form, it assumes that in nature one event follows another necessarily and invariably with-

geistigen Zusammenhänge und die geistigen Differenzen zwischen den Grund|formen der Weltauffassung ergibt sich, wenn man den Kausalbegriff in jener schärferen und strengeren Bedeutung nimmt, die *Kant* ihm in seiner Kritik der *Hume*schen Kausalitätslehre gegeben hat. Der Schwerpunkt dieser Kritik liegt in dem Nachweis, daß keineswegs die bloße gewohnheitsmäßige Verbindung, sondern der Gedanke der »notwendigen Verknüpfung« den Kern des Kausalbegriffs als einer Kategorie des »reinen Verstandes« ausmache. Und das *Recht* dieses Begriffs wird letzten Endes darin gesucht und dadurch erwiesen, daß ohne ihn die Beziehung unserer Vorstellungen auf einen *Gegenstand* nicht möglich wäre. Der Kausalbegriff gehört zu jenen Urformen der Synthesis, durch welche allein es möglich ist, den Vorstellungen einen Gegenstand zu geben: Er ist als Bedingung der Möglichkeit der Erfahrung Bedingung der Möglichkeit der Gegenstände der Erfahrung. Von einer solchen ins Objektive gewandten und das Reich der Objekte erst aufbauenden und ermöglichenden Kausalität weiß die mythisch-magische Welt noch nichts. Auch für sie löst sich das Ganze der Natur in ein Spiel von Kräften, in ein Ineinander von Wirkungen und Gegenwirkungen auf – aber diese Kräfte sind wesentlich von der gleichen Art, wie sie der Mensch in seinen unmittelbaren Trieben erlebt und erfährt. Es sind persönliche, dämonisch göttliche Mächte, die das Geschehen leiten und bestimmen, und deren Mitwirkung der Mensch sich vergewissern muß, wenn er selbst auf dieses Geschehen Einfluß gewinnen will. Das *Werkzeug* erst und sein regelmäßiger Gebrauch durchbricht prinzipiell die Schranke dieser Vorstellungsart. In ihm kündigt sich die Götterdämmerung der magisch-mythischen Welt an. Denn hier erst tritt der Gedanke der Kausalität aus der Begrenztheit der »inneren Erfahrung«, aus der Gebundenheit an das subjektive Willensgefühl heraus. Er wird zu einem Band, das rein *gegenständliche* Bestimmungen miteinander verknüpft und zwischen ihnen eine feste Regel der Abhängigkeit setzt. Das Werkzeug gehört nicht mehr, wie der Leib und seine Gliedmaßen, unmittelbar dem Menschen zu: Es bedeutet ein von seinem unmittelbaren Dasein Abgelöstes – ein Etwas, das in

out the intervention of any spiritual or personal agency. Thus its fundamental conception is identical with that of modern science [...] The magician does not doubt that the same causes will always produce the same effects [...] Thus the analogy between the magical and the scientific conceptions of the world is close. In both of them the succession of events is perfectly regular and certain, being determined by immutable laws, the operation of which can be foreseen and calculated precisely; the elements of caprice, of chance, and of accident are banished from the course of nature.« (Frazer, The Magic Art, Bd. I, S. 220 f.)

sich Bestand hat, einen Bestand, mit dem es selbst das Leben des Einzelmenschen weit überdauern kann. Aber dieses so bestimmte »Dingliche« und »Wirkliche« steht nun nicht für sich allein, sondern es ist wahrhaft wirklich nur in der Wirkung, die es auf anderes Sein ausübt. Diese selbst schließt sich ihm nicht bloß äußerlich an, sondern sie gehört zu seiner Wesensbestimmung. Die Anschauung eines bestimmten Werkzeuges – die An|schauung der Axt, des Hammers usw. – erschöpft sich niemals in der Anschauung eines Dinges mit besonderen Merkmalen, eines Stoffes mit bestimmten Eigenschaften. Im Stoff wird hier vielmehr sein Gebrauch, in der »Materie« die Form der Wirksamkeit, die eigentümliche Funktion erschaut: Und beides trennt sich voneinander nicht, sondern wird als eine unlösliche Einheit ergriffen und begriffen. Der Gegenstand ist als etwas bestimmt immer nur soweit und sofern er zu etwas bestimmt ist. Darin liegt, daß es in der Welt des Werkzeugs niemals bloße Dingbeschaffenheiten, sondern daß es in ihr, um einen mathematischen Ausdruck zu brauchen, nur ein Ganzes von »Vektorgrößen« gibt. Jedes Sein ist hier in sich bestimmt, aber es ist zugleich Ausdruck einer bestimmten Verrichtung, und in dieser Anschauung der Verrichtung geht dem Menschen ganz allgemein eine prinzipiell neue Blickrichtung, geht ihm die Auffassung einer »objektiven Kausalität« auf.

Wie groß freilich die Leistung ist, die hier gefordert wird, das tritt mit besonderer Deutlichkeit hervor, wenn man sich gegenwärtig hält, daß die Kluft zwischen den beiden verschiedenen Weltaspekten, die hier einander gegenüberstehen, nicht mit einem Ansatz übersprungen werden kann. Der Abstand zwischen den beiden Polen bleibt bestehen – und er kann nur Schritt für Schritt durchmessen werden. Lange nachdem der menschliche Geist in der Sprache und im Werkzeug die wichtigsten Mittel der Befreiung sich geschaffen hat, erscheinen ihm ebendiese Mittel selbst noch wie eingehüllt in jenen magisch-mythischen Dunstkreis, über den sie ihn, in ihrer letzten und höchsten Entfaltung, hinausführen sollen.[22] Die Welt der Sprache wie die des

[22] Daß die eigentliche Bedeutung des Werkzeugs, in rein geistigem Sinne, darin liegt, daß es ein Grundmittel in jenem Prozeß der »Objektivation« darstellt, aus dem erst die Welt der »Sprache« und die Welt der »Vernunft« hervorgeht, hebt insbesondere Ludwig Noiré in seiner Schrift: Das Werkzeug und seine Bedeutung für die Entwickelungsgeschichte der Menschheit, Mainz 1880, hervor. »Die hohe Wichtigkeit [des Werkzeugs]«, so betont er, »liegt hauptsächlich in zwei Dingen: erstens in der Lösung oder Aussonderung des Causalverhältnisses, wodurch das letztere eine große, stets zunehmende Klarheit in dem menschlichen Bewußtsein erhält, und zweitens in der Objectivation oder Projicirung der eigenen, bisher nur in dem dunkleren Bewußtsein instinctiver Function thätigen

Werkzeugs wird keineswegs unmittelbar als Schöpfung des Menschengeistes begriffen, | sondern beide wirken als fremde und überlegene Kräfte. Der dämonische Charakter, der der mythischen Auffassung als solcher eigen ist, erstreckt sich auch auf diese beiden Welten und droht sie zunächst vollständig in seinen Bann zu ziehen. Das Ganze der Worte und das Ganze der Werkzeuge erscheint selbst wie eine Art von Pandämonium. Die Sprache ist keineswegs ursprünglich ein rein sachlich bestimmtes und sachlich orientiertes Darstellungsmittel, kein Mittel der bloßen Mitteilung, auf der sich das gegenseitige Verständnis, im logischen Sinne des Wortes, erhebt. Je mehr man in den »Ursprung« der Sprache zurückzugehen sucht, um so mehr schwindet der bloße »Sachcharakter« ihrer Grundelemente. Herder sagt, daß das älteste Wörterbuch und die älteste Grammatik der Menschheit nichts anderes war als ein »tönendes Pantheon« – ein Reich nicht sowohl von Dingen und Dingnamen, als vielmehr von belebten, handelnden Wesen. Und das gleiche gilt für die ersten und primitivsten Werkzeuge. Auch sie gelten durchaus als »Gaben von oben« – als Geschenke eines Gottes oder Heilbringers. So werden sie selbst als göttlich verehrt: Bei den Eweern in Süd-Togo gilt noch heute der Schmiedehammer als eine mächtige Gottheit, zu der gebetet wird und der Opfer dargebracht werden. Bis in die großen Kulturreligionen hinein lassen sich die Spuren dieser Empfindung und Anschauung verfolgen.[23] Aber diese Scheu verliert sich, das mythische Dunkel, das das Werkzeug zunächst noch umgibt, lichtet sich allmählich in dem Maße, als der Mensch es nicht nur gebraucht, sondern als er es, in ebendiesem Gebrauch selbst, fortdauernd umbildet. Mehr und mehr wird er sich jetzt als freier Herrscher im Reich der Werkzeuge bewußt: In der Macht des Werkzeugs gelangt er zugleich zu einer neuen Anschauung seiner selbst, als des Verwalters und Mehrers derselben. »Der Mensch erfährt und genießt nichts«, so sagt Goethe, »ohne sogleich productiv zu werden. Dies ist die innerste Eigenschaft der menschlichen Natur. Ja man kann ohne Übertreibung sagen, es sey die menschliche Natur selbst.«[24] Diese Grundkraft des Menschen

Organe.« (A. a. O., S. 34) Das Recht dieser These bleibt bestehen, auch wenn man sich der von Noiré gegebenen Begründung – einer Begründung, die hauptsächlich auf sprachgeschichtlichen Tatsachen und auf einer bestimmten Theorie über den Ursprung der Sprache beruht – nicht anschließt.

[23] Näheres in meiner Schrift »Sprache und Mythos. Ein Beitrag zum Problem der Götternamen«, Leipzig 1925 (Studien der Bibliothek Warburg, Bd. 6), S. 48 ff. u. 68 f. [ECW 16, S. 227–311: S. 278 ff. u. 298 f.].

[24] [Johann Wolfgang von Goethe, Paralipomena. Vorarbeiten und Bruchstücke, in: Werke (Weimarer Ausgabe), hrsg. im Auftr. der Großherzogin Sophie

offenbart sich vielleicht nirgends so deutlich als in der Sphäre des Werkzeugs: Der Mensch wirkt mit ihm nur dadurch, daß er in irgendeinem, wenn auch anfangs noch so bescheidenen Maße auf dasselbe wirkt. Es wird ihm nicht nur Mittel zur Umgestaltung der Gegenstandswelt, sondern | in ebendiesem Prozeß der Verwandlung des Gegenständlichen erfährt es selbst eine Wandlung und rückt von Ort zu Ort. Und an diesem Wandel erlebt nun der Mensch eine fortschreitende Steigerung, eine eigentümliche Potenzierung seines Selbstbewußtseins. Eine neue Weltstellung und eine neue Weltstimmung kündet sich jetzt gegenüber der mythisch-religiösen Weltansicht an. Der Mensch steht jetzt an jenem großen Wendepunkt seines Schicksals und seines Wissens von sich selbst, den der griechische Mythos in der Gestalt des Prometheus festgehalten hat. Der Dämonen- und Götterfurcht tritt der titanische Stolz und das titanische Freiheitsbewußtsein gegenüber. Das göttliche Feuer ist vom Sitz der Unsterblichen entwandt und im Bereich des Menschen, an seiner Wohnstätte und seinem Herd, angesiedelt. Das Wunsch- und Traumland, in das die Magie den Menschen eingehüllt hatte, ist zerstoben; er sieht sich hinausgewiesen in eine neue Wirklichkeit, die ihn mit ihrem ganzen Ernst und mit ihrer ganzen Strenge, mit einer Notwendigkeit, an der all seine Wünsche zerschellen, empfängt. Aber wenn er dieser Notwendigkeit nicht entgehen, wenn er die Welt nicht mehr nach seinen Wünschen zu lenken vermag – so lernt er jetzt mehr und mehr, sie mit seinem Willen zu beherrschen. Er versucht nicht länger, sie aus ihrer Bahn zu lenken; er fügt sich dem ehernen Gesetz der Natur. Aber dieses Gesetz selbst umschließt ihn nicht gleich den Mauern eines Kerkers, sondern an ihm gewinnt und an ihm erprobt er eine neue Freiheit. Denn die Wirklichkeit selbst erweist sich, unbeschadet ihrer strengen und unaufheblichen Gesetzlichkeit, nicht als ein schlechthin starres Dasein, sondern als ein modifizierbarer, als ein bildsamer Stoff. Ihre Gestalt ist nicht fertig und endgültig, sondern sie bietet dem Wollen und dem Tun des Menschen einen Spielraum von unübersehbarer Weite. Indem er sich in diesem Spielraum bewegt – im Ganzen dessen, was durch seine Arbeit zu leisten ist und was durch diese seine Arbeit erst möglich wird – baut der Mensch sich seine Welt, seinen Horizont der »Objekte« und seine Anschauung des eigenen Wesens fortschreitend auf. Aus jenem Zauberreich der unmittelbaren Wunscherfüllung, das die Magie lockend vor ihn hinstellte, sieht er sich nun freilich vertrieben – er ist auf einen an

von Sachsen, 4 Abt., insg. 133 Bde. in 143 Bdn., Weimar 1887–1919, 1. Abt., Bd. XLVII, S. 275–389: S. 323.]

sich grenzenlosen Weg des Schaffens verwiesen, der ihm kein schlechthin endgültiges Ziel, keinen letzten Halt- und Ruhepunkt mehr verspricht. Aber statt dessen setzt jetzt für sein Bewußtsein auch eine neue Wert- und Sinnbestimmung ein: Der eigentliche »Sinn« des Tuns läßt sich | nicht mehr an dem, was es bewirkt und was es zuletzt erreicht, bemessen, sondern es ist die reine Form des Tuns, es ist die Art und Richtung der gestaltenden Kräfte als solcher, wonach sich dieser Sinn bestimmt.

III

Je deutlicher in den vorangehenden Betrachtungen die unentbehrliche Mitwirkung des technischen Schaffens an der Eroberung, Sicherung und Festigung der Welt der »objektiven« Anschauung geworden ist, um so schärfer erhebt sich indes jetzt für uns ein Bedenken, das den Wert dieser Leistung nicht nur problematisch zu machen droht, sondern das ihn geradezu in sein Gegenteil zu verkehren scheint. Ist das, was hier als die eigentliche Leistung der Technik angesehen wurde, nicht vielmehr das Grundübel, an dem sie krankt? Ist die Erschließung der Objektwelt nicht zugleich und notwendig die Entfremdung des Menschen gegenüber seinem eigenen Wesen, gegenüber dem, was er ursprünglich ist und als was er sich ursprünglich fühlt? Der erste Schritt in jene Sachwelt, die die technische Arbeit für ihn erschließt und aufbaut, scheint den Menschen auch dem Gesetz, dem harten Muß der bloßen Sachen für immer zu unterwerfen. Und ist nicht dieses Muß der stärkste Feind der inneren Fülle, die in seinem Ich, in seinem seelischen Sein beschlossen ist? Alle Technik ist ein Geschöpf des Geistes – jenes Geistes, der seine Herrschaft nur dadurch begründen kann, daß er alle Kräfte neben sich bezwingt und daß er sie despotisch niederhält. Er muß, um zu herrschen, das freie Reich der Seele nicht nur beengen, sondern er muß es leugnen und zerstören. In diesem Widerstreit ist kein Kompromiß möglich: Der Geist, dessen Ziel und dessen Macht in der Technik hervortritt, ist der unversöhnliche Widersacher der Seele. Und wie er den Menschen seinem eigenen Lebenszentrum fortschreitend entfremdet, so gilt das gleiche für sein Verhältnis zur gesamten Natur, sofern diese nicht in einem durch die Technik schon entstellten Sinne genommen wird – sofern sie nicht als ein bloßer Mechanismus unter allgemeinen Gesetzen gedacht, sondern in ihrer organischen Besonderheit und in ihrer organischen Lebensfülle gefühlt wird. Je mehr im Umkreis der modernen Kultur die Macht der Technik heranwuchs, um so leidenschaftlicher und unerbittlicher hat die Philo|sophie diese Klage und Anklage wider sie erhoben. »Während jedes außermenschliche Lebewesen«, so sagt Ludwig Klages, der beredteste und radikalste Verfechter dieser Grundanschauung, »im *Rhythmus* des kosmischen Lebens pulst, hat den Menschen[25] aus diesem abgetrennt das *Gesetz* des Geistes. Was ihm als dem Träger des Ichbewußtseins im Lichte der Ueberlegenheit vorausberechnenden Denkens über die Welt erscheint, das erscheint dem Metaphysiker, wenn anders er tief genug eindringt, im Lichte einer Knechtung des Lebens unter das Joch der Begriffe!« »[Der Mensch] hat sich zerworfen mit dem Planeten, der ihn gebar und nährt, ja mit dem Werdekreislauf aller Gestirne, weil er besessen ist von [dieser] vampyrischen[, dieser seelenzerstörenden] Macht [...]«[26]

Man verfehlt den eigentlichen Sinn dieser Anklagen, wenn man glaubt, sie abschwächen oder besiegen zu können, indem man hierbei lediglich bei der Betrachtung der Erscheinungen, der bloßen Wirkungen verharrt. Hier genügt es nicht, den verderblichen Wirkungen des rational-technischen Geistes, die offen zutage liegen, andere erfreuliche und wohltuende Folgen gegenüberzustellen und aus dieser Gegenüberstellung eine erträgliche oder günstige Bilanz zu ziehen, eine bestimmte »Lustsumme« zu errechnen. Denn die Frage richtet sich nicht auf die Folgen, sondern auf die Gründe; nicht auf die Ergebnisse, sondern auf die Funktionen. Solche funktionale Betrachtung und Analyse ist es, von der jegliche Kritik eines bestimmten Kulturinhalts und Kulturgebiets ausgehen muß. Im Mittelpunkt dieser Kritik muß stets die Frage nach dem Menschen selbst, nach seiner Bedeutung und »Bestimmung« stehen. In diesem Sinne hat Schiller, auf dem Gipfelpunkt einer bestimmten ästhetisch-humanistischen Kulturepoche stehend, die Frage nach der Bedeutung und dem Wert des »Ästhetischen« schlechthin gestellt. Und er beantwortet diese Frage dahin, daß die Kunst kein bloßer Besitz des Menschen ist und daß sie ebensowenig eine bloße Leistung und Tat des Menschen darstelle, sondern daß sie vielmehr als ein notwendiger Weg zur Menschwerdung und als eine eigentümliche Phase derselben verstanden werden müsse. Es ist nicht der Mensch, der als bloßes Naturwesen, als physisch-organisches Wesen, zum Schöpfer der Kunst wird – sondern es ist vielmehr die Kunst, die | sich als Schöpfe-

25 [*Cassirer:* der Mensch *statt* den Menschen]

26 Ludwig Klages, Vom kosmogonischen Eros, München 1922, S. 45 [1. Zitat]; vgl. ders., Mensch und Erde. Fünf Abhandlungen, München 1920, S. 40 ff. [2. Zitat: S. 40 f.].

rin des Menschentums erweist, die die spezifische »Weise« des Menschseins erst ermöglicht und konstituiert. Der Spieltrieb, auf den Schiller die Region der Schönheit gründet, tritt nicht einfach neben die bloßen Naturtriebe, so daß er lediglich eine Erweiterung ihres Umfangs wäre, sondern er wandelt ihren spezifischen Gehalt und erschließt und erobert damit erst die eigentliche Sphäre der »Humanität«. »[…] der Mensch spielt nur, wo er in voller Bedeutung des Worts Mensch ist, und *er ist nur da ganz Mensch, wo er spielt.*«[27] Diese Totalität des Menschentums scheint sich in keiner andern Funktion im selben Sinne und im gleichen Maße verwirklichen zu lassen, als in der Kunst. In der deutschen Geistesgeschichte läßt sich freilich verfolgen, wie der rein ästhetisch gefaßte und ästhetisch begründete »Humanismus« sich allmählich dadurch weitet, daß der Kunst eine andere geistige Macht selbständig und gleichberechtigt zur Seite tritt. Bei Herder und Humboldt ist es die Sprache, die sich mit der Kunst die Schöpferrolle teilt, die als grundlegendes Motiv der echten »Anthropogenie« erscheint. Dem Bereich des technischen Wirkens aber scheint jede solche Anerkennung versagt zu sein. Denn dieses Wirken scheint durchaus der Herrschaft jenes Triebes zu unterstehen, den Schiller als sinnlichen Trieb oder als »Stofftrieb« charakterisiert. In ihm manifestiert sich der Drang nach außen; der typisch »zentrifugale« Trieb. Es bringt ein Stück der Welt nach dem andern unter die Botmäßigkeit des menschlichen Willens – aber diese Ausbreitung, diese Erweiterung der Peripherie des Seins führt eben damit weiter und weiter vom Zentrum der »Person« und der persönlichen Existenz hinweg. So scheint jeder Gewinn an Breite hier mit dem Verlust an Tiefe erkauft werden zu müssen. Läßt sich auf eine Funktion wie diese in irgendeinem, wenn auch noch so mittelbaren Sinne das Wort anwenden, das Schiller für die Kunst geprägt hat – daß sie nicht nur eine Schöpfung des Menschen, sondern daß sie seine »zweite Schöpferin« sei?

Und doch erhebt sich gegen die Auffassung, die in der Technik ein lediglich nach außen gerichtetes Bestreben sehen will, schon ein ganz allgemeines Bedenken. Denn das Wort Goethes, daß die Natur weder Kern noch Schale habe, läßt sich mit noch höherem Recht auf die Gesamtheit der geistigen Betätigungen und Energien anwenden. Hier gibt es im Grunde nirgends eine Trennung, eine absolute

[27] [Friedrich Schiller, Über die ästhetische Erziehung des Menschen in einer Reihe von Briefen (1793/94), in: Philosophische Schriften, Bd. II (Sämtliche Werke. Säkular-Ausgabe in 16 Bänden, in Verb. mit Richard Fester u. a. hrsg. v. Eduard von der Hellen, Bd. XII), Stuttgart/Berlin 1905, S. 3–120: S. 59.]

Schranke zwischen dem »Außen« und »Innen«. Jede neue Gestalt der Welt, die durch | diese Energien erschlossen wird, ist zugleich immer ein neuer Aufschluß über das innere Sein – sie verdunkelt dieses Sein nicht, sondern macht es von einer neuen Seite her sichtbar. Es ist stets eine vom Innern an das Äußere, vom Äußeren an das Innere ergehende Offenbarung, die wir hier vor uns haben – und in dieser Doppelbewegung, in dieser eigentümlichen Oszillation wird erst der Umriß der Innen- wie der Außenwelt und ihre beiderseitige Grenze festgestellt. In diesem Sinne gilt es auch vom technischen Wirken, daß es keineswegs auf die Gewinnung eines bloßen »Draußen« gerichtet ist, sondern daß es eine eigentümliche Innenwendung und Rückwendung in sich schließt. Auch hier handelt es sich nicht darum, den einen Pol vom andern loszureißen, sondern vielmehr darum, beide in einem neuen Sinne durcheinander zu bestimmen. Gehen wir dieser Bestimmung nach, so zeigt sich, daß zunächst das Wissen vom Ich in einem ganz besonderen Sinne an die Form des technischen Tuns gebunden zu sein scheint. Die Grenze, die das rein organische Wirken von diesem technischen Tun trennt, ist zugleich eine scharfe und klare Demarkationslinie innerhalb der Entwicklung des Ich-Bewußtseins und der eigentlichen »Selbst-Erkenntnis«. Nach der rein physischen Seite stellt sich dies darin dar, daß dem Menschen das bestimmte und deutliche Bewußtsein der eigenen Leiblichkeit, das Bewußtsein seiner körperlichen Gestalt und seiner körperlichen Funktionen, erst dadurch erwächst, daß er beides nach außen wendet und gewissermaßen aus dem Reflex der äußeren Welt zurückgewinnt. Ernst Kapp hat in seiner »Philosophie der Technik« den Gedanken durchzuführen gesucht, daß dem Menschen die Kenntnis seiner Organe erst auf dem Umweg über die Organprojektion zuteil werde. Unter Organprojektion versteht er hierbei die Tatsache, daß die einzelnen Gliedmaßen des menschlichen Leibes nicht bloß nach außen wirken, sondern daß sie sich im äußeren Dasein gewissermaßen ein Bild ihrer selbst erschaffen. Ein solches Bild des Leibes ist jedes primitive Werkzeug; es ist ein Widerspiel und eine Widerspiegelung der Form und der Verhältnisse des Leibes in einem bestimmten materiellen Gebilde der Außenwelt. Jegliches Handwerkszeug erscheint in diesem Sinne als eine Fortsetzung und Fortbildung, als ein Nachaußentreten der Hand selbst. Die Hand hat in allen denkbaren Weisen ihrer Stellung und Bewegung die organischen Urformen geliefert, denen der Mensch unbewußt seine ersten notwendigen Geräte nachgeformt hat. Hammer und Axt, Meißel und Bohrer, Schere und | Zange sind Projektionen der Hand. »In ihrer Gliederung als Handfläche, Daumen und Gefinger ist die offene, hohle, fingerspreizende, drehende, fassende und geballte Hand für sich allein, oder zugleich mit gestrecktem oder gebogenem ganzen Unterarm, die gemeinsame Mutter des nach ihr benannten Handwerkzeuges.« Weiter ergibt sich hieraus für Kapp der Schluß, daß der Mensch erst an dem künstlichen Gegenbild, das er sich erschuf, an der Welt der Artefakte, einen Einblick in die Beschaffenheit seines Leibes, in dessen physiologische Struktur gewinnen konnte. Erst dadurch, daß er lernte, bestimmte physikalisch-technische Apparate herzustellen, habe er an ihnen und durch sie den Bau seiner Organe wahrhaft kennengelernt. Das Auge z. B. ist das Vorbild aller optischen Apparate; aber andererseits läßt sich erst an diesen Apparaten die Beschaffenheit und die Funktion des Auges begreifen. »Erst als das Sehorgan sich in einer Anzahl von mechanischen Vorrichtungen projicirt und so deren Rückbeziehung auf seinen anatomischen Bau vorbereitet hatte, konnte dessen physiologisches Räthsel gelöst werden. Von dem unbewusst nach dem organischen Sehwerkzeuge gestalteten Instrument hat der Mensch in bewusster Weise den Namen auf den eigentlichen Heerd der Lichtstrahlenbrechung im Auge, auf die ›*Kristall-Linse*‹, übertragen.«[28]

Wir gehen dem metaphysischen Gehalt dieser These wie der metaphysischen Begründung, die Kapp für sie gegeben hat, hier nicht näher nach. Soweit diese Begründung sich auf rein spekulative Grundannahmen, auf Schopenhauers Willenslehre und auf Eduard von Hartmanns »Philosophie des Unbewußten« stützt, ist sie mit Recht bestritten und scharf kritisiert worden.[29] Aber diese Kritik tut der Grundauffassung und der Grundeinsicht keinen Abbruch, die Kapp in den Worten ausspricht, daß das technische Wirken, in seiner Richtung nach außen, immer zugleich ein Selbstbekenntnis der Menschen und in ihm ein Medium seiner Selbsterkenntnis darstellt.[30] Freilich läßt sich, wenn man diese Auffassung annimmt, auch der radikalen Konsequenz nicht ausweichen, daß der Mensch, mit diesem ersten Genuß der Frucht vom Baum der Erkenntnis, sich für immer aus dem Paradies des rein | organischen Daseins und Lebens verstoßen hat. Mag man mit Kapp die ersten menschlichen Werkzeuge noch als bloße Weiterführungen dieses Daseins zu verstehen und zu deuten suchen – mag man in der Gestalt des Hammers und der Axt, des Meißels und

[28] Ernst Kapp, Grundlinien einer Philosophie der Technik. Zur Entstehungsgeschichte der Cultur aus neuen Gesichtspunkten, Braunschweig 1877, S. 41 ff., 76 ff. u. 122 ff. [Zitate S. 41 u. 79].

[29] Vgl. z. B. Eyth, Zur Philosophie des Erfindens, S. 234 ff.; Zschimmer, Philosophie der Technik, S. 106 ff.

[30] Kapp, Grundlinien, S. 26.

des Bohrers, der Zange und der Säge nichts anderes als Sein und Bau der Hand selbst wiederfinden –, so versagt doch diese Analogie sofort, wenn man weiterschreitet und in die Sphäre der eigentlichen technischen Betätigung eintritt. Denn diese Sphäre wird von einem Gesetz beherrscht, das man mit Karl Marx als das Gesetz der »Emanzipation von der organischen Schranke« bezeichnet hat. Was die Instrumente der vollentwickelten Technik von den primitiven Werkzeugen trennt, ist ebendies, daß sie sich von dem Vorbild, das ihnen die Natur unmittelbar zu bieten vermag, freigemacht und gewissermaßen losgesagt haben. Erst auf Grund dieses »Lossagens« tritt das, was sie selbst zu sagen und zu leisten haben, tritt ihr selbständiger Sinn und ihre autonome Funktion vollständig zutage. Als das Grundprinzip, das die gesamte Entwicklung des modernen Maschinenbaus beherrscht, hat man den Umstand bezeichnet, daß die Maschine nicht mehr die Handarbeit oder gar die Natur nachzuahmen sucht, sondern daß sie bestrebt ist, die Aufgabe mit ihren eigenen, von den natürlichen oft völlig verschiedenen Mitteln zu lösen.[31] Mit diesem Prinzip und seiner immer schärferen Durchführung hat die Technik erst ihre eigentliche Mündigkeit erlangt. Jetzt richtet sie eine neue Ordnung auf, die nicht in Anlehnung an die Natur, sondern nicht selten in bewußtem Gegensatz zu ihr gefunden wird. Die Entdeckung des neuen Werkzeugs stellt eine Umbildung, eine Revolution der bisherigen Wirkungsart, des Modus der Arbeit selbst, dar. So wurde, wie man betont hat, mit der Nähmaschine zugleich eine neue Nähweise, mit dem Walzwerk eine neue Schmiedeweise erfunden – und auch das Flugproblem konnte erst endgültig gelöst werden, als das technische Denken sich von dem Vorbild des Vogelflugs freimachte und das Prinzip des bewegten Flügels verließ.[32] Abermals zeigt sich hier eine durchgängige und überraschende Analogie zwischen der technischen und der sprachlichen Funktion: Zwischen dem »Geist des Werkzeugs« und dem »Werkzeug des Geistes«. Denn auch die Sprache sucht in ihren ersten Anfängen | die »Nähe zur Natur« noch durchgängig festzuhalten. Sie gibt sich dem direkten sinnlichen Eindruck der Dinge hin und strebt danach, ihn im Klang, im Lautbild nach Möglichkeit festzuhalten und gewissermaßen auszuschöpfen. Aber je weiter sie sodann auf ihrem Wege fortschreitet, um so mehr sagt sie sich von dieser unmittelbaren Gebundenheit los. Sie verläßt den Weg

[31] Vgl. Franz Reuleaux, Theoretische Kinematik. Grundzüge einer Theorie des Maschinenwesens (Lehrbuch der Kinematik, Bd. I), Braunschweig 1875.

[32] Näheres bei Dessauer, Philosophie der Technik, S. 40 ff.; Zschimmer, Philosophie der Technik, S. 102 ff.

des onomatopoetischen Ausdrucks; sie ringt sich von der bloßen Lautmetapher los, um zum reinen Symbol zu werden. Und damit erst hat sie die ihr eigentümliche geistige Gestalt gefunden und festgestellt; ist die in ihr schlummernde Leistung zum wahrhaften Durchbruch gelangt.[33]

So untersteht auch hier der Gang der Technik einer allgemeineren Norm, die die Gesamtheit der Kulturentwicklung beherrscht. Aber der Übergang zu dieser Norm kann sich freilich hier sowenig wie in den andern Gebieten ohne Kampf und ohne schärfsten Widerstreit vollziehen. Indem der Mensch das Wagnis unternimmt, sich von der Vormundschaft der Natur loszusprechen und sich rein auf sich selbst, auf das eigene Wollen und Denken, zu stellen, hat er damit auch all den Wohltaten, die die unmittelbare Nähe zur Natur in sich schloß, entsagt. Und einmal zerschnitten kann sich das Band, das ihn mit ihr verband, nie wieder in der alten Weise knüpfen. In dem Augenblick, in dem sich der Mensch dem harten Gesetz der technischen Arbeit verschrieben hat, sinkt eine Fülle des unmittelbaren und unbefangenen Glücks, mit dem ihn das organische Dasein und die rein organische Tätigkeit beschenkte, für immer dahin. Zwar scheint es auf den ersten und primitivsten Stufen, als bestehe zwischen den beiden Formen des Wirkens noch ein naher Zusammenhang, als finde zwischen ihnen ein ständiger, fast unvermerkter Übergang statt. Karl Bücher hat in seiner Schrift über »Arbeit und Rhythmus« dargelegt, wie die einfachsten Arbeiten, die die Menschheit leistet, noch aufs nächste verbunden und verschwistert sind mit gewissen Urformen der rhythmischen Bewegung des eigenen Körpers.[34] Sie erscheinen als die einfache Fortsetzung dieser Bewegungen; sie sind nicht sowohl von einer bestimmten Vorstellung eines äußerlichen Zieles geleitet, als sie vielmehr von innen motiviert und determiniert sind. Nicht ein zweckbewußter Wille, sondern ein reiner Ausdruckstrieb und eine naive Aus|drucksfreude ist es, was sich in diesen Arbeiten darstellt und was sie regelt und leitet. Noch heute läßt sich in weitverbreiteten Sitten der Naturvölker dieser Zusammenhang unmittelbar nachweisen. Von manchen Indianerstämmen wird berichtet, daß ihre Sprachen den Tanz und die Arbeit mit ein und demselben Wort bezeichnen: Denn beides sind für sie so unmittelbar verwandte und so unlöslich aneinandergebundene Phänomene, daß sie sich sprachlich und

33 Näheres hierüber s. in meiner »Philosophie der symbolischen Formen. Erster Teil: Die Sprache«, S. 132 ff. [ECW 10, S. 133 ff.].

34 Karl Bücher, Arbeit und Rhythmus, 2., stark verm. Aufl., Leipzig 1899, bes. S. 24 ff.

gedanklich nicht voneinander sondern lassen. Das Gelingen der Feldarbeit hängt, für das Bewußtsein dieser Stämme, in nicht geringerem Maße als von bestimmten äußerlich technischen Verrichtungen, von der richtigen Ausführung ihrer kultischen Gesänge und Tänze ab: Es ist ein und derselbe Bewegungsrhythmus, der beide Formen der Tätigkeit umschließt und der sie noch in die Einheit eines einzigen, in sich ungebrochenen Lebensgefühls zusammenfaßt.[35] Diese Einheit erscheint alsbald gefährdet und bedroht, sobald das Tun in die Form der Mittelbarkeit übergeht; sobald sich zwischen den Menschen und sein Werk das Werkzeug drängt. Denn dieses gehorcht seinem eigenen Gesetz: einem Gesetz, das der Dingwelt angehört und das demgemäß mit einem fremden Maß und einer fremden Norm in den freien Rhythmus der natürlichen Bewegungen einbricht. Dieser Störung und Hemmung gegenüber behauptet sich die organisch-körperliche Tätigkeit, sofern es ihr gelingt, das Werkzeug selbst gewissermaßen in den Kreislauf des natürlichen Daseins einzubeziehen. Auf den relativ frühen Stufen technischer Werktätigkeit scheint diese Einbeziehung noch ohne Schwierigkeit zu gelingen. Die organische Einheit und der organische Zusammenhang stellt sich wieder ein und stellt sich wieder her, sofern der Mensch mit dem Werkzeug, das er gebraucht, mehr und mehr »verwächst«; sofern er es nicht lediglich als ein bloß Materielles, als ein Ding- und Stoffhaftes ansieht, sondern sich in den Mittelpunkt seiner Funktion versetzt und sich, kraft dieser Verlegung des Schwerpunkts, mit ihm gewissermaßen solidarisch fühlt. Dieses Gefühl der Solidarität ist es, was den echten Handwerker beseelt: In dem besonderen individuellen Werk, das unter seinen Händen entsteht, hat er keine bloße Sache vor sich, sondern in ihm schaut er zugleich sich selbst und sein | eigenstes persönliches Tun an. Je weiter indes die Technik fortschreitet und je mehr sich in ihr das Gesetz der »Emanzipation von der organischen Schranke« auswirkt, um so mehr lockert sich diese ursprüngliche Einheit, bis sie zuletzt völlig zerbricht. Der Zusammenhang von Arbeit und Werk hört auf, ein in irgendeiner Weise *erlebbarer* Zusammenhang zu sein. Denn das *Ende* des Werks, sein eigentliches Telos, ist jetzt der Maschine

[35] Näheres hierüber bei Konrad Theodor Preuß, Religion und Mythologie der Uitoto. Textaufnahmen und Beobachtungen bei einem Indianerstamm in Kolumbien, Südamerika, 2 Bde., Bd. I: Einführung und Texte (1. Hälfte), Göttingen/Leipzig 1921 (Quellen der Religionsgeschichte, Bd. 10, Gruppe 11), S. 123 ff., sowie in Preuß' Aufsatz: Der Ursprung der Religion und Kunst, in: Globus. Illustrierte Zeitschrift für Länder- und Völkerkunde 86 (1904), S. 321–327, 355–363, 375–379, 388–392 u. Globus 87 (1905), S. 333–337, 347–350, 380–384, 394–400 u. 413–419.

anheimgegeben, während der Mensch, im Ganzen des Arbeitsprozesses, zu einem schlechthin Unselbständigen wird – zu einem Teilstück, das sich mehr und mehr in ein bloßes Bruchstück verwandelt. Simmel sieht den eigentlichen Grund für das, was er die »Tragödie der modernen Kultur«[36] nennt, in dem Umstand, daß alle schöpferische Kultur in zunehmendem Maße bestimmte Sachordnungen aus sich herausstellt, die in ihrem objektiven Sein und Sosein der Welt des Ich gegenübertreten. Das Ich, die freie Subjektivität, hat diese Sachordnungen geschaffen; aber es weiß sie nicht mehr zu umspannen und nicht mehr mit sich selbst zu durchdringen. Die Bewegung des Ich bricht sich an seinen eigenen Schöpfungen; sein ursprünglicher Lebensstrom verebbt, je größer der Umfang und je stärker die Macht dieser Schöpfungen wird. Nirgends vielleicht tritt dieser tragische Einschlag aller Kulturentwicklung mit so unerbittlicher Deutlichkeit hervor als in der Entwicklung, die die moderne Technik genommen hat. Aber diejenigen, die sich auf Grund dieses Tatbestandes von ihr abwenden, pflegen zu vergessen, daß in das Verdammungsurteil, das sie über die Technik fällen, folgerecht die gesamte geistige Kultur mit einbezogen werden müßte. Die Technik hat diesen Tatbestand nicht geschaffen, sondern sie stellt ihn nur an einem besonders markanten Beispiel eindringlich vor uns hin; sie ist, sofern man hier von Leiden und Krankheit spricht, nicht der Grund des Leidens, sondern nur eine Erscheinung, ein Symptom desselben. Nicht ein einzelnes Gebiet der Kultur, sondern ihre Funktion, nicht ein besonderer Weg, den sie geht, sondern die allgemeine Richtung, die sie einschlägt, ist hier das Entscheidende. So darf die Technik zum mindesten das eine beanspruchen, daß man die Klage, die man wider sie erhebt, nicht vor einem falschen Richterstuhl anhängig macht. Die Maße, mit denen sie allein gemessen werden kann, können zuletzt keine andern als die Maße des Geistes, nicht die des bloßen organischen Lebens sein: Das Gesetz, das man auf sie anwendet, muß dem Ganzen der geistigen Formenwelt, nicht der bloß vitalen Sphäre | entnommen werden. So gefaßt aber erhält die Frage über Wert und Unwert der Technik alsbald einen andern Sinn. Sie kann nicht dadurch entschieden werden, daß man »Nutzen« und »Nachteil« der Technik erwägt und gegeneinander aufrechnet – daß man die Glücksgüter, mit denen sie die Menschheit beschenkt, dem Idyll eines vortechnischen »Naturzustandes« entgegenhält und sie, in dieser Abwägung, zu leicht befindet. Hier geht es nicht um Lust oder Unlust, um Glück oder

[36] [Vgl. Georg Simmel, Der Begriff und die Tragödie der Kultur, in: Philosophische Kultur. Gesammelte Essais, Potsdam [3]1923, S. 236–267.]

Leid, sondern um Freiheit oder Unfreiheit. Findet sich, daß das Wachstum technischen Könnens und technischer Güter notwendig und wesentlich ein immer stärkeres Maß von Gebundenheit in sich schließt, daß es die Menschheit, statt ein Vehikel zu ihrer Selbstbefreiung zu sein, mehr und mehr in Zwang und Sklaverei verstrickt: so ist der Stab über die Technik gebrochen. Zeigt sich umgekehrt, daß es die Idee der Freiheit selbst ist, die ihr die Richtung weist und die dazu berufen ist, in ihr zuletzt zum Durchbruch zu kommen, so kann die Bedeutung dieses Zieles nicht dadurch geschmälert werden, daß man auf die Leiden und Mühen des Weges hinblickt. Denn der Weg des Geistes steht hier wie überall unter dem Gesetz der Entsagung: unter dem Gebot eines heroischen Willens, der weiß, daß er sein Ziel nur dadurch zu erreichen, ja daß er es nur dadurch aufzustellen vermag, daß er auf alles naiv-triebhafte Glücksverlangen verzichtet.

IV

Der Konflikt, der zwischen dem Glücksverlangen des Menschen und den Forderungen entsteht, unter die der technische Geist und der technische Wille ihn stellt, aber ist keineswegs der einzige und der schärfste Gegensatz, der sich hier aufrichtet. Tiefer und bedrohlicher tritt der Widerstreit hervor, wenn er sich in das Gebiet der Kulturformen selbst fortsetzt. Die wahre Kampffront zeigt sich erst dort, wo nicht mehr lediglich die Mittelbarkeit des Geistes mit der Unmittelbarkeit des Lebens streitet, sondern wo statt dessen die Aufgaben des Geistes selber, indem sie sich immer feiner differenzieren, sich zugleich einander mehr und mehr entfremden. Denn jetzt ist es nicht allein die organische Einheit des Daseins, sondern es ist die Einheit der »Idee«, die Einheit der Zielrichtung und der Zielsetzung, die durch | diese Entfremdung bedroht wird. Auch die Technik stellt sich in ihrer Entfaltung nicht einfach neben die andern Grundrichtungen des Geistes, noch ordnet sie sich ihnen friedlich und harmonisch ein. Indem sie sich von ihnen unterscheidet, scheidet sie sich zugleich von ihnen ab und stellt sich ihnen entgegen. Sie beharrt nicht nur auf ihrer eigenen Norm, sondern sie droht diese Norm absolut zu setzen und sie den andern Gebieten aufzuzwingen. Hier bricht somit, im Kreise des geistigen Tuns und gewissermaßen in seinem eigenen Schoße, ein neuer Konflikt auf. Was nun verlangt wird, ist keine bloße Auseinandersetzung mit der »Natur«, sondern eine Grenzsetzung innerhalb des Geistes selbst – ist die Aufrichtung einer universellen Norm, die die Einzelnormen zugleich befriedigt und beschränkt.

Am einfachsten gestaltet sich diese Grenzbestimmung im Verhältnis der Technik zur theoretischen Naturerkenntnis. Hier scheint die Harmonie von Anfang an gegeben und gewährleistet; hier stellt sich kein Kampf um Über- oder Unterordnung, sondern ein wechselseitiges Geben und Nehmen dar. Jede der beiden Grundrichtungen steht auf sich selbst; aber ebendiese Selbständigkeit entfaltet sich, ungehemmt und ungesucht, zur reinen Dienstbarkeit an der andern und mit der andern. Nirgends tritt die Wahrheit des Goethischen Worts, daß Tun und Denken, Denken und Tun die Summe aller Weisheit bilden, so sichtbar hervor wie hier. Denn es ist keineswegs die »abstrakte«, die rein theoretische Erkenntnis der Naturgesetze, die vorangeht, und die erst der technischen Problemstellung und der konkret-technischen Betätigung die Wege weist. Vielmehr greifen beide Prozesse von Anfang an ineinander ein und halten sich gewissermaßen die Waage. Geschichtlich kann man sich dieses Verhältnis deutlich machen, wenn man auf die »Entdeckung der Natur« hinblickt, wie sie sich im europäischen Bewußtsein seit den Tagen der Renaissance vollzieht. Diese Entdeckung ist keineswegs allein ein Werk der großen Naturforscher, sondern sie geht wesentlich auf Antriebe zurück, die aus der Fragestellung der großen Erfinder stammen. In einem Geist wie Leonardo da Vinci stellt sich das Ineinander dieser beiden Grundrichtungen in klassischer Einfachheit und in klassischer Tiefe dar. Was Leonardo vom bloßen Gelehrtentum, vom Geist der »Letterati«, wie er ihn nennt, scheidet, ist die Tatsache, daß in ihm »Theorie« und »Praxis«, »Praxis« und »Poiesis« sich in einem ganz andern Maße als je zuvor miteinander durchdringen. Er wird als Künstler zum Techniker | und zum wissenschaftlichen Forscher, wie sich ihm umgekehrt alle Forschung alsbald wieder in technische Probleme und in künstlerische Aufgaben umsetzt.[37] Und es handelt sich hierbei keineswegs um eine bloß einmalige Verbindung, sondern um ein sachliches Grundverhältnis, das fortan der gesamten Wissenschaft der Renaissance die Richtung weist. Auch der eigentliche Begründer der theoretischen Dynamik, auch Galilei kommt von technischen Problemen her. Olschki hat in seiner Monographie über Galilei mit Recht den stärksten Nachdruck auf dieses Moment gelegt. »Auf diese Seite des galileischen Schaffens und seiner wissenschaftlichen Entwicklung«, so bemerkt er, »haben die wenigsten Biographen das Augenmerk gerichtet. Aber gerade diese ursprünglichste und zäheste seiner vielseitigen

[37] Näheres hierüber in meiner Schrift »Individuum und Kosmos in der Philosophie der Renaissance«, Leipzig 1927 (Studien der Bibliothek Warburg, Bd. 10) [ECW 14, S. 1–220].

Veranlagungen bildet den Schwerpunkt seines scheinbar so auseinanderstrebenden Lebenswerkes. [...] Man muß sich die Tatsache vergegenwärtigen, daß jede Entdeckung Galileis auf dem Gebiete der Physik und der Astronomie mit irgendeinem Instrument eigener Erfindung oder besonderer Einrichtung aufs engste verknüpft ist. Sein technisches Genie ist die eigentliche Voraussetzung der wissenschaftlichen Versuche, durch welche seine theoretische Originalität erst Richtung und Ausdruck erhielt.«[38] Die eigentliche Erklärung dieses Sachverhalts liegt darin, daß die theoretische und die technische Betätigung sich nicht nur äußerlich miteinander berühren, sofern sich beide an dem gleichen »Material« der Natur auswirken, sondern daß beide im Prinzip und im Kern ihrer Produktivität miteinander verwandt sind. Denn auch das Bild der Natur, das der Gedanke aus sich herausstellt, wird nicht im bloßen untätigen Schauen gewonnen, sondern es erfordert den Einsatz einer aktiven Kraft. Je mehr man sich in erkenntniskritischer Reflexion in die Ursprünge und Bedingungen dieses Bildes versenkt, um so deutlicher wird es, daß es kein bloßes Nachbild ist – daß sein Umriß nicht von der Natur einfach vorgezeichnet ist, sondern daß er aus einer selbständigen Energie des Denkens heraus gestaltet werden muß. So erweist sich schon hier der Verstand, um mit Kant zu sprechen, als der »Urheber der Natur«. Aber diese Urheberschaft nimmt eine andere Richtung an und be|zeugt sich auf einem neuen Wege, sobald man ins Gebiet des technischen Schaffens hinüberblickt. Auch das technische Werk teilt mit der theoretischen Wahrheit die Grundbestimmung, daß beide von der Forderung einer »Entsprechung« zwischen Gedanken und Wirklichkeit, einer »adaequatio rei et intellectus« beherrscht werden. Aber noch deutlicher als im theoretischen Erkennen tritt im technischen Schaffen hervor, daß diese »Entsprechung« nicht unmittelbar gegeben ist, sondern daß sie zu suchen und fortschreitend herzustellen ist. Die Technik unterwirft sich der Natur, indem sie ihren Gesetzen gehorcht und sie als unverbrüchliche Voraussetzungen ihres Wirkens betrachtet; aber unbeschadet dieses Gehorsams gegen die Naturgesetze ist ihr die Natur niemals ein Fertiges, ein bloßes Gesetztes, sondern ein ständig Neuzusetzendes, ein immer wieder zu Gestaltendes. Der Geist mißt stets von neuem die Gegenstände an sich und sich selbst an den Gegenständen, um in diesem zwiefachen Akt die echte adaequatio, die eigentliche »Angemessenheit« beider zu finden und sicherzustellen. Je weiter diese Bewegung greift und je mehr ihre Kraft an-

[38] Leonardo Olschki, Geschichte der neusprachlichen wissenschaftlichen Literatur, Bd. III: Galilei und seine Zeit, Halle a. d. S. 1927, S. 139 f.

wächst, um so mehr fühlt und weiß er sich der Wirklichkeit »gewachsen«. Dieses innere Wachstum erfolgt nicht einfach unter der ständigen Leitung, unter der Vorschrift und Vormundschaft des Wirklichen; sondern es verlangt, daß wir ständig vom »Wirklichen« in ein Reich des »Möglichen« zurückgehen und das Wirkliche selbst unter dem Bilde des Möglichen erblicken. Die Gewinnung dieses Blick- und Richtpunkts bedeutet, in rein theoretischer Hinsicht, vielleicht die größte und denkwürdigste Leistung der Technik. Mitten im Gebiet des Notwendigen stehend und in der Anschauung des Notwendigen verharrend, entdeckt sie einen Umkreis freier Möglichkeiten. Diesen haftet keinerlei Unbestimmtheit, keine bloß subjektive Unsicherheit an, sondern sie treten dem Denken als etwas durchaus Objektives entgegen. Die Technik fragt nicht in erster Linie nach dem, was ist, sondern nach dem, was sein kann. Aber dieses »Können« selbst bezeichnet keine bloße Annahme oder Mutmaßung, sondern es drückt sich in ihm eine assertorische Behauptung und eine assertorische Gewißheit aus – eine Gewißheit, deren letzte Beglaubigung freilich nicht in bloßen Urteilen, sondern im Herausstellen und Produzieren bestimmter Gebilde zu suchen ist. In diesem Sinne hat jede wahrhaft originelle technische Leistung den Charakter des Ent-Deckens als eines Auf-Deckens: Es wird damit ein an sich bestehender Sachverhalt aus der Region des Mög|lichen gewissermaßen herausgezogen und in die des Wirklichen verpflanzt. Der Techniker ist hierin ein Ebenbild jenes Wirkens, das Leibniz in seiner Metaphysik dem göttlichen »Demiurgen« zuspricht, der nicht die Wesenheiten oder Möglichkeiten der Gegenstände selbst erschafft, sondern unter den vorhandenen, an sich bestehenden Möglichkeiten nur eine, und die vollkommenste, auswählt. So belehrt uns die Technik fort und fort darüber, daß der Umkreis des »Objektiven«, des durch feste und allgemeine Gesetze Bestimmten, keineswegs mit dem Umkreis des Vorhandenen, des sinnlich Verwirklichten zusammenfällt.[39] Auch die rein theoretische

[39] »Das Wiedersehen eines Erfinders mit dem aus ihm herausgestellten zum ersten Male ›gewordenen‹ Objekt«, so sagt Dessauer scharf und prägnant in seiner »Philosophie der Technik« (S. 47f.), »ist eine Begegnung von unerhörter Erlebniskraft, starker Offenbarung. [...] Der Erfinder schaut, was aus seinem Schaffen, doch nicht allein daraus, errungen wurde, nicht an mit dem Gefühl: ich habe dich gemacht, sondern: ich habe dich gefunden. Du warst schon irgendwo, und lange mußte ich dich suchen. [...] Daß du erst jetzt bist, kommt daher, daß ich erst jetzt fand, daß du so bist. Du konntest nicht eher erscheinen, deinen Zweck erfüllend [...] *als bis du in meiner Schau so warst, wie du an sich warst, weil du nur so sein konntest*! Nun allerdings bist du in der sichtbaren Welt. Aber ich habe dich in einer anderen Welt gefunden, und so lange weigertest du dich, in das

Naturwissenschaft kann freilich niemals das Wirkliche erkennen, ohne dabei beständig in das Reich des Möglichen, des rein Ideellen, hinauszugreifen. Aber ihr letztes Absehen scheint doch auf das Wirkliche allein gerichtet – scheint sich in der vollständigen und eindeutigen Beschreibung der tatsächlichen Vorgänge der Natur erschöpfen zu lassen. Technisches Schaffen aber bindet sich niemals an diese reine Faktizität, an das gegebene Gesicht der Gegenstände, sondern es steht unter dem Gesetz einer reinen Vorwegnahme, einer vorausschauenden Sicht, die in die Zukunft vorweggreift und eine neue Zukunft heraufführt.

Mit dem Einblick in diesen Sachverhalt aber scheint nunmehr der eigentliche Schwerpunkt der Welt der technischen »Form« sich mehr und mehr zu verschieben und vom rein theoretischen Bereich in das Gebiet der Kunst und des künstlerischen Schaffens hinüberzurücken. Wie eng sich beide Bereiche ineinander verflechten, dies bedarf in der Tat keines besonderen Erweises. Wiederum genügt ein Blick auf die allgemeine Geistesgeschichte, um uns darüber zu belehren, wie fließend hier im konkreten Werden, in der Entstehung der technischen Form|welt und in der Entstehung der künstlerischen Form, die Übergänge sind. Abermals ist es die Renaissance, die in ihrer Ausbildung des »uomo universale«, in Geistern wie Leon Battista Alberti oder Leonardo da Vinci das große Beispiel für das stete Ineinandergreifen technischer und künstlerischer Motive aufgestellt hat. Und nichts scheint natürlicher und verlockender, als von solcher Personalunion sofort auf eine sachliche Union zu schließen. Unter den modernen Apologeten der Technik gibt es in der Tat solche, die ihrer Sache nicht besser dienen zu können glauben als dadurch, daß sie sie mit der Sache der Kunst gleichstellen. Sie sind gewissermaßen die Romantiker der Technik: Sie unternehmen es, die Technik dadurch zu begründen und zu rechtfertigen, daß sie sie mit dem ganzen Zauber der Poesie umkleiden.[40] Aber alle poetischen Hymnen über die Leistungen der Technik können uns freilich der Aufgabe der Bestimmung der Differenz zwischen technischem und künstlerischem Schaffen nicht überheben. Diese Differenz tritt sogleich hervor, wenn man die Art der »Objektivierung« betrachtet, die im Künstler und im Techniker wirksam ist.

In der gegenwärtigen Literatur zur »Philosophie der Technik« begegnet man immer wieder der Frage, ob und wieweit ein techni-

sichtbare Reich herüberzutreten, bis ich deine wirkliche Gestalt in jenem anderen Reich richtig gesehen hatte.«

[40] Man vgl. insbesondere den Aufsatz von Eyth, Poesie und Technik, S. 9 ff.

sches Werk rein ästhetischer Wirkungen fähig ist und wieweit es rein ästhetischen Normen unterliegt. Die Antworten, die auf diese Frage gegeben werden, stehen einander diametral gegenüber: Die »Schönheit« wird bald als ein unveräußerliches Gut technischer Erzeugnisse behauptet und gepriesen, bald wird sie als eine »falsche Tendenz« abgewehrt. Dieser Streit, der mit großer Schärfe durchgefochten zu werden pflegt, schlichtet sich, sobald man erwägt, daß in Thesis und Antithesis der Begriff der Schönheit zumeist in ganz verschiedenem Sinne genommen wird. Faßt man die Norm des »Schönen« so weit, daß man überall dort von ihr spricht, wo ein Sieg der »Form« über den »Stoff«, der »Idee« über die »Materie« hervortritt, so kann kein Zweifel daran sein, in welch hohem Maße gerade die Technik an ihr Anteil hat. Aber diese Formschönheit schlechthin umfaßt alsdann die ganze Weite geistiger Betätigung und geistiger Gestaltung überhaupt. In diesem Sinne verstanden, gibt es – wie Platon es im »Symposion« ausspricht – nicht nur eine Schönheit körperlicher Bildungen, sondern auch eine logische und | eine ethische Schönheit, eine »Schönheit der Erkenntnisse« und eine »Schönheit der Sitten und Bestrebungen«.[41] Um von diesem allumfassenden Formbegriff die besondere Region des künstlerischen Schaffens zu erreichen, dazu bedarf es einer wesentlichen Einschränkung und einer spezifischen Bestimmung. Diese ergibt sich aus jenem eigentümlichen Verhältnis, in dem alle künstlerische Schönheit zum Grund- und Urphänomen des Ausdrucks steht. Das Kunstwerk läßt in einer durchaus eigenartigen, ihm allein vorbehaltenen Weise »Gestalt« und »Ausdruck« ineinander übergehen. Es ist eine Schöpfung, die hinausgreift in das Reich des Objektiven und die eine streng objektive Gesetzlichkeit vor uns hinstellt. Aber ebendieses »Objektive« ist an keiner Stelle ein bloß »Äußeres«, sondern es ist die Äußerung eines Inneren, das an ihm gewissermaßen seine Transparenz gewinnt. Die dichterische, die malerische oder plastische Form sind in ihrer höchsten Vollendung, in ihrer reinen »Ablösung« vom Ich, noch immer durchflutet von der reinen Ichbewegung. Der Rhythmus dieser Bewegung lebt in geheimnisvoller Weise in der Form weiter und spricht uns unmittelbar in ihr an. Der Umriß der Gestalt weist hier immer wieder zurück auf einen bestimmten Zug der Seele, die sich in ihr manifestiert; und er ist zuletzt nur aus dem Ganzen dieser Seele, aus jener Totalität, die in jeglicher echten künstlerischen Individualität beschlossen ist, verständlich zu machen. Solche Ganzheit und solche individuelle Besonderung bleibt dem techni-

[41] [Platon, Symposion 210C *(»ἐπιστημῶν κάλλος«)* u. 211C *(»τὰ καλὰ ἐπιτηδεύματα«)*.]

schen Werk versagt. Betrachtet man freilich den reinen Erlebnisgehalt des technischen und des künstlerischen Schaffens, so scheint sich zwischen beiden nirgends eine strenge Grenzlinie aufweisen zu lassen. An Intensität, an Fülle und leidenschaftlicher Bewegtheit steht das eine in nichts dem andern nach. Es ist keine geringere seelisch geistige Erschütterung, wenn das Werk des Entdeckers oder Erfinders, nachdem er es Jahre und Jahrzehnte im Innern getragen hat, zum ersten Male in die Wirklichkeit durchbricht, als wenn die dichterische oder plastische Gestalt sich von ihrem Urheber loslöst und ihm als ein Gebilde eigenen Seins und eigenen Rechts gegenübertritt. Aber nachdem einmal diese Trennung sich vollzogen hat, waltet zwischen dem Schöpfer und seinem Werk in der rein technischen Sphäre ein ganz anderes Verhältnis ob als in der künstlerischen. Das vollendete, in die Wirklichkeit hinausgestellte Werk gehört fortan lediglich dieser Wirklichkeit selbst an. Es steht in einer reinen Sachwelt, deren Gesetzen es gehorcht und mit deren Maßen es gemessen | werden will; es muß fortan für sich selbst sprechen, und es spricht nur noch von sich selbst, nicht von dem Schöpfer, dem es ursprünglich angehört. Von dem Künstler wird diese Art der Ablösung nicht gefordert – und für ihn ist sie nicht möglich. Auch dort, wo er völlig in seinem Werk aufgeht, geht er in ihm nicht unter. Das Werk bleibt, indem es rein auf sich steht, immer zugleich das Zeugnis einer individuellen Lebensform, eines individuellen Daseins und Soseins. Diese Art der »Harmonie« zwischen Werk-Schönheit und Ausdrucks-Schönheit kann das technische Schaffen weder erreichen noch auch nur anstreben. Als bei der Errichtung des Eiffelturmes die Pariser Künstler sich zu einer gemeinsamen Kundgebung vereinten, um im Namen des künstlerischen Geschmacks gegen dieses »unnütze und monströse« Bauwerk Einspruch zu erheben, da gab ihnen Eiffel zur Antwort, daß er fest davon überzeugt sei, daß sein Werk seine eigenartige Schönheit haben werde. »Stimmen die richtigen Bedingungen der Stabilität nicht jederzeit mit denen der Harmonie überein? Die Grundlage aller Baukunst ist, daß die Hauptlinien des Gebäudes vollkommen seiner Bestimmung entsprechen. Welches aber ist die Grundbedingung bei meinem Turm? Seine Widerstandsfähigkeit gegen den Wind! Und da behaupte ich, daß die Kurve der vier Turmpfeiler, die der statischen Berechnung gemäß von der gewaltigen Massigkeit ihrer Basen an in immer luftigere Gebilde zerlegt zur Spitze emporsteigen, einen mächtigen Eindruck von Kraft und Schönheit machen werden.«[42] Aber diese

[42] Zit. nach Julius Goldstein, Die Technik, Frankfurt a. M. 1912 (Die Gesellschaft. Sammlung sozialpsychologischer Monographien, Bd. 40), S. 51.

Schönheit, die aus der vollkommenen Lösung eines statischen Problems entspringt, ist nicht von gleicher Art und Herkunft wie die Schönheit, die uns im Werk des Dichters, des Plastikers, des Musikers entgegentritt: Denn die letztere beruht nicht nur auf einer »Bindung« der Kräfte der Natur, sondern sie stellt immer zugleich eine neue und einzigartige Synthese von Ich und Welt dar. Wenn man als die beiden Extreme, zwischen denen alle Kulturentwicklung sich bewegt, die Welt des Ausdrucks und die Welt der reinen Bedeutung bezeichnen kann, so ist in der Kunst gewissermaßen das ideale Gleichgewicht zwischen diesen beiden Extremen erreicht: Die Technik hat hingegen mit der theoretischen Erkenntnis, der sie eng verschwistert ist, den Grundzug gemein, daß sie mehr und mehr auf alles Ausdrucksmäßige | Verzicht leistet, um sich in eine streng »objektive« Sphäre reiner Bedeutsamkeit zu erheben.[43] Daß der Gewinn, den sie damit erreicht, immer zugleich ein Opfer in sich schließt, ist unbestreitbar; aber ebendieses Opfer und dieser Verzicht, diese Möglichkeit, in eine reine Sachwelt überzugehen und aufzugehen, bezeugt selbst eine spezifisch menschliche Kraft – eine selbständige und unentbehrliche Bekundung der »Humanität«.

Ein tieferer und ernsterer Konflikt aber tut sich vor uns auf, wenn wir das technische Wirken und Schaffen, statt es an ästhetischen Normen zu messen, nach seinem ethischen Recht und seinem ethischen Sinn befragen. In dem Augenblick, wo diese Frage mit vollem Nachdruck gestellt und wo sie in ihrer ganzen verantwortungsvollen Schwere verstanden wird, scheint die Entscheidung auch bereits gefällt zu sein. Für jene skeptische und negative Kulturkritik, wie sie im 18. Jahrhundert mit Rousseau einsetzt, scheint es kein gewichtigeres Zeugnis, keinen stärkeren Beleg geben zu können als die Entwicklung der modernen Technik. Hat nicht diese Entwicklung, unter der Verheißung und dem lockenden Gaukelbild der Freiheit, den Menschen immer unaufhaltsamer in Unfreiheit und Sklaverei verstrickt? Hat sie nicht, indem sie ihn von der Bindung an die Natur löste, seine soziale Gebundenheit bis zum Unerträglichen gesteigert? Gerade diejenigen Denker, die mit den Grundproblemen der Technik am tiefsten gerungen haben, haben immer wieder dieses sittliche Verdammungsurteil über sie gefällt. Wer sich nicht von vornherein den Forderungen der bloßen Nutzbarkeit verschrieb, sondern sich

[43] Für die theoretische Erkenntnis ist dieser Prozeß näher dargelegt und entwickelt in meiner »Philosophie der symbolischen Formen. Dritter Teil« (bes. Teil 3, Kap. 5 u. 6), S. 472–559. [ECW 13, S. 468–556. *Ein Kapitel 6 ist in der von Cassirer veröffentlichten Fassung nicht enthalten.*].

den Sinn für ethische und für geistige Maßstäbe bewahrte, der konnte an den schweren inneren Schäden der gepriesenen »technischen Kultur« nicht achtlos vorbeigehen. Unter den modernen Denkern haben wenige diese Schäden so scharf gesehen und so schonungslos aufgedeckt, als es Walther Rathenau[44] mit immer wachsender Energie und Leidenschaftlichkeit in seinen Schriften getan hat. Völlige Entseelung und Mechanisierung der Arbeit, härtester Frondienst auf der einen Seite – unbeschränkter Macht- und Herrschaftswille, zügelloser Ehrgeiz und sinnloser Warenhunger auf der andern Seite: So stellt sich für Rathenau das | Bild der Zeit, im Spiegel der Technik aufgefangen, dar. »Betrachtet man [...] die Produktion der Welt, so zeigt ein furchtbares Erschrecken uns den Irrsinn der Wirtschaft. Überflüssiges, Nichtiges, Schädliches, Verächtliches wird in unseren Magazinen gehäuft, unnützer Modetand, der wenige Tage lang falschen Glanz spenden soll, Mittel für Rausch, Reiz und Betäubung [...] alle diese Nichtsnutzigkeiten füllen Läden und Speicher in vierteljährlicher Erneuerung. Ihre Herstellung, ihr Transport und Verschleiß erfordert die Arbeit von Millionen Händen, fordert Rohstoffe, Kohlen, Maschinen, Fabrikanlagen und hält annähernd den dritten Teil der Weltindustrie und des Welthandels in Atem.«[45] So ist die moderne Technik und die Wirtschaft, die sie aus sich heraus geschaffen hat und die sie mit ihren Mitteln aufrechthält, das eigentliche Faß der Danaiden. Unwillkürlich drängt sich, wenn man Rathenaus Schilderungen liest, dieses Bild auf, das schon Platon im »Gorgias« gebraucht hat, um mit ihm die Leerheit und den Widersinn jeglicher, mit rein hedonistischen Maßen messenden Ethik zu bezeichnen. Jedes gestillte Bedürfnis dient nur dazu, in gesteigertem Maße neue Bedürfnisse hervorzutreiben – und aus diesem Kreislauf ist für den, der einmal in ihn eingegangen ist, kein Entrinnen. Noch unerbittlicher als das Triebwerk der Arbeit hält den Menschen das Triebwerk fest, in das er durch die Ergebnisse und Erträgnisse der technischen Kultur hineingestellt wird und in dem er, in einem niemals endenden Taumel, von Begierde zu Genuß, von Genuß zu Begierde geworfen wird.

Von dem harten Verdikt, das hier über die Technik gefällt wird, läßt sich, solange man im Umkreis ihrer äußeren Erscheinung, ihrer Folgen und Wirkungen, stehenbleibt, nichts abdingen. Nur eine Frage

[44] Vgl. bes. Walther Rathenau, Zur Kritik der Zeit, Berlin 1912; ders., Zur Mechanik des Geistes oder vom Reich der Seele, Berlin 1913 u. ders., Von kommenden Dingen, Berlin 1917.

[45] [Ders., Von kommenden Dingen, S. 91 f.]

kann noch gestellt werden, ob diese Wirkungen notwendig mit ihrem Wesen gesetzt, ob sie in dem gestaltenden Prinzip der Technik selbst beschlossen und durch dasselbe gefordert sind. Und sobald das Problem in diesem Sinne genommen wird, ergibt sich alsbald ein durchaus anderer Aspekt der Betrachtung und Beurteilung. Rathenau selbst läßt keinen Zweifel daran, daß all die Mängel und Schäden der modernen technischen Kultur, die er unerbittlich aufdeckt, nicht sowohl aus ihr selbst, als vielmehr aus ihrer Verbindung mit einer bestimmten Wirtschaftsform und Wirtschaftsordnung zu verstehen sind – und daß demnach jeder Versuch der Besserung an dieser Stelle den Hebel anzusetzen hat. Diese Verbindung stammt nicht aus dem Geiste der | Technik – sie ist ihr vielmehr durch eine besondere Situation, durch eine konkrete geschichtliche Lage abgenötigt und aufgedrungen.[46] Aber nachdem einmal diese Verflechtung eingetreten ist, läßt sie sich freilich mit den Mitteln der Technik allein nicht lösen. Hier genügt es nicht, die Kräfte der Natur oder die Kräfte des bloßen Verstandes, des technischen und wissenschaftlichen Intellekts, aufzurufen; sondern hier stehen wir an dem Punkte, an dem nur der Einsatz neuer Willenskräfte wahrhaft Wandel schaffen kann. In diesem Aufbau des Reiches des Willens und der Grundgesinnung, auf der alle sittliche Gemeinschaft ruht, kann die Technik immer nur Dienerin, nicht Führerin sein. Sie kann die Ziele nicht von sich aus stellen, wenngleich sie an ihrer Verrichtung mitarbeiten kann und soll; sie versteht ihren eigenen Sinn und ihr eigenes Telos am besten, wenn sie sich dahin bescheidet, daß sie niemals Selbstzweck sein kann, sondern sich einem andern »Reich der Zwecke«, daß sie sich jener echten und endgültigen Teleologie einzuordnen hat, die Kant als Ethiko-Teleologie bezeichnet. In diesem Sinne bildet die »Entmaterialisierung«, die Ethisierung der Technik eines der Zentralprobleme unserer gegenwärtigen Kultur.[47] Sowenig die Technik, aus sich und ihrem eigenen Kreis heraus, unmittelbar ethische Werte erschaffen kann, sowenig besteht eine Entfremdung und ein Widerstreit zwischen diesen Werten und ihrer spezifischen Richtung und Grundgesinnung. Denn die Technik steht unter der Herrschaft des »Sachdienstgedankens«, unter

[46] Über die notwendige Sonderung des Geistes der Technik vom Geist der kapitalistischen Wirtschaft vgl., außer den Schriften Rathenaus, bes. die Bemerkungen von Zschimmer, Philosophie der Technik, S. 154 ff. u. Dessauer, Philosophie der Technik, S. 113 ff.

[47] Das Problem dieser »Ethisierung« ist mit Recht in den Mittelpunkt gerückt worden von Viktor Engelhardt, Weltanschauung und Technik, Leipzig 1922, bes. S. 63–66 und von Richard Nikolaus Coudenhove-Kalergi, Apologie der Technik, Leipzig 1922, S. 10 ff.

dem Ideal einer Solidarität der Arbeit, in der zuletzt alle für einen und einer für alle wirkt. Sie schafft, noch vor der wahrhaft freien Willensgemeinschaft, eine Art von Schicksalsgemeinschaft zwischen all denen, die an ihrem Werke tätig sind. So kann man mit Recht als den impliziten Sinn technischer Arbeit und technischer Kultur den Gedanken der »Freiheit durch Dienstbarkeit« bezeichnen.[48] Soll dieser Gedanke sich wahrhaft auswirken, so ist freilich erforderlich, daß er mehr und mehr seinen impliziten Sinn in einen expliziten verwandelt: daß das, was | im technischen Schaffen geschieht, in seiner Grundrichtung erkannt und verstanden, daß es ins geistige und sittliche Bewußtsein erhoben wird. Erst in dem Maße, als dies geschieht, wird die Technik sich nicht nur als Bezwingerin der Naturgewalten, sondern als Bezwingerin der chaotischen Kräfte im Menschen selbst erweisen. Alle Mängel und Schwächen, die man ihr heute vorzurücken pflegt, beruhen zuletzt darauf, daß sie diese ihre höchste Mission bisher nicht erfüllt, ja, daß sie sie noch kaum erkannt hat. Alle »Organisation« der Natur aber bleibt fragwürdig und unfruchtbar, sofern sie nicht in das Ziel der Erziehung des Arbeitswillens und der echten Arbeitsgesinnung einmündet. Unsere heutige Kultur und unsere heutige Gesellschaft ist von diesem Ziele noch weit entfernt: Aber erst wenn es als solches begriffen und planvoll und tatkräftig ergriffen wird, wird sich das echte Verhältnis zwischen »Technik« und »Form« herstellen, wird sich ihre tiefste formbildende Kraft bewähren können.

[48] Dessauer, Philosophie der Technik, S. 86; vgl. bes. S. 131 ff.

Mythischer, ästhetischer und theoretischer Raum[1] (1931)

Wenn man die Stellung erwägt, die das Problem des Raumes und der Zeit im Ganzen der theoretischen Erkenntnis einnimmt und wenn man auf die Rolle hinblickt, die dieses Problem in der geschichtlichen und systematischen Entwicklung der Grundfragen der Erkenntnis gespielt hat – so tritt alsbald ein charakteristischer und entscheidender Wesenszug heraus. Raum und Zeit nehmen schon, wenn man sie lediglich als Objekte der Erkenntnis faßt, eine besondere und ausgezeichnete Stellung ein: Sie bilden innerhalb des architektonischen Baues der Erkenntnis die beiden Grundpfeiler, die das Ganze tragen und das Ganze zusammenhalten. Aber ihre tiefere Bedeutung erschöpft sich nicht in dieser ihrer objektiven Leistung. Die rein ontologische, die gegenständliche Charakteristik dessen, was Raum und Zeit sind, dringt noch nicht in den Kern dessen ein, was sie für den Aufbau der Erkenntnis bedeuten. Die spezifische Bedeutung der Frage nach dem »Was« des Raumes und der Zeit scheint vielmehr darin zu liegen, daß mit und an dieser Frage die Erkenntnis allmählich eine neue Richtung gewinnt. Hier zuerst begreift sie, daß und warum die echte Außenwendung nur durch eine ihr entsprechende Innenwendung zu vollziehen ist – hier lernt sie einsehen, daß der Horizont der Gegenständlichkeit sich erst wahrhaft aufschließt, wenn der Blick des Geistes nicht lediglich nach vorwärts auf die Welt der Objekte, sondern nach rückwärts, auf die eigene »Natur« und auf die eigene Funktion der Erkenntnis selbst, gerichtet wird. Je klarer, je schärfer und bewußter innerhalb der Geschichte des Erkenntnisproblems die Frage nach dem Wesen von Raum und Zeit gestellt wird – um so deutlicher wird es auch, daß dieses Wesen nicht als ein rätselhaftes, letzten Endes unbekanntes Etwas vor der Erkenntnis schwebt, sondern daß es in ihrem eigenen Sein in irgendeiner, wie immer zu bestimmenden Weise beschlossen und gegründet ist. So kehrt die Erkenntnis, je tiefer sie in die Struktur des Raumes und der Zeit eindringt, um so gewisser in sich selbst zurück – so erfaßt sie erst an ihnen, als dem | gegenständlichen Korrelat und Gegenhalt, ihre eigenen Grundvoraussetzungen und ihr eigentümliches Prinzip. Die

[1] [*Zuerst abgedruckt in: Zeitschrift für Ästhetik und allgemeine Kunstwissenschaft 25 (1931), Beiheft: Vierter Kongreß für Ästhetik und allgemeine Kunstwissenschaft, S. 21–36.*]

Erkenntnis will das Sein in seinem ganzen Umfang umspannen, will es nach seiner räumlichen und zeitlichen Unendlichkeit durchmessen – aber sie erfährt zuletzt, daß diese Aufgabe der Messung nur lösbar ist, wenn sie zuvor die Maße für sich selbst aufgestellt und sichergestellt hat.

Die Einsicht, die wir hier im Rahmen der theoretischen Erkenntnis gewinnen – sie betätigt und sie erweitert sich sodann, wenn wir auf andere Grundformen geistiger Gestaltung hinblicken. Auch hier zeigt sich die primäre, die schlechthin zentrale Bedeutung, die der Frage nach der Raum- und Zeitform zukommt. Der Umriß jeder besonderen Formwelt läßt sich erst dann mit Sicherheit zeichnen – das Gesetz, unter dem sie steht, läßt sich erst dann aufzeigen und begreifen, wenn diese allgemeine Grundfrage geklärt ist. Es braucht innerhalb dieses Kreises nicht im einzelnen dargelegt zu werden, wie stark ebendiese Problemstellung die Grundrichtung der neueren Ästhetik und der allgemeinen Kunstwissenschaft, insbesondere in Deutschland, bestimmt hat. In diesem Sinne hat z. B. Adolf Hildebrand in bekannten und grundlegenden Erörterungen das »Problem der Form« gestellt. In die Frage nach dem Wesen der Form kann, wie er betont hat, erst Klarheit kommen, wenn zuvor die Vorfrage nach dem Wesen des Raumes und der räumlichen Darstellung gestellt und geklärt ist. »Es braucht wohl keine nähere Begründung«, so heißt es sogleich zu Beginn von Hildebrands Untersuchung, »dass unser Verhältnis zur Aussenwelt, insofern diese fürs Auge existirt, in erster Linie auf der Erkenntnis und Vorstellung von Raum und Form beruht. Ohne diese ist eine Orientierung in der Aussenwelt schlechterdings unmöglich. Wir müssen also die räumliche Vorstellung im allgemeinen und die Formvorstellung, als die des begrenzten Raumes, im besonderen als den wesentlichen Inhalt oder die wesentliche Realität der Dinge auffassen. Stellen wir den Gegenstand oder diese räumliche Vorstellung von ihm der wechselnden Erscheinung gegenüber, die wir von ihm erhalten können, so bedeuten alle Erscheinungen nur Ausdrucksbilder unserer räumlichen Vorstellung und der Wert der Erscheinung wird sich nach der Stärke der Ausdrucksfähigkeit bemessen, die sie als Bild der räumlichen Vorstellung besitzt.«[2] Es konnte nicht ausbleiben, daß auch hier hinter der Frage nach der Struktur des malerischen, des plastischen, des architektonischen Raumes die andere allumfassende Frage, die Frage nach dem Prinzip der künstlerischen Gestaltung überhaupt, sich erhob und daß von hier aus neue

[2] [Adolf Hildebrand, Das Problem der Form in der bildenden Kunst, Straßburg 1893, S. 3 f.]

Möglichkeiten für ihre Formulierung und Lösung sich eröffneten. Spinnen wir die Analogie zwischen dem erkenntnistheoretischen und dem ästhetischen Problem weiter aus, so erscheint vielleicht die Hoffnung | berechtigt, daß gerade das Raumproblem zum Ausgangspunkt einer neuen Selbstbesinnung der Ästhetik werden könne: einer Besinnung, die nicht nur ihren eigentümlichen Gegenstand sichtbar macht, sondern die sie zur Klarheit über ihre eigenen immanenten Möglichkeiten hinleiten kann – zur Erfassung des spezifischen Formgesetzes, unter dem die Kunst steht.

Aber bevor ich in die Einzelerörterung eintrete, sei noch einmal eine ganz allgemeine Orientierung versucht. Wenn man die erkenntnistheoretische Entwicklung des Raumproblems in eine kurze Formel zu bannen sucht, so läßt sich sagen, daß eine der Grundtendenzen dieser Entwicklung und eines ihrer wesentlichen Ergebnisse darin besteht, daß aus der Einsicht in die Natur und die Beschaffenheit des Raumes die Erkenntnis des Vorrangs des Ordnungsbegriffs vor dem Seinsbegriff gewonnen und immer mehr befestigt wird. Der Begriff des Seins bildet nicht nur den historischen Anfangs- und Ausgangspunkt der wissenschaftlichen Philosophie, sondern er scheint auch systematisch die Gesamtheit der ihr möglichen Fragen und Antworten zu umspannen. Dieser Primat des Seinsbegriffs gründet, nach der Überzeugung der Urheber der wissenschaftlichen Philosophie und der Schöpfer der Logik, schon in der reinen Form der Aussage selbst. Schon der formelle Charakter der Prädikation schließt mit Notwendigkeit in sich, daß das, wovon die Prädikation gilt und worauf sie geht, als ein Seiendes gesetzt und als ein Seiendes bestimmt sein muß. Alles Urteilen fordert als seinen »Terminus«, als Ausgangspunkt und Grundlage, das Sein, über das geurteilt wird; alle im engeren Sinne »logische« Fähigkeit, alle Fähigkeit des Denkens und Sagens, erfordert, daß das Gedachte und Gesagte ist. »Denn nicht ohne das Seiende, in welchem es bestimmt ist«, so formuliert schon Parmenides diese Identität, »wirst Du das Denken finden.«[3] In der Aristotelischen Logik und in der Aristotelischen Metaphysik knüpft sich dieses Band insofern noch enger und fester, als nunmehr das Sein, die »Substanz«, ausdrücklich an die Spitze aller Kategorien tritt: als das, was das *κατηγορεῖν*, was das Aussagen selbst erst ermöglicht und bedingt. Alle Setzung von Eigen-

[3] [Parmenides, Fragm. 8, in: Hermann Diels, Die Fragmente der Vorsokratiker. Griechisch und deutsch, 3 Bde., 4., mit Nachträgen vers. Aufl., Berlin 1922, Bd. I, S. 154–159: S. 157: »*οὐ γὰρ ἄνευ τοῦ ἐόντος, ἐν ὧι πεφατισμένον ἐστίν, εὑρήσεις τὸ νοεῖν·*«]

schaft und Beziehung, alle Bestimmung als ein »Dieses« oder »Jenes, als ein »Hier« oder »Jetzt« muß immer die Grundbestimmung des Seins voraussetzen und an diese Voraussetzung anknüpfen. Aber dieser so schlichte, so natürliche und selbstverständliche Ausgangspunkt aller logischen Betrachtung wird nun sofort schwierig und problematisch, sobald man mit ihm an die »Logik des Raumes« herantritt. Denn welches Sein – so muß jetzt gefragt werden – ist es, das dem Raume zukommt? Daß wir ihm irgendein Sein zusprechen müssen, scheint unausweichlich – denn wie vermöchten wir sonst überhaupt von ihm zu spre|chen, wie vermöchten wir ihn als dies oder das, als so – und nicht anders – beschaffen zu bezeichnen und zu bestimmen? Und doch erwächst auf der anderen Seite in dem Augenblick, wo wir an dieser Forderung festhalten, ein gefährlicher theoretischer Konflikt. Denn es liegt in der phänomenologischen Eigenart, in dem einfachen Befund des Raumes wie in dem der Zeit begründet, daß das Sein beider mit dem Sein der »Dinge« nicht gleichbedeutend, sondern spezifisch von ihm verschieden ist. Halten wir gleichwohl daran fest, die »Dinge« wie den Raum und die Zeit unter das eine Genus des Seins, als umfassenden Oberbegriff, zu stellen – so ergibt sich, daß dieses Genus selbst fortan nur noch eine Scheineinheit bedeutet. Es umfaßt fortan nicht nur Verschiedenes, sondern Gegensätzliches und Widerstreitendes. Und es gehört zu den schwierigsten Aufgaben der Metaphysik, wie dieser Widerstreit zu lösen ist – wie die Seinsart des Raumes und der Zeit selbst und die Seinsart der Inhalte, die in beide eingehen, sich miteinander vereinen lassen. Es ist hier nicht der Ort, die Dialektik dieses Problems aufzurollen und die Gesamtheit der Antinomien zu verfolgen, die im Lauf der Geschichte des theoretischen Denkens aus dieser Wurzel entsprungen sind. Nicht nur die Entwicklung der Metaphysik, sondern auch die der klassischen Physik steht im Zeichen dieser Antinomien. Auch der letzteren, auch der Physik Newtons, ist es, bei aller Großartigkeit ihres Gesamtentwurfs, nicht gelungen, dieser letzten metaphysischen Schwierigkeiten Herr zu werden. Auch sie muß das »Wesen« von Raum und Zeit, das sie zu erkennen trachtet, zuletzt in ein Rätsel verwandeln; sie muß beide, mit Kant zu sprechen, zu »existierenden Undingen« machen. Unter den Gesichtspunkt der Kategorie des Dinges, der bloßen Substanz-Kategorie gestellt und unter diesem Gesichtspunkt befragt, geht das absolute Sein des Raumes alsbald in sein Nicht-Sein über, wird er aus einem allumfassenden und allbegründenden Ding vielmehr zu einem Unding gemacht.

Eine prinzipielle Lösung dieser Schwierigkeiten war, in der Philosophie wie in der Naturwissenschaft, erst möglich, als beide sich, auf verschiedenen Wegen, einen neuen Grund- und Oberbegriff erkämpft hatten, der sich allmählich immer deutlicher und bewußter der metaphysischen Kategorie der Substanz überordnet. Es ist der Begriff der Ordnung, dem diese Leistung zufällt. Der intellektuelle Kampf, der damit gesetzt ist, tritt geschichtlich am klarsten in der Leibnizischen Philosophie zutage. Auch Leibniz rückt alles Seiende unter den einen Gesichtspunkt der Substanz; und alle metaphysische Wirklichkeit löst sich ihm in einen Inbegriff, in eine unendliche Vielheit von Monaden, von individuellen Substanzen auf. Aber als Logiker und als Mathematiker folgt er bereits einer anderen Richtlinie. Denn seine Logik und | seine »mathesis universalis« stehen nicht mehr ausschließlich unter der Vorherrschaft des Substanzbegriffs, sondern beide haben sich ihm zur umfassenden Lehre von der Relation erweitert. Wie er die Wirklichkeit durch die Substanz definiert, so definiert er daher die Wahrheit durch den Begriff der Relation. Das Fundament der Wahrheit liegt in der Beziehung. Und dieser Begriff der Beziehung und der Ordnung schließt ihm nun auch erst die wahre Natur von Raum und Zeit auf und gestattet ihm, beide dem System der Erkenntnis widerspruchslos einzufügen. Die Widersprüche, die sich aus Newtons Begriff des absoluten Raumes und der absoluten Zeit ergeben hatten, werden von Leibniz dadurch beseitigt, daß er beide, statt zu Dingen, vielmehr zu Ordnungen macht. Raum und Zeit sind keine Substanzen, sondern vielmehr »reale Relationen«; sie haben ihre wahrhafte Objektivität in der »Wahrheit von Beziehungen«, nicht an irgendeiner absoluten Wirklichkeit. In dieser Hinsicht hat Leibniz bereits in voller Klarheit die Lösung antizipiert, die die moderne Physik für das Raum- und Zeitproblem gefunden hat. Denn auch für diese gibt es kein Sein des Raumes mehr, das irgendwie neben dem Sein der Materie steht und in welches, als ein zuvor gegebenes, die Materie als körperliche Masse bloß nachträglich eintritt. Der Raum hört auf, ein »Ding unter Dingen« zu sein; es wird ihm der letzte Rest physikalischer Gegenständlichkeit geraubt. Die Welt wird nicht als ein Ganzes von Körpern »im« Raume noch als ein Geschehen »in« der Zeit definiert, sondern sie wird als ein »System von Ereignissen«, von events, wie Whitehead sagt, genommen: Und in die Bestimmung dieser Ereignisse, in ihre gesetzliche Ordnung, gehen Raum und Zeit als Bedingungen, als wesentliche und notwendige Momente ein.

Aber es scheint, meine Damen und Herren, als sei ich mit diesen Betrachtungen bereits weit abgeirrt von dem eigentlichen Thema, das mir hier gestellt ist. Denn welcher Zusammenhang, so werden Sie mir entgegenhalten, besteht zwischen jenen Wandlungen in der theoretischen Vorstellung und der theoretischen Begründung des Raumes und den Problemen der künstlerischen Anschauung und der künstlerischen Gestaltung? Folgt nicht diese Gestaltung ihrem eigenen selbständigen Gesetz – geht sie nicht, unberührt von allen Streitfragen der Metaphysik und unbeirrt durch alle Gesetze der wissenschaftlichen Weltdeutung, ihren eigenen Weg? Und doch darf auch diese Selbständigkeit und diese Selbstgenügsamkeit, diese eigentümliche »Autarkie« des Ästhetischen, so sehr wir sie anzuerkennen haben, nicht überspannt werden. Denn im Reiche des Geistes gibt es zwar durchweg klare, bestimmte Umrisse und fest gegeneinander abgegrenzte Gestalten; aber weniger als irgendwo dürfen wir diese Unterschiede, die wir festhalten müssen, als starre Scheidewände ansehen – dürfen wir die Differenzen zu Zäsuren machen. Für das gei|stige Universum gilt vielmehr in einem noch umfassenderen und tieferen Sinne jenes Prinzip, das die griechische Spekulation als Grundgesetz des physischen Kosmos aufgestellt hat: das Prinzip der *συμπάϑεια τῶν ὅλων*. Jede einzelne Saite, die in ihm berührt wird, läßt alsbald das Ganze mitschwingen und nachschwingen; jede Wandlung eines einzelnen Moments schließt bereits, implizit und zunächst unvermerkt, eine neue Form des Ganzen in sich. So birgt auch der Übergang vom Seinsbegriff zum Ordnungsbegriff, wie wir ihn in der Sphäre der theoretischen Betrachtung aufgewiesen haben, ein schlechthin allgemeingültiges und ein äußerst fruchtbares Problem, eine auch in rein ästhetischer Hinsicht wesentliche Fragestellung in sich. Geht man von der Kategorie des Seins aus, so zeigt sich, daß diese Kategorie bei all der schrankenlosen Anwendung, deren sie fähig ist, doch in ebendieser Anwendung keine innere Veränderung und Umgestaltung erfährt. Denn ebendie absolute Identität, die Einheit und Einerleiheit in sich selbst, bildet den logischen Grundcharakter des Seins. Es kann seine Natur nicht wandeln, ohne sie in dieser Wandlung zu verleugnen und zu verlieren, ohne seinem Gegensatz, dem Nicht-Sein, anheimzufallen. Diese unverbrüchliche Identität des Seins ist schon von seinem ersten philosophischen Entdecker, Parmenides, verkündet worden: »Als Selbiges im Selbigen verharrend, ruht es in sich und verharrt standhaft alldort; denn die starke Notwendigkeit hält es in den Banden der Schranke, die es rings umzirkt.«[4] Im Gegensatz zu dieser Einheit und zu dieser Starrheit des Seinsbegriffs ist der Begriff der Ordnung von Anfang an durch das Moment der Verschiedenheit, der inneren Vielgestaltigkeit bezeichnet und ausgezeichnet. Wie für das

[4] [A. a. O., S. 157: *»ταὐτόν τ᾽ ἐν ταὐτῶι τε μένον καϑ᾽ ἑαυτό τε κεῖται χοὔτως ἔμπεδον αὖϑι μένει· κρατερὴ γὰρ Ἀνάγκη πείρατος ἐν δεσμοῖσιν ἔχει, τό μιν ἀμφὶς ἐέργει.«*]

Sein die Identität, so bildet für die Ordnung die Mannigfaltigkeit gewissermaßen das Lebenselement, in dem allein sie bestehen und sich gestalten kann. Wie der Seinsbegriff die Einheit als Korrelat verlangt – ens et unum convertuntur, wie die Scholastik es formuliert hat –, so besteht eine analoge Korrelation zwischen Vielheit und Ordnung. Sobald daher, in der theoretischen Gesamtanschauung der Wirklichkeit und speziell in der theoretischen Auffassung und Deutung des Raumes, der Schwerpunkt der Betrachtung sich vom Pol des Seins nach dem Pol der Ordnung hin verschiebt, so ist damit stets auch ein Sieg des Pluralismus über den abstrakten Monismus, der Vielförmigkeit über die Einförmigkeit gegeben. Unter der Herrschaft des Ordnungsbegriffs können die verschiedenartigsten geistigen Gebilde und die mannigfachsten Gestaltungsprinzipien frei und leicht beieinander wohnen, die im bloßen Sein, in dem harten Raum, in dem die Sachen sich stoßen, einander zu befehden und einander auszuschließen scheinen. Zwar die reine Funktion des Ordnungsbegriffs ist gleichfalls ein und dieselbe, gleichviel an welcher besonderen Materie und innerhalb | welches Sondergebiets des Geistes sie sich auswirkt. Immer handelt es sich, allgemein gesprochen, darum, das Unbegrenzte zu begrenzen, das relativ Bestimmungslose zu bestimmen. Aber diese universelle Aufgabe der Bestimmung und Grenzsetzung kann sich nun unter sehr verschiedenen Gesichtspunkten und nach verschiedenen Leit- und Visierlinien vollziehen. Wenn Platon Erscheinung und Idee, Vielheit und Einheit, Grenzenloses und Grenze einander gegenübergestellt – so wird dieser Gegensatz von ihm vor allem an der Funktion der logischen oder der im weitesten Sinne »theoretischen« Bestimmung durchgeführt. Das wesentliche und unentbehrliche Mittel, das Unbegrenzte zu begrenzen und zu binden, ist die reine Denkfunktion. Sie erst ermöglicht den Übergang vom Werden zum Sein, vom Fluß der Erscheinung in das Reich der reinen Form. So ist alle Gliederung des Mannigfaltigen an die Form des begrifflichen Zusammenfassens und des begrifflichen Trennens, an eine Synopsis, die zugleich Diairesis ist, gebunden. In dieser zwiefachen Grundrichtung, als einer Grundrichtung des Logischen überhaupt, bewegt sich die Arbeit des Dialektikers. Wie der Priester das Opfer nicht willkürlich zerschneidet, sondern es kunstgerecht, gemäß seinen natürlichen Gelenken, zerlegt – so kennt und scheidet der wahre Dialektiker das Sein in seine Gattungen und Arten. Diese Weise der Gliederung, dieses *διαιρεῖσθαι κατα γένη*, dieses *τέμνειν κατ' εἴδη* ist die wesentliche Aufgabe, die ihm obliegt und auf die er in all seinem Denken hinblickt. Aber diese Kunst des Trennens und Verknüpfens, des Scheidens und des Wiederzusammenführens ist, so grundlegend und so unentbehrlich sie auch für den theoretischen Weltbegriff ist, doch nicht die einzige Weise, in der der Geist die Welt erobert und die Welt gestaltet. Es gibt andere, ursprüngliche Modi dieser Gestaltung, in denen sich gleichfalls die Grundform der Unterscheidung und der Verknüpfung, der Gliederung und der Zusammenschau bewährt und in der dennoch beides unter einem anderen beherrschenden Gesetz und unter einem anderen Formprinzip steht. Nicht nur der theoretische Begriff besitzt die Kraft, das Unbestimmte zur Bestimmung zu bringen, das Chaos zum Kosmos werden zu lassen. Auch die Funktion der künstlerischen Anschauung und Darstellung ist von dieser Grundkraft beherrscht und primär mit ihr erfüllt. Auch in ihr lebt eine eigene Weise der Sonderung, die zugleich Verknüpfung, der Verknüpfung, die zugleich Sonderung ist. Aber beides vollzieht sich hier nicht im Medium des Denkens und im Medium des theoretischen Begriffs, sondern in dem der reinen Gestalt. Was Goethe von der Dichtung sagt, das gilt von jeder Form der künstlerischen Gestaltung: Sie teilt die fließend immer gleiche Reihe des Geschehens »belebend ab, daß sie sich rhythmisch regt«.[5] Diese »belebende Abteilung« führt | hier nicht, wie innerhalb der logischen, der theoretischen Sphäre zur Unterscheidung von Arten und Gattungen, zu einem Netzwerk von reinen Begriffen, die sich nach dem Grade ihrer Allgemeinheit einander über- oder unterordnen, um schließlich vermittels dieser Hierarchie des Gedankens die Hierarchie des Seins vor uns hinzustellen. Sie bleibt vielmehr dem Grundprinzip des Lebens selbst treu; sie läßt individuelle Gebilde erstehen, denen die schaffende Phantasie, aus der sie entstammen, den Atem des Lebens einhaucht und die sie mit der ganzen Frische und Unmittelbarkeit des Lebens begabt. Und die gleiche Kraft der schöpferischen Einbildungskraft ist auch dem Mythos eigen – wenngleich sie hier wiederum unter einem anderen Formgesetz steht und sich gewissermaßen innerhalb einer anderen »Dimension« der Formung bewegt. Denn auch der Mythos besitzt seine eigene Weise, das Chaos zu durchdringen, zu beleben und zu lichten. Er bleibt nicht bei einem Gewirr vereinzelter dämonischer Gewalten stehen, die der Augenblick erstehen läßt und die der Augenblick wieder verschlingt. Er läßt vielmehr diese Kräfte im Wettstreit und Widerstreit einander gegenübertreten – und er läßt zuletzt aus ebendiesem Widerstreit selbst das Bild einer Einheit erstehen, die alles Sein und Geschehen umfängt und Menschen und Götter in gleicher Weise

[5] [Johann Wolfgang von Goethe, Faust. Eine Tragödie (1. Theil) (Werke [Weimarer Ausgabe], hrsg. im Auftr. der Großherzogin Sophie von Sachsen, 4 Abt., insg. 133 Bde. in 142 Bdn., Weimar 1887–1919, 1. Abt. , Bd. XIV), S. 13.]

beherrscht und bindet. Es gibt kein durchgebildetes System der Mythologie und keine große Kulturreligion, die sich nicht auf irgendeinem Wege von ganz »primitiven« Anfängen an bis zu dieser Vorstellung einer Gesamtordnung des Geschehens erhoben hätte. Im indogermanischen Kreis prägt sich diese Anschauung im Gedanken des Rita aus – jener allumfassenden Regel, der alles Geschehen folgt. »Nach dem Rita«, so heißt es in einem Liede des Rigveda, »strömen die Flüsse, nach ihm leuchtet die Morgenröte auf: dem Pfad der Ordnung wandelt sie richtig nach. Wie eine Kundige, verfehlt sie nicht die Richtungen des Himmels.«[6]

Aber wir verfolgen hier diesen Zusammenhang nur, sofern er dazu dienen kann, uns einen tieferen Einblick in die Entfaltung der Raumordnung und in die Mannigfaltigkeit der möglichen Raumgestaltungen zu verschaffen. Und hier zeigt sich zunächst das eine und das für unsere Betrachtung Entscheidende: daß es nicht eine allgemeine, schlechthin feststehende Raumanschauung gibt, sondern daß der Raum seinen bestimmten Gehalt und seine eigentümliche Fügung erst von der Sinnordnung erhält, innerhalb deren er sich jeweilig gestaltet. Je nachdem er als mythische, als ästhetische oder als theoretische Ordnung gedacht wird, wandelt sich auch die »Form« des Raumes – und diese | Wandlung betrifft nicht nur einzelne und untergeordnete Züge, sondern sie bezieht sich auf ihn als Gesamtheit, auf seine prinzipielle Struktur. Der Raum besitzt nicht eine schlechthin gegebene, ein für allemal feststehende Struktur; sondern er gewinnt diese Struktur erst kraft des allgemeinen Sinnzusammenhangs, innerhalb dessen sein Aufbau sich vollzieht. Die Sinnfunktion ist das primäre und bestimmende, die Raumstruktur das sekundäre und abhängige Moment. Was alle diese Räume von verschiedenem Sinncharakter und von verschiedener Sinnprovenienz, was den mythischen, den ästhetischen, den theoretischen Raum miteinander verknüpft, ist lediglich eine rein formelle Bestimmung, die sich am schärfsten und prägnantesten in Leibniz' Definition des Raumes als der »Möglichkeit des Beisammen« und als der Ordnung im möglichen Beisammen (»l'ordre des coëxistences possibiles«)[7] ausdrückt.

[6] Rigveda (I, 124, 3); zit. nach: Lieder des Rgveda, übers. v. Alfred Hillebrandt, Göttingen/Leipzig 1913 (Quellen der Religions-Geschichte, Bd. 5, Gruppe 7), S. 1 [*Übersetzung bei Hillebrandt:* »Die Tochter des Himmels ward im Osten sichtbar, in Glanz zugleich sich hüllend. Dem Pfad der Ordnung wandelt sie richtig nach. Wie eine Kundige, verfehlt sie nicht die Richtungen des Himmels.«]; Näheres s. meine »Philosphie der symbolischen Formen. Zweiter Teil«, Berlin 1925, S. 132 ff. [ECW 12, S. 123 ff. *Vgl. bes. S. 136, Anm. 65*].

[7] [Gottfried Wilhelm Leibniz, Eclaircissement des difficultés que Monsieur

Aber diese rein formale Möglichkeit erfährt nun sehr verschiedene Arten ihrer Verwirklichung, ihrer Aktualisierung und Konkretisierung. Was zunächst den mythischen Raum angeht, so entspringt er einerseits der charakteristischen mythischen Denkform, andererseits dem spezifischen Lebensgefühl, das allen Gebilden des Mythos innewohnt und ihnen ihre eigentümliche Tönung verleiht. Wenn der Mythos das Rechts und Links, das Oben und Unten, wenn er die verschiedenen Gegenden des Himmels, Osten und Westen, Nord und Süd, voneinander scheidet – so hat er es hier nicht mit Orten und Stellen im Sinne unseres empirisch-physikalischen Raumes noch mit Punkten und Richtungen im Sinne unseres geometrischen Raumes zu tun. Jeder Ort und jede Richtung ist vielmehr mit einer bestimmten mythischen Qualität behaftet und mit ihr gewissermaßen geladen. Ihr ganzer Gehalt, ihr Sinn, ihr spezifischer Unterschied hängt von dieser Qualität ab. Was hier gesucht und was hier festgehalten wird – das sind nicht geometrische Bestimmungen, noch sind es physikalische »Eigenschaften«; es sind bestimmte magische Züge. Heiligkeit oder Unheiligkeit, Zugänglichkeit oder Unzugänglichkeit, Segen oder Fluch, Vertrautheit oder Fremdheit, Glücksverheißung oder drohende Gefahr – das sind die Merkmale, nach denen der Mythos die Orte im Raume gegeneinander absondert und nach denen er die Richtungen im Raume unterscheidet. Jeder Ort steht hier in einer eigentümlichen Atmosphäre und bildet gewissermaßen einen eigenen magisch-mythischen Dunstkreis um sich her: Denn er ist nur dadurch, daß an ihm bestimmte Wirkungen haften, daß Heil oder Unheil, göttliche oder dämonische Kräfte von ihm ausgehen. Nach diesen magischen Kraftlinien gliedert und strukturiert sich das Ganze des mythischen Raumes und mit ihm das Ganze der mythischen Welt. Wie im Raume unserer Erfahrung, in unserem geometrisch-physikalischen Raum jedes Sein seine bestimmte ihm zu|gewiesene Stelle hat, wie die Weltkörper ihre Orte besitzen und in festen Bahnen kreisen – so gilt das gleiche auch für den mythischen Raum. Es gibt kein Sein und kein Geschehen, kein Ding und keinen Vorgang, kein Element der Natur und keine menschliche Handlung, die nicht in dieser Weise räumlich fixiert und prädeterminiert wären. Die Form dieser räumlichen Bindung und die eigentümliche schicksalhafte Notwendigkeit, die ihr innewohnt, sind unverbrüchlich; vor ihnen gibt es kein Entrinnen. Wir können noch heute am Weltbild

Bayle a trouvées dans le systeme nouveau de l'union de l'ame et du corps, in: Philosophische Schriften, hrsg. v. Carl Immanuel Gerhardt, Bd. IV, Berlin 1880, S. 517–571: S. 568.]

bestimmter Naturvölker die Gewalt, die dieser Raumansicht innewohnt, unmittelbar nachfühlen. So hat Cushing in seiner ausgezeichneten Darstellung des Weltbildes der Zuñi-Indianer dieses Moment entscheidend herausgearbeitet. Für diese Stämme gestaltet sich nicht nur die Auffassung des physischen Raumes, des Raumes der Naturdinge und der Naturereignisse, sondern auch die Auffassung des gesamten Lebensraumes nach einem festen mythischen Vorbild. Nicht nur gehören die verschiedenen Elemente, wie Luft und Feuer, Wasser und Erde, die verschiedenen Farben, die verschiedenen Gattungen und Arten der Lebewesen, der Pflanzen und Tiere je einem eigenen räumlichen Bezirk an, dem sie kraft innerer Verwandtschaft, kraft einer ursprünglichen magischen Sympathie verwandt und verbunden sind – sondern die gleiche Zugehörigkeit bestimmt auch die Ordnung und Gliederung der Gesellschaft und durchdringt auch alles gemeinsame Tun und Leben. Der physische und der soziale Kosmos ist bis ins einzelne, bis ins feinste Detail hinein durch die mythische Unterscheidung der räumlichen Orte und der räumlichen Richtungen bedingt; beide sind nichts anderes als das Widerspiel und die Widerspiegelung der zugrundeliegenden Raumanschauung. Kant hat in einer bekannten vorkritischen Schrift die Frage nach dem »Grunde der Unterscheidung der Gegenden im Raume« gestellt. Stellt man die gleiche Frage, statt für den Raum der Mathematik und der Naturwissenschaft, für den mythischen Raum – so scheint es, daß das entscheidende Motiv, das aller mythischen Unterscheidung von Orten und Richtungen zugrunde liegt, in der inneren Verkettung zu suchen ist, die das mythische Gefühl und die mythische Phantasie zwischen den Bestimmungen des Raumes und denen des Lichts empfindet. Indem Gefühl und Phantasie Tag und Nacht, Licht und Dunkel gegeneinander absondern und sich in ihren Ursprung versenken, treten ihnen damit erst die verschiedenen Bestimmungen des Raumes auseinander – und sie scheiden sich jetzt nicht nach rein objektiven, der bloßen »Sachwelt« entnommenen Merkmalen, sondern jede von ihnen erscheint je in einer anderen Nuancierung und Färbung, erscheint wie eingetaucht in je ein eigenes seelisches Grundgefühl. Der Osten ist als Quelle des Lichtes zugleich | der Quell und Ursprung des Lebens; der Westen ist die Stätte des Niederganges, des Grauens, des Totenreiches. Ich kann auf die Einzelheiten dieser Grundanschauung und auf all ihre mannigfachen Nuancierungen hier nicht näher eingehen – ich hebe nur noch einmal den für unser Problem wesentlichen und entscheidenden Hauptzug heraus. Nur von der universellen Sinnfunktion des Mythos her und im Rückgang und steten Rückblick auf dieselbe läßt sich die Form des mythischen Raumes im Ganzen, sowie seine Gestaltung und Gliederung im einzelnen, verständlich machen, läßt sich sein Wesen und seine Eigenart begreifen.

Wenden wir uns nunmehr zur Betrachtung des ästhetischen Raumes, insbesondere zur Betrachtung des Raumes, wie er sich in den einzelnen bildenden Künsten, in der Malerei, der Plastik, der Architektur, konstituiert – so umfängt uns hier alsbald eine andere Luft. Denn jetzt sehen wir uns mit einem Schlage in eine neue Sphäre, in die Sphäre der reinen Darstellung versetzt. Und alle echte Darstellung ist keineswegs ein bloßes passives Nachbilden der Welt; sondern sie ist ein neues Verhältnis, in das sich der Mensch zur Welt setzt. Schiller sagt in den »Briefen über die ästhetische Erziehung«, daß die Betrachtung, die »Reflexion«, die er als die Grundvoraussetzung und als das Grundmoment der künstlerischen Anschauung ansieht, das erste »liberale« Verhältnis des Menschen zu dem Weltall sei, das ihn umgibt. »Wenn die Begierde ihren Gegenstand unmittelbar ergreift, so rückt die Betrachtung den ihrigen in die Ferne [...] Die Notwendigkeit der Natur, die [den Menschen] im Zustand der bloßen Empfindung mit ungeteilter Gewalt beherrschte, läßt bei der Reflexion von ihm ab, in den Sinnen erfolgt ein augenblicklicher Friede, die Zeit selbst, das ewig Wandelnde, steht still, indem des Bewußtseins zerstreute Strahlen sich sammeln, und ein Nachbild des Unendlichen, die *Form,* reflektiert sich auf dem vergänglichen Grunde.«[8] Dieser Eigenart und diesem Ursprung der künstlerischen Form entspricht die Eigenart des ästhetischen Raumes. Man kann den letzteren dem mythischen Raum darin vergleichen, daß beide, im Gegensatz zu jenem abstrakten Schema, das die Geometrie entwirft, durchaus konkrete Weisen der Räumlichkeit sind. Auch der ästhetische Raum ist ein echter Lebensraum, der nicht, wie der theoretische, aus der Kraft des reinen Denkens, sondern aus den Kräften des reinen Gefühls und der Phantasie aufgebaut ist. Aber Gefühl und Phantasie schwingen hier bereits in einer anderen Ebene und haben, verglichen mit der Welt des Mythos, gewissermaßen einen neuen Freiheitsgrad erlangt. Auch der künstlerische Raum ist erfüllt und durchsetzt mit den intensivsten Ausdruckswerten, ist von den stärksten dynamischen Gegensätzen belebt und bewegt. Und doch | ist diese Bewegung nicht mehr jene unmittelbare Lebensbewegung, die in den mythischen

[8] [Friedrich Schiller, Über die ästhetische Erziehung des Menschen in einer Reihe von Briefen (1793/94), in: Philosophische Schriften, Bd. II (Sämtliche Werke. Säkular-Ausgabe in 16 Bänden, in Verb. mit Richard Fester u. a. hrsg. v. Eduard von der Hellen, Bd. XII), Stuttgart/Berlin 1905, S. 3–120: S. 99.

Grundaffekten von Hoffnung und Furcht, in dem magischen Hingezogen- und Abgestoßenwerden, in der Begier des Ergreifens des »Heiligen« und im Grauen vor der Berührung mit dem Verbotenen und Unheiligen sich äußert. Denn als Inhalt der künstlerischen Darstellung ist das Objekt in eine neue Distanz, in eine Ferne vom Ich gerückt – und in ihr erst hat es das ihm eigene, selbständige Sein, hat es eine neue Form der »Gegenständlichkeit« gewonnen. Diese neue Gegenständlichkeit ist es, die auch den ästhetischen Raum kennzeichnet. Die Dämonie der mythischen Welt ist in ihm besiegt und gebrochen. Er umfängt den Menschen nicht mehr mit geheimnisvollen unbekannten Kräften; er schlägt ihn nicht mehr in magische Bande, – sondern er ist, kraft der Grundfunktion der ästhetischen Darstellung, auch erst zum eigentlichen Inhalt der Vorstellung geworden. Die echte »Vorstellung« ist immer zugleich Gegenüberstellung; sie geht aus vom Ich und entfaltet sich aus dessen bildenden Kräften; aber sie erkennt zugleich in dem Gebildeten ein eigenes Sein, ein eigenes Wesen und ein eigenes Gesetz – sie läßt es aus dem Ich erstehen, um es zugleich gemäß diesem Gesetz bestehenzulassen und es in diesem objektiven Bestand anzuschauen. So ist der ästhetische Raum nicht mehr wie der mythische ein Ineinandergreifen und ein Wechselspiel von Kräften, die den Menschen von außen her ergreifen und die ihn kraft ihrer affektiven Gewalt überwältigen – er ist vielmehr ein Inbegriff möglicher Gestaltungsweisen, in deren jeder sich ein neuer Horizont der Gegenstandswelt aufschließt.

Wie diese allgemeine Funktion des ästhetischen Raumes sich in den einzelnen Künsten auswirkt und wie sie sich in ihnen besondert: diese Frage soll hier nicht mehr gestellt werden. Sie wird im Laufe unseres Kongresses das Thema eindringender Untersuchungen berufener Kenner bilden – und ich selbst fühle mich weder befugt noch befähigt, diesen Untersuchungen vorzugreifen. Nur eine ganz allgemeine methodische Bemerkung sei noch verstattet. Seit Lessing zuerst den Grundsatz aufgestellt hat, daß man, um zu einer wahrhaften Abgrenzung der Einzelkünste zu gelangen, von der Natur der sinnlichen Zeichen ausgehen müsse, deren sich jede Kunst bedient, ist diese Betrachtungsweise immer wieder und mit dem stärksten Erfolg durchgeführt worden. Wie Lessing gemäß diesem Grundsatz die Grenzen zwischen Malerei und Poesie gezogen hat, wie er jener die »Figuren und Farben in dem Raume«, dieser »artikulirte Töne in der Zeit« als ihre spezifischen Zeichen zuspricht[9] und wie er hieraus den

[9] [Gotthold Ephraim Lessing, Laokoon: oder über die Grenzen der Mahlerey und Poesie. Mit beyläufigen Erläuterungen verschiedener Punkte der alten Kunst-

Inbegriff der möglichen Gegenstände der dichterischen und der malerischen Darstellung entwickelt und systematisch begrenzt – so hat Herder das gleiche Prinzip auf die Musik und | auf die Plastik übertragen. Die Einteilung in die verschiedenen Sinne und Sinneskreise ergibt nach ihm sofort die natürliche Abgrenzung und die natürliche Gliederung der Einzelkünste. »Einen Sinn haben wir, der Theile *außer* sich *neben* einander, einen andern, der sie *nach einander*, einen dritten, der sie *in einander* erfaßet. *Gesicht*, *Gehör* und *Gefühl*« – und aus dieser natürlichen Dreiteilung läßt sich unmittelbar die Verschiedenheit der Künste, lassen sich die Grenzen von Dichtkunst und Musik, von Musik und Malerei, von Malerei und Plastik entwickeln.[10] Auch in den neueren Untersuchungen über die ästhetische Natur des Raumes hat man immer wieder diesen Weg beschritten – hat man insbesondere auf die grundlegenden Unterschiede des »optischen« und des »haptischen« Raumes, des Raumes des Gesichtssinnes und des Raumes des Tastsinns verwiesen, um Klarheit über das gestaltende Prinzip und über den eigentlichen Aufgabenkreis der einzelnen Künste zu gewinnen. Die Fruchtbarkeit dieser Untersuchungen soll in keiner Weise bestritten werden – und dennoch reichen sie meines Erachtens nicht aus, um den eigentlichen Kern des Problems, das hier zugrundeliegt, bloßzulegen. Denn die Unterschiede der reinen Darstellungsweise, des eigentümlichen Modus der Gestaltung, der in jeder Kunst lebendig ist, können niemals vom bloßen Material der Darstellung aus vollständig erfaßt und durchdrungen werden. Wenn Lessing dem »Laokoon« das Motto aus Plutarch vorangestellt hat: »*Υλη και τροποις μιμησεως διαφερουσι*«,[11] so müssen wir, wie mir scheint, den Schwerpunkt der Betrachtung von dem ersten Moment nach dem zweiten, von der Seite der *ὕλη* nach der Seite des *τρόπος* verschieben. Um es in der Sprache der modernen Phänomenologie, in der Terminologie Husserls zu sagen, so ist hier nicht das hyletische, sondern das noetische Moment, nicht die sensuale *ὕλη*, sondern die intentionale *μορφή* das Entscheidende. Ich kann nicht daran denken, diese Auffassung hier systematisch zu entwickeln oder systematisch zu begründen: Ich will nur zum Schluß noch versuchen, sie an einem einzelnen Beispiel kurz zu erläutern. Bleiben wir in dem Bereich einer

geschichte, in: Sämtliche Schriften, hrsg. v. Karl Lachmann, 3., neu durchges. u. verm. Aufl., besorgt v. Franz Munker, Bd. IX, Stuttgart 1893, S. 1–177: S. 94.]

[10] Johann Gottfried Herder, Plastik. Einige Wahrnehmungen über Form und Gestalt aus Pygmalions bildendem Traume, in: Sämmtliche Werke, hrsg. v. Bernhard Suphan, Bd. VIII, Berlin 1892, S. 1– 87: S. 14 ff. [Zitat S. 15].

[11] [Lessing, Laokoon, S. 1.]

Einzelkunst stehen, die also nach Lessing auf einen bestimmten Bereich sinnlicher Zeichen angewiesen und innerhalb derselben gebunden ist – so umfaßt schon jegliche Einzelkunst sehr verschiedene *τρόποι*, sehr verschiedene Wege und Möglichkeiten räumlicher und zeitlicher Gestaltung. Blicken wir etwa auf die Dichtkunst hin, so bewegt und formt sich das lyrische Gedicht, das Epos, das Drama je in einer eigenen Zeitsphäre und gleichsam in einem ihnen eigentümlichen Zeitschritt. Augustin hat in seiner Analyse des Zeitbegriffes, der einen geschichtlichen Wendepunkt und einen geschichtlichen Höhepunkt der phänomenologischen Erfas|sung und Deutung darstellt, gesagt, daß es im Grunde nicht drei verschiedene Zeiten: die Gegenwart, die Vergangenheit und die Zukunft gebe. Es gebe vielmehr nur drei verschiedene Zeitaspekte, die alle in der einen Gegenwart befaßt seien. Es gibt Gegenwart vom Vergangenen, Gegenwart vom Gegenwärtigen und Gegenwart vom Zukünftigen: Die erstere nennen wir Gedächtnis, die zweite nennen wir Anschauung, die dritte nennen wir Erwartung. Nach diesen drei Modi der Zeit – nach Gedächtnis, Anschauung und Erwartung – teilt sich auch die dichterische Zeit ab – und gemäß dieser Dreiteilung lassen sich die Arten, die *γένη* der Dichtung – das Epos, die Lyrik, die dramatische Kunst – bestimmen und gegeneinander abgrenzen. Jede von ihnen steht gleichsam in einem anderen »Zeichen« der Zeit – und jede von ihnen gibt der Zeit eine besondere Nuance, läßt sie wie in eine eigentümliche »Farbe« getaucht erscheinen. Das Epos hüllt alles, was es ergreift, in die reine Form des Gedächtnisses und damit in den Schleier der Vergangenheit ein; das lyrische Gedicht schwingt in der unmittelbaren Gegenwart des Gefühls und läßt aus ihr die Gegenwart, die Präsenz der Anschauung erstehen; das Drama ist nur und lebt nur in der Bewegung auf die Zukunft hin – in der leidenschaftlichen Spannung, die das Künftige vorwegnimmt und zum Künftigen vorausdrängt. Der lyrische Dichter steht im Grunde immer im Heute, in dem reinen Jetzt-Punkt, auch wo er sich dem Nicht-Jetzt, dem Noch-Nicht und dem Nicht-Mehr zuwendet.

»Mußt nicht vor dem Tage fliehen:
Denn der Tag, den du ereilest,
Ist nicht besser als der heut'ge;
Aber wenn du froh verweilest
Wo ich mir die Welt beseit'ge,
Um die Welt an mich zu ziehen,
Bist du gleich mit mir geborgen:
Heut ist heute, morgen morgen,

Und was folgt und was vergangen
Reißt nicht hin und bleibt nicht hangen.«[12]

So spricht der echte große Lyriker, so spricht Goethe: Aber dieses charakteristische Zeitpathos ist nicht das Pathos des Epos oder des Dramas. Das Epos versenkt sich in das Geschehen als ein rein Gewesenes und es muß im gewissen Sinne in diesem Geschehen »hangenbleiben«, um es gemäß seinem Formgesetz gestalten zu können – das Drama steht, auch dort, wo es als historisches Drama von Vergangenem zu handeln scheint, mit Shakespeare zu reden, »mitten in dem Strom, Sturm und Wirbelwind der Leidenschaft«[13] und gewinnt aus ihm seine zeitliche Dynamik, seine Kraft des Fortreißens und Hinreißens. So | wird an diesem Einzelbeispiel deutlich, wie in jeder Kunst, abgesehen von dem sinnlichen Stoff, mit dem sie operiert, abgesehen von den Darstellungsmitteln, je eine besondere Richtung und je ein besonderer Sinn der Darstellung lebendig und wirksam ist – und wie aus diesem Sinn die Form ihrer Raumanschauung und ihrer Zeitanschauung hervorgeht.

Lassen Sie mich damit, meine Damen und Herren, diese Betrachtungen schließen. In dem Thema, das ich mir ursprünglich gestellt hatte, war noch eine wesentliche Erweiterung vorgesehen: An die Analyse des mythischen und des ästhetischen Raumes sollte sich eine Analyse des »theoretischen« Raumes, des reinen Maßraumes der Mathematik und der mathematischen Physik anschließen. Aber Sie werden es begreifen und entschuldigen, daß ich dieses Problem, das im Mittelpunkt der erkenntniskritischen Untersuchungen über die Grundlagen der modernen Physik steht, lieber ganz übergehen möchte, als es jetzt, in wenigen Minuten, noch zu erörtern. Gestatten Sie mir daher, für diese Seite meines Themas nur noch auf die ausführlichen Darlegungen zu verweisen, die ich an anderer Stelle, im dritten Band meiner »Philosophie der symbolischen Formen«, gegeben habe. In dem Konflikt der Pflichten zwischen den sachlichen Forderungen der mir gestellten Aufgabe und den strengen Regeln unseres Kongresses wollte ich lieber meinem Thema Eintrag tun, als dem Kongreß und den künftigen Rednern Abbruch zu tun – zumal ich als erster Redner unserer Tagung mich an ihre Gesetze im besonderen

[12] [Johann Wolfgang von Goethe, Einladung, in: West-östlicher Divan (Werke [Weimarer Ausgabe], 1. Abt., Bd. VI), S. 143.]

[13] [William Shakespeare, Hamlet, Prince of Denmark, in: The Works, mit Einl. u. Anm. hrsg. v. Charles Herold Herford, Bd. VIII, London ²1926, S. 131–282: S. 201: »in the very torrent, tempest, and, as I may say, the whirlwind of passion«.]

Maße gebunden fühle und die Gefahr des schlechten Beispiels nicht heraufbeschwören will. Ohnehin konnten die Betrachtungen, die ich Ihnen hier vorgelegt habe, nicht den Sinn haben, das Problem, das ich mir gestellt habe, in irgendeiner Hinsicht zu erschöpfen. Sie sollten nur einen ersten Auftakt zu den Arbeiten unseres Kongresses bilden; sie sollten versuchen, eine Art von Rahmen zu spannen, in dem sich die Untersuchung und die Diskussion bewegen kann. Die Ausfüllung dieses Rahmens darf ich von den folgenden Vorträgen, in denen erprobte Fachkenner zu uns von den eigensten Problemen ihres Sondergebiets sprechen werden, mit Sicherheit erwarten. So bitte ich Sie denn, meine Damen und Herren, meine Ausführungen nur als den Versuch zu einer ersten Orientierung und zu einer vorläufigen Grenzsetzung anzusehen. Der theoretische, insbesondere der philosophische Gedanke kann auf solche Grenzsetzungen nirgends Verzicht tun: Aber er muß sich dabei freilich bewußt bleiben, daß die Grenzen, die das Denken setzt, nicht zu festen Schranken erstarren dürfen – daß sie bewegliche Grenzen bleiben müssen, um die Fülle und die Bewegung der Erscheinungen in sich zu fassen. Hier gilt nur jener Doppelschritt des Denkens, jener Wechsel von Setzung und Wiederaufhebung der Grenze, | wie sie in einem Rückertschen Vers aus der »Weisheit des Brahmanen«, mit dem ich schließen möchte, bezeichnet ist:

»Wer Schranken denkend setzt, die wirklich nicht vorhanden,
Und dann hinweg sie denkt, der hat die Welt verstanden.
Alswie Geometrie in ihren Liniennetzen
Den Raum, so fängt sich selbst das Denken in Gesetzen.
Anschaulich macht man uns die Welt durch Ländercharten,
Nun müssen wir des Geist's Sterncharten noch erwarten,
Indeß geht, auf Gefahr den Richtweg zu verlieren,
Der Geist durch sein Gebiet, wie wir durch's Feld spazieren.«[14]

Lassen Sie mich, meine Damen und Herren, den Wunsch und die Hoffnung aussprechen, daß unsere gemeinsame Arbeit sich, unbeschwert von jeglichem Zwang, frei entfaltet und frei ergeht, daß sie aber nichtsdestoweniger eine feste und klare Richtung innehält: daß sie uns einen Schritt weiter führt in der Richtung auf jene »Sternkarten des Geistes«, die wir heute noch erwarten und entbehren.[15]

[14] [Friedrich Rückert, Wer Schranken denkend setzt (1. Teil, Nr. 4), in: Gesammelte poetische Werke in zwölf Bänden, Bd. VIII, Frankfurt a. M. 1868, S. 6.]

[15] [*An den Vortrag von Ernst Cassirer schließt sich ein Vortrag von Albert Görland unter dem Titel »Die Modi der Zeit als stilbildende Faktoren« (S. 36–50) an. Darauf folgt die hier abgedruckte Aussprache.*]

Aussprache

Richard Hamann: Es ist fraglich, wie die allgemeinen Betrachtungen Cassirers an das Material des Kunsthistorikers heranführen. Wie können wir von diesen Themen zu den konkreten Aufgaben kommen? Zu den verschiedenen Räumen, dem mythischen, ästhetischen, theoretischen Raum, ist zu fragen, ob eine solche Teilung etwas leisten kann. Ist es nicht immer derselbe Raum, in dem wir verschiedene Bedeutsamkeiten unterbringen? Ist nicht der Raum der Kunst und der Orientierung derselbe? Erfassen wir im Begriff des mythischen Raumes nicht lediglich die eine Qualität der mythischen Bedeutsamkeit des einen Raumes? Ist der anschauliche Raum nicht derselbe wie der ästhetische, nur in orientierungsmäßiger Bedeutsamkeit? Ist der naturwissenschaftliche Raum nicht nur vom natürlichen abstrahiert, und gilt nicht das gleiche auch von der Zeit? Bei der Bestimmung von Drama, Epos und Lyrik durch Gegenwart, Vergangenheit und Zukunft müssen wir gegen den Versuch, so abstrakte Begriffe mit so konkreten Gegenständen zur Deckung zu bringen, vorsichtig sein. Wir müssen morphologische Begriffe bilden, nicht durch Definition, sondern durch Konstruktion und Beschrei|bung. Nicht ein einzelnes der Momente am Kunstwerk ist wichtig, sondern das Einheitsgefüge. Im Drama ist zwar auf der einen Seite die Zukunft wesentlich, andererseits sind aber auch Gegenwart und Vergangenheit unabtrennbare Momente.

Görland bildet Typen von Individualitäten in analogiesetzender Weise. Das ist nicht das, was die Kunstgeschichte unter Stil versteht. Typenbildung bedeutet Heraushebung von Besonderheiten. Stil schafft aber nicht Individualitäten, sondern geht auf Angleichung aus, er schafft Verbindungen, aber nicht mathematischer, teleologischer oder kausaler Art. Stil ist das, was wir in einer eigenbedeutsamen Anschauung als einheitsbildend, zur Harmonie bringend ansehen müssen. Diese Angleichung fassen wir im Zurücktreten des Individuellen. Das Kunstwerk tritt zurück, sobald wir nur noch stilistische Angleichung haben. Wenn wir von »stilisiert« reden, meinen wir, daß ein Unwert in das Kunstwerk hineingekommen ist. Vom Stil kommen wir dadurch zum Individuellen zurück, weil es Daten anschaulicher Art gibt, die bezogen werden können, nicht durch Sonderung. So ist stilvoll, was zur Zeit paßt. Wenn mithin Stil nur in der Anschauung gegeben ist, so kann er nicht von dem Individuum, das den Stil hat, gesehen werden, sondern nur vom Beobachter. Stil ist das Unlebendigste. Stil bringt vom Handeln zum Betrachten. Wir dürfen niemals fragen, ob unsere Zeit stilvoll ist, sondern wir müssen handeln. Die

Görlandsche Typenlehre ist vom Standpunkt des Kunsthistorikers unvollkommen.

Ernst Cassirer: Ich muß den Einwendungen gegen die Abstraktheit meiner Ausführungen über die Künste Recht geben. Sie konnten wegen der zeitlichen Beschränkung nur formelhaft sein. Was ich durch das gewählte Beispiel zeigen wollte, war lediglich die Tatsache, daß auch innerhalb einer Einzelkunst die möglichen Formen der Zeitakzentuierung sich vorfinden. Die Genera würden bei einer Durchführung dieses Ansatzes eine wesentlich andere als die traditionelle Fassung gewinnen müssen. Die ganze Unterscheidung hat selbstverständlich nur dann einen Sinn, wenn sie dem Verständnis des Materials dient.

Dagegen ist der erste Einwand, der den Raumbegriff betrifft, entscheidend und prinzipiell. Die realistische Ansicht des Raumes verlegt seine Differenzen in eine ursprüngliche Einerleiheit. Es gibt einen Weltraum, in dem die Dinge ihren Platz haben. Die Entwicklung der Physik zeigt, wie die Antinomien, die aus diesem Raumbegriff entstehen, dazu zwingen, auf den absoluten Raum zu verzichten. Die moderne Physik – so hat Hermann Weyl es einmal drastisch ausgedrückt – sieht den Raum nicht mehr als feste Mietskaserne an, in die die Dinge einziehen. Der physikalische Raum ist vielmehr eine Maßfunktion. Dadurch erscheinen Raum und Zeit in einer eigentümlichen Relativierung. So geht es auch nicht an, den Raum als solchen festzulegen und dann die mythischen Inhalte dazuzunehmen. Der Sinn des Mythischen erfüllt und bestimmt vielmehr den Raum. Die Sinnmomente lassen sich nicht nachträglich auseinanderspalten, sondern stellen ursprüngliche Differenzen dar. Die Identität des Raumbegriffs innerhalb dieser Differenzierung besteht lediglich im Begriff des Raumes als einer Ordnung des möglichen Beisammen. Der Raum in concreto ist aber jeweils konstituiert durch die bestimmten Strukturgesetze.

Moritz Geiger: Nur im Mythischen und Ästhetischen haben wir im strengen Sinn das Recht, von Raum zu sprechen. Nur hier ist der in seiner Qualität nicht weiter beschreibbare Raum gegeben. Es gibt von dem anschaulichen Raumbegriff des Mythischen und Ästhetischen keinen Übergang zum Raum der neueren Mathematik und Physik. Vom »Raum« kann hier nicht mehr im strengen | Sinne geredet werden, da Raum und Zeit im Vierdimensionalen untergegangen sind. So gut wie vom »vierdimensionalen Raum« könnte man von »vierdimensionaler Zeit« sprechen. Der mathematisch-physikalische Raum hat so wenig mit dem ästhetisch-mythischen zu tun, wie die elektromagnetischen Wellen, die die Farben erzeugen, mit den anschaulichen Farben gleichgesetzt werden dürfen.

Ernst Barthel: Im Anschluß an die Unterscheidung von mythischem, ästhetischem und theoretischem Raum möchte ich als Raumtheoretiker darauf hinweisen, daß meines Erachtens eine Vereinheitlichung unseres Raumbewußtseins durch die weitere Entwicklung theoretischen Denkens möglich und notwendig sei. Durch die heutige Hervorkehrung des Begriffs der Messung und des Gemessenen bzw. Meßbaren wird gar nicht widerlegt, daß es transzendentale Fundamente gibt, auf denen sich alles Denken erhebt und welche es notwendigerweise voraussetzen muß, auch wo es mißt. Der Begriff der Messung selbst bedarf einer kritischen Analyse.[16] Die Messung einer Sache ist etwas anderes als die Sache selbst, was auch Driesch an einer Stelle seiner »Philosophie des Organischen« hervorhob. Der Raum als Ordnung der Gleichzeitigkeit bleibt bestehen, auch wenn wir durch die endliche Lichtgeschwindigkeit gehindert werden, das gleichzeitig Seiende auch als gleichzeitig zu messen. Den »mythischen« Raumbegriff, sofern er in Grundzügen allen Menschen gemeinsam ist, wird man mit einer exakten Auffassung auf Grund der Kategorien »Totalität« und »Polarität« vereinigen können. Der biologisch so überaus wichtige Gegensatz »Oben/Unten« wird sich in einer neuen energetischen Theorie des räumlichen Kraftfeldes aufs neue als unerläßlich erweisen. Der Grund unseres biologischen und damit auch unseres erkennenden Seins läßt sich durch kritische Darstellung auch als Grundlage des energetischen Raumes erweisen. Es wird möglich sein, in mathematischer Weise einen mythologisch bedeutsamen Raum zu schaffen bzw. als seiend zu erkennen.

Ernst Cassirer: Der Ansicht Geigers, daß ein engerer Zusammenhang zwischen mythischem und ästhetischem Raum als zwischen beiden und dem physikalischen Raum besteht, kann ich zustimmen, da es sich hier um analoge Erlebnisweisen handelt. Die Frage, ob man den physikalischen Raum auf Grund seines Abstandes vom anschaulichen Raum noch »Raum« benennen dürfe oder nicht, ist m. E. eine rein terminologische Frage. Die von mir angewandte Terminologie habe ja keineswegs ich eingeführt; sie ist zustandegekommen in der Entwicklung der Physik selbst, deren Anfänge eine sehr viel größere Nähe zur Anschauung besaßen. Auch innerhalb der Entwicklung der Mathematik hat man sich bei der Einführung der nicht-euklidischen Geometrie dagegen gesträubt, den Gegenstand dieser Theorien noch »Raum« zu benennen und Lotze hat den Vorschlag gemacht, anstelle dieses Terminus die Bezeichnung »Raumoid« zu wählen. Dieser Vor-

[16] Vgl. [mein Buch]: Ernst Barthel, Vorstellung und Denken. Eine Kritik des pragmatischen Verstandes, München 1931.

schlag hat sich indes nicht durchgesetzt: Heute sprechen wir ebenso unbefangen von nicht-euklidischen »Räumen« wie vom Euklidischen Raum. Wenn wir an der üblichen Terminologie festhalten, so gründet sich das Recht dazu auf die Geschichte der menschlichen Kultur, in der sich durch zahlreiche Vermittlungen hindurch aus dem Anschauungsraum und der anschaulichen Zeit die »vierdimensionale Mannigfaltigkeit« der heutigen Physik entwickelt hat. Es geht nicht an, einige Unterschiede, die innerhalb dieser Entwicklung auftreten und aufbehalten werden, als real, andere als fiktiv zu nehmen. Es kommt vielmehr darauf an, die Totalität der inneren Möglichkeiten zu übersehen und herauszustellen. |

Erwin Panofsky: Ich gebe Herrn Hamann darin recht, daß kunsthistorische Erscheinungen wie »Gotik« oder »Donatello« selbstverständlich niemals aus Begriffen »definiert«, sondern nur auf Grund der anschaulichen Gegebenheiten »deskribiert« werden können. Dies bedeutet aber meiner Ansicht nach keinen Einwand gegen die Voraussetzung von »Grundbegriffen« (mag sie der praktisch arbeitende Kunsthistoriker auch völlig unbewußt verwerten) und gegen den Cassirerschen Vorschlag, dem mythischen, theoretischen usw. Raum einen besonders charakterisierten »ästhetischen Raum« gegenüberzustellen. Denn an und für sich hätten wir gar nicht ohne weiteres das Recht, die sonderbar geformten Steine, die wir etwa im Boden von Olympia finden, als »Kunstwerke« aufzufassen und mit kunsthistorischen Methoden zu interpretieren, wenn wir sie nicht zuvor – wenngleich das völlig unbewußt geschieht – aus dem natürlichen Raum herausgenommen und ebenso in den »ästhetischen« Raum lokalisiert hätten, wie sie ein Physiker in den theoretischen Raum hineinstellen würde. Was aber die »Deskription« einer Kunsterscheinung angeht, so ist diese als solche insofern problematisch, als wir zunächst weder wissen, was beschrieben werden soll, noch worauf hin es beschrieben werden soll, – wenn wir eben nicht auch hier stillschweigende Voraussetzungen machen, die wiederum auf die Cassirerischen Thesen hinauslaufen oder doch wenigstens in ihnen begründet sind. Denn wenn wir »Gotik« deskribieren wollen, müssen wir ja zunächst einen Kreis von Objekten umschrieben haben, die wir dieser Deskription zugrundelegen; und dieser Kreis von Objekten definiert sich bekanntlich durchaus nicht ohne weiteres nach der Entstehungszeit und dem Entstehungsort (denn an derselben Kirche kann der eine Meister im Jahre 1220 schon »gotisch«, der andere in ebendiesem Jahre noch »romanisch« arbeiten), sondern er definiert sich nur dadurch, daß wir aus einem weit größeren Kreise von Denkmälern einen kleineren bereits herausgeschält haben, der sich durch besondere »Stilprinzipien« auszeichnet und abhebt – durch Stilprinzipien, die sich nun wiederum nur innerhalb des »ästhetischen Raumes« als bestimmte Qualifikationen desselben (z. B. Kontraktion der Blockmasse zu axialen Gebilden, Parallelisierung der Statuen mit Säulen anstelle einer Anheftung der Statuen an ebene Wandstücke) kennzeichnen lassen. Der »Deskription« der Stilerscheinungen geht also, nur scheinbar paradoxerweise, in Wahrheit bereits eine Erkenntnis der Stilprinzipien voraus – eine Erkenntnis, die ihrerseits nur durch die intuitive Erfassung bestimmter raumgestalterischer Eigentümlichkeiten möglich ist. Von hier aus wird es denn auch begreiflich, daß die sodann erfolgende »Deskription«, wenn anders sie nicht eine vollkommen wahllose Anhäufung von Einzelaussagen über Größe, Material und irgendwelche gegenständliche Einzelheiten, sondern eben »kunstwissenschaftliche Beschreibung« sein will, stets auf die Herausstellung der vorerwähnten »Stilprinzipien« abzielt, also die der konkreten Erfahrung entnommenen Objekte recht eigentlich »sub specie« bestimmter Kategorien des »ästhetischen Raumes« beschreibt (schon wenn Vasari den Stil eines Gemäldes durch die Hervorhebung des »rilievo« zu charakterisieren sucht, bedeutet das einen noch unvollkommenen Versuch in ebendieser Richtung).

Des weiteren wende ich mich gegen die Einseitigkeit eines Stilbegriffs, der – das Wesen des »Stils« nicht in dem Ausdruck des »Lebens«, sondern in einer Bändigung des »Lebens« erblickend – dazu führt, die Werke Donatellos und Michelangelos als »stillos« zu bezeichnen. Von einer solchen, dem unmittelbaren »Leben« fast feindlich gegenübertretenden Macht könnte vielleicht angesichts einer bewußten »Stilisierung« gesprochen werden, wie sie uns etwa bei | Blake oder dergleichen entgegentritt, nicht aber angesichts eines wirklichen »Stiles«, der eben erst dann zutreffend bestimmt ist, wenn die Bestimmung die vermeintlichen »Stilwidrigkeiten« als immanente Notwendigkeiten erkennen läßt.

Albert Görland: Der »Stil« ist das Gestalt- und Gestaltungsprinzip des individuellen Wesens. Stil ist zwar in gewissem Sinne ein Gattungscharakter, der aber die Anweisung auf seine Artcharaktere gibt und dadurch auf Besonderung hinführt. Dieser Weg der Besonderung ist das methodische Mittel der Annäherung an das Individuelle. Es entstehen durch die Besonderungen des Stilbegriffs Schemata als heuristische Maximen für individualisierende Besonderungen. Die Zeit wurde als Stilbegriff gewählt, weil sich in ihm die wurzelhaften Energien alles individualen Lebens enthüllen.

Die Sprache und der Aufbau der Gegenstandswelt[1] (1932)

1. Wenn wir das Ganze der Funktionen betrachten, die in ihrer Vereinigung und in ihrer wechselseitigen Durchdringung die Gestalt unserer seelischen und unserer geistigen Wirklichkeit aufbauen, so bietet sich für die theoretische Deutung dieser Funktionen ein doppelter Weg. Wir können in ihnen eine wesentlich abbildende und somit sekundäre oder aber eine urbildliche und ursprüngliche Leistung sehen. In dem ersteren Fall gehen wir davon aus, daß die Welt, daß die »Wirklichkeit«, auf die sich diese Funktionen als ihr Objekt beziehen, in ihrem Sein wie in ihrer Struktur fertig gegeben ist – und daß es sich für den menschlichen Geist nur darum handelt, diese gegebene Wirklichkeit einfach in Besitz zu nehmen. Das »Draußen«-Seiende und Bestehende soll irgendwie in das Bewußtsein »hinübergezogen«, soll in ein Innerlich-Seiendes verwandelt werden, aber diese Verwandlung fügt ihm keinen wesentlich neuen Zug hinzu. Die Welt wird im Bewußtsein abgespiegelt: Aber je reiner und getreuer diese Spiegelung ist, um so mehr wiederholt sie lediglich die Bestimmungen, die schon als solche im Objekt vorhanden und die in ihm in klarer Sonderung gesetzt waren. Dieser wiederholende Charakter, dieser Charakter der *μίμησις*, ist es, den man der Erkenntnis, der Kunst, der Sprache zuschreiben kann und aus welchem man versuchen kann, ihren Wert und ihre Leistung zu verstehen. Aber die Geschichte der Philosophie – und insbesondere die Geschichte des Erkenntnisproblems – hat uns seit langem die Mängel und die prinzipiellen Schranken dieser Auffassung und Betrachtung kennen gelehrt. Seit Kants »kopernikanischer Drehung« ist, zum mindesten innerhalb der Erkenntniskritik, die Überzeugung mehr und mehr durchgedrungen, daß die bloße Abbildtheorie der Erkenntnis ihr Wesen nicht zutreffend bezeichnet, geschweige daß sie es erschöpft. Die »*Verbindung* [...] eines Mannigfaltigen«, so zeigt Kant in entscheidenden Erörterungen der »Kritik der reinen Vernunft«, kann niemals durch die Sinne in uns kommen – sie ist vielmehr »ein Aktus der Spontaneität der Vorstellungskraft«. Diesem Aktus will er den Namen

[1] [*Zuerst veröffentlicht in:* Bericht über den XII. Kongreß der Deutschen Gesellschaft für Psychologie in Hamburg vom 12.–16. April 1931, im Auftrage der Deutschen Gesellschaft für Psychologie hrsg. v. Gustav Kafka, Jena 1932, S. 134–145.]

»Synthesis« beilegen: »um dadurch zugleich bemerklich zu machen, daß wir uns nichts als im Objekt verbunden vorstellen können, ohne es vorher selbst verbunden zu haben, und unter allen Vorstellungen die *Verbindung* die einzige ist, die nicht durch Objekte gegeben, sondern | nur vom Subjekte selbst verrichtet werden kann, weil sie ein Aktus seiner Selbsttätigkeit ist.«[2] Eine solche »Synthesis« und demgemäß einen solchen »Aktus der Selbsttätigkeit« müssen wir, nicht minder als für die theoretische Erkenntnis, für jeden Modus und jede Grundrichtung der geistigen Formung voraussetzen. Er gilt für jede reine Bildfunktion – er ist, wie für das Wissen von der Welt, auch für jene Weise der Weltanschauung und der Weltgestaltung unentbehrlich, die sich in der Sprache wie in der Kunst vollzieht. Mögen wir daher auch jetzt noch fortfahren, in der Erkenntnis, in der Kunst, in der Sprache bloße Spiegelungen der Welt zu sehen – so müssen wir uns doch hierbei immer bewußt bleiben, daß das Bild, das jeder dieser Spiegel erzeugt, nicht von der Natur des gespiegelten Objekts allein, sondern von unserer eigenen Natur abhängig ist, daß es nicht bloß eine im Gegenstand bereits gegebene Vorzeichnung wiederholt, sondern daß es einen ursprünglichen Akt des Vorzeichnens in sich schließt. Es ist daher niemals bloße Kopie, sondern der Ausdruck einer originalbildenden Kraft. Die geistigen Spiegelungen des Universums, die wir in der Erkenntnis, in der Kunst und der Sprache besitzen, sind daher – um es mit einem Leibnizschen Worte zu bezeichnen – »lebendige Spiegel«: »miroirs vivants de l'univers«.[3] Sie sind keine bloß passiven Empfangs- und Aufnahmeapparate, sondern sie sind Taten des Geistes – und jede dieser ursprünglichen Taten baut einen eigenen und neuen Umriß, einen bestimmten Horizont der Gegenständlichkeit für uns auf. Sie kommen nicht einfach vom fertigen Gegenstand her, sondern sie führen zu ihm hin und auf ihn hin; sie sind konstitutive Bedingungen seiner Möglichkeit. Für den Gegenstand der Kunst, für den ästhetischen Gegenstand läßt sich dies Verhältnis unmittelbar einsichtig machen, wenn man die Weisen der Gestaltung und der bildenden »Darstellung« in den verschiedenen Künsten einander gegenüberstellt. Die Gestaltung in den bildenden Künsten – in der Malerei, der Plastik, der Architektur – vollzieht sich

[2] [Immanuel Kant, Kritik der reinen Vernunft (Werke, in Gemeinschaft mit Hermann Cohen u.a. hrsg. v. Ernst Cassirer, Bd. III, hrsg. v. Albert Görland, Berlin 1913), S. 113 (B 129 f.).]

[3] [Gottfried Wilhelm Leibniz, Principes de la nature et de la grace, fondés en raison, in: Die philosophischen Schriften, hrsg. v. Carl Immanuel Gerhardt, Bd. VI, Berlin 1885, S. 598–606: S. 599, 603; auch ders., Monadologie, in: Die philosophischen Schriften, Bd. VI, S. 607–623: S. 616, 621.]

nicht derart, daß sie alle ein bestimmtes Bild, daß sie gewissermaßen eine fertige Schablone des Anschauungsraumes zugrunde legen und dann in diese Schablone ihre besonderen Gegenstände eintragen. Sie alle finden den Raum nicht einfach vor, sondern sie müssen ihn sich erobern – und sie erobern sich ihn je auf eine eigene und ihnen spezifisch eigentümliche Weise. Sie sind nicht bloße Umsetzungen und Nachzeichnungen einer feststehenden und vorhandenen Räumlichkeit, sondern sie sind Wege zum Raum – sie bilden nicht das bestehende | »Auseinander« der Dinge mechanisch nach, sondern sie sind wesentlich Organe der Raumgestaltung. Das Problem der »Form« in der bildenden Kunst ist, wie Adolf Hildebrand in grundlegenden Erörterungen gezeigt hat, nur dann zu lösen, wenn man auf diese organische Grundkraft ihrer Raumgestaltung zurückgeht. Und seitdem Wilhelm von Humboldt in engem Anschluß an Kant das Problem einer kritischen Sprachphilosophie gesehen und ihr erstes systematisches Programm entworfen hat, ist auch für die Sprache dieses Grundverhältnis geklärt und sichergestellt. Humboldt hat die weitverbreitete Vorstellung, daß die verschiedenen Sprachen nur dieselbe Masse der unabhängig von ihnen vorhandenen Gegenstände und Begriffe bezeichnen, als die »dem Sprachstudium [eigentlich] verderbliche«[4] bezeichnet. Er fordert statt dessen ein Verständnis und eine Analyse der Einzelsprachen, aus der ersichtlich wird, wie jede von ihnen an der Bildung der gegenständlichen Vorstellung beteiligt ist und wie sie in dieser Bildung verfährt. Die Verschiedenheit der Sprachen gilt ihm nicht als eine Differenz von Schällen und Zeichen, sondern als eine Verschiedenheit von Weltansichten. »In die Bildung und in den Gebrauch der Sprache geht notwendig die ganze Art der subjectiven Wahrnehmung der Gegenstände über. Denn das Wort entsteht eben aus dieser Wahrnehmung, ist nicht ein Abdruck des Gegenstandes an sich, sondern des von diesem in der Seele erzeugten Bildes.«[5]

2. Mit diesem Versuch Humboldts, die Formen der Sprache auf bestimmte seelische Grundformen und Grundhaltungen zurückzuführen, hat er auch die Psychologie vor eine neue Aufgabe gestellt. Aber wenn man die allgemeine Entwicklung der Psychologie im letzten Jahrhundert überblickt, so findet man, daß sie diese Auf-

[4] [Wilhelm von Humboldt, Ueber die Verschiedenheiten des menschlichen Sprachbaues, in: Gesammelte Schriften, 17 Bde., hrsg. v. der Königlich Preußischen Akademie der Wissenschaften, Berlin 1903ff., Bd. VI, S. 111–303: S. 119.]

[5] [Ders., Ueber die Verschiedenheit des menschlichen Sprachbaues und ihren Einfluss auf die geistige Entwicklung des Menschengeschlechts (Gesammelte Schriften, Bd. VII), S. 59f.]

gabe nur zögernd und gewissermaßen widerstrebend ergriffen hat. Die Psychologie ist freilich bei den Problemen der Individualpsychologie nicht stehengeblieben, sondern sie ist zu den Fragen der Völkerpsychologie fortgeschritten – und sie glaubte eine Zeitlang, in den Grundlagen und Zurüstungen, die für diese neue Disziplin getroffen wurden, auch die Betrachtung der Sprache auf einen festen und sicheren Boden gestellt zu haben. Und doch weisen alle Behandlungen der Sprache, die im Rahmen der Völkerpsychologie unternommen wurden, gerade in methodischer Hinsicht einen Mangel und eine gemeinsame Schranke auf. Die Analyse der Sprache stützt sich hier im wesentlichen auf die beiden Grundbegriffe, die für die gesamte Psychologie des neunzehnten Jahrhunderts bestimmend und | herrschend gewesen sind. Bei den Begründern der Völkerpsychologie, bei Lazarus und Steinthal, steht überall der Herbartsche Apperzeptionsbegriff im Mittelpunkt, er erscheint als der eigentliche Schlüssel, mittels dessen die Welt der sprachlichen Phänomene aufgeschlossen werden soll. Und auch bei Wundt, der über diesen ersten Ansatz prinzipiell in vieler Hinsicht hinausgeht, wird doch ein so wichtiges und zentrales Problem, wie das der sprachlichen Bedeutung und des sprachlichen Bedeutungswandels, noch ganz in den gewohnten Kreis der Assoziationspsychologie eingespannt – und es verharrt wie gebannt in diesem Kreise. Nur allmählich setzt sich innerhalb der modernen Psychologie die Einsicht durch, daß diese beiden Grundbegriffe – daß die Herbartsche Apperzeption wie die Wundtsche Assoziation – das Wesen jener echten »Synthesis«, die in jedem ursprünglichen Sprachakt liegt, nicht zu erfassen und nicht zum adäquaten Ausdruck zu bringen vermögen. Auch die Völkerpsychologie war eben im wesentlichen Elementarpsychologie geblieben; auch sie trachtete jenem alten Erkenntnisideal der »encheiresis naturae« nach, das da glaubte, die Teile eines Ganzen um so fester und sicherer in der Hand zu haben, je mehr sie das »geistige Band«[6] zwischen ihnen gelöst hat. Heute hat die Psychologie wohl fast allgemein diesem Ideal entsagt; heute glaubt sie nicht mehr, die seelischen Gebilde und die seelischen Ganzheiten dadurch verstehen zu können, daß sie sie in ihre Elemente zerschlägt. Aber von dieser negativen Einsicht bis zur positiven Bewältigung des Sprachproblems ist noch ein weiter Weg. Denn hier erhebt sich alsbald eine neue methodische Schwierigkeit. Humboldt hat gesagt, daß die wahre Definition der

[6] [Johann Wolfgang von Goethe, Faust. Eine Tragödie. Erster Theil (Werke, hrsg. im Auftrage der Großherzogin Sophie von Sachsen, 1. Abt., Bd. XIV, Weimar 1887), S. 91.]

Sprache stets nur eine genetische sein könne. Wir müssen, um die Sprache zu verstehen, nicht bei ihren Gebilden stehenbleiben, sondern dem inneren Gesetz des Bildens nachspüren – wir dürfen sie nicht als ein Fertiges und Erzeugtes, sondern wir müssen sie als eine Erzeugung, als eine sich ewig wiederholende Arbeit des Geistes betrachten. Wie aber kann diese Arbeit für uns faßbar werden: Wie gelangen wir vom Sprachprodukt zum Sprachprozeß? Die bekannten und gebräuchlichen Methoden der Psychologie scheinen vor dieser Aufgabe zu versagen. Weder das Experiment noch die Selbstbeobachtung weist uns hier einen sicheren Weg. Denn beide bewegen sich bereits in einer sprachlich geformten Welt; beide setzen die Sprache bereits voraus, statt sie gewissermaßen im »status nascens« zu belauschen und zu beschreiben. Das Band der Sprache ist es, das den Ver|suchsleiter mit den Versuchspersonen verknüpft und das die Verständigung zwischen ihnen herbeiführt. Und auch alle Selbstbeobachtung, auch alles Wissen von unseren eigenen inneren Zuständen ist weit mehr, als es uns gewöhnlich zum Bewußtsein kommt, durch die Sprache bedingt und durch sie vermittelt. Nicht nur das Denken ist, wie Platon es genannt hat, ein »Gespräch der Seele mit sich selbst«,[7] sondern bis in die Schicht der Wahrnehmung und Anschauung, ja bis in die Tiefe des Gefühls reicht diese Verbundenheit und diese unlösliche Verschmolzenheit mit der Sprache zurück. Was die moderne Denkpsychologie angeht, so hat sie bei Hönigswald diese »Worthaftigkeit des Denkens«[8] geradezu zu ihrem Leitprinzip erklärt. Wie also läßt sich die Sprache selbst psychologisch erfassen – da sie vielmehr das Medium ist, in dem alles psychologische Fassen und Verstehen sich bewegt? Hier kann kein direkter, sondern nur ein mittelbarer Weg zum Ziele führen – hier kann nur ein Rückschluß vom Geformten zum bildenden Prinzip, von der »forma formata« zur »forma formans« versucht werden. Wenn es gelänge, eine Provinz des Seelischen aufzuweisen, die spezifisch mit der Sprache verknüpft und die wesentlich auf sie angewiesen ist, so ließe sich an ihrer Struktur vielleicht indirekt ein Zeugnis über das Werden und Wachsen der Sprache gewinnen – so ließe sich an ihrer Entwicklung vielleicht das Bildungs- und Gestaltungsgesetz, dem sie untersteht, in irgendeiner Weise ablesen.

3. Die These, die ich hier vertreten möchte – und die ich freilich bei der Kürze der Zeit, die mir zur Verfügung steht, nur einfach hin-

[7] [Platon, Theaitetos 189E–190A; Sophistes 264A: »[...] ἑαυτὴν ψυχῆς διάλογος [...]«.]

[8] [Richard Hönigswald, Die Grundlagen der Denkpsychologie. Studien und Analysen, Leipzig ²1925, S. 28 u. 43.]

stellen, nicht aber im einzelnen erläutern und begründen kann –, geht nun dahin, daß eine solche Provinz in der Tat besteht, insofern ein wesentlicher und notwendiger Zusammenhang zwischen der Grundfunktion der Sprache und der Funktion des gegenständlichen Vorstellens anzunehmen ist. »Gegenständliches« Vorstellen – so will ich darzulegen suchen – ist nicht der Anfang, von dem der Prozeß der Sprachbildung ausgeht, sondern das Ziel, zu dem dieser Prozeß hinführt; ist nicht sein Terminus a quo, sondern sein Terminus ad quem. Die Sprache tritt nicht in eine Welt der fertigen gegenständlichen Anschauung ein, um hier zu den gegebenen und klar gegeneinander abgegrenzten Einzeldingen nur noch ihre »Namen« als rein äußerliche und willkürliche Zeichen hinzuzufügen – sondern sie ist selbst ein Mittel der Gegenstandsbildung, ja sie ist im gewissen Sinne das Mittel, das wichtigste und vorzüglichste Instrument für die Gewinnung und den Aufbau einer reinen | »Gegenstandswelt«. Die vollständige sprachphilosophische Begründung dieses Satzes würde weit über den Rahmen dieser Betrachtungen hinausgehen; ich muß mich damit begnügen, ihn an einzelnen prägnanten Beispielen aus dem Problemkreis der Psychologie zu erläutern. Heute hat auch die Psychologie die Problematik des gegenständlichen Vorstellens klar erfaßt und scharf herausgearbeitet. Sie sieht in ihm nicht mehr ein Faktum, von dem die psychologische Betrachtung als von einem Gegebenen und »Selbstverständlichen« ausgehen könnte, sondern sie hat es mehr und mehr als eine Aufgabe erkannt, die der psychologischen Analyse gestellt ist. Die moderne Entwicklungspsychologie hat es außer Zweifel gestellt, daß nicht alles Bewußtseinsleben in den Bahnen der gegenständlichen Auffassung und der gegenständlichen Deutung verläuft. Die tierische Vorstellungswelt insbesondere kennt noch nicht jene Formung der Eindrücke zu »objektiven« Vorstellungen und jenes Prinzip der Gegenstandskonstanz und der Gegenstandsidentität, das für unsere Auffassung der Wirklichkeit bestimmend und entscheidend ist. Mag man, um diese Vorstellungswelt zu charakterisieren, mit Heinz Werner von einer »diffusen« Auffassungsweise der Tiere sprechen, mag man sie mit Hans Volkelt als einen Inbegriff von »Komplexqualitäten« beschreiben – immer ergibt sich eine scharfe Grenzscheide, die sie von der Region der spezifisch menschlichen Anschauung trennt. So schwer es sein mag, diese Grenze im einzelnen unmittelbar zu bestimmen, so ist doch ihr Bestand durch alles, was wir über die Form des tierischen Lebens mittelbar erschließen können, sichergestellt. Hier sind es vor allem die grundlegenden Forschungen Uexkülls gewesen, die den Gegensatz von menschlicher und tierischer Vorstellungswelt in helles

Licht gerückt haben. Wir wissen durch diese Forschungen, wie jedes tierische Lebewesen seine eigene »Umwelt« und seine eigene »Innenwelt« besitzt – wie es in einem ihm eigentümlichen und ihm spezifisch angemessenen Lebensraum steht. Aber das Sein in diesem Raum und das Wirken in ihm ist keineswegs mit der Anschauung desselben gleichbedeutend. Wenn das Tier in diesem Raum lebt, so vermag es doch nicht, sich ihn objektiv gegenüberzustellen, geschweige ihn sich als ein einheitliches Ganzes von bestimmter Struktur zu vergegenwärtigen. Der tierische Raum bleibt auf der Stufe des Aktions- und Wirkraumes stehen; er erhebt sich nicht zum Vorstellungs- oder Darstellungsraum. Hieraus resultiert die charakteristische Geschlossenheit wie die charakteristische Enge der | tierischen Welt. Uexküll sagt einmal, daß insbesondere die niederen Tiere so sicher in ihrer Umwelt ruhen wie ein Kind in seiner Wiege. »Die Reize der Umwelt bilden [...] eine feste Scheidewand, die das Tier wie die Mauern eines selbstgebauten Hauses umschließen und die ganze fremde Welt von ihm abhalten.«[9] Aber diese schützende Mauer, die das Tier umgibt, ist zugleich das Gefängnis, in das es ein für allemal gebannt bleibt. Die Durchbrechung dieser Mauer und der Ausgang aus diesem Gefängnis wird erst auf einer Stufe des Lebens erreicht, in der es nicht mehr in der bloßen Sphäre des Wirkens, der »Aktion« und »Reaktion« verharrt, sondern in der es in die Form der Darstellung, und damit in die primäre Form des Wissens, übergeht. Jetzt verändert sich, wie mit einem Schlag, der gesamte Lebenshorizont. Der bloße Handlungsraum wird zum Blickraum; der Aktionskreis wird zum Gesichtskreis. Und ebendieser Übergang, diese *μετάβασις εἰς ἄλλο γένος* ist es, an dem die Sprache wesentlich beteiligt ist. Es scheint eine Entwicklungsphase der Sprache zu geben, in der dieser Durchbruch sich noch unmittelbar erfassen – in der er sich sozusagen mit Händen greifen läßt. Alle Beobachter und Darsteller der Kindersprache haben bei diesem Punkte verweilt, haben die entscheidende »Revolution der Denkart«[10] hervorgehoben, die für das Kind in dem Augenblick einsetzt, in dem zuerst das sprachliche Symbolbewußtsein in ihm erwacht. »Das Kind«, so beschreibt Stern dieses Erwachen, »braucht nicht nur die Worte als Symbole, sondern merkt, daß die Worte Symbole sind, und ist unausgesetzt auf der *Suche* nach ihnen. Es hat hier eine der wichtigsten Entdeckungen seines ganzen Lebens gemacht: daß zu jedem Gegenstand dauernd ein ihn symbolisierender, zur Bezeichnung und Mitteilung dienender

9 [Jakob von Uexküll, Umwelt und Innenwelt der Tiere, Berlin 1909, S. 212.]
10 [Kant, Kritik der reinen Vernunft, S. 15 f. (B XI f.).]

Lautkomplex gehöre, d. h. *daß jedes Ding einen Namen* habe«.[11] Jetzt erwacht im Kinde ein fast unstillbarer Trieb, die Namen der Dinge zu wissen – ein eigentlicher »Namenshunger«, der sich in ständigem Fragen ausdrückt. Es entsteht, wie ein Forscher betont, im Kinde geradezu eine Manie des Benennens. Aber dieser Drang wird, wie mir scheint, psychologisch nicht ausreichend und nicht ganz zutreffend beschrieben, wenn man in ihm lediglich eine Art von intellektueller Neugier sieht. Die Wißbegier des Kindes ist nicht auf die Namen als solche, sondern sie ist auf das gerichtet, wozu es jetzt den Namen braucht – und es braucht ihn zu nichts anderem als zur Gewinnung und Fixierung bestimmter gegenständlicher Vorstellungen. Einzelne Psychologen haben darauf hingewiesen, daß das Sprachstadium, in dem wir uns | hier befinden, in geistiger Hinsicht einen ähnlichen gewaltigen Fortschritt bedeutet, wie ihn das Gehenlernen auf dem Gebiete der körperlichen Entwicklung bezeichnet: Denn wie das laufende Kind nicht mehr zu warten braucht, bis die Dinge der Außenwelt zu ihm kommen, so besitze das fragende ein ganz neues Mittel, selbständig in die Welt einzugreifen und sie sich selbständig aufzubauen. Führt man diese Analogie weiter durch, so läßt sich sagen, daß der Name und das Wissen um ihn für das Kind hier dieselbe Rolle spielt, wie sie beim Gehen der leitenden und führenden Hand oder dem Stab, an dem es sich hält, zukommt. An der Hand des Namens tastet es sich gleichsam zu der Vorstellung der Gegenstände hin. Denn es ist ja nicht so, daß diese Vorstellung für das Kind schon irgendwie feststeht: Sie soll erst gewonnen und gesichert werden. Und für diese Sicherung ist der Name unentbehrlich. Es scheint mir charakteristisch, daß die Form der Namensfrage beim Kinde, soviel ich sehe, nirgends darin besteht, daß gefragt wird, wie ein Ding »heiße«, sondern vielmehr, was ein Ding »sei«. Das Interesse des Kindes haftet nicht am Akt des Bezeichnens, den es als isolierten Akt überhaupt noch nicht kennt. Selbst für die Naturvölker ist es ja charakteristisch, daß eine eigentliche Trennung von »Wort« und »Sache« für ihr Bewußtsein noch gar nicht besteht, daß das Wort vielmehr ein objektiver Bestand des Dinges ist, ja sein eigentliches Wesen ausmacht. So fragt auch das Kind nach dem Namen, um mit ihm den Gegenstand selbst gewissermaßen in Besitz zu nehmen. Zwischen Ding und Namen findet eine völlige »Konkreszenz« statt: Sie wachsen an-einander und sie wachsen in-einander. Der psychologische Vorgang dieser Konkreszenz läßt sich nicht unmittelbar beobachten; aber man kann ihn sich

[11] [Clara Stern/William Stern, Die Kindersprache. Eine psychologische und sprachtheoretische Untersuchung, Leipzig ⁴1928, S. 190.]

begreiflich machen, wenn man das Ziel ins Auge faßt, dem alle gegenständliche Vorstellung zustrebt und auf das sie gerichtet ist. Dieses Ziel ist kein anderes als das der geistigen Einheitsbildung. »Alsdenn sagen wir: wir erkennen den Gegenstand«, so heißt es bei Kant, »wenn wir in dem Mannigfaltigen der Anschauung synthetische Einheit bewirkt haben«.[12] Dieses Bewirken der synthetischen Einheit ist es, woran die Sprache wesentlich beteiligt ist. Die skeptische Sprachkritik hat es – seit den Tagen der griechischen Sophistik bis zu Fritz Mauthners Kritik der Sprache immer als eine wesentliche Unvollkommenheit der Sprache angesehen, daß sie gezwungen ist, eine Fülle verschiedener Eindrücke oder Vorstellungen mit einem Namen zu bezeichnen. Der unübersehbare Reichtum der Wirklichkeit, ihre durchgängige Individualität, | ihre Konkretheit und Lebendigkeit gingen dadurch verloren – und an ihre Stelle trete das abstrakte und dürftige Schema des Wortes. Aber was hier als ein Grundmangel der Sprache betrachtet und was als ihre Not beklagt wird – das ist vielmehr, schärfer gesehen, eine ihrer wesentlichen Tugenden. Denn nur auf diesem Wege erreicht sie eine neue geistige »Synopsis« des Mannigfaltigen – erreicht sie jenes »*συνοᾶν εἰς ἕν*«,[13] das nach Platon die Bedingung der Ideenschau ist. Ein Haus von vorn, von hinten, von der Seite gesehen – ein Gegenstand von verschiedenen Standorten aus und in verschiedenen Beleuchtungen betrachtet, sind zweifellos anschaulich durchaus verschiedene Erlebnisse. Aber indem nun jedem dieser Erlebnisse in der Sprachentwicklung, in der Erlernung des »Namens«, ein Zeichen beigegeben und zugeordnet wird, gehen sie damit zugleich untereinander eine neue Bindung ein und treten in ein neues Verhältnis. Die Einheit des Namens dient zum Kristallisationspunkt für die Mannigfaltigkeit der Vorstellungen: Die an sich heterogenen Phänomene werden dadurch homogen und gleichartig, daß sie sich auf einen gemeinsamen Mittelpunkt beziehen. Und kraft dieser Beziehung erst werden sie nun auch als Erscheinungen ein und desselben »Gegenstandes« und als seine »Abschattungen« gedeutet. Wo die Kraft der »Nennfunktion«, auf Grund pathologischer Störungen, erlahmt – da scheint alsbald auch das Band der gegenständlichen Einheit sich wieder zu lockern. An Stelle dieser Einheit tritt die Vereinzelung; an Stelle der kategorialen Ordnung und Geschlossenheit tritt die bunte, aber beziehungslose Fülle. Goldstein und Gelb haben einen Fall von Farbennamenamnesie beschrieben, an dem dieses Verhältnis deutlich

[12] [Kant, Kritik der reinen Vernunft, S. 615 (A 105).]

[13] [Platon, Phaidros 265 D; Nomoi 965 B.]

zutage trat. Der Kranke, der den Gebrauch der allgemeinen Farbennamen, wie »rot«, »gelb« usw. verloren hatte, erlebte und »sah« auch die Welt der Farben völlig anders als der Gesunde. Er erfaßte und er unterschied aufs schärfste jede Einzelnuance; aber er ordnete all diese Nuancen nicht in bestimmte Grundtöne, noch faßte er sie als diesen »zugehörig« auf. Seine Farbwelt war somit in gewissem Sinne in der Tat eine reichhaltigere und konkretere oder – wie Goldstein und Gelb es ausdrücklich nennen – eine »buntere« Welt – aber diese Buntheit wurde durch ihren Mangel an einheitlicher Gruppierung und Gliederung erkauft. Irre ich nicht, so schließt dieser Einzelfall eine allgemeine Lehre in sich. Auch Head hebt in seinem Werke über Aphasie hervor, daß in bestimmten Fällen der Aphasie, in denen das Sprachvermögen nicht aufgehoben, aber in bestimmter Hinsicht gemindert ist, auch die Vor|stellungs- und Anschauungswelt des Kranken eine charakteristische Änderung aufweist. Die Kranken bevorzugen vor den allgemeinen und abstrakten Bezeichnungen die »pittoresken« Ausdrücke; sie »malen« die Gegenstände eher, als daß sie sie schlechthin »bezeichnen«. In alldem stellt sich die innere Verwandtschaft dar, die zwischen einer bestimmten Form und Grundrichtung des sprachlichen Verhaltens und gewissen Formen der gegenständlichen Auffassung besteht: Die Abwandlung des einen Moments schließt die des anderen in sich.

4. Mit der letzten Betrachtung sind wir nun bereits in dasjenige Gebiet eingetreten, das, neben der Biologie und der Entwicklungspsychologie, für die empirische Klärung und Lösung unserer Grundfrage von entscheidender Bedeutung ist. Ich kann auf dieses Gebiet, auf die Grundtatsachen der Sprachpathologie hier nicht mehr näher eingehen – und ich brauche es um so weniger, als diese Tatsachen im Laufe unserer Tagung von erfahrenen Sachkennern ausführlich vor Ihnen entwickelt werden sollen. Nur ein Motiv sei daher hier aus diesem Problemkreis noch kurz hervorgehoben. Schon einer der Führer auf dem Gebiete der Aphasieforschung, schon Jackson hat bemerkt, daß es, um ein klares Bild über die aphasischen Erkrankungen zu gewinnen, nicht genügt, den Wortschatz des Kranken von Fall zu Fall zu beschreiben. Denn nicht die Tatsache dieses Wortschatzes als solcher, sondern die Art, in der er verwendet wird, sei das Entscheidende. Jackson sah das Wesentliche der Aphasie nicht in dem Ausfall einzelner Worte oder Wortklassen, sondern in der Unfähigkeit, die Worte in dem Sinne zu gebrauchen, daß ihnen eigentlicher Satzwert (propositional value) zukommt. Der Verlust der Sprache im Falle der Aphasie war ihm daher nicht mit dem Verlust der Wortbildung, sondern mit dem Verlust oder der Herabmin-

derung der Fähigkeit, prädikative Sätze zu bilden, gleichbedeutend; d.h. im wesentlichen solcher Sätze, die ein Sein, eine Beschaffenheit oder ein Sichverhalten von Gegenständen zum Inhalt haben. Abermals tritt darin die Beziehung hervor, die zwischen der sprachlichen Form der »Aussage« und einer im weiteren Sinne logisch-gegenständlichen Richtung unseres Denkens besteht. Erst an der Hand der Sprache erringt das Denken eine höchste objektive Bestimmung: Erst kraft ihrer wird es zum Ausdruck reiner Sachverhalte fähig. Der prädikative – der propositionale »Satz« wird zum Vehikel für jene Art und jenen Modus gegenständlicher Setzung, in der ein eigentlich objektives Weltbild | erst entsteht. Wo hingegen die Sprache versagt, da sinkt auch unsere objektive Anschauung gewissermaßen auf ein anderes Niveau herab. Der unmittelbare Gebrauch der Objekte kann völlig ungeschädigt oder doch in weitem Maße erhalten sein – und doch gelingt es nicht mehr, die Objekte in ihrem reinen »Sein« zu erfassen und in ihrem »Sosein« zu bestimmen. Sie werden richtig gehandhabt; aber es gelingt nicht, sie sich über diese Handhabung hinaus »vorstellig« zu machen, sie gleichsam in die Ferne zu rücken und sie sich in dieser Ferne »gegenüber« zu halten. Abermals tritt dies am deutlichsten an der Vorstellung des Raumes zutage. Es gibt aphasische Kranke, die in ihrer räumlichen Orientierung nicht wesentlich geschädigt sind; die sich nicht nur selbst in ihrer Umgebung durchaus zurechtfinden, sondern die auch jedem Objekt seine bestimmte und gewohnte »Stelle« zuweisen – ja die hierbei mit einer besonderen, das gewöhnliche Maß weit übersteigenden Peinlichkeit zu Werke gehen. Und doch zeigt sich auch bei solchen Kranken bei näherer Betrachtung eine charakteristische Wandlung und ein charakteristischer Defekt ihrer Raumanschauung. Denn der Raum dieser Kranken bleibt ein bloßer Aktions- und Verhaltensraum; er erhebt sich nicht zum reinen Bildraum oder Darstellungsraum. Hier wird zwar »im« Raume im wesentlichen richtig manipuliert; aber es fehlt die Möglichkeit, sich »den« Raum, in seiner Gesamtheit oder in der Fügung seiner einzelnen Teile, zu vergegenwärtigen. So ist es nicht selten, daß derartige Kranke einen oft recht komplizierten Weg vom Krankenhaus zu ihrer Wohnung richtig zurücklegen; aber es fehlt ihnen die Fähigkeit, diesen Weg zu beschreiben oder ihn auf einer Karte anzugeben. Ebenso irren sie sich im täglichen Gebrauch der Gegenstände niemals über deren richtige Stellung, über die Art, wie z.B. der Tisch, der Stuhl, das Bett in ihrem Zimmer »zusammenstehen« – aber es gelingt ihnen nicht, in einer einfachen Skizze dieses Zusammen zu bezeichnen und festzuhalten. So zeigt sich auch hier, von einer neuen Seite her, daß eine Wandlung der sprachlichen Fähigkeit immer zugleich eine bestimmte Änderung des »Weltbildes« als ganzen in sich schließt. Die Gegenständlichkeit erhält durch sie gewissermaßen ein anderes »Gesicht«. Sie rückt – um es der Kürze halber in den charakteristischen Termini Heideggers zu bezeichnen – von der Sphäre der »Vorhandenheit« in die Dimension der bloßen »Zuhandenheit« zurück. Dies stellt sich u.a. auch darin dar, daß ein Kranker die Gegenstände nicht mehr durch ihre »Dingnamen« benennt, sondern an ihrer Stelle Bezeichnungen verwendet, | die vom Gebrauch des Dinges hergenommen sind – daß er das Wort »Messer« nicht findet, aber richtig angibt, daß das Objekt, nach dessen Namen er gefragt wird, »zum Schneiden« bestimmt sei. In alledem scheint mir für die Psychologie ein einheitliches Problem gegeben zu sein. Die Betrachtungen, die ich Ihnen vorgelegt habe, erheben nicht den Anspruch, eine Lösung dieses Problems zu geben: Sie sollten nur die Frage selbst scharf stellen und ihre allgemeine Richtung feststellen. Was die Lösung betrifft, so bin ich mir bewußt, daß sie niemals allein von der Sprachphilosophie her, noch auf Grund rein spekulativer Erwägungen gefunden werden kann. Mehr als irgendwo bedarf die Sprachphilosophie an diesem Punkte der Hilfe und der Führung der empirischen Wissenschaften von der Sprache. Nur durch die gemeinsame Arbeit der Linguistik, der Sprachvergleichung und Sprachgeschichte, der Biologie, der Psychologie und der Psychopathologie dürfen wir hoffen, die Aufgabe, die hier vorliegt, fortschreitend zu bewältigen. Meine heutigen Darlegungen hatten nicht den Zweck, eine bestimmte sprachphilosophische These vor Ihnen zu vertreten, geschweige sie vollständig zu begründen: Ich wollte nur eine Frage aufwerfen und bei Ihnen, als Vertretern der wissenschaftlichen Psychologie, um die Mitarbeit an dieser Frage werben.

4.2 Und noch in einer anderen Grundrichtung läßt sich diese der Sprache innewohnende Kraft zur Vergegenständlichung, zur »objektiven« Bestimmung und Abhebung verfolgen. Sie dient nicht nur dem Aufbau des rein-theoretischen Weltbildes; sondern sie erweist sich nicht minder stark in praktisch-ethischer Hinsicht, in der Gestaltung der Willenswelt. Auch das fühlende und wollende Ich wird ein anderes, sobald es in den Zauberkreis der Sprache eintritt. Wir beobachten auch hier das gleiche Verhältnis: die Sprache dient nicht nur sekundär dem Ausdruck und der Mitteilung von Gefühlen und Willensregungen, sondern sie ist eine der wesentlichen Funktionen, kraft derer das Gefühls- und Willensleben sich gestaltet und kraft derer es sich erst zu seiner spezifisch-menschlichen Form erhebt. Wie die Welt der »Vorstellung«, so ist auch die Welt des Willens in nicht geringem Maße ein Werk der Sprache. Diese bildet nicht nur das Medium, in dem aller Gefühls- und Willensaustausch wie aller Gedankenaustausch sich bewegt; sondern sie ist aktiv und konstitutiv an der Bildung des Willensbewußtseins beteiligt. Durch die eigentümliche »Umstimmung«, die mit dem Gebrauch der Sprache einsetzt, erhält auch dieses Bewußtsein erst seine Vollendung und seine spezifische Wirklichkeit. Die ersten lautlichen Ausdrücke stehen noch ganz im Zeichen des Affekts. Sie werden durch eine Einwirkung hervorgerufen, die der Organismus durch irgendeinen äußeren Reiz erfährt, und sie drücken unmittelbar die Erschütterung aus, in die er durch diesen Reiz versetzt wird. Der Affekt entlädt sich im Schrei, im Schmerz- oder Jubellaut; aber er bleibt, indem er in dieser Weise nach außen dringt, zunächst in seinem eigenen Wesen noch unverändert. Die innere Erregung bricht sich, gewaltsam und eruptiv, nach außen Bahn, aber sie findet in diesem Nach-außen-Dringen nur ihre einfache Fortsetzung, ohne damit zugleich eine Wandlung und Umbildung zu erfahren. Dies aber scheint in eben dem Moment anders zu werden, als sich die Sprache selbst zu ihrer höchsten geistigen Form erhebt: – als sie vom Stadium der bloßen »Kundgabe« in das Stadium der »Aussage«, der eigentlichen »Darstellung« übergeht.[14] Denn der sprachlich aufgefaßte und dargestellte Affekt ist schon nicht mehr das, was er anfangs war; er hat, im Medium der Darstellung, gewissermaßen eine Metamorphose und eine Metempsychose erfahren. »Subjektive Tätigkeit« – so betont Wilhelm von Humboldt – »bildet im Denken ein Objekt. Denn keine Gattung der Vorstellungen kann als ein bloß empfangendes Beschauen eines schon vorhandenen Gegenstandes behandelt werden. Die Tätigkeit der Sinne muß sich mit der inneren Handlung des Geistes synthetisch verbinden, und aus dieser Verbindung reißt sich die Vorstellung los, wird, der subjektiven Kraft gegenüber, zum Objekt und kehrt, als solches aufs neue wahrgenommen, in jene zurück. Hierzu aber ist die Sprache unentbehrlich. Denn indem in ihr das geistige Streben sich Bahn durch die Lippen bricht, kehrt das Erzeugnis desselben zum eigenen Ohre zurück. Die Vorstellung wird also in wirkliche Objektivität hinüberversetzt, ohne darum der Subjektivität entzogen zu werden. Dies vermag nur die Sprache; und ohne diese, wo Sprache mitwirkt, auch stillschweigend immer vorgehende Versetzung in zum Subjekt zurückkehrende Objektivität, ist die Bil-

[14] Der Unterschied zwischen sprachlicher »Kundgabe« und sprachlicher »Darstellung« ist in der psychologischen Literatur mit besonderer Schärfe von Karl Bühler herausgearbeitet worden; vgl. seinen Aufsatz »Kritische Musterung der neuern Theorien des Satzes«, in: Indogermanisches Jahrbuch 6 (1918), S. 1–20.

dung des Begriffs, mithin alles wahre Denken unmöglich«.[15] Humboldt spricht hier nur von der Bedeutung der Sprache für die Erzeugung und Bildung der Gedanken – für die im engeren Sinne theoretische Tätigkeit des Geistes. Aber das Prinzip, das er aufstellt, gilt im gleichen Sinne für das praktische Selbstbewußtsein – für jenes Ich, das sich im Wollen und im Handeln bezeugt und äußert. Auch dieses Selbstbewußtsein ist nicht von Anfang an vorhanden, sondern es muß geistig erobert und geistig hervorgebracht werden – und auch bei dieser Hervorbringung ist die in der Sprache sich vollziehende »Versetzung in zum Subjekt zurückkehrende Objektivität« unentbehrlich. Das Ich bekommt sich selbst nur dann gleichsam in den »Blickpunkt«, wenn es ihm gelingt, sich in dieser Art, im Spiegel der eigenen Äußerung, zu erfassen. Denn jeder Äußerung der bloßen Zuständlichkeiten des Ich geht jetzt auch eine neue Art des Hörens, eine bestimmte Weise des Gewahrwerdens derselben und des »Horchens« auf sie zur Seite. Und dieser Modus des Hörens führt allmählich zu einer Form des »Gehorsams«, die von der bloßen Unterwerfung, von der unbedingten Botmäßigkeit unter den Affekt weit entfernt ist. Der Affekt verliert in dem Maße, als er es lernt, sich selbst zu äußern und sich in dieser Äußerung zu erblicken, die unmittelbar-bezwingende, die alles-beherrschende und alles-umstürzende Kraft, die er über das Ich ausübt. Indem er sich in der sprachlichen Äußerung auf sich selbst »besinnt«, wirkt eben diese Besinnung nun auch auf das Ganze des Bewußtseins zurück. Jetzt entsteht – nicht nur theoretisch, sondern auch praktisch – jene Wendung zur »Reflexion«, die Herder in seiner Schrift über den »Ursprung der Sprache« als das wesentliche und als das geistig-entscheidende Moment in aller Sprachbildung ansieht.[16] Die lautlich-sprachliche Gestaltung des Affekts wehrt seinem vorzeitigen, rein motorischen Ausbruch und der schranken- und hemmungslosen Hingabe an ihn.[17] Die Entwicklung der Sprache bringt

[15] Wilhelm. von Humboldt, Ueber die Verschiedenheit des menschlichen Sprachbaues und ihren Einfluss au die geistige Entwicklung des Menschengeschlechts, S. 55.

[16] Johann Gottfried Herder, Abhandlung über den Ursprung der Sprache, welche den von der Königl. Academie der Wissenschaften für das Jahr 1770 gesetzten Preis erhalten hat (1772), in: Sämmtliche Werke, hrsg. v. Bernhard Suphan, Bd. V, Berlin 1891, S. 1–154.

[17] Wie weit sich diese Wandlung und »Umstimmung«, die der Affekt durch die Sprache erfährt, *genetisch* im einzelnen verfolgen und beweisen läßt, wage ich nicht zu entscheiden. Die mir bekannten Darstellungen der Kinderpsychologie enthalten hierüber nur spärliche Angaben. Es sei mir daher erlaubt, eine eigene Beobachtung für den Sachverhalt, auf den es mir hier wesentlich ankommt, anzu-

diese ihre fundamentale Leistung fortschreitend ans Licht. Alle Beobachter der Kindersprache stimmen darin überein, daß die ersten sprachlichen Äußerungen des Kindes noch weit von jeder Art »objektiver« Darstellung entfernt sind. Sie benennen keine »Gegenstände«, und sie sagen keine Beziehungen zwischen ihnen, kein Sein von Dingen und kein So-Sein von Sachverhalten, aus. Sie bewegen sich vielmehr durchaus im Kreise der eigenen Zuständlichkeiten des Ich, die sie in irgendeiner Weise nach außen dringen, durch den Laut sich offenbaren lassen. Überall läßt sich hier der ganz allmähliche Fortgang vom »Volitionalen« zum »Konstatierenden« verfolgen. »Das auslösende Moment, das die ersten Wörter überhaupt über die Sprachschwelle hebt« — so bemerkt z. B. Stern –, »ist ihre Affektbetontheit. Es hängt dies mit der Totalverfassung der kindlichen Psyche zusammen, in welcher Lust und Unlust, Streben und Widerstreben derart despotisch herrschen, daß für ein objektives Verhalten des kühlen Konstatierens und Benennens noch kein Platz ist. Das Kind ist im vollsten Sinne egozentrisch.«[18] Der Affekt und das unmittelbare Bedürfnis sind daher die ersten und wichtigsten Impulse zur Lautbildung überhaupt – und noch auf lange Zeit hin ist die Entwicklung der letzteren von diesen primären Kräften abhängig. Die erste Unterscheidung der Laute geht mit der fortschreitenden Entwicklung und Differenzierung der Triebe und Bedürfnisse Hand in Hand. Aber in dem Maße, als die »eigentliche« Sprache im Kinde erwacht, als das charakteristische »Symbolbewußtsein« in ihm zum Durchbruch kommt, sinkt nun auch die Schale des bloßen Affekts. Seine schlechthin-despotische Herrschaft ist nunmehr gebrochen. Er kann forthin nicht mehr unumschränkt walten; sondern immer klarer und bewußter treten jetzt bestimmte geistige Gegenkräfte gegen ihn auf den Plan. Die Sprachphilosophie hat bisher, da sie sich immer wie-

führen. Es handelt sich hierbei um ein Kind, das beim Anblick ihm fremder Gesichter heftig zu erschrecken pflegte. Die Versicherung der Erwachsenen, daß es vor den Fremden »keine Angst« zu haben brauche, blieb fast stets ohne Wirkung: das Kind brach in lautes Weinen aus. Dies wurde jedoch anders, als das Kind, kurz nach Ablauf des ersten Lebensjahres, selbständig zu sprechen begann. Beim Anblick eines Unbekannten begann es jetzt jedesmal *sich selbst* die Worte »keine Angst« wiederholt vorzusagen: – und hierdurch war es sichtlich der Situation Herr geworden. Der Ausspruch dieser Worte wirkte deutlich als eine Art von »Zuspruch«, durch den das Kind dem unmittelbaren Ausbruch des Affekts zu wehren und sich nach kurzer Zeit völlig zu beruhigen vermochte.

[18] Clara und William Stern, Die Kindersprache, S. 181. Vgl. W. Stern, Psychologie der frühen Kindheit bis zum sechsten Lebensjahre, 3. umgearb. u. erw. Aufl., Leipzig 1923, S. 114, 303.

der am bloßen Denken, am Aufbau der theoretischen Vorstellungswelt orientierte, für die Aufhellung dieses Sachverhalts nur wenig zu leisten vermocht. Aber um so geläufiger ist er uns in einer anderen Formulierung – in der Ausprägung, die er innerhalb der Geschichte der Ethik erfahren hat. Seit den Tagen der griechischen Ethik ist immer wieder, in verschiedenartigen Wendungen und Begründungen, die Unterwerfung der Affekte unter das Gesetz und Gebot des »Logos« als eine philosophische Grundforderung, als der eigentliche ethische Imperativ, verkündet worden. Die ersten Denker, die diese Forderung vertreten haben, waren sich hierbei der eigentlichen Ursprungsbedeutung des Logos und seines inneren Zusammenhangs mit der Welt der Sprache aufs klarste bewußt. Sie riefen die Aktivität der »ratio«, die in der Sprache verkörperte Vernunft, gegen die Gewalt der Affekte, als bloßer *πάϑη* auf. Diese Gewalt soll dadurch beschränkt werden, daß der Affekt genötigt wird, sich selbst auszusprechen und sich damit dem Gericht der Sprache zu unterstellen. Diese Notwendigkeit der Selbst-Aussprache, des *λόγον διδόναι* bildet geradezu das Grundprinzip, das Sokrates für die Ethik entdeckt und das er auf Platon übertragen hat. Das Verfahren der Sokratischen »Induktion« und das Verfahren der Sokratischen »Maieutik« ist nichts anderes als die Methode, kraft deren das Bewußtsein gleichsam »zum Sprechen gebracht« und eben hierin der in ihm selbst liegenden Macht, der eigenen und unverbrüchlichen Spontaneität, versichert werden soll. So erringt der Mensch mit der Sprache nicht nur eine neue Macht über die Dinge, über die objektive Wirklichkeit, sondern auch eine neue Macht über sich selbst. Die erste Dingbeherrschung ist für das Kind fast ganz an die Kraft des Wortes gebunden und auf sie angewiesen; denn nur vermöge des Wortes vermag es sich den Beistand und die Hilfe zu verschaffen, auf die es in fast all seinen Betätigungen angewiesen ist. Aber die neue Funktion der Vermittlung, die es hierbei gewahr wird und die es immer selbständiger gebrauchen lernt, wirkt nun auch auf es selbst zurück. Das Medium der Dingbeherrschung wird zugleich zum Medium der Selbstbeherrschung und zu dem eigentlichen, gedanklich-sittlichen Organ für sie. In beiden Fällen gewinnt das Bewußtsein die wahre Herrschaft über das Sein in einem eigentümlich-doppelseitigen, in einem echt-dialektischen Prozeß. Es macht sich das Sein – das »äußere« wie das »innere« – erst dadurch wahrhaft zu eigen, daß es ihm gelingt, es von sich zu entfernen, es in die gehörige »Distanz« von sich zu rücken. Bei der Gewinnung dieser neuen »Perspektive« ist die Sprache stets wesentlich mitbeteiligt. Denn sie kann nicht mehr die Gegenstände einfach ergreifen und an sich raffen; sie erringt die Gewalt über sie nur durch den Akt der symbolischen Bezeichnung, der als solcher ein reiner Akt der geistigen Vermittlung ist. Dem Trieb, der Begierde, dem Affekt, der geradewegs auf die Dinge zugeht, stellt daher die Sprache stets eine andere Richtung, die gleichsam mit dem entgegengesetzten Vorzeichen versehen ist, gegenüber. In ihr wirken immer zugleich Anziehung und Abstoßung: und beide setzen sich mit einander in ein ideelles Gleichgewicht. Denn dem Bedürfnis, die Dinge unmittelbar zu sich heranzuziehen und sie der Sphäre des Ich einfach einzuverleiben, wirkt hier das andere Bedürfnis entgegen, sie vom Ich zu entfernen — sie aus ihm heraus und vor dasselbe hinzustellen, um sie sich, in diesem Akte des Hinstellens, »vorstellig« und gegenständlich zu machen. Der Kraft der »Attraktion« hält dabei hier die Kraft der »Abstraktion« die Waage: die Zuwendung zu den Dingen, die sich in der Sprache vollzieht, ist zugleich eine Form der Abwendung von ihnen. Das Zusammenwirken und das konkrete Ineinander dieser beiden Prozesse bedingt und ermöglicht jene Weise der geistigen Aneignung der Welt, die für die Sprache wesentlich und charakteristisch ist.[19]

5. Neben der Welt der »äußeren« Gegenstände und neben der Welt des eigenen Ich aber ist es die soziale Welt, die durch die Sprache erst eigentlich aufgeschlossen und die durch sie erst fortschreitend erobert wird. Der erste Schritt, den das Ich auf seinem Wege zur Objektivität vollzieht, führt es ja nicht in eine Welt der Gegenstände, der bloßen »Dinge« hinaus; sondern früher als diese Dingwelt, als die Welt des »Es«, tritt die Welt des »Du« in seinen Blickpunkt ein. Die Richtung auf das »Du« ist die primäre und ursprüngliche — und sie erweist sich als so stark und als so übermächtig, daß noch auf lange Zeit hinaus auch alles Bewußtsein von bloßen »Sachen« noch irgendwie in die Form des »Du« gekleidet werden muß, um überhaupt als solches zu erscheinen und zur Abhebung zu gelangen. Diese Art des Mit-Lebens und Mit-einander-Lebens aber wird durch die Sprache erst eigentlich erschaffen und ermöglicht. Sie ist die erste Morgenröte jedes Gemeinschaftsbewußtseins überhaupt – und noch bis in seine höchsten und feinsten Gestaltungen hinein erscheint dieses Bewußtsein gleichsam in ihr Licht getaucht. Auch hier ist es Wilhelm von Humboldt, der, in der Grundkonzeption seiner Sprachphilosophie,

[19] Diese Bedeutung der sprachlichen »Abstraktion« ist insbesondere von *Delacroix* treffend hervorgehoben worden; vgl. Le language et la pensée, Paris 1924, S. 76: »Pour avoir vraiment un language, il faut s'abstraire de ses réactions affectives, traiter ses propres états comme des choses et établir entre eux des relations, c'est-à-dire les penser et établir entre eux et certains mouvements un rapport régulier de correspondance«.

dieses Verhältnis in klassischer Klarheit dargestellt und in seiner eigentlichen Tiefe erfaßt hat. »In allem, was die menschliche Brust bewegt« – so sagt er –, »namentlich aber in der Sprache liegt nicht nur ein Streben nach Einheit und Allheit, sondern auch eine Ahndung, ja eine innere Überzeugung, daß das Menschengeschlecht, trotz aller Trennung, aller Verschiedenheit, dennoch in seinem Urwesen und seiner letzten Bestimmung unzertrennlich und eins ist. [...] Die Individualität zerschlägt, aber auf eine so wunderbare Weise, daß sie gerade durch die Trennung das Gefühl der Einheit weckt, ja als ein Mittel erscheint, diese wenigstens in der Idee herzustellen. [...] Denn tief innerlich nach jener Einheit und Allheit ringend, möchte der Mensch über die trennenden Schranken seiner Individualität hinaus, muß aber gerade, da er, gleich dem Riesen, der nur von der Berührung der mütterlichen Erde seine Kraft empfängt, nur in ihr Stärke besitzt, seine Individualität in diesem höheren Ringen erhöhen. Er macht also immer zunehmende Fortschritte in einem in sich unmöglichen Streben. Hier kommt ihm nun auf eine wahrhaft wunderbare Weise die Sprache zu Hilfe, die auch verbindet, indem sie vereinzelt, und in die Hülle des individuellsten Ausdrucks die Möglichkeit allgemeinen Verständnisses einschließt. [...] Dasselbe Streben, welches das Innere des Menschen zur Einheit hinlenkt, sucht auch äußerlich sein ganzes Geschlecht zu verbinden [...] Der Einzelne, wo, wann und wie er lebt, ist ein abgerissenes Bruchstück seines ganzen Geschlechts, und die Sprache beweist und unterhält diesen ewigen, die Schicksale des Einzelnen und die Geschichte der Welt leitenden Zusammenhang.«[20] In der Tat ist jeder Spracherwerb, ist jeder einfachste Akt der »Erlernung« der Sprache, ein deutlicher Beleg für diesen Sachverhalt. Denn niemals wird die Sprache als ein fertiger Besitz einfach übertragen, sondern immer muß, für ihre wirkliche Aneignung, auf alle Kräfte des Individuums gerechnet werden. Menschliche Sprache wird niemals durch bloße »Nachahmung« erworben, sondern sie muß in jedem einzelnen Fall neu gewonnen und neu gestaltet werden. Es gibt keine »Kindersprache« schlechthin – sondern jedes Kind spricht seine Sprache, die es auf lange Zeit eigenwillig und eigensinnig festhält. Aber in eben diesem scheinbaren Eigen-Sinn lebt und wirkt zugleich der Sinn des Ganzen. Die egozentrische Tätigkeit des Sprechens, als eines bloßen Sich-Aussprechens, weicht mehr und mehr dem Willen zur Verständigung, und damit dem Willen zur Allgemeinheit. Je mehr das Kind in seiner sprachlichen Entwicklung fortschreitet, um so mehr erwacht

[20] Wilhelm von Humboldt, Ueber die Verschiedenheiten des menschlichen Sprachbaues (handschriftlicher Entwurf), S. 125f.

und festigt sich in ihm das Bewußtsein, daß es einen allgemeingültigen, einen objektiv-richtigen Sprachgebrauch gibt. Es scheint, daß das Bewußtsein dieser Richtigkeit, das in der Sprachnorm waltet, für das erwachende geistige Leben eines der wichtigsten und frühesten Beispiele für den Sinn der Norm überhaupt ist. An der sprachlichen Bindung, an der Hingabe an den allgemeinen Sinn des Wortes, erfährt das Kind vielleicht am ehesten und am unmittelbarsten den Grundcharakter der sozialen Bindung, des Normativen als solchen. Es selbst webt und wirkt beständig an dem Gespinst der Sprache – und doch vermag es dieses Gespinst nicht lediglich aus sich herauszuspinnen, sondern es ist hierfür auf die stetige und ständige Arbeit des Ganzen angewiesen. Das Werk der Sprache ersteht erst in dieser gleichmäßigen Mitwirkung aller – und es wird damit zugleich zum stärksten Band zwischen denen, die es gemeinsam erschaffen und die es sich mit einander und für einander erarbeiten. Schon die immer stärker werdende Tendenz des Kindes, nach dem Namen der Dinge zu fragen, beleuchtet diesen Sachverhalt. Denn die Frage, die eine Antwort braucht und die eine Antwort verlangt und erwartet, ist vielleicht die feinste Form des »sozialen« Zusammenhangs, als eines nicht bloß praktischen, sondern als eines geistig-seelischen Zusammenhangs. In ihr drückt sich nicht, wie in den rein emotionalen Äußerungen, der Drang nach physischer, sondern nach geistiger Hilfe aus. Im Aufbau des menschlichen Bewußtseins gibt es vielleicht keinen größeren und keinen wichtigeren Schritt, als den Schritt, der von der Verlautbarung im Schrei oder in einem sonstigen Erregungslaut zur Verlautbarung in der Frage hinführt. Denn hier zuerst ist der Bann der bloß-physischen Notwendigkeit gebrochen, ist der Grund zur Freiheit des Geistes gelegt. In der Frage drückt sich zum ersten Male eine Begierde aus, die nicht auf den Besitz eines Gegenstandes, sondern auf den Erwerb einer Einsicht gerichtet ist. Die Frage ist der Anfang aller echten und reinen »Wißbegierde«. Mit der Namensfrage geht das Kind zuerst in diese Welt ein – und mit der Warum-Frage, die später in so charakteristischer Schärfe und Bestimmtheit einsetzt, hat es bereits einen ihrer geistigen Höhepunkte erreicht. Denn jetzt ist ihm zwar nicht der Inhalt des Wißbaren gegeben, wohl aber seine reine Form erschlossen. Die Frage nach dem »Was ist« (*τί ἔστι*) und die Frage nach dem Warum stellen in der Tat den gesamten Umkreis der Erkenntnis in einem vorläufigen Ausblick und Überblick fest. Sie grenzt gewissermaßen den Horizont des Wißbaren, des Fragwürdigen und Fragmöglichen, ab. Und in beiden Entwicklungen läßt sich, wie mir scheint, auch eine Umgestaltung und eine spezifische Formwandlung des sozialen Bewußtseins feststellen. Frage und Antwort knüpfen ein anderes Band zwischen den Individuen als Befehl und Verbot, als Zustimmung oder Abwehr. Von den ersten sprachlichen Lauten, die das Kind hervorbringt, läßt sich sagen, daß sie lediglich der Kundgabe von »Not und Wunsch« dienen; daß die Sprache also hier ausschließlich »Kontaktmittler zur Stillung von Bedürfnissen ist«.[21] Der neue Bezug der Frage aber stellt nun zugleich einen neuen Gemeinschaftsbezug her: er bildet den ersten eigentlich geistigen Kontakt, in den die Glieder der Gemeinschaft mit einander treten. Auch von seiten der rein psychologischen Beobachtung läßt sich immer wieder nachweisen, daß im selben Maße, wie die Sprache objektive Charaktere gewinnt, auch umgekehrt alles Tun durch soziale Bezüge beseelt wird: »Die subjektive Beseelung des Tuns wächst mit der sprachlichen Eroberung der Objektwelt zugleich«.[22] Wie innig dieses Wechselverhältnis ist, geht auch daraus hervor, daß das Gemeinschaftsbewußtsein in seinen frühesten und einfachsten Gestaltungen geradezu an diese Mitwirkung der Sprache gebunden erscheint. Wo diese Mitwirkung versagt, wo ein Einzelner außerhalb der Sprachgemeinschaft steht, da fällt er damit auch aus der sozialen Gemeinschaft überhaupt heraus. Der Fremdsprachige erscheint als der Fremde schlechthin: als der »Barbar«, dem gegenüber keine innere menschlich-sittliche Bindung besteht. Auch der Mensch der höheren geistigen Kultur wird sofort zum »Barbaren«, sobald er sich innerhalb der Gemeinschaft, in der er steht, nicht mehr sprachlich verständlich machen kann. Wie Ovid es in den »Tristia ex Ponto« ausdrückt: »barbarus hic ego sum quia non intelligor ulli«.[23] Die Geschichte der Menschheit lehrt, welche Mühe es kostet und welcher geistig-sittlichen Anstrengung es bedarf, den Gedanken einer übersprachlichen Gemeinschaft zu erfassen – einer humanitas, die nicht durch den Gebrauch einer bestimmten Sondersprache zusammengehalten und konstituiert wird. Die Idee dieser »Humanität« führt über die Sprache hinaus; aber auf der anderen Seite bildet die Sprache einen der unentbehrlichen Durchgangspunkte für sie, eine notwendige Etappe auf dem Wege zu ihr.

6. Und noch ein letztes Moment müssen wir ins Auge fassen, um uns die Bedeutung der Sprache für den Aufbau des Bewußtseins völlig zu vergegenwärtigen. Sie wirkt nicht nur im Aufbau der Objektwelt, der Welt der Wahrnehmung und der gegenständlichen Anschau-

[21] Vgl. Charlotte Bühler, Kindheit und Jugend, S. 89.

[22] A.a.O., S. 147.

[23] [Ovid, Tristia, in: Publius Ovidius Naso, hrsg. v. Rudolph Merkel, Bd. III, Leipzig 1864 (Bibliotheca scriptorium Graecorum et Romanorum Teubneriana), S. 1–95: S. 90.]

ung mit; sondern sie ist auch für den Aufbau der reinen Phantasiewelt unentbehrlich. Beide Leistungen sind gleich wichtig: denn alle frühen Stadien des Bewußtseins sind eben dadurch charakterisiert, daß in ihnen der scharfe Schnitt zwischen »Phantasie« und »Wirklichkeit«, zwischen »Bild« und »Sache«, zwischen dem »Vorgestellten« und dem »empirisch-Realen« noch nicht erfolgt ist. Sie befinden sich, all diesen Gegensätzen gegenüber, noch in einem Zustand der Indifferenz: sie haben die Scheidung und Entscheidung zwischen beiden, wie sie sich später im analytischen Denken vollzieht und wie sie sich kraft seiner immer entschiedener durchsetzt, noch nicht vollzogen.[24] Auch die Welt des kindlichen Spiels steht, wenigstens in ihren Anfängen, noch durchaus im Zeichen dieser Indifferenz. Die Deutung der kindlichen »Illusionsspiele« ist, so viel ich sehe, in der gegenwärtigen Kinderpsychologie noch stark umstritten; und zu einem allgemeinen Einverständnis über den eigentlichen »Sinn« dieser Spiele scheint man bisher nicht gelangt zu sein. Herrscht in diesen Spielen – so hat man gefragt – eine wirkliche Illusion; glaubt das Kind an die Wirklichkeit der Vorgänge, die sich im Spiel vor ihm entfalten, oder ist das Spiel ein bloßes Schauspiel und beschränkt sich die Tätigkeit des Kindes wesentlich darauf, den einzelnen Personen und Dingen in diesem Schauspiel ihre Rollen zuzuweisen?[25] Die Schwierigkeit, diesem Problem gegenüber zu einer klaren Entscheidung zu gelangen, aber scheint mir im wesentlichen darauf zu beruhen, daß schon der Ansatz der Frage einen prinzipiellen Mangel in sich enthält. Die Psychologie steht hier vor einem jener Probleme, an dem sie selbst nur allzu leicht einer methodischen Illusion unterliegt; an dem sie in Gefahr steht, jene Selbsttäuschung zu begehen, die William James als die »psychologische Täuschung« schlechthin (the psychologist's fallacy) bezeichnet hat. »The *great* snare of the psychologist« – so hat er sie beschrieben – »is the *confusion of his own standpoint with that of the mental fact* about which he is making his report. I shall hereafter call this the ›psychologist's fallacy‹ par *excellence ... Another variety of the psychologist's fallacy* is the assumption *that the mental state studied must be conscious of itself as the psychologist is conscious of it*«.[26] Hier ist, wie

[24] Näheres hierüber in meiner Philosophie der symbolischen Formen, Zweiter Teil: Das mythische Denken, S. 47 [ECW 12, 42f.]

[25] Man vergleiche über diese Frage die Auseinandersetzung zwischen W. Stern, Psychologie der frühen Kindheit, Kap. 19, § 3, s. 217–221, und Karl Bühler, Die geistige Entwicklung des Kindes, 2. neu bearb. u. erw. Aufl., Jena 1921, S. 208ff.

[26] William James, The Principles of Psychology, Bd. 1, London 1901, S. 196f. [»The *great* snare of the psychologist is the *confusion of his own standpoint with*

mir scheint, in voller Schärfe und Prägnanz der Fehler bezeichnet, in den der beobachtende und zergliedernde Psychologe verfällt, sobald er das kindliche Spiel vor die Frage stellt, wie weit es sich selbst »ernst nimmt«; wieviel an der kindlichen Anthropomorphisierung des Kindes wirklicher Ernst, wieviel bloßes Spiel sei? Das Phänomen des Spiels kann auf diese Frage keine eindeutige Antwort geben, weil ihm die ganze Unterscheidung, die hier von seiten der psychologischen Analyse an es herangebracht und in es hineingesehen wird, ursprünglich fremd ist. Und daß diese Fremdheit, daß hier ein eigentümliches Ineinander, eine »Konkreszens« zwischen »Bild« und »Sache«, zwischen »Wirklichkeit« und »Schein« besteht: dafür liegt der Grund nicht minder als in der mythischen Phantasie, auf die man immer wieder als den Quell und Urgrund der kindlichen Anthropomorphisierungen verwiesen hat, in der sprachlichen Phantasie. Wie in allen Grundgestaltungen des »primitiven« geistigen Bewußtseins, so wirken auch hier Sprache und Mythos einträchtig zusammen – und erst in ihrer Gemeinschaft und in ihrer steten Wechselwirkung heben sie diese Gestaltungen ans Licht.[27] Die Frage, welche von beiden Funktionen die gebende, welche die empfangende, welche die ursprüngliche, welche die abgeleitete sei, kann hierbei kaum aufgeworfen werden: ihr durchgängiges In- und Miteinander ist das einzige, was sich prinzipiell feststellen und was sich empirisch verfolgen läßt. Wenden wir dies auf die Struktur und auf die Genese des kindlichen Bewußtseins an, so zeigt sich auch in ihm die Doppelbestimmung und das Doppelgesicht von Sprache und Mythos. Denn das Kind hat die Welt als eine ihm selbst wesensgleiche und ihm verständliche Welt nur dadurch, daß es mit ihr in stetem sprachlichen Zusammenhang steht. Alles Sein erscheint für das Kind in irgendeinem Sinne beseelt, weil alles Sein ihm irgendwie »Rede steht«, weil es sich ihm sprachlich erschließt und ihm auf seine Fragen antwortet. In diesem durch die Sprache bedingten Wechselverkehr knüpft sich für das Kind nicht nur jedes Verhältnis zur spezifisch-menschlichen, sondern auch zur gegenständlichen Welt. Denn alles, was das Kind umgibt, »spricht« es in irgendeinem Sinne »an«. Die Dinge, die Ereignisse nehmen das Kind, wie die deutsche Sprache es ausdrückt, »in Anspruch«; sie set-

that of the mental fact about which he is making his report. I shall hereafter call this the ›psychologist's fallacy‹ *par excellence*. [...] *Another variety of the psychologist's fallacy is the assumption that the mental state studied must be conscious of itself as the psychologist is conscious of it.*«].

[27] Näheres hierüber in meiner Studie: Sprache und Mythos. Ein Beitrag zum Problem der Götternamen, Leipzig/Berlin 1925 (Studien der Bibliothek Warburg, Bd. 6)

zen sich in eine Sprachgemeinschaft mit ihm, die für das Kind eine echte Lebensgemeinschaft bedeutet. Unter diesem Gesichtspunkt könnte man das Paradoxon wagen, daß das Kind nicht darum mit den Dingen spricht, weil es sie für belebt ansieht – sondern daß es sie umgekehrt für belebt hält, weil es mit ihnen spricht. Sie sind ihm anfänglich nicht bloße Objekte, die irgendwelche rein physische Einwirkungen auf es ausüben, sondern sie sind ihm das Gegenüber, das Andere, das Antwortende in einer solchen Zwiesprache. Es erwartet, es fordert Antwort von ihnen: und in dieser Antwort erst stellt sich das echte Wechselverhältnis zwischen den Dingen und dem Ich her. Der fundamentale Unterschied zwischen der bloßen Dingbeziehung und der eigentlichen seelisch-geistigen, der Ich-Du-Beziehung, besteht ja eben darin, daß nur die letztere rein wechselseitig und rein umkehrbar ist. Das Ding und das Ich bleiben bei allen Beziehungen, die sie eingehen, einander wesensfremd: sie können ständig Wirkungen austauschen, aber diese Wirkungen führen niemals dazu, daß ihre substantielle Trennung aufgehoben wird. »Subjekt« und »Objekt«, das Selbst und die Welt, stehen einander wie »Ich« und »Nicht-Ich« gegenüber. Wo einmal diese reine Sachbeziehung sich entwickelt hat, und wo sie für das menschliche Bewußtsein übermächtig geworden ist, da ist die Welt endgültig zum bloßen Stoff herabgesunken. Sie kann beherrscht, sie kann mehr und mehr dem menschlichen Willen gefügig gemacht und von ihm beherrscht werden, aber sie ist, vermöge eben dieser Form der Unterwerfung, zugleich für den Menschen verstummt; sie spricht nicht mehr zu ihm. Denn ein wahres Sprechen gibt es nur dort, wo es ein echtes Sich-Entsprechen gibt; wo die Gesprächspartner einander nicht nur zugewandt, sondern in eben dieser Zuordnung auch einander gleichgeordnet sind. Es ist bezeichnend, daß die Sprache auch dort, wo sie die Bezeichnungen für rein objektive Beziehungen bildet, noch eine Ahnung dieses Grundverhältnisses, aus dem diese Beziehungen sich ableiten, festhält. Im Deutschen weist der Ausdruck »sich entsprechen«, im Französischen weist der Ausdruck »se répondre« darauf hin, wie sehr der reine Sachbezug ursprünglich als Sprachbezug gedeutet und verstanden wird. Und für das kindliche Spiel scheint mir nun eben dies charakteristisch und entscheidend zu sein, daß es uns in eine Welt versetzt, in der diese beiden Formen der Beziehung sich noch nirgends gelöst haben, sondern in der sie mit einander noch innig und unlöslich verwoben sind. Spiel und Sprache sind innerlich und wesenhaft auf einander angewiesen. Es dürfte wohl kaum ein kindliches Spiel geben, das man als schlechthin »stummes Spiel« bezeichnen könnte – das nicht zum mindesten von der inneren Sprachtätigkeit durchdrungen und von ihr belebt und getragen wäre. Aber auch die äußere Verlautbarung scheint ja ein echtes Wesensmoment des Spieles zu bilden, ohne welches es sich nicht entfalten, nicht ganz es selbst werden kann. Die Sprachtätigkeit bildet nicht nur einen begleitenden Umstand, sondern sie bildet einen stets neu einsetzenden Impuls aller Spieltätigkeit. Die Lust zum Spiel ist auf weite Strecken hin mit der »Lust zu fabulieren«[28] verbunden und läßt sich von ihr nicht loslösen. So hüllt die kindliche Phantasie, gleich der künstlerischen, alles was sie ergreift und worauf sie ihr Siegel prägt, »ins blühende Gewand der Fabel ein«[29] – und diese Fabel ist Bildfabel und Wortfabel in einem. Das Wort wird durch das Bild, das Bild wird durch das Wort hervorgetrieben; so sehr, daß beide ineinander leben, weben und sind. Aller kindliche Anthropomorphismus ist in diesem durch die Sprache bedingten und von ihr ständig genährten sprachlichen Anthropomorphismus fest verankert; er gründet sich auf das noch nirgends erschütterte oder skeptisch-verkümmerte Gefühl, daß es ein unmittelbares Gewahrwerden der Dinge gibt, weil uns ein Mittel zur »Verständigung« mit ihnen gegeben ist, weil wir, in Frage und Antwort, mit ihnen in direkte Beziehung treten können.

7. Aber gerade, wenn man sich die Bedeutung, die die Sprache für den Aufbau der Vorstellungswelt und der Welt der Phantasie besitzt, voll vergegenwärtigt, scheint sich hieraus gegen sie ein letzter und entscheidender Einwand zu ergeben. Denn wenn sie sich hierin als ein spezifisches Mittel der »Menschwerdung«, der Anthropogonie erweist, so scheint sie eben damit auch für immer in den Grenzen des Anthropomorphismus beschlossen und in ihnen gefangen zu bleiben. Sie entfaltet aus sich eine immer reichere und immer feiner gegliederte Welt von Symbolen — aber sie spinnt sich damit auch immer tiefer in diese selbstgeschaffene Welt ein. Sie vermag niemals zum eigentlichen Wesen der Dinge vorzudringen, sondern muß an seine Stelle das bloße Zeichen setzen. Die skeptische Sprachkritik hat immer wieder an diesem Punkt eingesetzt; und ihre gesamte Beweisführung bewegt sich in der Richtung dieses einen Arguments. Die Sprache ist kein Organon der Erkenntnis, der echten Wesenserfassung; sie ist es vielmehr, die beständig zwischen den Menschen und die Wirklichkeit tritt, die unablässig am Schleier der Maja webt und uns mehr und mehr in ihn einhüllt. Gelingt es nicht, diese Verstrickung in die Sprache zu lösen und die durch sie hervorgebrachte und ständig genährte Illusion zu ver-

[28] [Johann Wolfgang von Goethe, Zahme Xenien VI, in: Werke, 1. Abt., Bd. III, S. 350–369: S. 368.]

[29] [Ders., Torquato Tasso. Ein Schauspiel, in: Werke, 1. Abt., Bd. X, S. 103–244: S. 134.]

nichten, so können wir niemals zur Wahrheit des Seins, des »äußeren« wie des »inneren«, vordringen. Denn auch dieses letztere wird uns durch die Sprache nicht sowohl entdeckt, als es vielmehr durch sie ständig getrübt und verdeckt wird. Wo wir versuchen, den Gehalt des inneren, des persönlichen Daseins auszusprechen, es in irgendeiner Weise in Worte zu fassen – da ist eben damit schon der letzte Sinn dieses Daseins verloren und vernichtet. Das ist der ständige Fluch, unter dem die Sprache zu stehen scheint, daß alle ihre Offenbarung zugleich Verhüllung ist und sein muß; daß sie das Wesen der Dinge, in dem Streben, es bewußt und manifest zu machen, in seiner Wesenheit angreifen, es umbilden und verzerren muß. Die Klage hierüber und die Anklage, die aus ihr geformt wird, zieht sich durch die gesamte Geistesgeschichte hindurch: sie ist von seiten der Erkenntniskritik wie von seiten der Mystik, von der Philosophie wie von der Dichtung erhoben worden:

»Warum kann der lebendige Geist dem Geist nicht erscheinen?
Spricht die Seele, so spricht, ach! schon die *Seele* nicht mehr.«[30]

Und doch läßt sich gerade von der Dichtung aus die Klage und Anklage, die hier erhoben wird, am sichersten auf ihr rechtes Maß zurückführen. Denn in der Sprache des echten Dichters ist die höchste Synthese erreicht, ist die reinste Vermittlung und Versöhnung der Gegensätze gegeben. Hier geht das Besondere im Allgemeinen, das Allgemeine im Besonderen auf. Jede wahrhaft dichterische, insbesondere jede rein lyrische Sprachformung erscheint wie eine Lösung des Mysteriums alles geistigen Daseins – des Geheimnisses, daß eben das Individuellste zum Ausdruck eines schlechthin-Universellen werden, daß es seinen Gehalt adäquat ausdrücken und völlig erschließen kann. Indem der echte lyrische Genius ein Gefühl ausspricht, gibt er es uns damit als ein Einmaliges und Einzigartiges, das nie zuvor bestand. Wir empfangen es nicht als ein Bekanntes, früher-Gegebenes; es ist uns eine wahrhafte Neuschöpfung und in ihr und durch sie eine unendliche Bereicherung des Daseins. Und doch bedeutet uns dieses Neue nichts von außen Gekommenes, nichts Fremdartiges; sondern es ist, als wäre uns seine Art von jeher vertraut. Das innere Sein erfährt keine Verdunkelung, das Gefühl erfährt keine Hemmung; es ist, als wären beide nun erst befreit und, in ihrer reinen und ursprünglichen Gestalt, durch die Sprache ans Licht gehoben. Es ist vielleicht kein

30 Friedrich Schiller, Votivtafeln, in: Sämtliche Werke. Säkular-Ausgabe in 16 Bdn., in Verb. mit Richard Fester u. a. hrsg. v. Eduard von der Hellen, Bd. I, Stuttgart/Berlin 1904, S. 141–154: S. 149.

Zufall, daß diese spezifische Richtung und diese charakteristische Urkraft der Sprache, die von der bloßen Theorie fast immer übersehen oder vernachlässigt worden ist, in den Reflexionen eines Dichters ihre klarste Darstellung und Bestimmung erfahren hat. In einem knappen, nur wenige Seiten umfassenden Aufsatz »Über die allmähliche Verfertigung der Gedanken beim Reden« hat Heinrich von Kleist das Problem, das hier vorliegt, in musterhafter Prägnanz bezeichnet. Er geht davon aus, daß die Leistung der Rede sich keineswegs darauf beschränkt, zuvor bestehende Gedanken mitzuteilen, sondern daß sie ein unentbehrliches Mittel für die Bildung des Gedankens, für sein inneres Werden ist. Die Sprache ist keine bloße Umsetzung des Gedankens in die Form des Wortes; sie ist vielmehr wesentlich an seiner ursprünglichen Setzung beteiligt. Sie spiegelt nicht nur die innere Bewegung des Denkens nach außen wieder; sondern sie ist ein Grundmotiv, sie ist einer der wichtigsten Impulse und Beweggründe für sie. Die Idee ist nicht vor der Sprache; sie wird in der Sprache und durch die Sprache. »Der Franzose sagt, ›l'appétit vient en mangeant‹, und dieser Erfahrungssatz bleibt wahr, wenn man ihn parodiert und sagt, ›l'idée vient en parlant‹ ... Mir fällt jener ›Donnerkeil‹ des Mirabeau ein, mit welchem er den Zeremonienmeister abfertigte, der nach Aufhebung der letzten monarchischen Sitzung des Königs am 23sten Juni, in welcher dieser den Ständen auseinander zu gehen anbefohlen hatte, in den Sitzungssaal, in welchem die Stände noch verweilten, zurückkehrte und sie befragte, ob sie den Befehl des Königs vernommen hätten? ›Ja‹, antwortete Mirabeau, ›wir haben des Königs Befehl vernommen‹ – ich bin gewiß, daß er bei diesem humanen Anfang noch nicht an die Bajonette dachte, mit welchen er schloß: ›ja, mein Herr‹, wiederholte er, ›wir haben ihn vernommen‹ – man sieht, daß er noch gar nicht recht weiß, was er will. ›Doch was berechtigt Sie‹ – fuhr er fort, und nun plötzlich geht ihm ein Quell ungeheurer Vorstellungen auf – ›uns hier Befehle anzudeuten? Wir sind die Repräsentanten der Nation‹ – Das war es, was er brauchte! ›Die Nation gibt Befehle und empfängt keine‹ – um sich gleich auf den Gipfel der Vermessenheit zu schwingen. ›Und damit ich mich Ihnen ganz deutlich erkläre‹ – und erst jetzo findet er, was den ganzen Widerstand, zu welchem seine Seele gerüstet dasteht, ausdrückt: ›so sagen Sie Ihrem Könige, daß wir unsere Plätze anders nicht, als auf die Gewalt der Bajonette verlassen werden‹.« »Die Sprache« – so folgert Kleist aus der Erinnerung an diesen denkwürdigen Vorgang – ist für den wirklichen Redner, der nicht bloß fertige Gedanken mitteilt, sondern dem sie im Strom der Rede aufblitzen und entstehen – »keine Fessel, etwa wie ein Hemmschuh an dem Rade des Geistes, sondern wie ein zweites, mit ihm parallel fortlaufendes Rad an seiner Achse«.[31] In diesem glücklichen Vergleich ist in der Tat ein Grundverhältnis zwischen Denken und Sprechen bezeichnet. Die Dynamik des Denkens und die Dynamik des Sprechens gehen mit einander Hand in Hand; zwischen beiden Prozessen findet ein ständiger Kräfteaustausch statt. Der gesamte Kreislauf des seelisch-geistigen Geschehens ist auf diesen Austausch angewiesen und wird von ihm her stets aufs neue in Bewegung gesetzt.

8. Ich habe in den vorstehenden Betrachtungen nur einige wenige Andeutungen versucht, die das Thema, auf das sie sich beziehen, in keiner Weise erschöpfen konnten oder wollten. Eine wirkliche Erschließung und Bewältigung der Probleme, die sich hier von allen Seiten her zudrängen, wird nur dann möglich sein, wenn alle Disziplinen, die an der Erforschung der Sprache beteiligt sind, mehr als bisher in ihrer Arbeit zusammenwirken. Noch immer gehen die Linguistik, die Philosophie, die Psychologie, die Sprachpathologie streng-getrennte Wege; noch immer sind wir hier mehr als billig durch konventionelle und traditionelle Gesichtspunkte, durch die Rücksicht auf die äußerlichen und fachlichen Grenzen, in der Zusammenarbeit gehemmt. Jeder stellt die Grundfragen von seinem besonderen Standpunkt und Interesse aus; und jeder muß sich den eigenen Weg und fast die Gesamtheit seiner methodischen Begriffe mühsam und von vorn an erarbeiten. Ich verkenne und ich leugne die Eigenart und die Sonderziele der einzelnen Forschungsrichtungen nicht; aber es scheint mir allerdings, daß nur aus ihrer Zusammenfassung und aus ihrer Hinlenkung auf ein einheitliches Ziel die philosophische Problematik der Sprache ihre eigentliche Klärung erfahren kann. Die Grundwissenschaften von der Sprache selbst leiden heute noch vielfach unter dem Verhängnis, daß jede von ihnen, inhaltlich und methodisch, ihre eigene Sprache hat und spricht. Das Ziel der vorstehenden knappen Bemerkungen wäre erreicht, wenn es ihnen gelungen wäre, hier die Brücke zu schlagen; wenn sie das wechselseitige Sich-Kennen-Lernen und Sich-Verstehen-Lernen dieser Wissenschaften zu fördern vermöchten.

31 Heinrich von Kleist, Über die allmähliche Verfertigung der Gedanken beim Reden, in: Werke, im Verein mit Georg Minde-Pouet und Reinhold Steig hrsg. v. Erich Schmidt, Bd. IV, Leipzig/Wien o. J. [1905], S. 74–80.

QUELLENANGABEN

Die Begriffsform im mythischen Denken, zuerst veröffentlicht als Band 1 der Studien der Bibliothek Warburg, Leipzig/Berlin 1922; ECW 16, S. 3–73.

Der Begriff der symbolischen Form im Aufbau der Geisteswissenschaften, zuerst veröffentlicht in: Vorträge der Bibliothek Warburg, hrsg. v. Fritz Saxl, Bd. I: Vorträge 1921–1922, Leipzig/Berlin 1923, S. 11–39; ECW 16, S. 75–104.

Das Symbolproblem und seine Stellung im System der Philosophie, zuerst veröffentlicht in: Zeitschrift für Ästhetik und Allgemeine Kunstwissenschaft 21 (1927), 295–322; ECW 17, S. 253–282.

Form und Technik, zuerst veröffentlicht in: Kunst und Technik, hrsg. v. Leo Kestenberg, Berlin 1930, S. 15–61; ECW 17, S. 139–183.

Mythischer, ästhetischer und theoretischer Raum, zuerst veröffentlicht in: Zeitschrift für Ästhetik und Allgemeine Kunstwissenschaft 25 (1931), Beiheft: Vierter Kongreß für Ästhetik und allgemeine Kunstwissenschaft, S. 21–36; ECW 17, S. 411–432.

Die Sprache und der Aufbau der Gegenstandswelt, zuerst veröffentlicht in: Bericht über den XII. Kongreß der Deutschen Gesellschaft für Psychologie in Hamburg vom 12.–16. April 1931, im Auftrage der Deutschen Gesellschaft für Psychologie hrsg. v. Gustav Kafka, Jena 1932, S. 134–145; ECW 18, S. 111–122. Abschnitte 4.2–8: Ernst Cassirer, Symbol, Technik, Sprache, hrsg. von Ernst Wolfgang Orth u. John Michael Krois, Hamburg ^{2}1995, S. 134–151.

VERZEICHNIS DER VON CASSIRER ZITIERTEN LITERATUR

Agrippa von Nettesheim, Heinrich Cornelius, De occulta philosophia (Buch 2, Kap. 56 u. 60), in: Opera, quaecumque hactenus vel in lucem prodierunt, vel inveniri potuerunt omnia, in duos tomos concinne digesta, et diligenti studio recognita: quae pagina post praefationem proxima plenißime enumerantur, Bd. I, Lyon o. J., S. 1–499.

Arnauld, Antoine/Lancelot, Claude, Grammaire générale et raisonnée de Port-Royal (Teil 2, Kap. 5: Des Genres), Paris ^{2}1810.

Ausonius, Buch VII: Eclogarum liber.

Bacon, Francis, Novum organum, in: Works, hrsg. v. Robert Leslie Ellis, James Spedding u. Douglas Denon Heath, Bd. I, London 1858, S. 70–223.

Barthel, Ernst, Vorstellung und Denken. Eine Kritik des pragmatischen Verstandes, München 1931.

Berkeley, George, A Treatise concerning the Principles of Human Knowledge, Part I: Wherein the Chief Causes of Error and Difficulty in the Sciences, with the Grounds of Scepticism, Atheism, and Irreligion, are inquir'd into, Dublin 1710 u. ö.

Boas, Franz, Introduction, in: ders. (Hrsg.), Handbook of American Indian Languages, Teil 1, Washington, D. C. 1911 (Smithsonian Institution, Bureau of American Ethnology, Bulletin 40), S. 1–83

Franz Boll, Die Erforschung der antiken Astrologie. Vortrag, gehalten auf der 49. Versammlung deutscher Philologen und Schulmänner in Basel, in: Neue Jahrbücher für das klassische Altertum, Geschichte und deutsche Literatur und für Pädagogik 21, 1. Abt., 11. Jg. (1908), S. 103–126.

–, Die Lebensalter. Ein Beitrag zur antiken Ethologie und zur Geschichte der Zahlen. Mit einem Anhang über die Schrift von der Siebenzahl, Leipzig/Berlin 1913.

–, Sternglaube und Sterndeutung. Die Geschichte und das Wesen der Astrologie, unter Mitw. v. Carl Bezold, Leipzig/Berlin 21919 (Aus Natur und Geisteswelt. Sammlung wissenschaftlich-gemeinverständlicher Darstellungen, Bd. 638).

–, Die Entwicklung des astronomischen Weltbildes im Zusammenhang mit Religion und Philosophie, in: Astronomie, unter Red. v. Johannes Franz Hartmann bearb. v. Leopold Ambronn u. a. (Die Kultur der Gegenwart. Ihre Entwicklung und ihre Ziele, hrsg. v. Paul Hinneberg, 3.Teil, 3. Abt., Bd. III), Leipzig/Berlin 1921, S. 1–51.

Boswell, James, (Gespräch vom 7. April 1778), in: Life of Samuel Johnson, Bd. II, London 1900, S. 422–430.

Brugmann, Karl, Das Nominalgeschlecht in den indogermanischen Sprachen, in: Internationale Zeitschrift für allgemeine Sprachwissenschaft 4 (1889), S. 100–109.

Bücher, Karl, Arbeit und Rhythmus, 2., stark verm. Aufl., Leipzig 1899.
Bühler, Charlotte, Kindheit und Jugend. Genese des Bewußtseins, 3., umgearb. u. erw. Aufl., Leipzig 1931 (Psychologische Monographien, Bd. 3.
Bühler, Karl, Kritische Musterung der neuern Theorien des Satzes, in: Indogermanisches Jahrbuch 6 (1918), S. 1–20.
Karl Bühler, Die geistige Entwicklung des Kindes, 2. neu bearb. u. erw. Aufl., Jena 1921.
Cassirer, Ernst, Goethe und die mathematische Physik. Eine erkenntnistheoretische Betrachtung, in: Idee und Gestalt, Berlin 1921, S. 27–108.
–, Goethe und Platon, in: Sokrates. Zeitschrift für das Gymnasialwesen 10 (1922), S. 1–22.
–, Philosophie der symbolischen Formen. Erster Teil: Die Sprache, Berlin 1923. Zweiter Teil: Das mythische Denken, Berlin 1925. Dritter Teil: Phänomenologie der Erkenntnis, Berlin 1929.
–, Sprache und Mythos. Ein Beitrag zum Problem der Götternamen, Leipzig 1925 (Studien der Bibliothek Warburg, Bd. 6).
–, Die Philosophie der Griechen von den Anfängen bis Platon, in: Lehrbuch der Philosophie, hrsg. v. Max Dessoirs, Bd. I: Die Geschichte der Philosophie, dargest.v. Ernst von Aster u. a., Berlin 1925, S. 7–138.
–, Individuum und Kosmos in der Philosophie der Renaissance, Leipzig 1927 (Studien der Bibliothek Warburg, Bd. 10).
Codrington, Robert Henry, The Melanesian Languages, Oxford 1885.
Cohen, Hermann, Das Princip der Infinitesimal-Methode und seine Geschichte. Ein Kapitel zur Grundlegung der Erkenntnisskritik, Berlin 1883.
Cohen, Hermann, Einleitung mit kritischem Nachtrag zur neunten Auflage der Geschichte des Materialismus von Friedrich Albert Lange, 3., erw. Aufl., in: Friedrich Albert Lange, Geschichte des Materialismus und Kritik seiner Bedeutung in der Gegenwart, 1. Buch: Geschichte des Materialismus bis auf Kant, Leipzig [9]1914.
Coudenhove-Kalergi, Richard Nikolaus, Apologie der Technik, Leipzig 1922.
Coxe Stevenson, Matilda, The Zuñi Indians: Their Mythology, Esoteric Fraternities, and Ceremonies, in: Twenty-third Annual Report of the Bureau of American Ethnology to the Secretary of the Smithsonian Institution 1901–1902, hrsg. v. John Wesley Powell, Washington, D. C. 1904, S. 3–608.
Cumont, Franz, Die orientalischen Religionen im römischen Heidentum. Vorlesungen am Collège de France, autoris. dt. Ausg. v. Georg Gehrich, Leipzig/Berlin 1910.
–, Astrology and Religion among the Greeks and Romans, New York/London 1912 (American Lectures on the History of Religions, Bd. 9).
Curtius, Georg, Grundzüge der griechischen Etymologie, 5., unter Mitw. v. Ernst Windisch umgearb. Aufl., Leipzig 1879.

Cushing, Frank Hamilton, Outlines of Zuñi Creation Myths, in: Thirteenth Annual Report of the Bureau of Ethnology to the Secretary of the Smithsonian Institution 1891–92, hrsg. v. John Wesley Powell, Washington, D. C. 1896, S. 321–447.

–, Zuñi Breadstuff, New York 1920 (Indian Notes and Monographs. A Series of Publications relating to the American Aborigines, Bd. 8).

Danzel, Theodor Wilhelm, Babylon und Altmexiko (Gleiches und Gegensätzliches), in: El Mexico antiguo. Revista internacional de arqueologia, etnologia, folklore, prehistoria, historia antigua y lingüistica mexicanas 1 (1919–1922), S. 243–268.

–, Kultur und Religion des primitiven Menschen. Einführung in Hauptprobleme der allgemeinen Völkerkunde und Völkerpsychologie, Stuttgart 1924.

de Groot, Johann Jakob Maria, The Religious System of China, Its Ancient Forms, Evolution, History and Present Aspect. Manners, Customs and Social Institutions connected therewith, Bd. I/1: Disposal of the Dead, Teil 1: Funeral Rites, Teil 2: The Ideas of Resurrection, Leiden 1892 u. Bd. III/1: Disposal of the Dead, Teil 3: The Grave (Zweite Hälfte), Leiden 1897.

–, Universismus. Die Grundlage der Religion und Ethik, des Staatswesens und der Wissenschaften Chinas, Berlin 1918.

Dedekind, Richard, Was sind und was sollen die Zahlen?, Braunschweig [2]1893.

Delacroix, Henri, Le language et la pensée, Paris 1924.

Descartes, René, Regulae ad directionem ingenii (Nr. 8), in: Œuvres, hrsg. v. Charles Adam u. Paul Tannery, Bd. X, Paris 1908, S. 349–488.

Dessauer, Friedrich, Philosophie der Technik. Das Problem der Realisierung, Bonn 1927.

Durkheim, Émile, Les formes élémentaires de la vie religieuse. Le système totémique en Australie, Paris 1912 (Travaux de l'année sociologique).

Durkheim, Émile/Mauss, Marcel, De quelques formes primitives de classification. Contribution à l'étude des représentations collectives, in: L'année sociologique 6 (1901–1902), S. 1–72.

Ehrenreich, Paul, Die allgemeine Mythologie und ihre ethnologischen Grundlagen, Leipzig 1910.

Einstein, Albert, Äther und Relativitätstheorie. Rede an der Reichs-Universität Leiden, Berlin 1920.

Ellis, Alexander John, Report on Researches into the Language of the South Andaman Island, arranged by the President from the Papers of E.H. Man, Esq., Assistant Superintendent of the Andaman and Nicobar Islands, and Lieutenant R. C. Temple, of the Bengal Staff Corps, Cantonment Magistrate at Ambála, Panjáb, in: Transactions of the Philological Society, 1882–4, London/Straßburg 1885, S. 44–73.

Engelhardt, Viktor, Weltanschauung und Technik, Leipzig 1922

Eyth, Max, Poesie und Technik, in: Lebendige Kräfte. Sieben Vorträge aus dem Gebiete der Technik, 4. Aufl., Berlin 1924, S. 1–22.

Ficino, Marsilio, De vita libri tres, quorum primus de studiosorum sanitate tuenda, secundus de vita producenda, tertius de vita caelitus comparanda tractat (Buch 3, Kap. 16), in: Opera, Bd. I, Paris 1641, S. 482–558.

Finck, Franz Nikolaus, Die Haupttypen des Sprachbaus, Leipzig 1910 (Aus Natur und Geisteswelt. Sammlung wissenschaftlich-gemeinverständlicher Darstellungen, Bd. 268).

Frazer, James George, The Golden Bough. A Study in Magic and Religion, Teil 1 in 2 Bdn.: The Magic Art and the Evolution of Kings, Bd. I (Kap. 3 u. 4), London ³1911, S. 52–243.

Freyer, Hans, Theorie des objektiven Geistes. Eine Einleitung in die Kulturphilosophie, Leipzig/Berlin 1923.

Gatschet, Albert Samuel, The Klamath Indians of Southwestern Oregon, Washington, D. C. 1890 (Contributions to North American Ethnology, Bd. II/1.

Goethe, Johann Wolfgang von, Brief an Carl Ernst Schubarth vom 2. April 1818, in: Werke [Weimarer Ausgabe], hrsg. im Auftr. der Großherzogin Sophie von Sachsen, 4 Abt., insg. 133 Bde. in 143 Bdn., Weimar 1887–1919, 4. Abt., Bd. XXIX, S. 121 ff.

–, Brief an Sulpiz Boisserée vom 21. Mai 1818, in: Werke, 4. Abt., Bd. XXIX, S. 80ff.

–, Das Sehen in subjectiver Hinsicht, von Purkinje, in: Werke, 2. Abt., Bd. XI, S. 269–284.

–, Das Unternehmen wird entschuldigt, in: Zur Morphologie, Teil 1, Werke, 2. Abt., Bd. VI, S. 5 ff.

–, Der Versuch als Vermittler von Object und Subject, in: Werke, 2. Abt., Bd. XI, S. 21–37.

–, Einfache Nachahmung der Natur, Manier, Stil, in: Werke, 1. Abt., Bd. XLVII, S. 77–83.

–, Einladung, in: West-östlicher Divan, in: Werke, 1. Abt., Bd. VI, S. 143.

–, Einwirkung der neuern Philosophie, in: Werke, 2. Abt., Bd. XI, S. 47–53.

–, Faust. Eine Tragödie. Erster Theil, in: Werke, 1. Abt., Bd. XIV.

–, Gott, Gemüth und Welt, in: Werke, 1. Abt., Bd. II, S. 213–220.

–, Paralipomena. Vorarbeiten und Bruchstücke, in: Werke, 1. Abt., Bd. XLVII, S. 275–389.

–, (Rezension zu) Ernst Stiedenroth, Psychologie zur Erklärung der Seelenerscheinungen. Erster Theil, Berlin 1824, in: Werke, 2. Abt., Bd. XI, S. 73–77.

–, Torquato Tasso. Ein Schauspiel, in: Werke, 1. Abt., Bd. X, S. 103–244.

–, Urworte. Orphisch, in: Werke, 1. Abt., Bd. III, S. 95 f.

–, Zahme Xenien VI, in: Werke, 1. Abt., Bd. III, S. 350–369.

Goldstein, Julius, Die Technik, Frankfurt a. M. 1912 (Die Gesellschaft. Sammlung sozialpsychologischer Monographien, Bd. 40).

Golther, Wolfgang, Handbuch der germanischen Mythologie, Leipzig 1895.

Grimm, Jacob, Deutsche Grammatik, Bd. III, Göttingen 1831.
Hamann, Johann Georg, Aesthetica in nuce. Eine Rhapsodie in Kabbalistischer Prose, in: Schriften, hrsg. v. Friedrich Roth, Bd. II, Berlin 1821, S. 255–308.
Harnack, Adolf, Lehrbuch der Dogmengeschichte, Bd. I: Die Entstehung des kirchlichen Dogmas, 3., verb. u. verm. Aufl., Freiburg i. Brsg./ Leipzig 1894 (Sammlung theologischer Lehrbücher, Bd. 1).
Hegel, Georg Wilhelm Friedrich, Encyclopädie der philosophischen Wissenschaften im Grundrisse. Erster Theil: Die Logik, hrsg. v. Leopold von Henning (Werke. Vollständige Ausgabe durch einen Verein von Freunden des Verewigten, Bd. VI), Berlin 1840.
–, Grundlinien der Philosophie des Rechts, oder Naturrecht und Staatswissenschaft im Grundrisse, hrsg. v. Eduard Gans (Werke, Bd. VIII), Berlin 1833.
–, Phänomenologie des Geistes, hrsg. v. Johann Schulze (Werke, Bd. II), Berlin 1832.
–, Wissenschaft der Logik. Erster Theil: Die objektive Logik, hrsg. v. Leopold von Henning (Werke, Bd. III), Berlin 1833.
Henry, Victor, Le parsisme, Paris 1905.
Herder, Johann Gottfried, Abhandlung über den Ursprung der Sprache, welche den von der Königl. Academie der Wissenschaften für das Jahr 1770 gesetzten Preis erhalten hat (1772), in: Sämmtliche Werke, hrsg. v. Bernhard Suphan, Bd. V, Berlin 1891, S. 1–154.
–, Plastik. Einige Wahrnehmungen über Form und Gestalt aus Pygmalions bildendem Traume, in: Sämmtliche Werke, hrsg. v. Bernhard Suphan, Bd. VIII, Berlin 1892, S. 1–87.
Hertz, Heinrich, Die Prinzipien der Mechanik in neuem Zusammenhange dargestellt (Gesammelte Werke, hrsg. v. Philipp Lenard, Bd. III), Leipzig 1894.
Hilbert, David, Neubegründung der Mathematik. Erste Mitteilung, in: Abhandlungen aus dem Mathematischen Seminar der Hamburgischen Universität, Bd. 1, Göttingen 1922, S. 157–177.
Hildebrand, Adolf, Das Problem der Form in der bildenden Kunst, Straßburg 1893.
Hoffmann, Ernst, Die Sprache und die archaische Logik, Tübingen 1925 (Heidelberger Abhandlungen zur Philosophie und ihrer Geschichte 3).
Hönigswald, Richard, Die Grundlagen der Denkpsychologie. Studien und Analysen, Leipzig [2]1925.
Howitt, Alfred William, Further Notes on the Australian Class Systems, in: The Journal of the Anthropological Institute of Great Britain and Ireland 18 (1889), S. 31–68.
–, On some Australian Beliefs, in: The Journal of the Anthropological Institute of Great Britain and Ireland 13 (1884), S. 185–198.
Humboldt, Wilhelm von, Ueber das vergleichende Sprachstudium in Beziehung auf die verschiedenen Epochen der Sprachentwicklung (Gesammelte Schriften, hrsg. v. der Königlich Preußischen Akademie

der Wissenschaften, Abt. 1: Werke, hrsg. v. Albert Leitzmann, Bd. IV), Berlin 1905, S. 1–34.

–, Ueber die Verschiedenheiten des menschlichen Sprachbaues (Gesammelte Schriften, Bd. VI), S. 111–303, Berlin 1907

–, Ueber die Verschiedenheit des menschlichen Sprachbaues und ihren Einfluss auf die geistige Entwicklung des Menschengeschlechts (Gesammelte Schriften, Bd. VII/1), Berlin 1907.

Jackson, Abraham Valentine Williams, Die iranische Religion, in: Grundriss der iranischen Philologie, unter Mitw. v. Christian Bartholomae u. a. hrsg. v. Wilhelm Geiger u. Ernst Kuhn, Bd. II: Litteratur. Geschichte und Kultur, Straßburg 1896–1904, S. 612–708.

James, William, The Principles of Psychology, Bd. 1, London 1901.

Jastrow jr., Morris, Aspects of Religious Belief and Practice in Babylonia and Assyria, New York/London 1911 (American Lectures on the History of Religions, Bd. 8).

Jensen, Peter, Die Kosmologie der Babylonier. Studien und Materialien, Straßburg 1890.

Kant, Immanuel, Kritik der reinen Verunft, hrsg. v. Albert Görland (Werke, in Gemeinschaft mit Hermann Cohen u. a. hrsg. v. Ernst Cassirer, 11 Bde., Berlin 1912 ff., Bd. III), Berlin 1913.

–, Prolegomena zu einer jeden künftigen Metaphysik, die als Wissenschaft wird auftreten können (Werke, Bd. IV) Berlin 1913, S. 1–139.

Kapp, Ernst, Grundlinien einer Philosophie der Technik. Zur Entstehungsgeschichte der Cultur aus neuen Gesichtspunkten, Braunschweig 1877.

Kepler, Johannes, Literae Kepleri de rebus astrologicis, in: Opera omnia, hrsg. v. Christian Frisch, Bd. I, Frankfurt a.M./Erlangen 1858, S. 291–391.

Klages, Ludwig, Mensch und Erde. Fünf Abhandlungen, München 1920.

–, Vom kosmogonischen Eros, München 1922.

Kleist, Heinrich von, Über die allmähliche Verfertigung der Gedanken beim Reden, in: Werke, im Verein mit Georg Minde-Pouet und Reinhold Steig hrsg. v. Erich Schmidt, Bd. IV, Leipzig/Wien o. J. [1905], S. 74–80.

Lehmann, Edvard, Die Anfänge der Religion und die Religion der primitiven Völker, in: ders. u. a., Die orientalischen Religionen (Die Kultur der Gegenwart. Ihre Entwicklung und ihre Ziele, hrsg. v. Paul Hinneberg, 1.Teil, 3. Abt., Bd. I), Berlin/Leipzig 1906, S. 1–29.

Leibniz, Gottfried Wilhelm, Eclaircissement des difficultés que Monsieur Bayle a trouvées dans le systeme nouveau de l'union de l'ame et du corps, in: Philosophische Schriften, hrsg. v. Carl Immanuel Gerhardt, Bd. IV, Berlin 1880, S. 517–571.

–, Monadologie, in: Philosophische Schriften, Bd. VI, Berlin 1885, S. 607–623.

–, Principes de la nature et de la grace, fondés en raison, in: Philosophische Schriften, Bd. VI, , S. 598–606.

Lessing, Gotthold Ephraim, Laokoon: oder über die Grenzen der Mahlerey und Poesie. Mit beyläufigen Erläuterungen verschiedener Punkte der alten Kunstgeschichte, in: Sämtliche Schriften, hrsg. v. Karl Lachmann, 3., neu durchges. u. verm. Aufl., besorgt v. Franz Munker, Bd. IX, Stuttgart 1893, S. 1–177.

Lévi, Sylvain, La doctrine du sacrifice dans les Brâhmanas, Paris 1898 (Bibliothèque de l'École des Hautes Études. Sciences religieuses, Bd. 11, H. 1).

Lévy-Bruhl, Lucien, Les fonctions mentales dans les sociétés inférieures, Paris 1910 (Travaux de l'année sociologique); deutsche Ausgabe: Das Denken der Naturvölker, übers., hrsg. u. eingel. v. Wilhelm Jerusalem, Wien/Leipzig 1921.

Lieder des Rigveda, übers. v. Alfred Hillebrandt, Göttingen/Leipzig 1913 (Quellen der Religions-Geschichte, Bd. 5, Gruppe 7).

Louis Kroeber, Alfred, Zuñi Kin and Clan, in: Anthropological Papers of the American Museum of Natural History 18 (1919), S. 39–206.

Man, Edward Horace, On the Aboriginal Inhabitants of the Andaman Islands. With Report of Researches into the Language of the South Andaman Island by A.J. Ellis, London o. J.

Marcus Manilius, Astronomica.

Mathews, Robert Hamilton, Ethnological Notes on the Aboriginal Tribes of New South Wales and Victoria. Part I, in: Journal and Proceedings of the Royal Society of New South Wales 38 (1904), S. 203–381.

Meinhof, Carl, Das Ful in seiner Bedeutung für die Sprachen der Hamiten, Semiten und Bantu. Eine Studie, in: Zeitschrift der Deutschen Morgenländischen Gesellschaft 65 (1911), S. 177–220.

–, Die Sprachen der Hamiten, nebst einer Beigabe: Hamitische Typen, v. Felix von Luschan, Hamburg 1912 (Abhandlungen des Hamburgischen Kolonialinstituts, Bd. 9).

–, Grundzüge einer vergleichenden Grammatik der Bantusprachen, Berlin 1906.

Müller, Friedrich, Grundriss der Sprachwissenschaft, Bd. III: Die Sprachen der lockenhaarigen Rassen, 1. Abt.: Die Sprachen der Nuba- und der Dravida-Rasse, Wien 1884.

–, Reise der österreichischen Fregatte Novara um die Erde in den Jahren 1857, 1858, 1859 unter den Befehlen des Commodore B. von Wüllerstorf-Urbair. Linguistischer Theil, Wien 1867.

Nicolaus Cusanus, De possest, in: Opera. In quibus theologiae mysteria plurima, sine spiritu Dei inaccessa, iam aliquot seculis veleta et neglecta revelantur, Basel 1565, fol. 249–266.

Noiré, Ludwig, Das Werkzeug und seine Bedeutung für die Entwickelungsgeschichte der Menschheit, Mainz 1880.

Oldenberg, Hermann, Die Lehre der Upanishaden und die Anfänge des Buddhismus, Göttingen 1915.

Olschki, Leonardo, Geschichte der neusprachlichen wissenschaftlichen Literatur, Bd. III: Galilei und seine Zeit, Halle a. d. S. 1927.

Ovid, Tristia, in: Publius Ovidius Naso, hrsg. v. Rudolph Merkel, Bd. III,

Leipzig 1864 (Bibliotheca scriptorium Graecorum et Romanorum Teubneriana), S. 1–95.
Palmer, Edward, Notes on some Australian Tribes, in: The Journal of the Anthropological Institute of Great Britain and Ireland 13 (1884), S. 276–334.
Parmenides, Fragm. 8, in: Hermann Diels, Die Fragmente der Vorsokratiker. Griechisch und deutsch, 3 Bde., 4., mit Nachträgen vers. Aufl., Berlin 1922, Bd. I, S. 154–159.
Paul, Hermann, Prinzipien der Sprachgeschichte, Halle a. d. S. [3]1898.
Planck, Max, Die Einheit des physikalischen Weltbildes. Vortrag, gehalten am 9. Dezember 1908 in der naturwissenschaftlichen Fakultät des Studentenkorps an der Universität Leiden, Leipzig 1909.
Platon, Kratylos
–, Nomoi
–, Phaidros
–, Politikos
–, Sophistes
–, Symposion
–, Theaitetos
Portman, Maurice Vidal, Notes on the Languages of the South Andaman Group of Tribes (Kap. 4), Kalkutta 1898.
Powell, John Wesley, Introduction to the Study of Indian Languages with Words Phrases and Sentences to be collected, Washington, D.C. 1880.
Preuß, Konrad Theodor, Der Ursprung der Religion und Kunst, in: Globus. Illustrierte Zeitschrift für Länder- und Völkerkunde 86 (1904), S. 321–327, 355–363, 375–379, 388–392 u. Globus 87 (1905), S. 333–337, 347–350, 380–384, 394–400 u. 413–419.
–, Die geistige Kultur der Naturvölker, Leipzig/Berlin 1914 (Aus Natur und Geisteswelt. Sammlung wissenschaftlich-gemeinverständlicher Darstellungen, Bd. 452).
–, Die Nayarit-Expedition. Textaufnahmen und Beobachtungen unter mexikanischen Indianern, Bd. I: Die Religion der Cora-Indianer in Texten nebst Wörterbuch, Leipzig 1912.
–, Religion und Mythologie der Uitoto. Textaufnahmen und Beobachtungen bei einem Indianerstamm in Kolumbien, Südamerika, 2 Bde., Bd. I: Einführung und Texte (1. Hälfte), Göttingen/Leipzig 1921 (Quellen der Religionsgeschichte, Bd. 10, Gruppe 11).
Prinzhorn, Hans, Rhythmus im Tanz, in: Zeitschrift für Ästhetik und Allgemeine Kunstwissenschaft 21 (1927), S. 276–287.
Rathenau, Walther, Von kommenden Dingen, Berlin 1917.
–, Walther, Zur Kritik der Zeit, Berlin 1912.
–, Walther, Zur Mechanik des Geistes oder vom Reich der Seele, Berlin 1913.
Reinisch, Leo, Die Bedauye-Sprache in Nordost-Afrika II, Wien 1893.
Reitzenstein, Richard, Poimandres. Studien zur griechisch-ägyptischen und frühchristlichen Literatur, Leipzig 1904.

Reuleaux, Franz, Theoretische Kinematik. Grundzüge einer Theorie des Maschinenwesens (Lehrbuch der Kinematik, Bd. I), Braunschweig 1875.

Roehl, Karl, Versuch einer systematischen Grammatik der Schambalasprache, Hamburg 1911 (Abhandlungen des Hamburgischen Kolonialinstituts, Bd. 2).

Rousseau, Jean-Jacques, Discours qui a remporté le prix a l'Academie de Dijon, en l'année 1750. Sur cette question proposée par la même Academie: Si le rétablissement des sciences et des arts a contribué à épurer les moeurs, in: Collection complette des oeuvres, Bd. XIII, Zweibrücken 1782, S. 27–62.

Rückert. Friedrich, Wer Schranken denkend setzt (1. Teil, Nr. 4), in: Gesammelte poetische Werke in zwölf Bänden, Bd. VIII, Frankfurt a. M. 1868.

Schelling, Friedrich Wilhelm Joseph von, Einleitung in die Philosophie der Mythologie (Sämmtliche Werke, 2. Abt., Bd. I), Stuttgart/Augsburg 1856.

Scherer, Wilhelm, Zur Geschichte der deutschen Sprache, Berlin 1868.

Schiller, Friedrich, Votivtafeln, in: Sämtliche Werke. Säkular-Ausgabe in 16 Bdn., in Verb. mit Richard Fester u. a. hrsg. v. Eduard von der Hellen, Bd. I, Stuttgart/Berlin 1904, S. 141–154.

Schiller, Friedrich, Über die ästhetische Erziehung des Menschen in einer Reihe von Briefen (1793/94), in: Philosophische Schriften, Bd. II (Sämtliche Werke, Bd. XII), Stuttgart/Berlin 1905, S. 3–120.

Seler, Eduard, Das Tonalamatl der alten Mexikaner, in: ders., Gesammelte Abhandlungen zur amerikanischen Sprach- und Alterthumskunde, Bd. I: Sprachliches – Bilderschriften – Kalender und Hieroglyphenentzifferung, Berlin 1902, S. 600–617.

–, Der Charakter der aztekischen und der Maya-Handschriften, a.a.O., S. 407–416.

–, Der Codex Borgia und die verwandten aztekischen Bilderschriften, a. a. O, S. 133–144.

–, Zur mexikanischen Chronologie, mit besonderer Berücksichtigung des zapotekischen Kalenders, a. a. O., S. 507–554.

Shakespearc, William, Hamlet, Prince of Denmark, in: The Works, mit Einl. u. Anm. hrsg. v. Charles Herold Herford, Bd. VIII, London [2]1926, S. 131–282.

Simmel, Georg, Der Begriff und die Tragödie der Kultur, in: Philosophische Kultur. Gesammelte Essais, Potsdam [3]1923, S. 236–267.

Spinoza, Baruch de, Tractatus politicus. In quo demonstratur, quomodo societas, ubi imperium monarchicum locum habet, sicut et ea, ubi optimi imperant, debet institui, ne in tyrannidem labatur, et ut pax, libertasque civium inviolata maneat, in: Opera postuma. Quorum series post praefationem exhibetur, o. O. (Hamburg) 1677, S. 265–354.

Stern, Clara/Stern, William, Die Kindersprache. Eine psychologische und sprachtheoretische Untersuchung, Leipzig [4]1928.

Stern, William, Psychologie der frühen Kindheit bis zum sechsten Lebensjahre, 3. umgearb. u. erw. Aufl., Leipzig 1923.

Stumpf, Carl, Zur Einteilung der Wissenschaften, Berlin 1907 (Aus den Abhandlungen der Königlich Preussischen Akademie der Wissenschaften vom Jahre 1906, Abh. 5).

The Aitareya Brahmanam of the Rigveda, containing the Earliest Speculations of the Brahmans on the Meaning of the Sacrificial Prayers, and on the Origin, Performance, and Sense of the Rites of the Vedic Religion, hrsg., übers. u. erl. v. Martin Haug, Bd. I: Sanscrit Text, with Preface, Introductory Essay, and a Map of the Sacrificial Compound at the Soma Sacrifice, Bombay/London 1863.

Uexküll, Jakob von, Umwelt und Innenwelt der Tiere, Berlin 1909.

Vico, Giambattista, Principj di Scienza Nuova d'intorno alla comune natura delle nazioni, nach der 3. Aufl. von 1744 hrsg. v. Giuseppe Ferrari (Opere scelte di Giambattista Vico, Bd. II), Mailand 1836.

Voßler, Karl, Positivismus und Idealismus in der Sprachwissenschaft. Eine sprach-philosophische Untersuchung, Heidelberg 1904.

Warburg, Aby, Heidnisch-antike Weissagung in Wort und Bild zu Luthers Zeiten, Heidelberg 1920 (Sitzungsberichte der Heidelberger Akademie der Wissenschaften, Philosophisch-historische Klasse, Jg. 1920, 26. Abh.).

Westermann, Diedrich, Die Gola-Sprache in Liberia. Grammatik, Texte und Wörterbuch, Hamburg 1921 (Abhandlungen aus dem Gebiet der Auslandskunde, Bd. 6).

Westermann, Diedrich, Grammatik der Ewe-Sprache, Berlin 1907.

Wirz, Paul, Die Marind-anim von Holländisch-Süd-Neu-Guinea, Bd. I, Teil 2: Die religiösen Vorstellungen und die Mythen der Marindanim, sowie die Herausbildung der totemistisch-sozialen Gruppierungen, Hamburg 1922 (Abhandlungen aus dem Gebiet der Auslandskunde, Bd. 10).

Zschimmer, Eberhard, Philosophie der Technik. Vom Sinn der Technik und Kritik des Unsinns über die Technik, Jena 1914.

SACHREGISTER

PERSONENREGISTER

Das Personenregister bezieht sich auf Texte Cassirers und Diskussionsbeiträge, jedoch nicht auf die Anmerkungen, da es sich hier zumeist um bibliographische Angaben handelt, die im Verzeichnis der von Cassirer zitierten Literatur zusammengetragen worden sind.

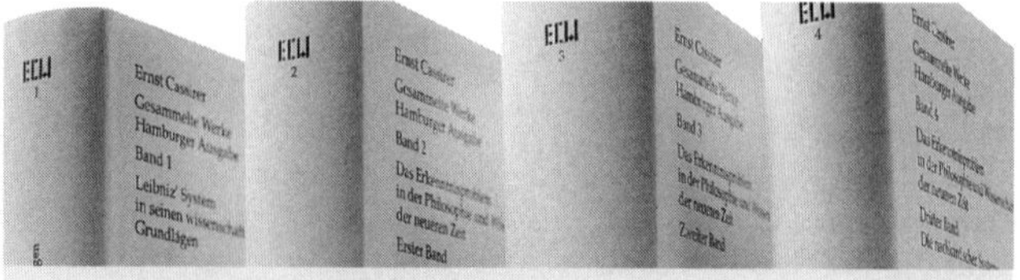